DA SUGESTÃO À TRANSFERÊNCIA

percurso clínico freudiano

Blucher

DA SUGESTÃO À TRANSFERÊNCIA

percurso clínico freudiano

Fernando Aguiar

Da sugestão à transferência: percurso clínico freudiano
©2022 Fernando Aguiar
Editora Edgard Blücher Ltda.

Publisher Edgard Blücher
Editor Eduardo Blücher
Coordenação editorial Jonatas Eliakim
Produção editorial Thaís Costa
Preparação de texto Vânia Cavalcanti
Diagramação Claudia Fatel Lino
Revisão de texto MPMB
Capa Leandro Cunha

Blucher

Rua Pedroso Alvarenga, 1245, 4º andar
04531-934 – São Paulo – SP – Brasil
Tel.: 55 11 3078-5366
contato@blucher.com.br
www.blucher.com.br

Segundo o Novo Acordo Ortográfico, conforme 5. ed. do *Vocabulário Ortográfico da Língua Portuguesa*, Academia Brasileira de Letras, março de 2009.

Dados Internacionais de Catalogação na Publicação (CIP)
Angélica Ilacqua CRB-8/7057

Aguiar, Fernando
Da sugestão à transferência : percurso clínico freudiano / Fernando Aguiar. - São Paulo : Blucher, 2022.
400 p.

Bibliografia
ISBN 978-65-5506-122-2 (impresso)
ISBN 978-65-5506-117-8 (eletrônico)

1. Psicanalise 2. Clínica freudiana 3. Freud, Sigmund, 1856-1939 I. Título.

21-4829 CDD 150.195

Índice para catálogo sistemático:
1. Psicanalise

Conteúdo

Para Marilza, companheira de toda a vida, de todas as horas e de todo o tempo que resultou na construção deste livro.

Prefácio
Por amor a Freud

Daniel Kupermann

Psicanalista, professor livre docente do Instituto de Psicologia da Universidade de São Paulo e Presidente do Grupo Brasileiro de Pesquisas Sándor Ferenczi

Resultado de uma pesquisa de grande fôlego realizada por Fernando Aguiar, *Da sugestão à transferência: percurso clínico freudiano* é uma obra ímpar no cenário psicanalítico brasileiro, e a prova cabal de que, efetivamente, o que há de novo na psicanálise tem o nome de Sigmund Freud.

Curiosamente, no Brasil de hoje, parece ser preciso justificar a importância de se conhecer com profundidade o pensamento freudiano para tornar-se psicanalista. Desse modo, "Por que (ainda) ler Freud?", parte conclusiva do livro que o leitor agora folheia, bem poderia ser servida como "entrada" para o saboroso prato que o aguarda. De fato, a ignorância acerca da obra de Freud pode ser facilmente encontrada em muitos psicanalistas aderidos a escolas pós-freudianas. Além disso, com a difusão exponencial das redes sociais, vivemos um período que tornou proféticas as palavras pronunciadas por Sándor Ferenczi no Congresso Psicanalítico de Nuremberg, em 1910: "O perigo que nos espreita (...) é que viéssemos a ficar em moda e crescesse rapidamente o número daqueles que se dizem psicanalistas sem o ser". Com o predomínio dos eventos online em decorrência da pandemia covid-19, proliferaram alguns cursos de formação psicanalítica à distância oferecidos por pessoas sem formação. Uma espécie de "geração espontânea", incapaz de transmitir não apenas a técnica psicanalítica, mas também, o que é mais grave, a ética intrínseca ao pensamento freudiano.

É justamente esse o coração do argumento da obra: a psicanálise constituiu um *corpus* epistemológico e ético singular na medida em que Freud se afastou do *autoritarismo* (e da *moralidade*) que sustentava as práticas sugestivas hipnóticas vigentes no século XIX, em direção a uma terapêutica que tem como eixo cardinal a singularidade do desejo constrangido em cada um de nós, que só pode ser acessado por uma experiência extranarcísica nomeada de *transferência*.

Dessa maneira, pode-se evitar o destino denunciado pelo filósofo Ludwig Wittgenstein de que o discurso psicanalítico é sedutor na medida em que promete tudo interpretar e tudo saber, favorecendo a ilusão de controle dos afetos e das ações por parte do sujeito. Ao contrário, trata-se de um árduo percurso que nos permite entrar em contato com o "diferente de mim" que habita a todos, e assentir que somos definitivamente estranhos a nós mesmos.

Da sugestão à transferência: as transformações do amor na clínica psicanalítica

O amor é, de acordo com o cineasta Rainer Werner Fassbinder, o mais insidioso e coercitivo meio de opressão social. Essa máxima apresentada, *en passant*, já no último terço do livro, ilustra bem a cortante lâmina do paradoxo encontrado no coração da experiência psicanalítica: se é o refúgio nos vícios do amor que nos oprime, é também a transformação do amor na vivência transferencial o caminho para a cura.

Fernando Aguiar nos conduz com grande erudição no longo itinerário clínico freudiano, que se inicia em Viena, ainda na faculdade de medicina, na qual Freud se interessa pela neuroanatomia. Em seguida, nos indica como, descontente com o estado da arte da escola neuropatológica alemã, Freud se dirige à França onde conhece aquele que viria a ser seu grande mestre, Jean-Martin Charcot. Responsável pela neurologia no grande hospital da Salpêtrière, Charcot fazia um uso diagnóstico da hipnose para demostrar a existência da histeria, que não deveria ser confundida com qualquer simulação feminina. Também na França, acompanhamos o estágio de Freud em Nancy, onde conhece Bernheim e assiste às práticas psicoterapêuticas baseadas na crença na onipresença da sugestão em todo o tratamento psiquiátrico. Finalmente, somos conduzidos de volta a Viena onde, no início dos anos 1890, Freud e Joseph Breuer formalizam o método catártico – a partir das experiências clínicas de Breuer com a célebre paciente Anna O. – que deu origem à aventura psicanalítica.

Observo que o percurso que descrevi aqui em um parágrafo telegráfico ocupa cerca de 130 páginas repletas de minúcias que se oferecem como uma preciosa referência para o estudioso da obra freudiana. Da mesma maneira, as 200 páginas seguintes nos indicam com pormenores a batalha de Freud para superar a predominância da sugestão na então incipiente psiquiatria do início do século XX, que o conduziu à criação do método psicanalítico. Para isso, foi preciso que o autor nos apresentasse os conceitos metapsicológicos que permitiram a Freud entender de que maneira o fenômeno hipnótico-sugestivo tem sua origem nas identificações primárias do infante com seus objetos de investimento libidinal – a mãe e o pai que estão na base da constituição edipiana. Assim, pulsão, libido, identificação, amor e transferência são as categorias que compõem o caldo a partir do qual Freud pôde tecer a técnica e a ética próprias à psicanálise.

Ao fim da leitura podemos dizer que, se a psicanálise é a cura *pelo* amor, ela o é na medida em que se impõe, também, como a cura *do* amor neurótico que em nós permanece como índice da infantilização à qual recorremos toda vez que somos expostos ao desamparo com o qual não conseguimos lidar. Essa modalidade de amor tem um nome, *masoquismo*; é ela que está na raiz das escolhas infelizes que fazemos no campo amoroso ou profissional, bem como está presente na servidão às tiranias políticas e na obediência cega aos dogmas religiosos tão em voga na atualidade.

Na clínica do sofrimento psíquico, é justamente esse amor masoquista que se atualiza nas primeiras manifestações afetivas dirigidas ao terapeuta. E as práticas hipnóticas-sugestivas não apenas *não* contribuem para a sua transformação, mas terminam por reforçar a dependência e a falta de autonomia dos sujeitos que a elas se submetem. Por isso a "neurose de transferência" carrega o mais sensível paradoxo do método freudiano: *modus operandi* do tratamento, sua transformação em *philia* dirigida ao saber se impõe como a grande dificuldade do trabalho analítico. Não por acaso, Sándor Ferenczi, que merece na obra que examinamos lugar de destaque como principal interlocutor de Freud, descreve assim o desafio maior do psicanalista: "Por trás do amor de transferência, submissão ou adoração (...) o desejo nostálgico de libertação desse amor opressivo", acrescentando que "se ajudarmos o paciente (...) a abandonar essa identificação e a defender-se dessa transferência tirânica, pode-se dizer que fomos bem-sucedidos".

O amor expresso por Fernando Aguiar em sua visitação do percurso clínico freudiano tem como benefício secundário, e paradoxal, contribuir para desvencilhar o campo psicanalítico de toda e qualquer adesão cega ao discurso escolar – à moda *magister dixit* – seja aquela devotada a Freud, seja aquela devotada a mestres mais recentes. Efetivamente, como indica Foucault, os avanços no saber promovidos junto à discursividade psicanalítica implicam um movimento de retorno às origens – à obra de Freud, portanto, instaurador dessa mesma discursividade – não para promover uma reverência acrítica, mas para suspender o véu do "esquecimento" que de tempos em tempos nos faz obliterar seus princípios elementares.

Dessa maneira, a leitura de *Da sugestão à transferência* é recomendada para que, atentos aos pilares técnicos e éticos do freudismo, os psicanalistas possam se emancipar da sua "menoridade", no sentido kantiano, liberando-se para criar uma psicanálise atenta aos problemas da nossa contemporaneidade.

O Witz: *amor ao saber*

Eu não poderia, evidentemente, concluir esse prefácio sem me referir ao último capítulo do livro, intitulado "O humor analítico: o modelo *witzig* de interpretação". Não apenas pela constatação de que essa temática vem sendo reiteradamente esquecida pela comunidade psicanalítica brasileira, mas também pelo fato de que, ao final de seu próprio percurso, Fernando Aguiar nos apresenta uma concepção criativa acerca do estilo freudiano de psicanalisar, indicando que ele não se restringe ao campo representacional, devendo considerar também o trabalho dos afetos e o estabelecimento da empatia entre analista e analisando. O estilo freudiano é, assim, interpretativo *e* empático, e sua eficácia depende do compartilhamento afetivo transferencial capaz de conferir leveza e vitalidade ao encontro do analisando com a angústia provocada pela ausência de sentido (transformada em *nonsense*) e com o seu desamparo frente aos desígnios do acaso que governa nossas existências.

O *Witz* (que proponho traduzir por espirituosidade) é, segundo Freud, a maior virtude do aparelho psíquico. Uma análise bem-sucedida revela ao sujeito que nenhuma interpretação é capaz de curá-lo do desamparo frente às ameaças à sua integridade egóica advindas, como postulado em *O mal-estar na civilização*, da natureza, do próprio corpo e do campo da alteridade. Adotando o humor como paradigma do dito espirituoso, encontramos na pena de Freud a formulação de que o humor, assim como o desejo, "não é resignado, mas rebelde (*trotzig*)", e apenas essa rebeldia é capaz de transformar afetos penosos em prazer e em afirmação de si.

Porém, se a clínica freudiana não se esgota na interpretação, é porque ela implica um trabalho compartilhado pelo analisando e pelo analista de *construção* de sentidos para o desafio comum de erotizar a existência. Desse modo, o último capítulo do livro com o qual o autor nos presenteia, é fiel à provocação tecida nas últimas formulações freudianas, segundo as quais mais do que revelar o inconsciente recalcado, cabe ao sujeito a tarefa da criação de modos inéditos de existência e de sociabilidade.

Não por acaso Freud retoma o tema do *Witz* – com destaque para o humor – em sua conferência escrita para o Congresso Psicanalítico de Innsbruck, em 1927, ano em que se dedicava ao desconcertante *O futuro de uma ilusão*. A lição não é difícil de ser apreendida: a rebeldia própria ao humor é a ferramenta mais preciosa para o trabalho de *desidealização* exigido pela aventura psicanalítica; seja a desidealização do sujeito que se crê "melhor" do que é, seja aquela voltada para a moral vigente, que tem sua razão de ser na manutenção dos privilégios e dos poderes instituídos pela estrutura da vida civilizada.

A psicanálise não porta, assim, nenhuma visão de mundo pronta e acabada como alternativa para as feridas por meio das quais aflige nossa ignorância. Apenas a certeza de que, reconhecendo-nos mutuamente, podemos estabelecer uma comunidade de destino mais adequada aos modos de vida que desejamos experimentar.

Referências

Ferenczi, S. (1910). Sobre a história do movimento psicanalítico. In *Psicanálise I*. São Paulo: Martins Fontes, 1991.

Ferenczi, S. (1931). Análise de crianças com adultos. In *Psicanálise IV*. São Paulo: Martins Fontes, 1992.

Foucault, M. (1969). *O que é um autor?* Lisboa: Veja, 2000.

Freud, S. (1927a). O futuro de uma ilusão. In *Edição Standard Brasileira das obras completas de Sigmund Freud (E.S.B.)*, v. XX. Rio de Janeiro: Imago, 1980.

Freud, S. (1927b). O humor. In *Edição Standard Brasileira das obras completas de Sigmund Freud (E.S.B.)*, v. XX. Rio de Janeiro: Imago, 1980.

Freud, S. (1930[1929]). O mal-estar na civilização. In *Edição Standard Brasileira das obras completas de Sigmund Freud (E.S.B.)*, v. XXI. Rio de Janeiro: Imago, 1980.

Freud, S. (1937). Construções na análise. In *Fundamentos da clínica psicanalítica. Obras incompletas de Sigmund Freud*, Vol. 6. Belo Horizonte: Autêntica, 2017.

Kupermann, D. (2003). *Ousar rir: humor, criação e psicanálise*. Rio de Janeiro, RJ: Civilização Brasileira.

Introdução

Dicionarizado na língua francesa em 1900, portanto mais de dez anos depois de fazer parte do vocabulário freudiano, o termo *suggestibilité* (como "sugestionabilidade", em português) exprime, genericamente, a aptidão à sugestão, isto é, a tendência a se deixar influenciar. O termo *suggestion*, bem mais antigo – data do século XII, conforme ainda *Le Petit Robert* (1989) –, deriva do latim *suggestio* e, na psicologia, nomeia uma crença, uma ideia, um desejo originário em outra consciência, sem que tal influência seja reconhecida pelo sujeito sugestionado. Por fim, *suggestif* (sugestivo), que designa o poder de sugerir ideias, imagens, sentimentos e procede do inglês *suggestive, to suggest*, chega ao vocabulário francês em 1857. A partir de 1890, é também usado para indicar algo que insinua ideias eróticas.

A noção participa da fundação do campo psicanalítico, ainda que para ocupar em mais de um sentido o lugar de sua antítese clínica. A rigor, pertence à sua pré-história, caso se considere que esta história propriamente dita começa quando Freud introduz a inovação técnica da *associação livre*, cuja particularidade consiste em renunciar à hipnose e evitar sugerir intencionalmente. Contudo, se a sugestionabilidade (o termo de sua predileção) caracteriza toda forma de *tratamento psíquico*, incluindo a clínica psicanalítica, seu entendimento só ocorreria com o refinamento teórico de sua própria disciplina, quando ele indica, sempre em meio a uma argumentação mais abrangente, o vínculo conceitual estreito da noção com a *teoria da libido* (1905d), a *transferência* (1909b, 1916-17) e a *identificação* (1921c).

J. Strachey (2001d), o tradutor inglês da obra freudiana, observa que em sua língua, como na francesa, a utilização técnica do termo "sugestão" decorreu da vida cotidiana; em alemão, ao contrário, seu raro emprego na linguagem coloquial só adviria depois de introduzido tecnicamente. O fato talvez justifique que em 1921, ao denunciar sua banalização crescente, Freud afirme a necessidade de impor regras a seu uso convencional, assim como, desde 1889, já se preocupa em defini-lo de modo a permitir uma conveniente distinção entre formas diversas de influência.

Este trabalho, desenvolvido ao longo dos anos e aqui organizado para ser publicado em livro, trata justamente de sua resposta (paulatina, não intensiva, mas persistente) a este desafio. Como corolário necessário e incontornável, o propósito de ressaltar o que diferencia a psicanálise e as psicoterapias, por meio do exame do próprio conceito de transferência e de tudo o que ele implica e impõe como questões clínico-teóricas para a psicanálise freudiana.

É esclarecedor recuar no tempo que precede Freud. Em deliberada perspectiva histórico-continuísta, H. F. Ellenberger (1994) afirma que sob outras denominações a noção de sugestão foi referida por Platão, no *Íon,* como "entusiasmo", e por Montaigne, em *De la force de l'imagination* (capítulo XXI, de seus *Ensaios*), como "imaginação" – ou *imaginatio*, como antes dele chamavam em latim. O autor canadense, médico psiquiatra e historiador das ciências, menciona o grande interesse que, na Renascença, filósofos e médicos destinaram a tal "poder do espírito", cujos estudos concomitantes resultaram em inúmeras obras então muito conhecidas e hoje esquecidas. Montaigne resume algumas das ideias de seu tempo: a imaginação explica os efeitos contagiosos das emoções humanas, milagres, visões e encantamentos habitualmente atribuídos à magia; fenômenos físicos singulares, como chagas (*stigmates*), e até mesmo a transformação de um sexo em outro; pode causar a morte, doenças físicas e mentais, bem como curá-las.

Mais próximo de nós, falamos em magnetismo animal (Mesmer), fascinação (Donato), hipnose (Braid e Charcot), sugestão (Bernheim) e autossugestão (Charcot). Com o conceito de transferência, a teoria rigorosa desenvolvida por Freud marca e assegura um grau superior de legitimidade teórica, associando *sugestão*, *repetição* e *resistência* como as três vertentes pelas quais o fenômeno transferencial manifesta-se no enquadramento clínico. "Sem dificuldade, reconhecemos [na transferência] o mesmo fator dinâmico [...] chamado de 'sugestionabilidade' pelos hipnotizadores e que é o vetor da relação hipnótica" (1925d, p. 89). O. Mannoni (1980) resume tudo de maneira muito feliz ao tomá-la como o restolho da *possessão*, à qual se chega por uma série de subtrações: "Elimina-se o diabo, permanecem os convulsionários. Eliminam-se as relíquias, permanecem os 'magnetizados' de Mesmer. Elimina-se o *baquet*, temos a hipnose e a 'relação'. Elimina-se a hipnose, permanece a transferência" (pp. 49-50).

Em seu sentido amplo, e conforme a definição sucinta de P. Marie (cf. 2004), a transferência é uma inclinação espontânea, irredutível e fundante da experiência humana, e que diz respeito a uma alteridade subjetivada, à qual antecipadamente nos sujeitamos atendendo a um vínculo imanente e imediato. Na vida cotidiana, tais manifestações transferenciais constituem um aspecto importante da influência que exerce o político sobre os eleitores, o professor sobre os alunos, o orador sobre os auditores, o médico sobre os pacientes... São as mesmas manifestações que em todas as épocas sustentaram e animaram as práticas curativas dos feiticeiros, dos xamãs, dos fazedores de milagres de todas as religiões, dos mesmeristas, dos hipnotizadores e de tantos outros que na atualidade praticam o que genericamente chamamos de "psicoterapia".

Mas, em vez de psicoterapia, Freud optou pelo neologismo *psycho-analyse* – o termo aparece pela primeira vez em "A hereditariedade e a etiologia das neuroses", de 1896, artigo escrito e publicado originalmente na língua francesa –, considerando que sua disciplina tinha "direito de cidadania" nas ciências e, em particular, no interior da ainda jovem ciência psicológica. Antes disso, usou o termo *tratamento psíquico* (ou *tratamento de alma*), que, em 1890, deu nome a um de seus textos pré-psicanalíticos importantes. O tratamento psíquico – a mais antiga terapia da qual se serviu a medicina – constitui uma abordagem com fins curativos de padecimentos físicos ou psíquicos despertados pela vida anímica, mediante procedimentos que atuam em primeiro lugar e de imediato sobre a alma humana. Vale destacar a sua fina e sincera observação: "A fim de curá-los, os doentes eram colocados neste estado de 'expectativa crédula' [*gläubige Erwartung*], que nos presta ainda hoje os mesmos serviços" (1905a, p. 48). Contudo, acrescentava no início do século passado: "A numerosos médicos a psicoterapia aparece, ainda hoje, como um produto do misticismo moderno".

De fato, desde sempre as psicoterapias estiveram historicamente articuladas à religião de uma dada comunidade. Libertaram-se nos tempos modernos atribuindo-se em troca uma *concepção do homem* ao menos parcialmente consonante com o *espírito do tempo*, ou, para ser mais preciso, com a atmosfera científica reinante (Marie, 2004). Desse ponto de vista, F. A. Mesmer inaugura esta prática: em pleno Século das Luzes e supostamente apoiando-se na teoria física do magnetismo, teria vencido a disputa com o último dos exorcistas, o padre J. J. Gassner (Ellenberger, 1994). Ambos, como tantos outros ao longo da história, são precursores dos nossos atuais psicoterapeutas, que se valem, sobretudo, da expectativa crédula de sua clientela. "Aprendemos a utilizar para esse fato a palavra 'sugestão'" (1905a, p. 48). Mas a Freud – medíocre hipnotizador – não passou despercebido o papel fundamental da disposição psíquica do paciente em se deixar sugestionar (autossugestão); nesse caso, o efeito sugestivo provém menos do sugestionador do que do sugestionado. Por isso, fator ora favorável ao tratamento, ora de efeito inibidor, é sua influência que define e perpassa todo o tratamento psíquico: sempre segundo Freud, P. J. Möbius nos teria ensinado que a ausência de confiabilidade que deploramos em tantos de nossos métodos de tratamento deve ser atribuída justamente à ação perturbadora exercida por esse poderoso fator.

Em termos fenomenológicos, nenhum médico o desconhece, mas poucos lhe dão a importância devida ou sabem utilizá-lo com eficácia e ética. O fundador da psicanálise, ao contrário, quando necessário e a oportunidade se apresenta, jamais se furta a ajuizar, precisar e distinguir em que medida a prática psicanalítica é capaz de romper com a prática meramente sugestiva de seus congêneres, precursores ou coetâneos, sejam eles confessores católicos, médicos ou modernos psicoterapeutas. Conta a seu favor nessas reflexões o fato de ter à disposição, com o passar do tempo, a rede conceitual de sua própria disciplina sem nenhum paralelo, neste particular, com a estulta abordagem de Bernheim, que fazia de sua sugestionabilidade um fenômeno originário, um fato fundamental [*Grundtatsache*] na vida psíquica que prescindia de explicação.

Renunciando à ambivalência peculiar da clínica médica anatômica, a psicanálise admite, assim, por razões técnicas, mas também éticas, a influência inevitável, tácita ou deliberada que em toda relação assimétrica um exerce sobre o outro. Mas, ao mesmo tempo, a sua própria abordagem do fenômeno não o reduz à positividade, à linearidade e ao participativo, como parecem supor, na outra ponta do espectro, tantas psicoterapias. Em outras palavras, em Freud, o fenômeno transferencial não se funda num ideal relacional, pois, se constitutivo, universal, estrutural e estruturante da condição humana, sua manifestação clínica constitui também um obstáculo ao tratamento – no limite, muito mais que um facilitador. No tratamento analítico, que tende a evidenciar esse lado "indesejável" e "demoníaco" da vida anímica, apenas seu pronto e paciente manejo permite fazer dele sua mola-mestra.

Em contrapartida, e intramuros na própria psicanálise, um esquecimento parece incidir sobre o fato de que, num primeiro momento, em todo ato clínico, psicanalítico ou não, os efeitos sugestivos que lhe são inerentes tendem a predominar, por definição, na relação suposta de transferência. Daí ser preciso ter claro o seguinte: embora o conceito de transferência abranja fatos clínicos que não se limitam ao previsto pela noção de sugestionabilidade, tal distinção não se dá a conhecer automaticamente. Trata-se antes de uma operação singular, a ser constantemente e a cada vez apreendida com a experiência – e que Freud chamou de "manejo (ou manobra) da transferência" [*Handhabung der Übertragung*], essencial à *perlaboração* [*Durcharbeitung*] das resistências. Por sua vez, a perlaboração é o processo pelo qual aos poucos a análise integra interpretações (daí o nome "elaboração interpretativa"), uma espécie de trabalho psíquico que, constante no tratamento, pode sofrer intensificação em períodos de fortes resistências – e tudo o que perturba a continuação do tratamento é uma manifestação de resistência (1915a, p. 202). A expectativa é que este processo, prenhe de idas e vindas e jamais linear, permita a libertação do sujeito de seus "mecanismos repetitivos", cuja influência repousa em recalques que ele deve antes de tudo reconhecer em si mesmo (Laplanche & Pontalis, 1973, p. 305).

Veremos que a extensão conceitual do termo "sugestionabilidade", para ser coerente com sua própria definição, circunscreve apenas, com a psicanálise, a modalidade positiva (terna, fraterna, cooperadora) do termo "transferência". Necessária, mas insuficiente, em certos casos chega a ser encobridora: "mesmo os mais belos resultados eram como que bruscamente apagados se a relação pessoal com o paciente fosse perturbada" (1925d, pp. 74-76). Por isso, na clínica sugestiva, advertida ou não, impõe-se necessariamente denegar, por um lado, a transferência sexual e, por outro, excluir de seu horizonte, mediante toda sorte de concessões, sua modalidade negativa, ou mais frequentemente *ambivalente* da transferência. Para E. Roudinesco (1999, p. 60), as escolas de psicoterapia têm em comum o fato de contornarem os três conceitos freudianos que norteiam e definem o campo psicanalítico: ao *inconsciente* "elas opõem um subconsciente cerebral, biológico e automático"; à *sexualidade*, situada como conflito psíquico, "preferem ora uma teoria culturalista da diferença dos sexos ou dos gêneros, ora uma teoria dos instintos"; enfim, "à *transferência* como motor do tratamento, opõem uma relação terapêutica derivada da sugestão".

Ora, dispor dessas noções fundamentais permite ao fundador da psicanálise avançar na prática clínica, e sentir-se à vontade para fazer afirmações com um vocabulário próprio em diferentes momentos de sua obra: "Nas formas tratáveis de psiconeuroses", a *transferência negativa* pode ser encontrada junto com a *transferência terna* "muitas vezes [dirigidas] simultaneamente para a mesma pessoa" (1912b, p. 115) – e são essas manifestações ditas de *ambivalência* que se tornam "o instrumento principal da resistência" (1925d, p. 89). Em contrapartida, onde a *resistência* provém de uma incapacidade de investir libidinalmente nas pessoas, como na "demência precoce", ou de uma transferência totalmente negativa, como na "paranoia", os pacientes permanecem refratários ao tratamento psicanalítico. Com honestidade e franqueza (1916-1917), pode ainda confessar em suas aulas na universidade durante a Grande Guerra: "Encontramo-nos aqui diante de um fato que não compreendemos e que [...] também nos faz duvidar de ter verdadeiramente compreendido, em todas as suas condições, o sucesso que era possível nas outras neuroses" (p. 455). Parte da asserção remonta a 1905: "As psicoses, os estados de confusão e de humor depressivo profundo (eu diria de bom grado: tóxico), são [...] impróprias à psicanálise, ao menos tal como ela é exercida até aqui" (1905a, p. 54); uma renúncia de tratamento "talvez [...] para sempre, talvez apenas temporariamente, até que tenhamos encontrado um outro projeto que lhe seja mais apropriado" (1940a, p. 266), ainda escreve ao final de sua vida. Como sabemos, seguidores de Freud – por exemplo, M. Balint, D. W. Winnicott et H. Kohut, na esteira de S. Ferenczi – e o desenvolvimento da própria psicanálise – iriam mais longe nesta importante questão. Mas esta já é outra história.

Em todo caso, é instrutivo levar em conta, na Viena dos tempos da formação médica de Freud, a diferença existente entre os casos que podiam ser tratados por um neurologista como ele e os pacientes cujas perturbações seriam hoje chamadas de psicóticas, e cujo destino eram os serviços hospitalares onde trabalhavam os psiquiatras (cf. Roazen, 1996). São naturalmente conhecidos, no livro fundador da psicanálise, relatos de sonhos de pacientes paranoicos; mas é provável que A. Deschenau (2009) tenha razão em sua resenha crítica do livro de T. Vincent – *A psicose freudiana: a invenção psicanalítica da psicose* – ao sublinhar que os estudos das patologias neuróticas deram a Freud o apoio para sua concepção teórica da psicose, cuja apreensão tem de particular o fato de se fazer na teoria – o que impõe restrições à dimensão terapêutica. Sem deixar de interrogar sobre os limites dessas teorias, mas participando de toda maneira de sua evolução, é certo que seu exercício da psicanálise se fazia no consultório particular, onde muito raramente era levado a receber pacientes psicóticos. Suas reflexões teóricas se nutriam, portanto, neste particular, de textos escritos (como *Memórias de um doente dos nervos*, de Schreber) e não da própria experiência clínica.

Foi mesmo trabalhando com as neuroses, conquanto muitas vezes graves (há os que manifestam "delírio de observação" ou "tendências homicidas", por exemplo), que Freud constrói a clínica psicanalítica, atendendo a uma série de regras empiricamente estabelecidas. Entre o abandono da *sugestão hipnótica* de Bernheim e da própria *hipnose*, reabilitada por Charcot e igualmente utilizada no *tratamento catártico* de Breuer, até a invenção do seu próprio método, a *associação livre*, há decisões epistemológicas importantes que se fazem ao longo de pelo menos dez anos de prática clínica. Desde 1889, no auge de sua utilização do método da sugestão hipnótica, já se insurge contra a tese culminante de Bernheim e "um dos lados frágeis da teoria", segundo a qual *tout est dans la suggestion* (1889a, p. 151). Nas notas acrescentadas à tradução das *Leçons du mardi*, de Charcot, credita a seu mestre parisiense a descoberta "de um dos maiores inconvenientes com os quais deve contar a utilização prática da sugestão no estado de vigília e em hipnose leve": com o tempo, nem o médico nem o paciente podem suportar "a contradição entre a negação resoluta do sofrimento *na* sugestão", implícita na constituição e na utilização mesma da técnica sugestiva, "e o reconhecimento necessário desse mesmo sofrimento *fora da* sugestão" (1892-1894a, p. 343, grifos meus). Todavia, é justamente a observação de que Bernheim consegue resultados com seu método *sem* hipnose ou sob *hipnose leve* que lhe permite abandonar a própria hipnose e substituí-la, no método catártico, pelo artifício técnico da *concentração*; daí à regra fundamental [*Grundregel*] da clínica psicanalítica e à psicanálise propriamente dita, não restou mais do que um passo.

Em sua história do movimento psicanalítico, retomaria o raciocínio inicial desta série de resoluções com alguns esclarecimentos adicionais. Clinicamente, o tratamento pela sugestão hipnótica mantinha a carga de preconceitos de toda intervenção médica de seu tempo: "Você não tem nada", parecia dizer o "médico hipnotizador" ao paciente, "é só nervoso, e é por isso que, aliás, posso dissipar seus aborrecimentos com algumas palavras e em alguns minutos" (1916-1917, p. 467). Com essa atitude grosseira e autoritária, quase insultuosa para com o paciente – ainda que um passo à frente da suspeita psiquiátrica de simulação, também no século XIX –, não se fazia mais que reprimir algo existente em sua vida anímica, reforçando e deixando inalterados todos os processos que levaram à formação sintomática.

Ora, nesse contexto, a prática clínica herdada de Breuer, que consistia em investigar os pacientes em estado hipnótico, ao combinar "ação automática" e "desejo de saber", lhe parecia, como rememora em 1914, mais atraente do que a interdição sugestiva, monótona e violenta, que o fazia extraviar-se da pesquisa tão amada e almejada desde sempre (1914d, p. 252). Enfim, em 1921, depois de um longo itinerário, Freud daria indicações precisas sobre a maneira de resolver seu velho e fundante problema: o que é a sugestão; qual é sua natureza, sua estrutura, suas propriedades; como a definir?

Sabemos que, para Freud, o objetivo científico da psicanálise ultrapassa, com toda evidência, sua significação médica. Se a medicalização de sua invenção é mesmo uma de suas grandes preocupações, sendo a outra um desvio possível (como em todo tratamento psíquico) para o misticismo, seu objetivo essencial, como sabemos, é demonstrar a existência do inconsciente na vida psíquica – ou anímica, para usar sua expressão preferida. Dito de outra maneira, ainda que médico no início, Freud dará progressivamente livre curso a seu pensamento a fim de utilizar sua descoberta para a compreensão de questões que dizem respeito a outros domínios, à primeira vista, estrangeiros ao contexto estrito do tratamento[1]. Por outro lado, nos últimos anos de vida,

1 A psicanálise é antes de tudo o nome de um método: "como ciência", escreve nas *Lições de introdução à psicanálise*, ela "é caracterizada não pela matéria que trata, mas pela técnica com a qual trabalha" (1916-1917, p. 402). No diminuto texto "Psicanálise": "O futuro provavelmente julgará que a significatividade da psicanálise como ciência do inconsciente [*Wissenschaft des Unbewussten*] ultrapassa de longe a sua significatividade terapêutica" (1926f, p. 291). No mesmo ano, em "A questão da análise profana": "O emprego da análise na terapia das neuroses não é senão uma de suas aplicações; talvez o futuro mostre que não é a mais importante" (1926e, p. 76). Ou ainda, dois anos depois, a O. Pfister: "Eu disse com frequência que considero a significação científica da análise como mais importante que a sua significação médica e, na terapêutica, sua ação de massa para a explicação e a exposição dos erros como mais eficaz que a cura das pessoas isoladas" (F/P, pp. 175-176). Mas o "homem imparcial" – para usar a referência ao "fictício" e cético interlocutor de Freud em "A questão da análise profana" – não deve aqui se precipitar e ler tais afirmativas como mais um indício da sua conhecida falta de entusiasmo pela terapia (1933a, p. 236). A questão não é clínica, mas epistemológica: tivesse a psicanálise o poder de curar todas as formas de sofrimento psíquico, ainda assim seu julgamento e reconhecimento viriam de sua contribuição ao saber como ciência dos processos inconscientes – como retoma Assoun (1997), talvez inspirando-se nestas afirmativas freudianas. "Por razões práticas", prossegue Freud (1926e, p. 86) na mesma linha de reflexão, "habituamo-nos, mesmo em nossas publicações, a fazer uma demarcação entre uma análise médica e as aplicações da análise. Isso não é correto. Na realidade, a linha de demarcação situa-se entre a psicanálise científica e suas aplicações aos domínios médico e não médico". De fato, estas são questões freudianas por excelência: "Um dos títulos de glória do trabalho analítico é que nele pesquisa e tratamento coincidem" (1912e, p. 148). Ainda assim, como o interesse científico demanda "reunir a estrutura [do caso], tentar predizer seu progresso futuro e de tempos em tempos obter um quadro do estado atual das coisas", e o interesse clínico, ao contrário, exige proceder sem intenção, prevenção e pressuposição, deixando-se surpreender a cada inflexão, "o justo comportamento [para o analista] consistirá em passar com vigor, seguindo as necessidades, de uma atitude psíquica à outra", evitando "especular ou ruminar" sobre os casos enquanto estão em andamento. As suas recomendações são bem conhecidas: a primeira, metodológica, diz que somente depois de concluída a análise, seu material deve ser submetido a um processo sintético de pensamento; a segunda, compromisso ético, visa assegurar que a função de tratar se sobreponha aos interesses propriamente científicos.

as chamadas "análises didáticas" tornaram-se preponderantes em seu trabalho, e no seu consultório permaneceu apenas um número relativamente restrito de pacientes graves. Talvez em razão dessa circunstância (além das limitações impostas pelo câncer, a partir de 1923, ao seu trabalho clínico), reconheceria, em 1928, ter sido nas questões técnicas que se manifestaram nele menos mudança e menos desenvolvimento.

No entanto, tinha com a clínica uma longa história, que lhe exigiu, para inventar um novo campo de conhecimento, a instauração de duas rupturas notáveis. De um lado, seguindo o exemplo de Charcot, com a medicina anatomopatológica, cujo objeto de estudo foi desde sempre a doença (com a verificação empírica das lesões identificadas no cadáver) e não propriamente quem a carrega, uma opção clínico-epistemológica que teve como consequência negligenciar e/ou calar o discurso do paciente. De outro lado (e aqui Freud estava só), com não importa qual outro tipo de tratamento psíquico sob sua forma historicamente determinada pela utilização massiva e não crítica do artifício técnico da sugestão.

Neste caso, o risco reside na suspeita permanente de estar a um passo das formas mais variadas de charlatanismo. Colocando em causa, teórica e tecnicamente, o fator da sugestionabilidade na sua própria clínica, releva, em troca, o fenômeno transferencial, experimentado ingenuamente por J. Breuer, "o primeiro médico que tentou uma análise [...] e ficou desorientado" (1926e, p. 50). Anos mais tarde, acalmado e convencido por Freud a escreverem juntos os *Estudos sobre a histeria*, viria a declarar: "Creio que é a coisa mais importante que nós dois teremos para comunicar ao mundo" (1925g, p. 156). Depois de comunicada, a descoberta assumirá aos poucos, mas consistentemente, um papel de primeira importância na nova disciplina: "O reconhecimento do conceito de transferência é um ato epistemológico e teórico tão importante quanto o da descoberta do inconsciente" (Roudinesco, 1994a, p. 168).

Com este retorno à obra freudiana, quis examinar, como proposta geral, a ruptura clínico-epistemológica estabelecida pelo tratamento psicanalítico com todas as outras formas de tratamento psíquico, mediante duas hipóteses de trabalho: a primeira considera que esta ruptura se faz pelo destaque progressivo do fenômeno transferencial; a segunda propõe que o conceito de transferência somente se deixa plenamente alcançar com a reviravolta teórica dos anos 1920, isto é, em particular, com a introdução da noção de *pulsão de morte*.

Pareceu-me haver alguma importância em refazer este percurso trilhado por Freud que resultou nos alicerces de sua clínica fundadora, e a partir dos quais, por inadvertência ou lassidão, alguns de seus seguidores traçaram (ou correm o risco de traçar) caminhos tantas vezes retroativa e inadvertidamente desviantes. Ou, o que é ainda pior, repetir sempre o mesmo sem nem mesmo o saber, seja com o próprio Freud, seja com alguns de seus seguidores, criativos ou não.

Nenhum outro lugar seria mais adequado para deixar registrados agradecimentos a pessoas, instituições e publicações, que de diferentes maneiras contribuíram para que este trabalho se tornasse uma realidade:

- A Marilza Agostini Pereira, meu esteio ("minha consistência") emocional, intelectual, social e profissional, pleno de amor e generosidade, integridade e lisura, apesar de mim e de tudo, durante tantos anos de vida em comum.
- A Guy de Villers Grand Champs (orientador), André Berten (co-orientador) e Jean Florence, um dos participantes da banca que avaliou a minha tese de doutorado no Institut

de Philosophie da Université Catholique de Louvain (UCL); postumamente, a Walter José Evangelista, que me orientou no mestrado, Luís Alfredo Garcia-Roza e Célio Garcia, que compuseram a banca e avaliaram a minha dissertação no Departamento de Filosofia da Universidade Federal de Minas Gerais (UFMG); a Renato Mezan, cuja obra foi uma referência inspiradora no meu itinerário profissional como professor/orientador, pela quarta capa deste livro e pelo estímulo ao meu ofício recente de tradutor; a Daniel Kupermann, por esta mesma razão, e pela gentileza e paciência de ler este livro e generosamente prefaciá-lo.

- À Universidade Federal de Santa Catarina (UFSC), que me acolheu como professor durante duas décadas; às agências de fomento CNPq e Capes, cujas bolsas de estudos me proporcionaram as pesquisas de mestrado, doutorado e pós-doutorados, que resultaram nos trabalhos de dissertação e de tese e nos artigos que compuseram a base deste livro; às revistas, devidamente listadas nas Referências, que publicaram esses artigos aqui reproduzidos de uma forma ou de outra com alterações. Aos meus alunos e, muito em particular, àqueles que saberão reconhecer o porquê deste agradecimento.

- A Jaci Brito (*in memoriam*) e Maurício Brito pelo apoio fraterno inestimável e múltiplo em tantos momentos decisivos da minha vida; a Maria Beatriz Cândido, amiga e leitora generosa, pela escuta e incentivos constantes e reiterados à realização deste livro; a Francisco Carlos Sgarioni, pela amizade exercida sem sombras, de longe e de perto, solidária e generosamente.

Devo ainda advertir o leitor para as seguintes convenções e justificativas metodológicas:

- A opção pelas *Œuvres complètes*, publicadas pela PUF, mais do que contingências de lugar e afinidade linguística, deve-se ao fato de que sua tecnicidade, homogeneidade e perseverante fidelidade ao texto original e à totalidade da obra resultam em condições fundamentais e decisivas para o pesquisador cujo domínio da língua materna de Freud não lhe permite, com toda a segurança, ir muito além de pontuais e necessários cotejamentos.
- As referências a suas obras foram identificadas entre parênteses, prescindidas de seu nome, conforme a numeração de Tyson e Strachey – *Chronological hand-list of Freud's works* –, e complementadas com o número da página ou páginas consultadas.
- Suas correspondências com K. Abraham (F/A), L. Andreas-Salomé (F/AS), L. Binswanger (F/B), S. Ferenczi (F/F), C.G. Jung (F/J), O. Pfister (F/P), E. Weiss (F/W) e S. Zweig (F/Z) foram citadas, para evitar o excesso de repetições de nomes, pelas siglas assim convencionadas, seguidas do número da página da obra consultada.
- Pelo mesmo motivo, o restante de sua literatura epistolar, amplamente utilizada, foi também referida e identificada apenas pela data de publicação e número de página.

Fernando Aguiar

Liège, Bélgica, junho de 2021

1. Dos primeiros anos de formação profissional

Em 30 de março de 1881, em Viena, o estudante de medicina Sigmund Freud, que permanecera oito anos na Universidade – três além do necessário para se graduar –, é aprovado com distinção nos exames finais. Chamados em Viena de *rigorosa*, na época podiam ser protelados até à conclusão dos estudos. Esta opção o obrigou a rever o que havia aprendido muitos anos antes, e a enorme quantidade de material o impediu de se preparar suficientemente. Não obstante, tinha de maneira característica, sobretudo na infância e na adolescência, uma memória fotográfica. Em sua própria avaliação, diria anos mais tarde que o sucesso resultou, além da clemência do destino e dos examinadores, do que lhe restou dessa habilidade: em algumas matérias, não conseguiu mais do que apresentar os conteúdos de livros-textos folheados apenas uma vez, e assim mesmo com grande pressa (Jones, 1958).

O único fracasso deu-se em medicina legal. Mas, então, nunca poderia prever que poucos anos depois – e quando a convivência com Charcot, em Paris, selava uma opção e uma identidade profissionais – haveria de acompanhar por conta própria, com interesse e repulsão, as aulas do Prof. P. Brouardel, um nome importante da medicina francesa nesta especialidade.

Freud e a medicina

De acordo com Ernest Jones (1958, pp. 64-66), seu biógrafo oficial, a obtenção da qualificação médica, em que pesem tão longa hesitação e adiamento, não se constituiu, sob nenhum aspecto, um momento decisivo em sua vida: era antes uma coisa a ser feita no curso dos acontecimentos, e ele não podia mais ser importunado como um ocioso. Ou, tornando-se quase um eterno estudante, um "fruto seco", como diziam jocosamente seus colegas, quase a realizar a profecia ouvida ainda criança, depois de *atuar* a má ideia de urinar na cama dos pais antes de dormir: "Este menino nunca será nada na vida".

Seguiu o exemplo de todos os pesquisadores do Instituto de Fisiologia de E. Brücke, igualmente médicos, alguns deles tendo mesmo exercido a profissão. No Instituto desde 1876, ali permaneceu até 1882, logo, o rito de passagem em nada modificou sua antiga organização de trabalho. Nesses quinze meses depois de formado, foi promovido à posição de *Vorbereiter* ("preparador", assistente de pesquisador), que implicava alguma responsabilidade didática; ao mesmo tempo, no Instituto Químico de Ludwig, trabalhou durante um ano em investigações avançadas com análises dos gases. O ano de 1882 seria depois considerado por Freud "o mais sombrio e o menos bem-sucedido" de sua vida profissional.

Pode ter alimentado a esperança de vir a ser assistente de Brücke, o que (só) em parte talvez explique sua permanência no Instituto. Mas podemos igualmente supor que tampouco desconhecia as remotas possibilidades de atingir com brevidade este posto – de fato, Freud contava 69 anos quando morreu Sigmund Exner, o sucessor de Brücke, deixando vaga a Cátedra de Fisiologia. De modo que a resolução de se graduar inscreve-se num contexto mais amplo, cujo desenlace só teria vez no ano seguinte. E aí, sim, será uma reviravolta: "movido por sua maldita pobreza e seus projetos de casamento" (Mannoni, 1976, p. 20), renuncia ao rumo conferido à vida acadêmica nos seis anos anteriores e opta pela clínica médica, a despeito de sua precária formação. Ora, tornar-se efetivamente médico é o elo primeiro e essencial de uma cadeia que nos anos seguintes sofreria inúmeros desdobramentos.

O momento de decisão tem, assim, uma localização precisa (1882) e uma personagem-chave (Brücke). O professor, objeto de estima e admiração do jovem aluno, "a maior autoridade a me influenciar" (1926e, p. 81), aconselha-o com certa ênfase – ao contrário do próprio pai, que o estimulara a se conduzir profissionalmente conforme seus desejos – a abandonar a carreira teórica, dada sua precária situação material (1925d, p. 58). Desiste, então, do laboratório de Fisiologia e se torna *Aspirant* (assistente clínico) no Hospital Geral de Viena, onde trabalha em vários departamentos, incluindo o Instituto de Anatomia Cerebral, sob a orientação de T. Meynert, o maior anatomista do cérebro de seu tempo, cuja obra e personalidade o tinham cativado, quando estudante, a ponto de considerá-lo o "gênio mais brilhante que havia encontrado". Em contrapartida, Freud admirava menos "seus dons de psiquiatra" (Jones, 1958, p. 72).

Ato contínuo, recorda ter se tornado tão atuante neste instituto quanto o fora no de Fisiologia. De alguma maneira, permanece no seu ambiente, já que a formação clínica neurológica se fazia sobretudo nos laboratórios. Mas, rigorosamente falando, a passagem à prática hospitalar representava abandonar definitivamente a pesquisa como primeira opção profissional (1925d, pp. 58-59).

Meynert, que lhe dera pleno acesso ao laboratório, tenta convencê-lo a se dedicar integralmente à anatomia do cérebro, acenando-lhe com a possibilidade de sua sucessão na cátedra, pois se sentia velho demais para lidar com os novos métodos. Recusa a oferta, aparentemente temeroso com o peso de tal responsabilidade. Mas em seu íntimo é tomado por estranha e precoce intuição: "é possível, por outro lado, que já então tivesse adivinhado que esse homem genial de modo algum estivesse favoravelmente predisposto a meu respeito" – uma clara alusão ao crítico e adversário intransigente que dele viria ainda a se tornar, quando, rompido com a anatomia patológica, Freud transforma-se no divulgador vienense das ideias de Charcot. Ora, como veremos, isso não ocorreria antes de 1886; até então fora, como Meynert, um anatomista. Jones (1958) observa que as pesquisas neurológicas de Freud têm como característica sua adesão à anatomia; "o microscópio era o seu único e exclusivo instrumento. A fisiologia parecia-lhe significar histologia e não experimentação, estática e não dinâmica" (p. 57). Além do mais, se Meynert lhe fez o convite, certamente foi porque de alguma forma o reconhecia como um jovem pesquisador talentoso, capaz, preparado e instruído pela chamada "escola de Medicina de Helmholtz" (*Berliner Physikalische Gesellschaft*, a partir de 1845), movimento encabeçado por E. Du Bois-Reymond, H. Helmholtz, C. Ludwig e o próprio Brücke, os quais, recusando o vitalismo, "crença fundamental" de seu "mestre admirado", J. Müller, vieram a se tornar "os chefes incontestáveis dos fisiologistas e dos professores de medicina alemães" (Jones, 1958, p. 45).

Assim, é preciso ir além, se tomamos como verdadeira a percepção de Freud sobre a inclinação negativa do célebre professor. Ela contém mesmo um caráter interpretativo, caso seja associada ao convite feito, e uma interpretação fundada no que a psicanálise viria a chamar de *formação reativa*, ou seja, uma atitude psicológica constituída em oposição e em reação a um desejo recalcado (Laplanche & Pontalis, 1973). Eis a insinuação velada: o convite teria antes o objetivo de camuflar o cadinho da subjetividade de Meynert, cuja manifestação, por *deslocamento*, o toma como alvo, ao perceber no ar uma surda oposição a ele próprio e à medicina, antecipando, assim, muito precocemente, daí a reação, algo da subjetividade do próprio Freud; algo de que, afinal, eles não podem ainda tomar consciência, e cuja manifestação se daria, de maneira tão intempestiva, no rompimento definitivo do aluno promissor com a anatomia.

Neste momento nada leva a presumir que Freud hesitasse quanto à especialidade de sua eleição no interior mesmo da medicina, a neurologia, e sua literatura epistolar tampouco dá margem a dúvidas: ele desconhece, ou pelo menos não reconhece nada além ou que substitua a anatomia patológica. E ainda que se faça acompanhar de uma apresentação da parte do neurologista M. Benedikt, famoso hipnotizador vienense (Jones, 1958) e, mesmo se por um breve período, em 1885, tenha chegado a ocupar um posto numa clínica particular onde ocasionalmente se empregava a hipnose (Mannoni, 1976), foi como neurologista da escola alemã e pesquisador da anatomia do cérebro que, primordialmente, Freud buscou o ensinamento do mestre parisiense.

Portanto, é a sua relação ambivalente com a própria medicina que o torna arredio ao convite de Meynert. Levando em conta as estreitas ligações da psicanálise com a falta, a culpabilidade, o castigo, Robert (1964) toma como um "detalhe curioso" (p. 69) o fato de que sua única reprovação acadêmica haja ocorrido em medicina legal; e indaga se algo no seu caráter o teria levado à aversão com a "crueldade necessária" para o exercício dessa profissão. Jones (1958, p. 167), por sua vez, lembra a falta de confiança em sua capacidade como médico e o quanto, nesses primeiros tempos, sentia-se inadequado no trato com os pacientes. Certa vez, depois de não obter sucesso no tratamento de um deles, que, apesar de lhe enviar uma carta cordial, não retoma as consultas, devolve-lhe os honorários. A Martha, então sua noiva, confessa haver precisado de uma boa dose de humor para não se sentir envergonhado de sua ignorância, seu constrangimento e seu desamparo.

Tais vacilações com a medicina têm uma história a ser percorrida nos seus detalhes mais significativos. As dúvidas manifestam-se desde cedo: em 1878, por exemplo, quando presumivelmente ocorreria sua formatura, conta a um de seus amigos que se debate entre "esfolar animais ou torturar seres humanos" (Jones, 1958, pp. 58-59). Ora, esfolar animais é mera força expressiva, dada sua preferência por *ver* ao microscópio a *experimentar* na dissecação – logo, "em vez da ação, um olhar passivo". É esta mesma tendência que em parte, tornando-se clínico, o fará abandonar o tratamento pela estimulação elétrica e, mais à frente, o uso da hipnose, qualificando-a de "ingerência brutal". Quanto a torturar homens, a sentença adquire, assim, um caráter quase profético: afinal, não inventaria uma dezena de anos mais tarde um método de intervenção clínica que se caracteriza basicamente por uma relação passiva e neutra com seus "pacientes"?

Muitos anos depois, no posfácio de *A questão da análise profana* – um "verdadeiro trabalho de circunstância" (1926e, p. 91), mas tratado injustamente, escreve no pós-escrito de 1935, quando deveria ter sido louvado como o fez Ferenczi – retoma uma vez mais (agora a respeito das relações entre psicanálise e medicina) o tema de sua ambivalência para com a profissão de médico:

> *Depois de quarenta e um anos de atividade médica* [o que significativamente coloca o seu início em 1886, quando, retornando de Paris, inaugura seu consultório privado], *o conhecimento que tenho de mim mesmo me diz que no fundo jamais fui um verdadeiro médico. Tornei-me médico como consequência de um desvio de meu plano original, que me foi imposto, e o triunfo de*

minha vida consiste em ter reencontrado, depois de um grande circuito, a orientação inicial. (1926e, p. 81)

Sua "predisposição sádica" não teria sido suficientemente importante para desenvolver a propensão de ajudar as pessoas em sofrimento, uma necessidade que de resto nunca tivera. Tampouco "brincou de médico", pois eram outras suas curiosidades. Mais não o diz, de modo que, no texto, o comentário tem quase a função de aposto. Encontramos antes, em sua "Autoapresentação" [*Selbstdarstellung*] – amálgama entre "apresentação subjetiva e objetiva, entre interesse biográfico e histórico", publicado dois anos antes –, o esclarecimento segundo o qual era movido por "uma espécie de desejo de saber, [mais relacionado] às coisas humanas do que a objetos naturais" (1925d, p. 56). Ou, recuando trinta anos no tempo, na carta dirigida ao amigo W. Fliess em 2 de abril de 1896, em meio às tormentas teóricas que o levariam à fundação do campo psicanalítico: "Quando jovem, eu não tinha outra aspiração além do conhecimento filosófico, e estou perto agora de realizá-la ao passar da medicina para a psicologia". Conclui sem hesitação: "Tornei-me terapeuta contra minha vontade" (2006, p. 233).

Na verdade, o comentário não faz mais do que atualizar a confidência de 25 de maio do ano anterior, também ao amigo berlinense. Depois de afirmar a impossibilidade para um homem como ele de "viver sem uma mania, sem uma paixão dominante, sem – nas palavras de Schiller – um tirano", acrescenta: "encontrei um. A serviço dele, não conheço limites. Trata-se da psicologia, que foi sempre o meu alvo distante a me acenar, e que agora se tornou muito mais próxima desde que me deparei com as neuroses" (2006, p. 167).[2]

2 A sequência da carta tem importância histórica: "Dois objetivos me atormentam: examinar a forma que vai adquirir a doutrina do funcionamento do psíquico quando introduzimos o ponto de vista quantitativo, uma espécie de economia da força nervosa, e, em segundo lugar, extrair da psicopatologia um ganho para

Ainda nessa linha de pensamento, mas no pós-escrito de 1935, vai além do aspecto estritamente pessoal: "A psicanálise não é uma disciplina especializada da medicina. [...] é uma parte da psicologia [...], não certamente a totalidade da psicologia, mas seu alicerce, talvez mesmo seu fundamento" (1926e, p. 80). Não se refere aqui, esclarece, à psicologia médica no sentido antigo, nem tampouco à psicologia dos processos mórbidos, mas à psicologia *tout court*. E não invoca nominalmente a psicologia definida por Herbart como científica desde 1824, modernamente partidária da experimentação e fundada nas matemáticas, desenvolvida por numerosos autores tais como Weber, Helmholtz, Fechner e Wundt e relativa à mensuração dos fatos da consciência (Le Guen, 1989). Mas é sem dúvida a esta psicologia que em 1926 se refere criticamente: "Tal como ensinada hoje nas escolas, o que ela circunscreve?", indaga antes de responder sem tergiversar: "Além dessas preciosas observações de fisiologia sensorial, inúmeras classificações e definições de nossos processos psíquicos que, graças ao uso da língua, tornaram-se o bem comum de todos os homens cultivados". Sua conclusão: "Para se ter uma concepção de nossa vida anímica, é manifestamente insuficiente" (1926e, p. 14). Ou, anos antes, ainda mais preciso: "Mas em nenhum domínio seus ensinos são mais indigentes que no das pulsões" (1917a, p. 43).

Por outro lado, como nunca foi um verdadeiro médico, pessoalmente recusa o argumento histórico de invocar sua formação de origem como prova da relação intrínseca entre psicanálise e medicina. Aliás, não deixa de recordar a frieza, mesmo a animosidade com a qual a profissão médica tratou sua invenção bem desde o começo. Em vista disso, ironicamente manifesta dúvidas se, do

---

a psicologia normal. Na realidade, é impossível ter uma concepção geral satisfatória dos transtornos neuropsicóticos se não se pudermos vinculá-la a hipóteses claras sobre os processos psíquicos normais". Embora com certeza se refira aqui ao "Projeto para uma psicologia científica" ("considerações quantitativas"), que escreve, freneticamente, em 1895, mas que por fim declina de publicar, já está às voltas com sua investigação sobre os sonhos ("processos psíquicos normais").

ponto de vista da teoria da libido, as aproximações atuais feitas por médicos dizem respeito "ao primeiro ou ao segundo dos estádios de Abraham, se se trata de uma apropriação que visa a destruir o objeto ou a conservá-lo" – suspeição que no futuro, diga-se de passagem, poderia ser estendida à psicologia acadêmica. No mesmo diapasão, mas ao menos oito anos antes, diria a Ferenczi a respeito da nomeação do psicanalista húngaro como professor na Universidade: "Mantenha uma atitude reservada. Não fomos feitos para nenhuma espécie de existência oficial e precisamos de nossa independência em todas as direções". E acrescenta, com firmeza e convicção: "Talvez nos seja justificado dizer: que Deus nos proteja de nossos amigos. Até agora nos safamos bem de nossos inimigos. Estamos e nos mantemos livres de toda tendência, salvo uma: fazer pesquisa e ajudar." (F/F, 1996, pp. 385-386).

No texto de 1926, a preocupação e a advertência referem-se ao futuro:

> *Não consideramos em nada desejável que a psicanálise seja engolida pela medicina e encontre sua morada definitiva no fundo do tratado de psiquiatria, no capítulo terapia, ao lado de procedimentos tais como sugestão hipnótica, autossugestão, persuasão, que, extraídos das fontes de nossa ignorância, devem seus efeitos efêmeros à inércia e à covardia das massas humanas.*[3] *Merece melhor destino e eu espero que o tenha. (1926e, p. 75)*

Mais de séte décadas depois, Roudinesco (1999, p. 32) observaria que "em todo lugar, a psicanálise reina soberana, mas em todo lugar é colocada em concorrência com a farmacologia, aliás, a

3 "A própria massa é cômoda, não reclama mais do que uma razão como explicação, não tem reconhecimento pela ciência por seus vastos desenvolvimentos, quer ter soluções simples e os problemas liquidados" (1933a, p. 226).

ponto de ela própria ser utilizada como uma pílula". Dá razão a Jacques Derrida, quando este sublinha, em *Résistances de la psychanalyse* (1996), "que em nossos dias a psicanálise é assimilada a um medicamento obsoleto relegado ao fundo de uma farmácia: 'pode sempre servir em caso de urgência ou de carência, mas depois podemos fazer melhor'". Há ainda a registrar, por um lado, feiticeiros, videntes, magnetizadores e similares efêmeros e substituíveis conforme o ar do tempo; por outro, cientificismos, como nas ciências; por outro, ainda, variadas ofensivas antifreudianas.

Contudo, o tempo passou e a invenção de Freud permanece e sobrevive: *extramuros*, por exemplo, como método científico de investigação na universidade, levada a cabo por especialistas em seu domínio que conhecem igualmente a psicanálise; *intramuros*, como terapêutica, parece ter chegado ao fim a hegemonia daqueles que por décadas, submetidos a um dogmatismo esterilizante, limitaram-se a repetir de maneira mecânica e estulta o dispositivo psicanalítico; ou daqueles outros que, inversamente, se empenharam em "empurrar" o método clínico freudiano para "fora da análise", submetendo-o a uma "experimentação sem limites" (cf. 1933a, p. 238). Depois de um longo caminho já percorrido, que inclui as figuras emblemáticas de Sándor Ferenczi e Jacques Lacan, parece-me haver ainda muito a ganhar, neste particular, com um retorno *sobre* a matriz fundadora, e sem precisar fazê-la dizer o que queremos (cf. Laplanche, 1994, p. 19).

Sabemos que Freud, antes de fundar sua psicanálise, ainda insistirá, até 1897, com as publicações neurológicas, enquanto prepara quase aleatoriamente o terreno à sua psicanálise. Por mais de uma vez negará "formalmente que o estudo da neurologia possa servir de preparação para a psicologia" (Mannoni, 1976, p. 21). Segundo Mannoni, o livro de Freud sobre a *afasia* (1891) e o *Projeto para uma psicologia científica* (1895) "estão entre os monumentos subsistentes dos vãos esforços da época no sentido de colocar uma ponte entre a neurologia e a psicologia"; mas, a seu ver, se "por um ato de fé materialista ele nunca abandonará a esperança de que um dia as duas disciplinas [se encontrem], após 1895, não mais tentará conciliá-las praticamente". Publicou de 1885, ano de sua indicação para *Privatdozent*, até 1897, quando sua psicanálise já é um nome e um método, em torno de vinte escritos neurológicos (por exemplo, sobre a estrutura do neurônio e a afasia). O último deles, "Paralisias cerebrais infantis", de 1897 – foi redigido por solicitação de H. Nothnagel para uma grande enciclopédia de medicina e é o maior de todos: 300 páginas e 400 referências bibliográficas (Strachey, 2001b). Tendo se ocupado deste trabalho por vários anos, ao final, vê-se por suas cartas o quanto ele se torna desinteressante e enfadonho.

Contudo, não recusa o argumento segundo o qual a psicanálise não pode fugir ao seu destino, ou seja, como tratamento de pacientes deve, "como a radiologia, por exemplo, submeter-se às prescrições em vigor para todos os métodos terapêuticos" (1926e, pp. 82-84). Mas reivindica sua especificidade: ao passo que "os físicos não têm necessidade do homem doente para estudar as leis dos raios Röntgen", o único material da análise são os processos anímicos; logo, só pode ser estudada no homem, e principalmente no "homem neurótico", cujas circunstâncias particulares o tornam "um material bem mais instrutivo e acessível". Isso não quer dizer, faz questão de frisar, que o interesse do ensino e da pesquisa científica prevaleça sobre o interesse do paciente; mas, ao mesmo tempo, quer estar seguro de não ser *a ciência anulada pela terapia.*

Dito isso, é evidente que ambas, psicanálise e medicina, tratam da questão da cura. Mas, para a sua invenção, propõe a fórmula "ministério das almas laico", com a qual "poderíamos descrever em geral a função que o analista, seja ele médico ou profano, tem o dever de ocupar junto ao público" – *Seelsorger* em alemão, ou seja, aquele que cuida das almas, se encarrega das almas. O analista seria, então, um "ministro das almas laico".

Por certo, a disciplina freudiana sempre terá de se haver com *heranças* – que, afinal, não é só médica, mas também religiosa. Adverte em 1928, por carta a O. Pfister, o analista, que era também pastor protestante e um sensível interlocutor:

> *Não sei se você se apercebeu do vínculo secreto entre a "Análise profana" e a "Ilusão"* ["A questão da análise profana", de 1926, e O futuro de uma ilusão, de 1927]. *Em um, quero proteger a análise contra os médicos, no outro, contra os sacerdotes. Queria lhe atribuir um estatuto ainda não existente, o estatuto de pastores* seculares *de almas, que não teriam necessidade de serem médicos, nem o direito de serem sacerdotes. (F/P, p. 183)*

Para Marilene Carone (1989), estas seriam as duas maiores preocupações de Freud: *a medicalização* e o *misticismo*. "Para ele, os psicanalistas não deviam se tornar criados da psiquiatria (a psicanálise como um ramo da medicina), nem representantes de uma verdade esotérica revelada". Seu arremate: a advertência "naturalmente não impediu a realização de seus temores, tanto numa como na outra direção" (p. 174).

Entre a pesquisa e a clínica médica

Na *Selbstdarstellung*, falaria de suas influências até a escolha da profissão médica, que, como já referido, não se deveu a uma verdadeira vocação. Em primeiro lugar, o mergulho precoce na história bíblica tão logo aprendeu a "arte da leitura" e que teve, conforme pôde reconhecer mais tarde, um efeito determinante e persistente na orientação de seu interesse. Em seguida, a exemplo de um amigo, no futuro um político importante, alimentou o desejo de estudar Direito e dedicar-se a atividades sociais. "Entretanto, a doutrina de Darwin, atual na época, atraiu-me fortemente, pois prometia fazer avançar de maneira extraordinária a compreensão do mundo". Por fim, um episódio banal, mas que em Freud causou uma forte repercussão, definiria seu futuro: "foi a recitação do belo ensaio de Goethe [na verdade, do escritor suíço Johann Christoph Tobler], 'A Natureza' [*Die Natur*], durante uma aula de vulgarização do Prof. Carl Brühl, pouco antes de meu exame de maturidade [exame de fim de estudos secundários], que decidiu minha inscrição em medicina" (1925d, p. 56).

Nos primeiros anos de universidade, tem interesse por quase tudo, mas nada o atrai particularmente – à exceção, pode-se afirmar, dos estudos... filosóficos. Durante quase três anos, assiste uma vez por semana às sessões de leitura (seminários) e, em 1876, três cursos de Franz Brentano (Jones, 1958), cuja notoriedade era então considerável.[4] De fato, desde 1804, em Viena, os estudantes de medicina eram obrigados a frequentar, por força de lei e por um período equivalente, disciplinas de filosofia. Contudo, essa obrigatoriedade já não estava mais em vigor em 1872, portanto um ano antes de seu

4 Embora nunca o tenha citado como um dos mestres com os quais se sentia endividado, parece muito provável a importância igualmente considerável de Brentano no posicionamento do jovem Freud em relação ao conhecimento das principais questões filosóficas, à familiaridade no uso da lógica e a certo número de temas cruciais como a religião, a filosofia e a psicologia, sobre a qual, como lembra Robert (1964, p. 61), o filósofo trazia ideias novas e radicalmente opostas às de Theodor Fechner, o fundador da psicofisiologia. Em particular, deve-se destacar o lugar que reservava à alma (sua psicologia era fundada na divisão da vida psíquica em três setores distintos), termo que, no futuro, seu aluno interessado usaria ao longo de sua obra, fazendo pouco caso dos preconceitos "metafísicos" da psicologia dita científica. O tratado de Aristóteles sobre a alma, que Brentano fazia os alunos lerem, lhe teria igualmente servido de inspiração para a construção da "primeira tópica" (sistemas Ics e Pcs-Cs) do psiquismo humano, teoria (ou metapsicologia) fundadora da sua psicanálise (cf. Menendez, 2018). Sobre o uso de *Seele* (alma) por Freud, v. B. Bettelheim, *Freud e a alma humana* (Cultrix, 1984) e Bourguignon *et al.* (1989)

ingresso na universidade – uma evidência de que estudar filosofia foi uma escolha pessoal do jovem Freud. Além dos benefícios futuros, chega a resultados imediatos: em 1879, por recomendação de Brentano, traduz quatro ensaios de Stuart Mill para o alemão e, pouco depois, escreve um pequeno manual de filosofia grega, nos moldes de uma apresentação *in usum Delphini*, para que Martha, como o "pequeno Luís", pudesse se instruir com facilidade.

Frequenta sucessivamente cursos regulares de anatomia, química, botânica, mineralogia, microscopia, zoologia, física e fisiologia. Produz alguns curtos trabalhos, mas nada de original. Tendo relativa predileção pela biologia, realiza em zoologia marinha a sua primeira pesquisa séria, curiosamente sobre o aparelho sexual das enguias. Ainda assim, a lembrança desses anos causa-lhe visível mal-estar, os quais lhe dão a impressão de puro diletantismo. Enquanto isso, vive à procura de um mestre e vai encontrá-lo em Ernst Brücke.

No laboratório de fisiologia de Brücke, aprende a disciplina de trabalho que o acompanhará por toda a vida. Diria mais tarde ter encontrado ali tranquilidade e satisfação plena, assim como homens de ciência que pôde respeitar como modelos: o professor Brücke e seus assistentes Sigmund Exner e Ernst von Fleischl-Marxow. Com o Mestre, adquire princípios científicos sólidos e começa a dar a suas investigações um caráter mais pessoal e consequente. Uma delas, cujo objeto de estudo foram as células nervosas do lagostim, mostra como, independentemente de seus professores do Instituto, encontrava-se engajado em pesquisas de ponta; afinal, suas próprias conclusões, na opinião dos especialistas, colocam-no no rastro das futuras teorias sobre o neurônio, a base da neurologia moderna, e cuja constituição final deu-se com H. W. Waldeyer, em 1891.

É também significativo que nesses trabalhos iniciais de pesquisa fisiológica, a princípio por orientação profissional – Brücke teria colocado um microscópio diante dele, visto que não partilhava do desdém de seus colegas fisiologistas pelo simples microscopista –, mas depois, por sua própria escolha e vontade, se limitasse estritamente ao ponto de vista anatômico, ou seja, uma investigação direta sobre o órgão. Sem se constituir em negligência quanto ao aspecto funcional, Freud estava de fato persuadido, segundo Jones (1958), de que suas investigações o levariam a "examinar um pouco o mistério do papel dos nervos" (p. 54). Assoun (1981), por sua vez, vê nesta opção a evidência de certa hierarquia particular: é a observação da estrutura que fornece chaves para a funcionalidade se tornar inteligível; o fisiológico é visível antes na estrutura anatômica.

Uma escolha pessoal, portanto, mas tornada possível graças ao modelo diversificado de prática ensinada aos seus seguidores por Brücke, que tampouco via oposição entre a anatomia e a fisiologia: ainda que a fisiologia significasse fundamentalmente *experimentação*, Freud não pratica, como os colegas, experiências *in vivo* com os animais; e, com o microscópio, limita-se, durante todo o tempo, aos problemas da estrutura do órgão. Há "uma preferência dada aos olhos em detrimento das mãos", e muito cedo teria reconhecido que "toda progressão nos conhecimentos científicos necessita do emprego de novos métodos" (Jones, 1958, pp. 57-58), o que leva Assoun (1981) a ver nesse posicionamento algo que ultrapassa uma mera constatação sobre a passividade de sua natureza e diz respeito, antes de tudo, à "estrutura eletiva de seu saber" (pp. 105-108) que começa a se esboçar. O objeto de investigação da anatomia – dado, disposto num espaço inexplorado – exige um olhar equipado por uma técnica, e esta, mais do que um auxílio, como na fisiopatologia experimental, é para o jovem Freud um procedimento *heurístico* diferenciado e constituidor do que lhe parece essencial na pesquisa científica.

Dito de outra maneira, e indo além sempre com o professor francês: a anatomia lhe fornece uma técnica importante e essencial por si mesma, permitindo-lhe "não apenas ver melhor materialmente, mas *constituir* o objeto enquanto tal", conforme o seguinte pressuposto: "para saber o que procuro, devo compreender como posso encontrá-lo". Trata-se, então, de um procedimento com consequências muito importantes: diante dos fenômenos, a questão preliminar incidirá sobre um *como fazer*, e enfrentá-la implica determinar uma técnica. Esta questão, por sua formalidade, já anteciparia algo próprio da clínica freudiana posterior, na qual a *teoria é o desafio da técnica*, e verificá-la constitui o seu maior interesse, "no sentido quase kantiano, da Razão teórica, que impele a compreender e a experimentar".

Tem, assim, toda a pertinência a observação de Mannoni (1976): ao trabalhar com Brücke, Freud se convenceu de lhe ser conveniente o rigor da ciência positiva. De bom grado teria permanecido no Instituto de Fisiologia, não fosse a necessidade imperativa de garantir a própria sobrevivência, bem como da família que pensava constituir. Ora, médico pesquisador em fisiologia, ele desconhecia a medicina clínica.

Na verdade, a dedicação exclusiva à pesquisa não constituía senão um dado a mais num rol de dificuldades para o exercício da clínica, que, de resto, atingia todos os estudantes de medicina do continente europeu. Naqueles anos, seus ensinamentos eram veiculados basicamente por meio de aulas, conferências, exposições ou demonstrações que não ultrapassavam o reduto da sala de aula, portanto, muito distantes dos cuidados exigidos pelo contato pessoal e direto com os doentes (Jones, 1958).

Ingressando no Hospital Geral de Viena, onde permanece três anos, Freud trabalha, sucessivamente, no Departamento de Cirurgia, com T. Billroth, por dois meses, e no Departamento de Clínica Médica (quando se torna um *Aspirant*), com H. Nothnagel, durante seis meses e meio. A seguir, a partir do primeiro de maio de 1883, permanece cinco meses na clínica dirigida por Meynert, onde foi imediatamente nomeado *Sekunderärzt* (misto de residente médico e encarregado dos registros dos casos). Esta foi sua principal experiência puramente psiquiátrica – além dela, em 1885, há registro de uma breve passagem por um hospital de doentes mentais, cujas particularidades eram sua clientela aristocrática e, como já referido aqui, o emprego da hipnose. Na carta de 28 de agosto – ou seja, no período sob a orientação de Meynert –, parece mais que o puro anatomista ao se manifestar com emoção:

> *Cheguei hoje completamente desamparado à casa de meu paciente, sem saber de onde tirar a simpatia e a atenção necessárias para com ele. Eu me sentia tão exausto, tão apático. Mas esta sensação desapareceu quando ele começou a se queixar e me dei conta de que precisava exercer minhas funções e pôr em ação a minha influência. Creio que nunca demonstrei mais interesse nem exerci tamanha impressão sobre ele. O trabalho é realmente uma benção! Agora me sinto bem e calmo. (1966, p. 57)*

Lembra Goethe, em *Fausto*, sobre a coragem de se arriscar no mundo e com isso sofrer as dificuldades e as prosperidades. Trata-se, prossegue, do mesmo estado d'alma que levou outro "poeta ainda maior", Milton, em *Paraíso perdido*, a fazer a recomendação de nos interrogar sobre "as forças que podemos tirar da esperança e talvez mesmo sobre a decisão emanada do desespero" – de sua parte, pensa que fará melhor não consumir este estado d'alma numa batalha decisiva, mas reservá-lo para uma luta demorada visando objetivos isolados. Esses objetivos são agora percorrer os caminhos que farão dele um clínico. Seja como for, algo começa a se definir, pois o passo seguinte – o Departamento de Dermatologia – será influenciado pela recente experiência psiquiátrica: ali, prefere se ater às doenças de origem sifilítica, graças à sua conexão com o sistema nervoso. É curiosa uma passagem da carta de 9 de outubro, justamente quando presta serviços a esse departamento:

> *Casos, teorias, diagnósticos, fórmulas instalam-se nos espaços de meu cérebro em grande parte ainda vazios; a medicina inteira se torna familiar para mim, fácil; aqui residem as bactérias, coloridas às vezes em verde, outras em azul; acolá, para combater a cólera, recebemos belas recomendações para ler, mas provavelmente sem valor; o brado que domina todos os outros é: tuberculose! É contagiosa? É adquirida? De onde provém? Mestre Koch, de Berlim, tem razão em dizer que descobriu o micróbio em forma de bacilo que é o seu agente? (1966, p. 78)*

No primeiro dia do ano de 1884, começa a trabalhar em um departamento recentemente criado no hospital ao qual deram o nome de *Nervenabteilung* (doenças nervosas). No sétimo dia, já é capaz de informar por carta: "Hoje finalmente pus um pouco de ordem em meus históricos clínicos e comecei a estudar um caso de doença nervosa; é assim o começo de uma nova era!" (1966, p. 96). Mas de modo geral, não havia casos a registrar: quando apareciam, o superintendente Franz Scholz, pouco interessado nesse tipo de pacientes, desfazia-se deles o mais rápido possível (Jones, 1958, p. 76). Revolta-se, em particular, com as péssimas condições físicas das enfermarias, muito sujas e carentes até mesmo de gás, o que obrigava os doentes a permanecer em completa escuridão durante a noite.

Trabalha com afinco durante catorze meses no *Nervenabteilung*, ao mesmo tempo em que dedica, entre suas visitas ao hospital, duas horas por dia ao trabalho no laboratório. Em 28 de janeiro, conta que não aceitará o posto de assistente de Meynert: "é muito razoável o que você me escreveu a esse respeito". Não sabemos o que Martha lhe escreveu; curiosamente, o nome do professor aparece até este momento e, de passagem, apenas duas vezes (em 29 de agosto de 1883 e em 7 de janeiro de 1884) nessas cartas à noiva que nos foram disponibilizadas – de um total que, ao longo de cinco anos, chega a 900! Segundo Jones (1958, p. 76), o posto lhe traria segurança e alguma certeza de se tornar *Dozent* e chefe de laboratório; mas, em contrapartida, implicava perda de tempo com a "estéril psiquiatria" e dificultaria atingir seu alvo: tornar-se neurologista.

Na mesma carta a Martha, mostra-se visivelmente extenuado: "Acabo de dar [...] os últimos retoques em minha primeira publicação clínica. Com dezoito páginas, ela vai se estender por dois ou três números. Boa ou ruim, está terminada, e tirei um peso do coração". Conclui, aliviado: "Agora posso novamente me ocupar de outra coisa" (1966, p. 105). Essa outra coisa é o seu "método de cloreto de ouro", desenvolvido para colorir as fibras nervosas do cérebro e da medula espinhal nas pesquisas histológicas, no qual pretende trabalhar ainda uma semana ou duas. Em seguida, depois de fazer uma conferência, mostrar seus cortes (lâminas), expedir seus manuscritos alemães e ingleses, "voltarei a ser o João Sortudo", referindo-se ao personagem de um conto de Grimm. "A vida é dura, mas o trabalho é a minha droga".

Seus trabalhos estão indo pelo bom caminho, sente-se capaz de fornecer uma série de indicações importantes, umas, confirmando "as descobertas controversas de Meynert", outras, com "explicações novas", cujo número crescente resultará em material para "bons artigos" (1966, p. 115). Aos poucos, o trabalho mais propriamente clínico passa a ocupar um lugar importante em sua vida, ainda que verifique o quão escasso é seu instrumental de trabalho. Neste mesmo 29 de março, conta ainda ao seu tesouro, à sua linda princesa:

> *Só fiquei temeroso nessas últimas semanas porque meu único trabalho eram os experimentos com a anatomia do cérebro. Quando você ler estas linhas, estarei de volta ao serviço, ocupado com pacientes, e os novos aparelhos elétricos contribuirão para me fixar na clínica [...]. Segunda-feira 31 completarão três anos que me doutorei; isso até agora nada me trouxe, mas um médico dificilmente fracassa, ainda mais quando há uma doce amada que o protege da preguiça e dos pecadilhos estúpidos. (1966, pp. 115-118)*

Martha, "boa e cândida", dava-se conta de que a própria ciência poderia se tornar para eles o pior inimigo, dada sua "irresistível atração em lhe consagrar sua vida, sem remuneração nem reconhecimento"? Seria isso, e não a situação pessoal deles, o que impede a solução dos problemas que adia e opõe-se ao tão esperado casamento. Tampouco é outra a razão pela qual, em 19 de abril, ainda não afastou a possibilidade de começar a clinicar na região da Baixa Áustria (a Morávia ou a Silésia). Contudo, acrescenta, "por ora, estou ainda muito combativo para lutar e não tenho a intenção de desistir de me assegurar um futuro em Viena". Conclui resoluto: "A 'luta pela vida' ainda significa para mim a luta pela 'existência aqui'", mesmo considerando quão difícil é ter sucesso nesta cidade onde seus colegas ficam sobrecarregados de manhã à noite e ganhando apenas o suficiente para viver (1966, p. 118). Mas não duvida de que em uma área da medicina dispõe de independência suficiente para dar sua contribuição sem precisar de relações ou diretivas: refere-se ao seu conhecimento do sistema nervoso. Freud já é um neurologista.

Por fim, ocorre algo interessante. Circunstâncias externas – férias de Scholz e ausência de seus substitutos imediatos – o colocam na superintendência da clínica em 15 de julho. Sempre a Martha, e queixando-se do quão difícil foi ocupar o posto, declara que durante aquelas semanas transformou-se num verdadeiro médico. Uma breve passagem pelo Departamento de Oftalmologia, bem como uma estadia na Clínica Kassowitz, especializada em pediatria, completam toda a sua formação na clínica geral. Deixa o hospital no último dia de agosto de 1885, onde trabalhou e viveu durante três anos. Tornando-se um médico dos nervos – a psiquiatria ou, mais precisamente, a neurologia foi o único ramo da medicina pelo qual de fato se interessou (1925d, p. 58) –, carece de maiores conhecimentos clínicos, e certas especialidades lhe são mesmo desconhecidas.

Da filiação neurológico-psiquiátrica de Freud

A psiquiatria anatomopatológica caracterizava-se basicamente pela crença na existência de lesões no corpo relacionadas a determinados sintomas ou combinação de sintomas. Tratava-se, portanto, de descobrir igualmente lesões em todos os distúrbios psiquiátricos. Nessa tendência, destacam-se os neurologistas franceses e alemães.[5] No que se segue, utilizo as informações organizadas por Levin (1980, p. 23 e ss.), em seu *Freud: a primeira psicologia das neuroses.*

5 "Desde a Antiguidade, e particularmente durante toda a Idade Média [...], ficou vedado o acesso ao corpo humano como espaço sacralizado pela religião. Isso trouxe consequências científicas: a Medicina ficou obrigada a desenvolver o campo da observação, da própria clínica, a técnicas de superfície. Os conhecimentos cirúrgicos, longamente desenvolvidos por egípcios e gregos, e transmitidos ao mundo ocidental pelos romanos, empalideceram, sofrendo uma regressão de dois milênios. Os cirurgiões aparecem, assim, nos primeiros decretos ordenadores do exercício da Medicina durante a Revolução Francesa, como técnicos menores, autorizados a atender somente doenças simples [...]. Afortunadamente houve, durante a mesma Idade Média, um número suficiente de médicos profanadores [...] para conservar e transmitir alguns daqueles conhecimentos perdidos na superfície da cultura da época." (Sousa & Jerusalinsky, 1985, p. 7).

Na França, ainda não se pode considerar anatomistas médicos como Philippe Pinel (1745-1826), que estabeleceu a psiquiatria em definitivo como ramo da medicina - a palavra "psiquiatria" foi inventada em 1808 pelo alemão Johann Christian Reil (1759-1813) -, e Jean-Étienne Esquirol (1772-1840), que foi seu sucessor como diretor nos hospitais psiquiátricos de Bicêtre e Salpêtrière. Contudo, Jean-Pierre Falret (1794-1870), discípulo de Esquirol - que, ao final de sua vida, cabe registrar, voltaria a se consagrar inteiramente à medicina clínica - já comungava das ideias anatômicas, afirmando a possibilidade de sem exceção poder encontrar lesões significativas no cérebro ou nas membranas dos "indivíduos mentalmente enfermos". Tais lesões, acentuadas e constantes, explicariam de maneira satisfatória e suficiente todas as várias "perturbações intelectuais e afetivas na insanidade".

Afinal, era essa tendência que dominava em toda a medicina, e Falret e seus colegas não faziam mais do que aderir: desde o estabelecimento da Faculdade de Medicina de Paris, em 1795, ali predominam os métodos patológico-anatômicos. Xavier Bichat (1771-1802), o fundador da anatomia patológica, já em 1801 reivindicava, ao menos para os diagnósticos, a inclusão da medicina como ciência exata quando houvesse combinação de observação rigorosa com exame de mudanças anatômicas, pois de nada vale a observação se a sede da doença permanece desconhecida.[6]

Por vezes, registrava-se algo como a ocorrência de paralisias entre os loucos e argumentava-se que os estudos realizados por meio de autópsia revelaram lesões específicas nesses pacientes. Supunham, então, que as paralisias e a insanidade mental das

---

6 "No dia em que foi admitido que as lesões explicavam os sintomas, e que a anatomia patológica fundava a clínica, foi preciso convocar uma história transfigurada, em que a abertura dos cadáveres, ao menos a título de exigência científica, precedia a observação, enfim positiva, dos doentes; a necessidade de conhecer a morte devia existir desde quando surgiu a preocupação de compreender o vivo" (Morgagni citado por Foucault, 1963, p. 127).

quais eram portadores não passavam de dois aspectos de um único processo patológico, e A. L. Bayle chegou a descrever essa síndrome como *dementia paralytica*. Ora, descobriu-se mais tarde, essa síndrome era a mesma coisa que aparecia, com o nome de "paralisia geral do louco", como manifestação tardia da sífilis. Naquele momento, contudo, a descrição de Bayle obteria ampla repercussão, já que a sífilis atingia 30% de todos os doentes dos hospitais psiquiátricos. O anedotário da anatomia patológica está repleto de histórias como essa – basta lembrar a questão da *degeneração mental*, uma noção que considerava a hereditariedade responsável pelas lesões anatomicamente identificáveis.

Na Alemanha, destaca-se Wilhelm Griesinger (1817-1868), cujo livro *Psicologia mental e terapêutica* rendeu-lhe uma cátedra de psiquiatria, a primeira criada naquele país, em 1865; foi ele o responsável pela transferência do ensino da nova disciplina dos manicômios para clínicas universitárias, incumbindo-se dos doentes e do sistema asilar. Credita-se a essa mudança a passagem da liderança da psiquiatria das mãos dos antigos diretores de manicômios, com suas preocupações meramente administrativas, inclusive dos próprios pacientes, para os professores universitários, cuja orientação era mais teórica e com uma preocupação centrada nos modelos etiológicos e patológicos. Embora se saiba da existência de psiquiatras anteriores a Griesinger com abordagem anatômica muito mais acentuada do que a dele, sua liderança foi incontestável.

Carl von Rokitansky (1804-1878), austríaco, mestre de Meynert e fundador da chamada "Nova Escola de Viena", colocou-se sob a influência dos anatomistas parisienses; mas deles diferia por uma postura ainda mais radical: enquanto os franceses davam geralmente precedência à observação clínica, Rokitansky colocava em primeiro lugar as alterações anatômicas e sustentava que a função da medicina clínica se limitava a demonstrar a existência dessas mudanças anatômicas nos pacientes.

Por fim, Theodor Meynert (1833-1892), que foi o primeiro a ocupar a Cátedra de Psiquiatria na Universidade de Viena, em função de suas realizações como anatomista, estuda inicialmente a relação entre as atividades cerebrais e áreas distintas do cérebro e se convence da relação entre a região do córtex e as funções motoras. Enfrenta a questão de algumas doenças mentais não apresentarem mudanças anatômicas locais. Foi, além disso, um dos partidários da psicologia associacionista: adotando os conceitos psicológicos e neurofisiológicos muito populares no seu tempo, simplesmente os integra em seus modelos anatômicos. As pesquisas de Meynert fazem da Viena do tempo de Freud o principal centro de psiquiatria sob a orientação da anatomia patológica.

Contudo, aos poucos os exageros vão sendo criticados. O sucessor de Griesinger, Carl Westphal (1833-1890), retoma a velha correlação de sintomas clínicos com lesões cerebrais, embora assinalando a limitação em várias doenças mentais; propõe ainda a hipótese de uma capacidade do cérebro para se adaptar. Meynert advoga, em 1880, a ideia de *correlação*. É nessa mesma época que surgem as primeiras oposições: Richard von Krafft-Ebing (1840-1902) critica Meynert e exige cuidadosa observação clínica, afirmando ser a psiquiatria uma ciência *descritiva*, nunca *explicativa*. Ainda assim, a fúria anatômica continuaria hegemônica por muitos anos na psiquiatria. A registrar, a seguir, a separação da histeria e neuroses afins como independentes de qualquer lesão anatômica: emerge a noção de *doenças funcionais*; Hermann Oppenheim (1857-1919) descreve as *neuroses traumáticas*; e Westphal levanta a hipótese de *simulação de sintomas* pelos doentes histéricos.

Este é, de maneira muito resumida, o panorama histórico no qual Freud se insere ao iniciar sua carreira profissional. Até fundar a psicanálise, farão parte de seu vocabulário psiquiátrico noções como degenerescência, predisposição hereditária, inferioridade constitucional. Torna-se neurologista segundo os cânones da época e lugar, hegemonicamente anatomistas. Porém, diz ele, do ponto de vista prático, a anatomia do cérebro não era um progresso em relação à fisiologia, e, ao começar a estudar as doenças orgânicas do sistema nervoso, leva em conta as exigências materiais (1925d, p. 59). Mannoni (1976) assinala que o itinerário profissional de Freud se fez sobre um trocadilho: "*neurologista*, trataria de *afecções nervosas* [...]. Mas isto ainda não era então um jogo de palavras na ocasião em que começou" (p. 21). Afinal, tornou-se "neurologista mediante seu trabalho no laboratório".

Freud recorda-se de haver naquela época, em Viena, poucos especialistas nesta área; e, além disso, o material para estudo espalhava-se "entre diversos serviços de medicina interna", de modo que não havia oportunidade de formação, e era preciso ser seu próprio professor. "À distância resplandecia o grande nome de Charcot". Estabelece um plano para si mesmo: tornar-se "conferencista universitário" [*Dozent*] sobre doenças nervosas, ainda que a maior parte dos seus escritos fosse teórica – "não seria um obstáculo? Não, se há também trabalhos clínicos" (1966, p. 123) –, e, em seguida, dirigir-se a Paris para dar sequência à sua formação.

Na carta de 29 de março de 1884, já citada antes, explica o que vem a ser *Dozentur*. Tratando-se de um título sem fazer jus a nenhuma remuneração, traz, em contrapartida, dois tipos de vantagens: "primeiro o direito de dar aulas (o que é ao mesmo tempo a única obrigação). Se eles forem bem frequentados – e isso depende de tantas coisas – proporcionam o mínimo necessário para viver". Em segundo lugar, acedendo a uma posição social mais elevada, não só no meio médico como também junto ao grande público, "pode-se mais facilmente atingir a clientela e esperar ser mais bem remunerado, em resumo, ajuda a adquirir certa reputação". Mas não se ilude: "É verdade que há *Dozent* sem clientes" (1966, pp. 115-116). Efetivamente, em 5 de setembro de 1885, pouco antes de viajar a Paris e depois de várias peripécias políticas, torna-se *Privatdozent* em neuropatologia.[7]

Empenha-se ainda em alcançar dois objetivos. O primeiro deles refere-se à possibilidade de vir a ser conhecido e reconhecido junto à comunidade, daí a sua insistência em se tornar professor-conferencista. Já o segundo é fruto do evidente desamparo técnico de sua clínica psiquiátrica: é preciso encontrar um meio, um procedimento, mesmo um instrumento que tenha eficácia terapêutica.

No primeiro dos objetivos, enquadram-se dois trabalhos de pesquisa, realizados esperançosamente: em um deles, consegue fazer uma modificação importante na "fórmula de Reichert", que vem a ser uma mistura de ácido nítrico e glicerina, usada no preparo do tecido nervoso a ser submetido ao exame microscópico. Quanto à outra pesquisa, a ela já me referi: trata-se do método histológico do cloreto de ouro, objeto de muitos comentários esperançosos nas cartas desse período.

No segundo dos objetivos, registram-se os experimentos realizados com a cocaína, cujo alcaloide fora isolado em laboratório em fins dos 1850 e objeto de pesquisas no meio médico.

7 Freud apresentou sua candidatura em 21 de janeiro de 1885 e, já em 28 de fevereiro, um comitê, formado por T. Meynert, E. Brücke e H. Nothnagel, analisou detalhadamente os trabalhos científicos realizados por ele e apresentou ao conselho da Faculdade um relatório (redigido por Brücke e coassinado pelos outros dois) com a seguinte conclusão: "O Dr. Freud é um homem de boa cultura geral, de caráter calmo e sério – um trabalhador de primeira ordem no domínio da anatomia nervosa, dotado de delicadeza, perícia e perspicácia, com conhecimento amplo da literatura especializada, demonstrando lógica e reflexão e o dom de se exprimir por escrito com elegância –, seus trabalhos têm tido o mérito de serem reconhecidos e confirmados. É também um orador tão seguro quanto claro. Reúne tantas qualidades próprias ao investigador científico e ao professor qualificado que, por unanimidade, o Comitê se permite propor ao venerável Colégio o favor de aprovar a continuação de todos os procedimentos de habilitação." (1960, p. 26).

Certamente não se pode negar que um resultado favorável implicaria também alguma recompensa de ordem material – e ele próprio manifesta o desejo, se tudo correr bem, de poder, enfim, casar-se e permanecer em Viena. De maior interesse, porém, são as considerações de ordem propriamente terapêutica: espera que a droga venha a ocupar um lugar de importância maior do que o da morfina; e, além do mais, combata sem riscos a depressão e a fadiga, a má-digestão e os vômitos... Ele quer, como médico, combater o sofrimento humano. No começo de tudo, escreve a Martha em 21 de abril de 1884:

> *Também acaricio neste momento um projeto e uma esperança que compartilho com você [...]. Trata-se de um experimento terapêutico. Tenho lido algo sobre a cocaína, o elemento ativo das folhas de coca, que algumas tribos indígenas mascam para aumentar a resistência às privações e à fadiga. Um alemão testou esse produto em soldados e declarou que realmente lhes deu uma força e um vigor extraordinários. Vou providenciá-lo e, por motivos fáceis de imaginar, experimentá-lo em casos de afecções cardíacas e de depressão nervosa, em particular nos estados tão deploráveis como os que se seguem à abstinência da morfina (como no Dr. Fleischl). Talvez muita gente já esteja se ocupando disso, pode ser que não dê em nada; mas vou tentar o experimento e, como você sabe, se fazemos frequentes tentativas e não desistimos de querer, um dia acabamos tendo êxito em obtê-lo. (1966, pp. 120-121)*

Com efeito, foi tal confiança no empirismo – Jones (1958) salienta o fracasso repetido de Freud toda vez que tentou praticar o método experimental propriamente dito –, que o levou a cometer grandes imprudências na condução da pesquisa. Ele mesmo usa a droga, com bons resultados, com ela trata seus pacientes, envia pequenas doses para Martha, recomenda-a aos amigos. Medica Fleischl, como havia previsto: o amigo e colega sofria dores insuportáveis fazia mais de dez anos, desde quando, em acidente de trabalho, deixara-se inocular por uma bactéria, seu objeto de pesquisa na época. Vivia à custa de grandes doses de morfina, quando Freud prescreve, com o consentimento, a aprovação e o entusiasmo do paciente, sua substituição pela cocaína, pensando, assim, evitar as terríveis consequências dos efeitos colaterais. Fleischl vinha morrendo aos poucos, e Freud, que o admirava e o tinha na função de um *ideal*, dizia que a sua morte o comoveria "como a destruição de um templo sagrado teria afetado um grego antigo". Mais do que a pessoa humana, gostava dele como "um triunfo precioso da criação" (Jones, 1958, p. 99).

O resultado desse tratamento é bem conhecido: a administração da cocaína no colega revelou-se um trágico engano, embora seja pouco provável que seu uso, mesmo se em doses cada vez maiores, tenha apressado sua morte, só ocorrida cerca de seis anos depois, em 1891. Seja como for, o episódio dramático o marcou definitivamente, e dele participou noites após noites de profundo desespero. Há, além disso, o registro da morte de outro paciente a quem receitou uma forte dose, certo de que a droga era inócua. Os ecos dessas ocorrências, como se sabe, apareceriam anos mais tarde no livro do sonho – nas entrelinhas, também o relato de sua autoanálise.[8]

8 Reconhece no prefácio à segunda edição de *A interpretação do sonho*, ao contar que se serviu dos seus próprios sonhos para elucidar as regras da interpretação: "Para mim [...] este livro tem ainda uma outra significação subjetiva que eu só pude compreender depois de tê-lo terminado. Revelou-se [...] um fragmento de minha autoanálise, minha reação à morte do meu pai [1896], portanto, o acontecimento mais significativo, a perda mais radical que intervém na vida de um homem." (1900a, p.18).

Antes, porém, enquanto os indícios ainda não são negativos, é tomado de franco entusiasmo. Já em 19 de junho, apenas dois meses após ter tomado conhecimento da cocaína, registra por carta o término do trabalho, o primeiro, de nome *Über Coca*. Na mesma carta, com desarmante sinceridade, faz uma avaliação favorável de si próprio, sem nem sequer se dar conta do que viria a seguir:

> *Sou muito obstinado e muito audacioso e preciso de grandes desafios. Tenho feito um tanto de coisas que qualquer pessoa sensata avaliaria como muito insensatas: por exemplo, sendo pobre, escolhi a ciência, em seguida, sem um centavo conquistei uma moça pobre, mas me é necessário continuar a viver da mesma maneira, arriscar muito, esperar muito, trabalhar muito. Do ponto de vista do bom senso burguês, há muito tempo estou perdido. (1966, p. 126)*

Ainda publica um segundo trabalho, "Sobre o efeito geral da cocaína" [*Über die Allgemeinwirkung des Cocains*]. Para Jones, *Über Coca*, é o melhor de todos os seus artigos: mais do que um trabalho científico original, é uma obra literária, e escrita "como se estivesse enamorado pelo tema", algo que jamais voltou a ocorrer em seus outros trabalhos.[9]

Mas os fatos logo se precipitam. São registrados imediatamente e, em seguida com uma frequência assustadora, casos

9 Este ensaio "é escrito no melhor estilo de Freud, cheio de sua vivacidade habitual, de sua simplicidade e sua distinção [...]. Observamos, além disso, [...] um fato único [em suas obras]: uma mistura notável de objetividade e calor particular, como se estivesse enamorado de seu tema. Emprega expressões raras de encontrar em artigos científicos, como, por exemplo, 'a excitação extraordinária' que manifestam os animais depois de uma injeção de cocaína, ou a absorção de uma 'oferenda' em vez de uma 'dose' deste produto" (Jones, 1958, p. 90).

de cocainomania. A. Erlenmeyer, desde o início seu adversário no tocante à cocaína, logo poderá chamá-la de "a terceira praga da humanidade" (depois da morfina e do álcool). Segundo o próprio Freud, todo o episódio lhe rendeu "graves censuras". Para Jones (1958), "o homem que havia tentado tornar-se útil à humanidade ou, de toda maneira, conquistar uma reputação pela cura da 'neurastenia', se via agora acusado de ter disseminado o mal no universo" (p. 104). Sua conclusão, óbvia: "Deve ter havido muitos que o encararam como um homem de juízo leviano".

Tem agora a reputação abalada, a despeito da incontestável condição de *precursor*. Significativamente, havia abandonado a via de pesquisa sobre as propriedades anestésicas da cocaína, que resultou no sucesso de seu amigo Koller. Freud, que nunca se considerou um terapeuta, errou justamente ao insistir nas suas... propriedades terapêuticas.

A reviravolta de 1885-1886

É 1885, portanto, um ano decisivo. Diante dos rumos de sua vida profissional – a importância do fracasso com a pesquisa sobre a cocaína não pode ser subestimada (talvez devesse ser mesmo necessário afastar-se de Viena) –, volta-se inteiramente para os planos de estudar com Charcot. Rejeita, inclusive, a proposta de se tornar *Sekunderärzt*. Seu raciocínio lhe parece evidente: aceitando-a, primeiro, não concluiria o trabalho sobre o cérebro; segundo, não lhe dariam licença para a viagem e, com isto, por um lado, no prazo de dois meses, seria inevitável a renúncia ao posto; por outro lado, se desistisse da viagem, logo "perderia a paciência" com a rotina do hospital. Sabe que muitos acharão "pura estupidez" rejeitar um cargo pleiteado um mês antes, em troca de uma viagem a Paris para a qual não tem ainda nem mesmo a bolsa nem qualquer outro auxílio. "Mas o demônio do homem é o que há nele de melhor, é o homem mesmo. Não devemos começar algo de que realmente não gostamos" (1966, pp. 150-151).

A carta de 28 de abril, cujo texto é de todos muito conhecido, parece reveladora de seu estado de espírito: há nela um clamor por mudanças, revoluções íntimas, rompimento com o passado. Segundo Mannoni (1976), trata-se de uma grande reviravolta na vida de Freud: "Só que ele não o sabe. Acredita que se refere a seu casamento e a sua renúncia em face da pesquisa" (p. 15). Por certo, apenas uma ingenuidade juvenil, esperançosa, mas crítica, permite-lhe uma correta profecia:

> *Estou levando a bom termo um trabalho que tinha projetado fazer e que um dia vai colocar em cruel embaraço um tanto de gente que ainda não nasceu, mas que, para sua infelicidade, ainda vai nascer. Como você não vai adivinhar de quem falo, vou lhe dizer: trata-se de meus biógrafos. Destruí todas as minhas anotações desses últimos quatorze anos, assim como cartas, extratos científicos e os manuscritos de meus trabalhos. Quanto às cartas, poupei apenas as da família; as suas, meu amor, nunca correram perigo. [...] todos os meus pensamentos e sentimentos relativos ao mundo em geral e às minhas relações com ele, em particular, foram julgados indignos de subsistir: será preciso repensar tudo, e eu não tinha rabiscado pouco [...]. Quanto aos biógrafos, que se atormentem, não vamos lhes facilitar a tarefa. Cada um deles poderá ficar com sua opinião pessoal sobre o "desenvolvimento do herói", já me exulto com os erros que vão cometer. (1966, pp. 151-188)*

Mas é evidente que nesse momento tais palavras não passam de uma *boutade*, mais um exercício de humor muito característico de Freud. Afinal, mantém-se fiel a seu objeto de estudo. A Martha, mais uma vez, em 17 de maio, num intuito eminentemente galanteador: "Acho que a anatomia do cérebro é a única rival verdadeira que você tem e jamais terá" (1966, p. 156).

Quanto à ida a Paris, as coisas lhe parecem incertas, pois desconfia das circunstâncias políticas. Em 26 de maio, tem notícias desfavoráveis sobre a bolsa de estudos; até então, mais dois pretendentes lhe faziam concorrência - um deles, no entanto, justamente o mais "perigoso" dos dois, decidiu retirar-se da disputa em razão de sua "juventude". Ora, contava com a possibilidade de os "votos dos cristãos" - portanto, hostis a ele, um judeu - ficarem divididos entre os outros candidatos, de modo a que nenhum deles pudesse igualar ou superá-lo na contagem final: tinha como certo mais de um terço do total dos votos; agora, com um desistente, bem poderia ser derrotado (1966, p. 59). Finalmente, em 20 de junho, a boa notícia: "Oh! como será maravilhoso! Vou com dinheiro, vou ficar muito tempo, levarei uma coisa bonita para você [Martha morava em Wandsbek, distrito de Hamburgo, na Alemanha] e depois irei a Paris, me tornarei um grande cientista e em seguida voltarei a Viena com uma grande, uma enorme auréola". As felizes consequências seriam duas, naturalmente: a primeira, de ordem pessoal, o tão ansiado casamento. A segunda: "vou curar todos os casos de doenças nervosas incuráveis" (e não "neuroses", como lemos na tradução brasileira). Diria ainda na mesma carta: "Estou indizivelmente feliz. Junho é realmente um mês bom. Nesta mesma sessão, foi igualmente aprovada minha candidatura à *Dozentur* por 19 votos contra três". Quanto à bolsa, sua atribuição resultou de 13 votos contra oito (1966, pp. 166-167).

Vemos, assim, sob que circunstâncias viaja a Paris. Resta-nos tão somente reafirmar sua condição e filiação profissionais: trata-se de um médico com modesta experiência clínica, ainda que intensa nos últimos tempos, e um pesquisador reconhecido, de sólida formação em fisiologia e anatomia patológica, com vários trabalhos publicados; e, naquele momento, com a reputação abalada por ter seu nome ligado à divulgação da cocaína.

A Martha, tão logo se instala na cidade, no Hôtel du Brésil – depois de relatar sua ida frustrada à Salpêtrière e passeios (Quai d'Orsay, Invalides, o Sena, Champs-Élysées, Concorde, Jardin de Tuileries, Louvre), escreve comedidamente em 19 de outubro que, "salvo algum benefício subjetivo e científico, espero tão pouco de minha estadia aqui que não poderei ser desapontado". Dois dias depois, apresenta-se a Charcot, por quem se deixa seduzir desde o primeiro momento quando o vê examinar os pacientes: "Ele se impôs a mim por seu brilhante diagnóstico e o vivo interesse que mostra por tudo. Nenhuma relação com os ares de superioridade e distinção superficial a que nos habituaram os nossos grandes pontífices". Admitido sem "maiores formalidades", o Mestre, depois de ler a carta de apresentação de Benedikt, leva-o para visitar detalhadamente o laboratório e o anfiteatro e com toda a amabilidade lhe explica "uma quantidade de coisas", enquanto atravessam "várias salas de doentes".

Hoje sabemos qual foi sua aquisição mais imediata com Charcot: a descoberta de outra clínica, uma clínica ao mesmo tempo tão antiga e tão moderna, a despeito de o médico francês ser de fato um neuropatologista de formação. Ora, retomá-la naquele momento – a perspectiva deve ser histórica – significa romper com os pressupostos anatômicos. Jones (1958) observa que se tornará um puro clínico ao abandonar quase totalmente seus estudos microscópicos depois da temporada parisiense.

Cabe, pois, concluir que, ao chegar a Paris, Freud era herdeiro da psicologia e da psiquiatria de estrita tradição alemã, cuja inspiração era psicopatológica; ao retornar a Viena, e disso falarei amplamente no próximo capítulo, levará como herança a inspiração francesa neuropatológica, cuja marca é o fascínio da clínica. "Essas duas abordagens que se fundiram de maneira tão fecunda na psicanálise" (Assoun, 1981, p. 116) têm antes uma história de conflitos ao longo de todo o século XIX.

Se a França é de fato o berço da anatomia patológica, ainda assim é lícito falar em "tendências". Freud (1982) conta, de Paris, ter conhecido um professor francês e ouvir dele a confidência de que "teria preferido ser um professor numa pequena universidade alemã" (p. 247). Bem-humorado, gaba-se de sua confiança "como juiz da natureza humana", pois o havia descrito, antes desse encontro, como "um professor universitário alemão mal traduzido para o francês". Escreve dez anos depois sobre o fato de nem sempre ter sido um psicoterapeuta: como outros neuropatologistas, fora "formado nos diagnósticos locais e no prognóstico elétrico, e não deixo de ter de mim mesmo uma impressão singular ao ver que as histórias de doentes que escrevo são lidas como novelas e são, por assim dizer, privadas da marca solene da cientificidade". Consola-se que isso se deve, mais do que a predileções, à natureza do objeto: "uma apresentação aprofundada dos processos anímicos, como temos o hábito de encontrar no poeta [...]. São histórias psiquiátricas [...], a saber, a relação íntima entre a história de sofrimento e os sintomas de doença" (1895d, p. 182).

Quando a medicina se torna científica, tem de se haver com o que poderíamos polarizar, genericamente, em duas vias: a cura pela *via da patologia anatômica* e a cura, tradicional, pela *via psicológica*. E se esse conflito se harmoniza com o advento da psicanálise, é porque, como campo científico constituído, a disciplina freudiana logra na clínica fazer uma crítica, em *primeiro lugar*, à própria medicina, com sua ênfase no *ver* e no *olhar*, ou seja, uma intervenção ativa, propondo em troca a tônica no *ouvir* e no *escutar*, ou seja, uma intervenção passiva junto ao paciente. Freud assegura a seus alunos:

> *No ensino médico, vocês se habituaram a ver. Veem a preparação anatômica, o precipitado na reação química, a contração do músculo que resulta de uma estimulação de seus nervos. Mais tarde, o doente é exposto a seus sentidos, com os sintomas de seu sofrimento, os produtos do processo mórbido, e em numerosos casos até os agentes patogênicos no estado isolado [...]. Mesmo na psiquiatria, a apresentação clínica do doente lhes fornece, conforme mudanças de fisionomia, maneira de falar e comportamento, uma quantidade de observações que lhes deixam profundas impressões [...]. Infelizmente tudo acontece de outra maneira em psicanálise. No tratamento analítico nada ocorre além de uma troca de palavras entre o analisando e o médico. O paciente fala, relata vivências no passado e impressões presentes, queixa-se, revela seus desejos e suas moções de sentimento. O médico escuta. (1916-1917, pp. 10-11)*

Com esta escuta, a psicanálise inaugura um campo de intervenção clínica, que, estritamente falando, não é mais médica.

Em *segundo lugar*, ela consegue oferecer uma explicação convincente e correta do que ocorre no processo do tratamento psíquico, essencialmente caracterizado pelo fenômeno conhecido pelo nome de *sugestão* ou *sugestionabilidade*, e incluído por Freud na esfera do *fenômeno transferencial*. O conceito de transferência, por sua vez, possibilita lidar clinicamente com essa influência de *um* sobre o *outro* não mais de maneira cega e sem direção, ultrapassando assim, como espero mostrar com este percurso freudiano, os limites de uma psicoterapia – não por acaso, o nome escolhido pela escola de Nancy (Liébeault, Bernheim e outros) para designar seu tratamento sugestivo, inclusive, com este último, sem hipnose.

2. Da neurologia à clínica *visuelle*

O primeiro contato de Freud com a hipnose deu-se por meio de Carl Hansen, um adepto tardio do Mesmerismo, cujas demonstrações populares foram proibidas pela polícia em 1880, tanto em Estocolmo como em Viena, em decorrência da desaprovação dos círculos médicos oficiais. Dinamarquês, foi um desses grandes hipnotizadores profissionais (entre outros, Lafontaine, na França; Donato, na Bélgica, França e Itália; e, na Alemanha e Áustria, o próprio Hansen), que fascinaram multidões por toda a Europa e atraíram-nas para suas sessões públicas.

A essas sessões também acorriam numerosos neurologistas e psiquiatras. Charles Richet (no futuro, Prêmio Nobel de Fisiologia, eugenista e "metapsicólogo") foi o primeiro a publicar o resultado de suas experimentações sobre o assunto em revistas científicas, além de talvez haver encorajado Charcot, de quem foi o mais antigo assistente. O professor de fisiologia e de histologia Adolf Heidenhain, de Breslau, como Freud, também assistiu a Hansen e, em seguida, impressionado, adotou-lhe o método, chegando a publicar um livro sobre a hipnose em 1880. Deu-se o mesmo com o médico escocês

James Braid, que exerceu a Medicina em Manchester, onde, em 1841, após assistir a Lafontaine, passou a praticá-la.

Ellenberger (1994), ao dizer que esses hipnotizadores profissionais deixavam, por onde passavam, rastros de "epidemia psíquica", coloca-os como exemplos de haver um campo propício para o trabalho de Charcot. Ainda assim, em que pese o papel de animadores e divulgadores desses homens, o tema – não só quando Freud assistiu a Hansen em Viena, mas também nos anos seguintes – era ainda obscuro e controverso. Na cena médica, sobretudo.

Freud e o hipnotismo

Eis seu relato do evento do qual participou como espectador atento e interessado:

> *Eu era ainda estudante [e assistindo] a uma representação pública do "magnetizador" Hansen, notei que um dos sujeitos da experiência tinha se tornado pálido como a morte quando caiu em rigidez cataléptica e assim permaneceu durante toda a duração do estado. Fundou-se aí minha convicção em favor da autenticidade dos fenômenos hipnóticos. Pouco depois, esta concepção encontrou seu representante científico em Heidenhain, o que, entretanto, não impediu os professores de psiquiatria de declarar, ainda durante longo tempo, que a hipnose era charlatanice, além de perigosa, e de ver os hipnotizadores com uma condescendência desdenhosa. (1925d, p. 64)*

Na sua história com o hipnotismo, há pelo menos mais uma referência a registrar – e, esta sim, altamente significativa – antes do contato com o professor parisiense. Conforme Strachey (2001a), Freud tinha pouco mais de 20 anos – na verdade contava 25, e em vias, finalmente, de se formar em medicina – quando soube que a hipnose era às vezes empregada com fins terapêuticos por J. Breuer, colega, amigo e futuro colaborador. É mesmo provável que esses assuntos entrassem com relativa frequência na interação entre os dois homens. Pelo menos, é o que podemos inferir, mesmo por vias indiretas, do comentário feito a Martha em 13 de julho de 1883: "Tivemos uma longa conversa médica sobre doenças mentais e nervosas e casos clínicos curiosos – o de sua amiga Bertha Pappenheim mais uma vez veio à baila" (1966, p. 50). Ora, a amiga Bertha é conhecida na história da psicanálise como Anna O., codinome escolhido por Breuer, um médico clínico, para nomear a paciente de seu primeiro (e único) tratamento totalmente realizado sob hipnose.

Em seguida, Freud irá a Paris estudar com Charcot, então o mais conhecido neurologista europeu, que se voltara, justamente no início daquela década, para o estudo e a investigação da neurose histérica, "a mais enigmática de todas as doenças nervosas".[1]

---

1 O nome "histeria", inventado por Hipócrates, carrega consigo o preconceito que associa, desde as "épocas mais antigas da medicina [...], às afecções do aparelho genital feminino" (1888b, p. 94). Sua sintomatologia, como atestam documentos da época, não teria se modificado e, até os trabalhos de Charcot e da Escola da Salpêtrière, "foi a *bête noire* da medicina; as pobres histéricas, que nos séculos anteriores tinham sido queimadas e exorcizadas como endemoniadas, sucumbiram em época recente e esclarecida a maldição do ridículo; seus estados foram avaliados como indignos de uma observação clínica, como sendo simulação e exagero". De certa maneira, lembra ainda Freud, teria havido mesmo um retrocesso: enquanto na Idade Média seus "traços" [*stigmates*] – definidos por Charcot como "os sintomas permanentes da histeria" e, na sequência, descritos por Freud "como não psicogênicos". Conhecidos, interpretados e explorados para seus próprios fins, "eu vi, nas policlínicas de Berlim, que essas características somáticas [...] eram mesmo desconhecidas e que, com o diagnóstico 'histeria', parecia

Em função desta opção, e amparado no seu imenso prestígio, havia resgatado a velha hipnose, usando-a amplamente em suas demonstrações de natureza teórica e diagnósticas.

De volta a Viena, em abril de 1886 – "'na minha França, tudo era tão mais belo!' eis como suspiro, nova Maria Stuart entre os neuropatologistas" (1966, p. 226) –, será incansável na defesa das ideias trazidas de Paris, esclarecendo, argumentando, polemizando... logo ele que dizia, em parte por causa dos acontecimentos vividos nessa época, não gostar de polêmicas. No futuro próximo, privado do reconhecimento profissional, chamará de "meu esplêndido isolamento" ao período iniciado com a fase de discípulo vienense de Charcot até o final daquele século; queria, com isso, dizer da possibilidade de trabalhar, sozinho e sem interferências, nas suas pesquisas, que, na década de 1890, resultariam na psicanálise.[2] Enquanto esta não é ainda uma realidade, o compromisso com as ideias charcotianas leva-o a recordar, ainda em 1889, com alguma ironia e referindo-se a si mesmo: "Diante dos ataques de Meynert, o autor destas linhas teve a sensação de que se encontrava em boa companhia ao se engajar na causa da hipnose". Sua conclusão: "O Prof. Forel é uma prova de que é possível ser um anatomista do cérebro absolutamente digno de consideração e, não obstante, ver na hipnose outra coisa além do mau gosto" (1889a, p. 145).

A bem da verdade, além de Forel, ele próprio e seu mestre parisiense são bons exemplos dessa possibilidade; mas tampouco se pode negar que razões históricas de peso, como a busca da

---

absolutamente reprimida a propensão de continuar a se ocupar das doentes" (1956a, p. 19).

2 "A expressão (sob sua forma adjetivada 'splendidly isolated') foi aplicada pela primeira vez à posição do Império Britânico diante da Europa pelo político canadense Sir George Foster, em 16 de janeiro de 1896. A forma 'splendid isolation', retomada em 26 de fevereiro de 1896, logo se tornou popular. Freud a emprega para descrever sua própria situação", na carta a Fliess de 7 de maio de 1900. (McGuire, 1975, p. 157)

medicina moderna por reconhecimento, sustentam a evidência do antagonismo existente entre hipnose e anatomia do cérebro. A prova disso, para continuarmos por enquanto no plano do particular, é mais uma vez o próprio Freud, cujo itinerário profissional é uma demonstração eloquente dessa incompatibilidade. Não por acaso, depois da temporada parisiense, jamais voltaria aos seus estudos anatômicos.

Historicamente, contudo, o melhor modelo de ruptura é sem dúvida Charcot, cuja reputação internacional atingiu seu ponto culminante ainda como anatomista do cérebro e no domínio das doenças orgânicas (tabes dorsal, esclerose múltipla, esclerose lateral amiotrófica etc.) – não fossem os psicanalistas, que o têm como precursor, e seu trabalho posterior a 1880, quando rompeu definitivamente com a anatomia, teria permanecido para a medicina francesa tão somente como uma *légère défaillance* em sua vida profissional (Ellenberger, 1994). É que a partir de então, ao declarar "que, *grosso modo*, a anatomia tinha realizado sua obra, e que, por assim dizer, chegara ao fim a doutrina das doenças orgânicas [*orgânico* como sinônimo de *anatômico* e em oposição a *funcional*] do sistema nervoso" (1956a, p. 18), passou a fazer, sistematicamente e sem transigir, a defesa "dos direitos do trabalho puramente clínico, que consiste em ver e ordenar, contra as usurpações da medicina teórica" (1893f, p. 405). Agora era a vez das neuroses.

Na sua origem, o termo "clínica" diz respeito à observação feita à cabeceira do doente – observação certamente interessada, pois coloca questões e sistemática porque formula hipóteses e tenta verificá-las conforme algumas regras. Na posição deitada, lembra Canetti (1966), o doente está involuntária e passivamente impotente e desprendido de tudo que o rodeia, momentaneamente expulso da comunidade dos que estão erguidos. Deitado, regredido a sua mais tenra infância, deixa-se observar pelo médico. Esta observação do doente em sofrimento, revelado em sua singularidade irredutível, diferencia-se, ainda assim, da observação anatomopatológica, hegemônica na constituição da "medicina teórica", historicamente comprometida com o empírico e o descritivo ao privilegiar a visão, e cuja verificação das hipóteses (experimentais) é, digamos, estatística. Seu objeto constitutivo de estudo e investigação foi, a rigor, o cadáver, que permitiu informar de maneira objetiva, com as alterações anatômicas correspondentes, o processo e o desenvolvimento da doença. Ou seja, a anatomia patológica, desenvolvida sob princípios que forneceram a base da nosologia (disciplina que estuda os traços distintivos das doenças em vista de uma classificação) e do vocabulário médico contemporâneo, nasceu verificando no cadáver a realidade das novas concepções médicas (cf. Clavreul, 1978). Em nossos dias, os exames de laboratório e com aparelhos (*scanners*, por exemplo), além de absolutamente indispensáveis para os médicos, antecedem e prevalecem sobre o exame clínico propriamente dito.

A eleição deste procedimento é assim determinante e fundante dessa clínica experimental que, por definição, tende a negligenciar o discurso do paciente, que deve se calar (tal como o cadáver, que "fala" apenas por suas lesões) sobre sua condição de doente, no entendimento de que promovida a cura sua "existência deixa de ser um problema" (Althusser, 1947, p. 14). Historicamente organicista, o modelo médico considera que o patológico se caracteriza antes de tudo pela doença do órgão físico, uma herança da patologia anatômica que persiste ainda hoje, refletindo-se na relação de muitos médicos com seus pacientes.

Também para a psiquiatria, que, como vimos, já no alvorecer do século XIX começava a se estabelecer no interior da corrente patológico-anatômica, a existência de uma lesão permaneceu como condição hegemônica ao menos ou em parte até o advento da noção de doenças funcionais. Ou seja, até se fazer a distinção entre dois grupos de doenças: de um lado, transtornos com uma sintomatologia regular e lesões orgânicas passíveis de identificação pela anatomia patológica; do outro, as neuroses, perturbações funcionais, sem lesão e destituídas da regularidade esperada. A medicina teórica referida por Charcot é, portanto, representada pela corrente anatômica em neurologia, cujos princípios compartilhou ao longo de uma carreira exitosa até passar à oposição com seu trabalho especialmente nosográfico. Certa vez em que um de seus alunos lhe fez uma objeção qualquer, invocando em sua defesa uma teoria anatômica bem estabelecida, Charcot retrucou enfaticamente: "Tanto pior para a teoria; os fatos da clínica têm prioridade". Na mesma linha de pensamento, outra afirmativa registrada por Freud: "La théorie c'est bon, mais ça n'empêche pas d'exister" (1893f, p. 405). Ou seja, teorizar é uma boa coisa, mas não deve impedir a existência de nada.

Tratamento psíquico versus *tratamento do corpo*

Faz-se então necessário, para melhor situar essas questões, levar em conta o justificado preconceito da medicina teórica em relação à clínica médica tradicional, relegada no século XIX a uma posição secundária e de suspeição, pois sempre sujeita, ao longo da história da humanidade, às mais variadas formas de charlatanismo.

Mas a repulsa à impostura, se necessária, não é condição suficiente para eliminar o efeito sugestivo intrínseco à *ars curandi*, sempre dependente do elemento psicológico, que, "em sua pureza, parece ter seu lugar nas técnicas". Ou seja, nem mesmo as conquistas indubitáveis e materialmente consistentes da patologia anatômica podem evitar e muito menos escamotear a inevitável interrogação formulada por M. Foucault (1972): "como de outra maneira explicar a importância conferida à exortação, à persuasão, à argumentação, a todo esse diálogo do médico clássico com o seu paciente, que independe do tratamento pelos remédios do corpo?" (p. 347).[3]

Tampouco podemos dizer que o cientificismo, por vezes justificável da medicina moderna, tenha arrefecido com o passar do tempo: mais de um século depois do advento da psicanálise, assistimos mesmo a certa recuperação, pois adaptados às novas contingências, dos antigos preconceitos anatômicos. Afinal, é significativo que, diante da impossibilidade de utilizar seu quadro de referências, o médico mais convencional e pouco sofisticado repita de forma quase automática: "Isso não é *nada*... isso é *psicológico*" – uma intervenção meramente *sugestiva* (portanto, *psicológica*), calcada no peso relativo de sua influência e autoridade e, paradoxalmente, no desprezo pelo anímico, que não raro serve também para camuflar a ausência ou limitação de conhecimentos que ultrapassem o comezinho de sua própria especialidade.

Quando sua técnica ainda se valia da sugestão explícita, Freud (1890a) era honesto o suficiente ou no mínimo perspicaz para admitir que "uma condição importante da influência anímica exercida sobre os doentes seria reduzida a nada" (p. 166) se fosse suprimida a livre escolha do médico.

O texto de nome "Tratamento psíquico (tratamento de alma)", que começo a examinar, foi originalmente publicado em 1890, embora durante muito tempo tenha sido dado como de 1905, de fato o ano de sua terceira edição – daí o erro histórico – em *Die Gesundheit*, um manual geral de medicina de natureza semipopular. Não poderia haver melhor ocasião nem veículo para

3 A cientificidade da medicina e a consistência da clínica médica só teriam sido possíveis, segundo Foucault, mediante a referência à anatomia patológica. Resta, assim, acreditar, em termos ideológicos, que seu progresso é o resultado de um combate sem trégua ao obscurantismo que remonta às superstições dominantes ao longo da história antes do advento da medicina científica (cf. Clavreul, 1978).

seus objetivos: Freud está aqui empenhado em demonstrar a existência de fatores psíquicos na etiologia das doenças, bem como a participação dos estados anímicos do doente, tais como o desejo de curar, a confiança no médico, a expectativa crédula e plena de esperança no processo da cura. Sua motivação é também, em particular, esclarecer, divulgar e defender a hipnose e a sugestão, práticas clínicas, como veremos, de seu uso corrente naquele momento.

Situa com precisão o que entende por tratamento psíquico – ou tratamento *pelo* psíquico, porque, não se referindo apenas ao tratamento dos fenômenos patológicos da vida anímica, a expressão denota antes um modo de tratar que se *inicia* no psiquismo, sejam os distúrbios de ordem psíquica, sejam de ordem somática. Dito de outra maneira, são utilizadas medidas terapêuticas atuantes, "em primeiro lugar e imediatamente, sobre o anímico do ser humano" – ou, mais precisamente, sobre certos estados d'alma chamados de "afetos" (1890a, pp. 156-158). Tais medidas servem-se de um instrumento essencial: as *palavras.* "Elas são, com efeito, os mediadores mais importantes da influência que um ser humano quer exercer sobre os outros", não havendo nada de "enigmático" na assertiva segundo a qual "a magia da palavra pode eliminar os fenômenos mórbidos, pelo menos aqueles que estão, eles próprios, fundamentados nos estados anímicos" (1890a, p. 165).[4]

Vale precisar: não se trata ainda de palavras ditas pelo paciente, como no *tratamento catártico* de Breuer (a *talking cure* de Anna O.), do qual já tinha conhecimento e derivaria mais tarde

4 Em 1916, já psicanalista, Freud retoma a proposição: "Originalmente, as palavras eram encantamento e a palavra conservou muito, ainda hoje, de sua antiga força de encantamento. Por palavras, um ser humano pode cumular um outro de felicidade ou levá-lo ao desespero; por palavras, o mestre transmite seu saber aos alunos; por palavras o orador arrasta com ele a assembleia dos auditores e determina seus julgamentos e decisões. As palavras suscitam afetos e são o meio geralmente utilizado pelos homens para se influenciar mutuamente" (1916-1917, p. 11).

o método psicanalítico. Por volta de 1890, a intervenção clínica de Freud está ainda longe de prescindir totalmente da sugestão hipnótica de Bernheim, cujas palavras, quase "mágicas" - poderia ser esta a opinião de um leigo -, são as proferidas pelo médico, "ordens" que funcionam como uma espécie de "contrassintoma" [*Gegensymptom*]. Na verdade, com tais ordens imperativas, este método (cf. capítulo 3) pressupunha no fundo negar a existência da própria doença: ou seja, o sintoma desaparece, depois de removido da atenção do paciente, ante o poder da personalidade do médico e a influência de suas palavras e de sua autoridade.

"Uma sugestão direta é uma sugestão dirigida contra a manifestação dos sintomas, um combate entre sua autoridade e os motivos do estado mórbido". Ao recorrer à sugestão, assegura Freud (1916-1917, p. 465), "você não se preocupa com esses motivos, somente exige do doente que reprima a manifestação deles sob forma de sintomas". Na definição de Roudinesco e Plon (1997), o termo "sugestão" "designa um meio psicológico de convencer um indivíduo de que suas crenças, suas opiniões ou suas sensações são falsas e que, inversamente, são verdadeiras aquelas que lhe são propostas" (p. 1020). E, conforme Marie (1994), os métodos das psicoterapias - e todas as psicoterapias são sugestivas - "consistem em 'colocar' o paciente 'sob' uma concepção do homem e do mundo, isto é, propondo-lhe uma correção de seu sintoma, integrando-o à visão do mundo que lhe é oferecida" (p. 24). Assim, "colocar sob" se diz em latim *sub gero*, o que teria resultado em *suggero*, depois *sugestio*: "usar a sugestão é responder ao sofrimento do paciente com palavras que explicam seu sintoma pela doutrina de referência do terapeuta".

Ora, o que faz Bernheim é utilizar intencionalmente, em sua forma plena e mais radical, este mesmo fator que, "dependente da disposição psíquica dos doentes, é adicionado" sem intenção dos médicos "à ação de cada um dos [seus] procedimentos curativos [...], mais frequentemente para favorecê-la, muitas vezes para inibi-la", escreve Freud (1905a, pp. 48-49) dezoito anos depois de se envolver com a sugestão hipnótica. "Möbius nos ensinou que a falta de confiança [deplorada] em tantos de nossos métodos curativos deve ser creditada justamente à ação perturbadora exercida por esse fator superpoderoso"; e, dirigindo-se aos colegas que o escutam em conferência, afirma uma linha de conduta clínico-ideológica que não deixará de considerar como psicanalista: "O único inconveniente é que os senhores cedem inteiramente ao doente o fator psíquico incluído na ação que exercem sobre ele, [tornando-se] dessa maneira incontrolável, impossível de ser dosado, incapaz de ser intensificado". Dito isso, lança a pergunta: "Não é então uma aspiração justificada do médico conquistar esse fator, servir-se dele com a intenção de orientá-lo e reforçá-lo?", para concluir que "não é outra coisa o que a psicoterapia científica quer lhes propor".

Em 1890, argumenta com convicção que desde sempre o tratamento anímico tem sido praticado pelos médicos, e nos tempos antigos ainda mais que hoje; pratica-se constantemente a psicoterapia na clínica, mesmo não sendo este um propósito deliberado ou consciente – afinal, fundamentalmente, trata-se de suscitar no paciente uma *expectativa* favorável e uma *adesão* incondicional às tentativas para trazer de volta a saúde perdida. Os antigos esculápios não dispunham de muito mais além desse tipo de influência, reforçada por certos artifícios: Freud supõe que apenas por intermédio de meios anímicos podiam ter efeito curativo procedimentos correntes como "fórmulas mágicas, os banhos purificadores, os sonhos oraculares suscitados pelo sono no recinto do templo". A reputação gerada pela "própria personalidade do médico era diretamente derivada do poder divino já que em seus começos a arte de curar estava nas mãos dos padres" (1890a, p. 165).[5]

5 "[...] a psicoterapia não é um procedimento curativo moderno. Ao contrário, é a mais antiga terapia da qual se serviu a medicina. Remetendo-os à obra tão instrutiva de Loewenfeld (*Tratado de psicoterapia geral* [*Lehrbuch der*

Ou das feiticeiras: para o historiador francês, anticlerical e republicano J. Michelet (1974), que antecedeu Freud no seu nascimento em quase seis décadas, "o único médico do povo foi, durante mil anos, a Feitiçaria" (p. 5).

Porém, se "a medicina moderna teve sempre a ocasião para estudar a correlação inegavelmente presente entre o corporal e o anímico", a tendência foi sempre a de condicionar o segundo ao primeiro como seu dependente, e não como "uma relação de ação recíproca" (1890a, p. 156). A consequência imediata é que os efeitos do psiquismo sobre o corpo nunca tiveram uma acolhida favorável, pelo receio de que a autonomia da vida anímica viesse a colocar em risco ou desacreditar a base científica sobre a qual se apoiavam os procedimentos médicos.

Nesses novos tempos da medicina, os primeiros a praticarem o tratamento psíquico de uma maneira pretensamente científica foram os hipnotizadores. No início, são ainda chamados de *magnetizadores* ou *mesmeristas*, por causa de Mesmer. Com eles, "o caráter dinâmico do tratamento contrastava radicalmente com a prática médica da época, pois ainda era costume tratar o doente como um objeto inerte" (Chertok & Saussure, 1973, p. 23). E sê-lo-ia (talvez seja ainda) por todo o século XIX, deve-se repetir, por influência da medicina patológico-anatômica. A orientação foi reforçada pelo fato de que, antes de Mesmer, a psicoterapia, tal como veio a

---

gesamten Psychotherapie], 1897), os senhores podem ver quais são os métodos da medicina primitiva e da medicina antiga. Não vão errar ao classificá-los em sua maior parte como psicoterapia". Conta-se ainda hoje com o estado de *expectativa crédula* do paciente: "mesmo depois de os médicos descobrirem outros remédios, todo tipo de esforço psicoterápico nunca desapareceu da medicina" (1905a, p. 48). Encontramos raciocínio similar já em 1892: "O médico sempre sugestiona mediante sua personalidade, sua segurança reconfortante e mesmo nos métodos de tratamento racionais sempre é colocada uma dose de sugestão. A cada intervenção do médico, o fator psíquico da sugestão mistura-se com o efeito físico-químico da terapia" (1892b, p. 306).

batizá-la a escola de Nancy, ligava-se a ideias religiosas, à magia, à bruxaria. Em nossa época, ficou-lhe a *marca da sugestão* – além de certo *gosto* pelo cientificismo e a *tendência* a "propor uma concepção do homem em conformidade ao menos parcial com o espírito do tempo" (Marie, 2004, p. 11).

Mesmer inaugura esse gosto e essa tendência, embora esteja mais próximo dos antigos mágicos do que dos psicoterapeutas do século XX, mesmo permanecendo em aberto a questão se foi precursor ou mesmo fundador da psiquiatria e da psicoterapia dinâmicas, cuja lenta emergência se fez no decorrer do século XIX para irromper massivamente com Charcot, Janet, Freud e seus continuadores. Conforme esclarece Roudinesco (1994b, pp. 17-18), na apresentação do livro de Ellenberger, a noção de *psiquiatria dinâmica*, por sua vez, foi cunhada por Gregory Zilboorg, psicanalista da segunda geração freudiana, e complementada pelo próprio Franz Ellenberger. O primeiro "apresentava a psiquiatria dita dinâmica como uma 'disciplina dialética' cujo objetivo tinha sido secularizar o fenômeno mental, arrancando-o da demonologia, de um lado, e do organicismo (e, portanto, da medicina) do outro". Com o segundo, que alargou esta definição, "a psiquiatria dinâmica tornou-se a expressão de uma história da exploração e da utilização terapêutica do inconsciente".

Tem, assim, todo interesse e é oportuno que a história de Mesmer, emblemática, mas não necessariamente conhecida, seja resumida aqui (cf. Ellenberger, 1994, pp. 87-101). Nascido em 1734, na Alemanha, foi estudante de teologia, filosofia e direito até que finalmente, em Viena, licenciou-se em medicina, em 1766, com uma tese sobre a influência dos planetas sobre o corpo humano. Dois anos depois, já estabelecido como médico, casou-se com uma viúva de ascendência nobre e rica, tornando-se um homem refinado e protetor das artes. Em sua casa, frequentada por músicos como Grück, Haydn e a família Mozart, foi lançada, em seu teatro particular, a primeira ópera (1768) de W. A. Mozart, *Bastien und Bastienne.*

Entre 1773 e 1774, tratou de uma paciente de 26 anos, Fräulein Oesterlin, cujos sintomas chegavam a mais de uma dezena, aparentemente graves. A "periodicidade quase astronômica" de suas crises foi prevista por ele e, sob a influência de médicos ingleses, resolveu intervir com um tratamento levado a cabo por meio de ímãs, fixados um a um no estômago e nas pernas da paciente, depois de fazê-la ingerir um preparado que continha ferro. Oesterlin, que a seguir descreve algo como "correntes estranhas de um fluido misterioso" a lhe percorrer todo o corpo, sentiu que os sintomas haviam desaparecido por várias horas. Pretensamente um tratamento bem-sucedido, supostamente "curada", ela veio a se casar com o enteado de Mesmer.

O magnetizador explicou assim o acontecimento, não só este como muitos outros: a doença provinha de um desequilíbrio na distribuição de um fluido, que ele já dizia ser universal desde sua tese de conclusão do curso de medicina, e um conceito físico, algo parecido à gravitação universal de Newton ou à eletricidade. Difundido pelo cosmos (*gravitatis universalis*), um fenômeno capaz de explicar não só a influência do Sol, da Lua e dos planetas sobre o corpo humano como também as manifestações periódicas de certas doenças, esse fluido existiria em três formas: em uma, pela *influência do ímã*; em outra, pela *eletricidade*; numa terceira, pelo *magnetismo animal.* A destacar nessa teoria, certamente obscura, as analogias com os descobrimentos contemporâneos em torno da eletricidade: o fluido mesmeriano tinha polos, descargas, condutores, isolantes e acumuladores; existiam um fluido positivo e outro negativo. Mesmer inaugura, assim, essa inclinação pelo cientificismo e pelo espírito do tempo, tão cara às então modernas psicoterapias.

Por fim, resta mencionar sua teoria sobre as *crises*, algo tão antigo quanto o próprio tratamento psíquico, mas que com ele adquire nova abordagem. Se para Gassner, que foi o último dos exorcistas famosos, a crise era a prova da possessão, e daí o primeiro passo para o procedimento de exorcizar, para Mesmer a crise era a evidência da doença, que, se induzida de maneira artificial, era também o meio de a curar. Quanto mais vezes as crises eram provocadas, menos graves se tornavam, chegando mesmo a desaparecer – o que para ele significava a cura. Afirmava ainda a especificidade de cada uma delas, que resumia em seu aforismo: "Só há uma doença e uma cura". E completava: nenhuma medicação ou procedimento terapêutico curava por si mesmo, era ao magnetismo animal que se devia dar esse crédito, mesmo se os médicos não tivessem consciência disso.

As notícias de suas "curas milagrosas" se espalharam rapidamente e, à sua aproximação ou mesmo com a mera informação de sua presença nos arredores, as pessoas diziam sentir dores e sensações peculiares. Era capaz de provocar sintomas diversos, tal como faria Charcot cem anos mais tarde com a sugestão hipnótica. Seu prestígio chegou ao máximo já em 1775, quando, chamado a Munique pelo Príncipe-eleitor para demonstrar seus poderes magnéticos e dar seu testemunho sobre Gassner, volta a Viena como membro da Academia Bávara de Ciências.

Já o mundo médico era indiferente, quando não hostil. Em Viena, a sua carreira chegou ao fim quando teve um desfecho infeliz o tratamento realizado em uma de suas pacientes, chamada Maria-Teresa Paradis, jovem de 18 anos, cega desde os três, e filha de um alto funcionário do governo rico e influente. Essa moça, que recebera uma educação refinada, podia escrever com a ajuda de instrumentos, bem como sabia dançar de maneira graciosa e realizar trabalhos diversos; seu talento maior era a música, sendo por isso protegida da Imperatriz Maria Teresa. Os mais famosos médicos de Viena haviam se ocupado dela durante muitos anos, sem sucesso, inclusive tendo-a submetido "a mais de três mil descargas elétricas".

Após ser tratada por Mesmer com várias sessões magnéticas, declarou poder enxergar: viu primeiro o magnetizador, depois disse que o nariz humano tinha uma forma estranha, mesmo atemorizadora, e expressou seu receio de que pudesse lhe ferir os olhos. Como resultado, Mesmer teve a gratidão da família e o descrédito dos médicos anteriores de Maria-Teresa. Foi, então, formada uma comissão para estudar o fenômeno, e esta, embora concluindo pela veracidade das palavras da paciente, verificou sua ocorrência apenas quando em presença do magnetizador. Diante do impasse, um conflito se instalou entre este e a família, e a paciente acabou "perdendo" a visão definitivamente. Como que antecipando a noção psicanalítica de *benefícios secundários da doença*, Mesmer declarou que sua cura não interessava nem à paciente, nem à sua família; é que, nesse ínterim, Maria-Teresa voltou à sua carreira de musicista cega. Em decorrência desse episódio, em 1777, abandonou definitivamente Viena.

Como um simples relato histórico, a crônica mesmeriana bem poderia se encerrar aqui, posto que, em Paris, para onde se transferiu a seguir depois de passar por um período de grave depressão, repetiu a mesma trajetória de êxitos e condenação final. Contudo, o desfecho de sua história nos apresenta particularidades que justificam dar-lhe prosseguimento.

Em Paris, aonde chegou em fevereiro de 1778, já era um homem famoso e facilmente introduziu-se na sociedade francesa, muito propensa a dar guarida àqueles que se destacaram de alguma maneira. Vivia-se ali a febre científica. Como em Viena, em sua própria casa passa a receber pacientes dos mais altos círculos e magnetiza-os em troca de elevados honorários. Já não mais usava os ímãs e a eletricidade como meios auxiliares; como inovação, apresentou o *baquet* (uma imitação da garrafa de Leyden, surgida na época), instrumento no qual se supunha estar concentrado o fluido, e por ele utilizado no tratamento coletivo, tendo em vista o grande número de pacientes. Teve como protetores o Dr. Charles D'Eslon, médico particular do Conde D'Artois, um dos irmãos do Rei, e dois clientes que lhe foram profundamente devotados: Nicolas Bergasse, advogado, nas palavras de Ellenberger, "de grandes inquietudes filosóficas", e cujo sobrenome é coincidentemente o mesmo da rua onde Freud morou e trabalhou por mais de cinquenta anos; e o banqueiro Kermann, cujo filho Mesmer tratou de uma grave enfermidade nos olhos.

Como já ocorrera antes em Viena, jamais foi aceito pelas sociedades médicas francesas. Em compensação, formou em torno de si muitos seguidores que, em dado momento, passaram a praticar por conta própria o magnetismo animal. Sentindo-se traído, começou a organizar um plano, com a ajuda do banqueiro e do advogado, que consistiu em arrecadar subscrições para, mediante grande soma em dinheiro, comprarem de Mesmer os seus segredos. Este empreendimento, altamente exitoso, recebeu o curioso nome de "Société de l'Harmonie", e era uma mescla de empresa de negócios, escola privada e loja maçônica. Tinha como propósito educar e divulgar amplamente os ensinamentos advindos do "segredo" de Mesmer – a ela acudiram nomes famosos como, por exemplo, o Marquês de Lafayette. É desnecessário dizer que o empreendimento o tornou um homem rico.

Contudo, em março de 1784, em consequência da agitação em torno de Mesmer, o rei Luís XVI nomeou duas comissões investigadoras formadas pelos membros mais notáveis da Academia de Ciências e da Academia de Medicina, entre outros, o astrônomo Jean Baylly, os químicos Lavoisier e Darcet, o professor de anatomia Guillotin, inventor da célebre máquina, e o embaixador americano Benjamin Franklin. O programa de provas, idealizado por Lavoisier e outros, "um modelo de aplicação do método experimental", estava interessado não em saber se curava ou não, mas visava sua pretensão de haver descoberto um novo fluido.

Como era de se prever, as comissões concluíram que não havia provas da existência física de tal fluido magnético; não negavam os possíveis efeitos terapêuticos do tratamento, mas os atribuíam à imaginação. Ao rei, foi entregue um informe suplementar e secreto, assinalando em particular os perigos resultantes da *atração erótica* da paciente magnetizada pelo magnetizador:

> *Elas [as mulheres] dispõem de muitos encantos para atuar sobre o médico e de saúde bastante para que o médico atue sobre elas; logo, o perigo é recíproco. A proximidade continuada durante muito tempo, o indispensável contato, a comunicação do calor individual, os olhares equívocos são as vias conhecidas da natureza e os meios que desde sempre ela preparou para levar a cabo, infalivelmente, a comunicação das sensações e das afeições. O homem que magnetiza comumente tem os joelhos da mulher entre os seus: portanto, os joelhos e todas as partes inferiores do corpo estão em contato. A mão é colocada sobre os hipocôndrios e às vezes mais abaixo, sobre os ovários [...]. Não é de admirar que os sentidos se inflamem [...]. Não obstante, a crise continua e a vista se embaça: é um sinal duvidoso da desordem total dos sentidos. Essa desordem não é percebida por aquela que a vivencia, mas não escapou à observação atenta dos médicos. Nem bem se manifesta este sinal, as pálpebras se tornam úmidas; a respiração, curta, entrecortada; o peito sobe e desce rapidamente; aparecem as convulsões, assim como os movimentos acelerados e bruscos dos membros ou do corpo inteiro. Nas mulheres ardentes e sensíveis, o último grau, o término mais suave das emoções, é frequentemente uma convulsão. A este estado se sucedem a languidez,*

> *o abatimento, uma espécie de sono dos sentidos, que é um repouso necessário depois de uma forte agitação [...]. Como as emoções experimentadas são os germes das afeições e das inclinações, bem se vê por que aquele que magnetiza inspira tanto apego; apego que deve ser mais marcante e vivo entre as mulheres do que entre os homens, tanto que o exercício do magnetismo está confiado só a estes. Muitas são as mulheres que com certeza não sentiram esses efeitos, outras ignoraram essa causa dos efeitos que vivenciaram; quanto mais corretas, menos capazes de suspeição. Asseguramos que várias delas se deram conta disso e se afastaram [...]. O tratamento magnético só pode ser perigoso para os costumes. (citado por Chertok & Saussure, 1973, pp. 24-25)*

De todo modo, com base no relatório oficial, o Ministério Público finalmente decidiu proibir a prática do magnetismo animal. Mesmer, embora não tenha sido condenado em âmbito judicial, foi ridicularizado em caricaturas, canções populares e obras satíricas. Escândalo maior e definitivo ocorreu com um famoso erudito da época, Court de Gébelin, que após publicar um panfleto entusiasta sobre Mesmer, em função de haver sido "curado" por ele, veio a morrer na própria casa do magnetizador após sofrer uma recaída. De todos os lados pipocaram artigos e teses demonstrando ser a teoria magnética, suprema ironia, um sistema antigo e abandonado fazia um século.

Como podemos ver, com o mesmerismo o tratamento psíquico não sairia do limbo determinado pela tradição religiosa e mística. Ao contrário, Mesmer teve a infelicidade histórica de viver numa época em que as bases científicas da medicina estavam ainda sendo colocadas. Nesse sentido, não passou de um charlatão como tantos outros, embora, em termos populares e mesmo sobre certa parte da intelectualidade da época, haja exercido enorme influência. Mas sua trajetória revela algo de singular e emblemático, de alguma forma antecipando em um século as de Charcot e Bernheim – à frente de seu tempo, mas igualmente enfronhada nele. Para Freud (1889a), "sua teoria tornou-se tão estranha ao modo de pensar de nossa época que ela deve ser considerada eliminada" (p. 147). A seguir, mergulhado em premissas positivas, o século XIX oscilou entre a atração e a repulsa pelo fenômeno da hipnose e o estudo do hipnotismo – "um domínio da neuropatologia que devia ser forçosamente arrancado, por um lado, da incredulidade, por outro lado, da impostura" (1956a, p. 19).

Era, no entanto, um fenômeno reconhecido desde a Antiguidade e, nos tempos modernos, foi sucessivamente chamado de "crise perfeita de Puységuir", "sonho magnético" ou "sonambulismo artificial" (cf. Ellenberger, 1994), atribui-se a James Braid sua nomeação como "hipnose", em 1843, quando, parece, o termo fora já utilizado, em 1819, pelo francês Étienne Félix d'Hénin de Cuvillers. A sublinhar, a polêmica entre os *fluidistas*, partidários do fluido magnético, e os *animistas*, que o explicavam como fenômeno psicológico. Quanto aos meios de induzir o sono hipnótico, os primeiros magnetizadores utilizavam a técnica de Mesmer, baseada em *passes*, que logo foi abandonada em favor de outras duas: a primeira, conhecida como *técnica de fascinação* – método já conhecido pelos antigos egípcios, por Cornelius Agrippa e muitos outros, que consistia em fazer o paciente olhar para um ponto fixo ou em movimento, luminoso ou não, eventualmente os olhos do próprio hipnotizador. Esta técnica, praticada por Braid e a escola da Salpêtrière, podia ser ainda combinada, como o fazia o Abade Faria, com uma ordem imperativa: "Dorme". Outros utilizavam esta ordem, mas com uma voz suave e baixa. Esta segunda técnica é o chamado *método verbal*, adotada por Liébeault e a escola de Nancy.[6] Foram propostas três *teorias*, distintas

6 Num ambiente calmo, na obscuridade, sentado de frente para o paciente, que deve fixar dois de seus dedos da mão, Freud começa a lhe falar, cerca de um minuto depois, das sensações do adormecimento: "Vejo bem que vai depressa

em seus princípios, segundo Freud (1889a, p. 147), para explicar os fenômenos hipnóticos: o *fluido magnético* de Mesmer; a *teoria somática* de Charcot; e a *teoria da sugestão* de Liébeault e seus discípulos (Bernheim, Beaunis, Liégeois).

Com a psiquiatria, nascida sob a égide da anatomia patológica, o antagonismo com as práticas médicas ancestrais só tenderia a crescer, atingindo por deslocamento – porque modernamente o alvo teria na hipnose o seu modelo exacerbado – a velha clínica médica. Seriam necessários cem anos (depois de Mesmer), até que Charcot, Bernheim e Freud pudessem retomar plenamente a ideia do tratamento anímico – o que, nos tempos modernos, o pioneirismo dos antigos hipnotizadores jamais logrou alcançar – agora sob outras bases e sob novas condições históricas.

Freud com Charcot, em Paris

No relatório sobre a estadia em Paris, perante o Colégio de Professores da Faculdade de Medicina, Freud é explícito ao afirmar a intenção – ao se candidatar à bolsa de estudos oferecida por aquela instituição e que lhe permitiu estudar durante cinco meses e meio na capital francesa – de ali continuar sua formação em neurologia. Não há por que duvidar disso.

Muitos anos mais tarde, bem-humorado, zombando de si mesmo, diria a seu respeito nesses anos que antecedem Paris:

---

com você, seu rosto já tomou uma expressão enrijecida, sua respiração tornou-se profunda, você está totalmente calmo, suas pálpebras estão pesadas, seus olhos piscam, você não vê mais com clareza, num instante vai ser forçado a ingurgitar, depois seus olhos vão se fechar e você vai dormir". Esclarece: "Com tais palavras e outras, já nos encontramos no processo de 'sugerir', segundo o nome que damos ao que é colocado na cabeça do paciente durante a hipnose. Mas não sugerimos mais que sensações e processos motores, tais como eles se produzem espontaneamente no decorrer do adormecimento hipnótico" (1991d, pp. 290-291).

> *O renome de meus diagnósticos confirmados pela autópsia me valeu um afluxo de médicos americanos, para os quais dei aula numa espécie de* pidgin-English *[inglês corrompido usado como língua franca na China].* Das neuroses eu não entendia nada. *Um dia em que apresentava a meus auditores um neurótico que sofria de "dor de cabeça persistente" como um caso de meningite crônica circunscrita, eles me deram as costas num movimento de revolta crítica justificada, e minha atividade prematura de ensino teve fim. Em minha defesa, relevemos que era a época na qual, em Viena, mesmo as maiores autoridades tinham o costume de diagnosticar a neurastenia como tumor cerebral (1925d, pp. 59-60, grifos meus)*

Enumera, no relatório, as razões para escolher Paris. Em primeiro lugar, estava certo de poder encontrar reunida na Salpêtrière uma variedade clínica de doentes cujo acesso, em Viena, era dificultado por sua dispersão em diferentes departamentos; a notabilidade de Charcot, que ali trabalhava e ensinava havia dezessete anos, é dada em seguida como o segundo motivo a nortear sua escolha; e conclui reconhecido que "não podia esperar aprender algo de essencialmente novo numa universidade alemã", depois dos benefícios usufruídos em Viena "do ensino direto e indireto dos Senhores Professores Th. Meynert e H. Nothnagel" (1956a, p. 13). Como já referido, Meynert e Nothnagel, junto com Brücke, fizeram parte do comitê encarregado de examinar a demanda de habilitação de Freud ao título de *Privatdozent* e da bolsa de viagem.

Leva ainda em conta que o precário intercâmbio científico existente entre as medicinas francesa e alemã impediu seus colegas de fazer uma avaliação menos cética e preconceituosa a respeito das descobertas efetuadas por Charcot e seus pares da escola francesa, os quais foram acusados "de ausência de espírito crítico ou, pelo menos, de inclinação para o estudo do estranho e à sua elaboração ostentatória". Sim, o professor fala de improviso, uma vez que, não conhecendo antes o paciente a ser examinado, ou apenas superficialmente, é obrigado a se conduzir diante de todos tal como é seu hábito fazer apenas na clínica particular – não fosse o detalhe de pensar "em voz alta" e assim possibilitar aos ouvintes acompanhar "o caminho de suas suposições e investigações" (1992-1994a, p. 334). São estes os passos de sua conduta: depois de interrogar o paciente e examinar-lhe sintoma após sintoma, estabelece o diagnóstico; em seguida, compara o presente caso com outros quadros clínicos guardados na memória, o que lhe permite confirmar o diagnóstico ou apontar-lhe os embaraços; a questão do diagnóstico diferencial é amplamente debatida e fundamentada; a discussão restante refere-se às peculiaridades do caso.

No prefácio para a sua tradução de *Leçons du mardi*, Freud nos esclarece sobre o que consiste a principal característica do método francês de trabalhar em clínica médica, e como ela estabelece, naquele momento, uma diferença fundamental com o método utilizado na medicina alemã. No centro de tudo, encontra-se a ideia do quadro clínico – a *entité morbide* –, composto por uma série de fenômenos ramificados em várias direções. O segredo do procedimento clínico consiste, pois, em identificar corretamente a localização específica de cada caso particular dentro da *série* de fenômenos. Dessa maneira, chega-se ao *type*, ou seja, "uma forma extrema, consciente e intencionalmente esquematizada do quadro do doente" (1892-94a, pp. 334-335); uma variante seria estabelecer vários desses tipos, cuja vinculação dá-se por meio de determinadas "formas de transição". Muito embora não fosse impossível encontrar quadros clínicos padronizados, o mais frequente era observar formas divergentes e indeterminadas – as chamadas *formes frustes* –, mais ou menos afastadas da norma esperada, que exigiam um olho clínico apurado para sua real delimitação. Se a descrição dos quadros da doença é, então, "o tema central da nosografia, a tarefa da clínica médica é localizar a marca individual dos casos e a combinação dos sintomas".

Freud sublinha que essas noções – *entité morbide*, *séries*, *type* e *formes frustes* – com as quais então trabalham os médicos franceses revelam-se estranhas e destituídas de importância para seus colegas alemães, cuja interpretação do estado clínico e da inter-relação dos sintomas toma por base critérios principalmente de ordem fisiológica. Para os franceses, ao contrário, tais critérios são secundários diante da pura observação, que assim ganha em autonomia, e, à primeira vista, pode explicar "a impressão desconcertante causada ao não iniciado pela clínica francesa". Deixa claro que essa atitude não significa "negligência" com a fisiologia; trata-se, antes, de uma "consideração apropriada a uma finalidade". Afirma ter ouvido de Charcot: "*Je fais la morphologie pathologique, je fais même un peu l'anatomie pathologique, mais je ne fais pas la physiologie pathologique, j'attends que quelqu'un d'autre la fasse*".

A maneira de trabalhar da escola francesa de neuropatologia, parecendo-lhe prometer algo diferente e característico, era, assim, de seu maior interesse no sentido de pôr em prática o conselho (tornar-se um clínico) do professor Brücke. Ora, apesar de se dizer informado de que os franceses haviam penetrado em novas áreas não abordadas de forma parecida pelos cientistas na Alemanha e na Áustria, sua literatura epistolar parece indicar que ele desconhecia, ao menos em seus pormenores, o trabalho pioneiro realizado na Salpêtrière desde os primeiros anos da década de 1880.

Já me referi antes à carta de 17 de maio de 1885, na qual declara a Martha ser a anatomia do cérebro agora e sempre sua única rival legítima. Em que pese o caráter romântico da frase, ela nos diz também do seu verdadeiro interesse como pesquisador cinco meses antes de viajar a Paris e no momento crucial da disputa pela bolsa de estudos. Em outra carta (esta, de 19 de outubro, já em Paris) comenta, *en passant*, sobre a aquisição, com o intuito de aprender francês, de um livro de Charcot que já possuía em alemão (1966, p. 186). Provavelmente se trata de um texto de filiação neurológica, pois o que Freud buscou em Paris foi o antigo neurologista, como podemos ler no prefácio para o primeiro livro de Charcot que ele traduz e publica em alemão antes mesmo da edição francesa:

> *No inverno de 1885, quando cheguei à Salpêtrière para uma permanência de quase seis meses, vi que o Prof. Charcot – trabalhando aos 60 anos com todo o vigor da juventude – havia se afastado do estudo das doenças nervosas fundadas em alterações orgânicas, para se consagrar exclusivamente à exploração das neuroses – e, na verdade, da histeria em particular. (1886f, p. 37)*

É assim que durante um mês, até superar a "perplexidade inicial", prossegue seu trabalho conforme a pretensão inicial com as pesquisas anatômicas. Nesta perspectiva, escreve a Martha em 8 de novembro de 1885: "Tem acontecido todo tipo de coisas menores, mas o que me importa mais é que meu trabalho avança, que eu começo a ser tomado por uma verdadeira febre de trabalho [...]. Contudo, ainda não fiz nenhuma descoberta". Onze dias depois, sua avaliação já é outra: "Meu trabalho em anatomia está terrivelmente difícil; sinto-me cada vez mais resignado e me dou conta de minha incapacidade de aprofundar as numerosas ideias que me vêm" (1966, pp. 191-196).

Ora, Freud é um desses trabalhadores intelectuais cuja disciplina rígida, mas apaixonada, pode ser medida na mesma proporção do mal-estar que se segue à tarefa não cumprida. No entanto, surpreendentemente, a equação tão frequente parece agora desfeita, pois a incapacidade de elaboração que logo evolui para uma suspensão total de seu trabalho cotidiano – siderado por uma vivência estranhamente inquietante – não provoca nele, desta vez, os sentimentos habituais. Tal ruptura singular, marcante e intensa manifesta-se, ao menos por carta, em 24 de novembro:

> *Acho que estou mudando muito. Vou lhe contar em detalhe o que está me afetando. Charcot, que é um dos maiores médicos e cuja razão está próxima do gênio, simplesmente está demolindo minhas concepções e propósitos. Acontece de eu deixar suas aulas como se estivesse saindo de Notre-Dame, cheio de novas ideias sobre a perfeição. Mas ele me exaure e quando venho de um contato com ele não tenho mais nenhuma vontade de trabalhar nas minhas coisas tão insignificantes; não faço nada há três dias inteiros e não sinto nenhum remorso. Meu cérebro fica saturado, como depois de uma noite no teatro. A semente vai gerar seu fruto? eu o ignoro; mas o que sei é que nenhum outro homem nunca teve tanta influência sobre mim (1966, p. 197).*

Mas, aparentemente, as consequências de ordem prática não acompanham, de imediato, a revolução que ocorre em seu íntimo. "Quando chego em casa, sinto-me totalmente resignado e digo para mim: para os homens de 50 a 60 anos, os grandes problemas, para nós os jovens, a vida". Sua ambição? "Aprender a compreender alguma coisa de nosso vasto mundo no decorrer de uma longa existência". Planos para o futuro? "Nos casar, nos amar e trabalhar para poder gozar a vida juntos, em vez de concentrar todas as minhas forças como um cavalo de corrida buscando atingir o alvo". Enquanto sonha em construir um lar, "tarefa que exige tanto trabalho e privações que dou dois ou três anos de sobrevivência à minha saúde mental" (1966, pp. 197-198), na Salpêtrière, relataria meses depois, e com todas as letras:

> *Meu trabalho tomou uma forma diversa daquela que originalmente havia previsto. Vim com a intenção de fazer de uma única questão o objeto de uma investigação aprofundada e – como em Viena problemas anatômicos me ocupavam prioritariamente – havia escolhido o estudo das atrofias e degenerações consecutivas a afecções cerebrais infantis. (1956a, p. 16)*

E de fato foi-lhe colocado à disposição um material patológico precioso, mas as condições de sua exploração lhe pareceram muito desfavoráveis: o laboratório, por falta de organização, não oferecia nem espaço nem meios "para acolher um trabalhador estrangeiro". Obrigado por este motivo a abandonar o trabalho anatômico, limitou-se "a frequentar *um só* hospital e a seguir o ensino de *um só* homem". Sua literatura epistolar parece mais convincente e direta: Freud está agora às voltas com os estudos de *casos clínicos*, à maneira *visuelle* de Charcot. Na carta de 27 de janeiro de 1886, informa que, no dia seguinte e por incentivo do Mestre, apresentaria um desses casos. Sua conclusão: "Em contrapartida, vou renunciar ao meu trabalho sobre a anatomia do cérebro" (1966, p. 212).

Depois de aprender a avaliar com justeza a importância dos resultados das recentes investigações de Charcot, ouvi-lo lamentar que o tradutor alemão de suas *Leçons* não tinha mais dado sinal de vida depois da guerra e que ficaria feliz se alguém se encarregasse de suas *Nouvelles Leçons* (Jones, 1958, pp. 229-230) – "magistrais e fundadoras" (1886f, p. 38) –, que continham seus novos ensinamentos, Freud, receando uma negativa, se oferece por escrito. Conta feliz a Martha, em 12 de dezembro de 1885:

"Charcot chamou-me à parte esta manhã para me anunciar [...] que com muito gosto consentia que eu traduzisse em alemão seu tomo III; e não somente a primeira parte já lançada em francês, mas também a segunda, ainda não impressa" (1966, p. 202).

Quem é, pois, esse homem genial que marcou tão profundamente o jovem médico vienense e o que há de novo em seu trabalho? Por ocasião de sua morte, em 1893, "depois de uma vida plena de felicidade e glória", Freud escreve com admiração:

> *Não era um homem de ruminação, um pensador, mas uma natureza artisticamente dotada, um* visuel, *um* voyant, *como ele próprio designava isso. Sobre sua maneira de trabalhar, ele nos dizia o seguinte: tinha o costume de olhar ainda e sempre as coisas que não conhecia, de reforçar a impressão delas dia após dia, até que subitamente nascia nele a compreensão. (1893f, p. 404)*

Diante de seu olhar, surgiam novos quadros de doenças resultantes da conexão constante de sintomas, casos completos e extremos, os *types*, a partir dos quais "percorria a longa série dos casos atenuados", as *formes frustres* – a esse "trabalho intelectual" próprio, distinto, inigualável e do qual "se orgulhava", denominava *faire de la nosographie*. Professor de anatomia patológica no Collège de France, foi nessa condição que adquirira prestígio suficiente para lhe ser criada, em 1881, a Cátedra de Neuropatologia (neuropatologia como sinônimo, sublinha Freud, da "jovem ciência" que conhecemos como neurologia), depois de romper com a tendência médica dominante.

Não é o caso de superestimar os resultados dessas pesquisas, que têm hoje, fundamentalmente, uma importância histórica – para nós importa muito mais o que delas permaneceu como algo intrínseco ou se tornaram questões para a psicanálise. Fazendo nosografia e valendo-se do hipnotismo, Charcot, "o homem-encruzilhada" (Roudinesco, 1994, pp. 26-27), conseguiu realizar uma descrição completa dos fenômenos histéricos, demonstrando suas leis próprias e regularidades, diferenciando-os de outros estados mórbidos por meio do reconhecimento de seus sintomas próprios: as múltiplas formas do ataque histérico, a *grande hystérie* e a *petite hystérie*, a anestesia, os distúrbios de visão, as chamadas *zonas histerógenas* e sua relação com os ataques, e toda uma série de descobertas que Freud considera surpreendentes. Invalidou a conexão entre neurose histérica e sistema genital (a palavra grega *hystera* significa "madre" ou "útero"), descrevendo a frequência dos casos de histeria nos homens, essencialmente naqueles da classe trabalhadora.

Quanto aos seus aspectos etiológicos, fisiólogo aposentado, propôs a hereditariedade como causa única: todos os outros fatores desempenhariam o papel de causas incidentais, que ele chamou de *agents provocateurs*. Mas deve-se salientar ainda mais a dimensão político-social de seu trabalho pioneiro: se nas manifestações histéricas os médicos não viam nada mais além de simulações de sintomas, ele preferia dizer que a histeria – "como tantas outras esfinges" – era uma doença que punha em questão as investigações mais apuradas.

> *Antes de tudo, o trabalho de Charcot resgatou a dignidade desse tema; aos poucos, perdeu-se o hábito do sorriso desdenhoso que a doente com certeza podia esperar; não era mais, necessariamente, uma simuladora, dado que Charcot, com toda sua autoridade, colocava-se como defensor da autenticidade e da objetividade dos fenômenos histéricos. Ele havia repetido em menor escala o ato de libertação em memória do qual o quadro de Pinel ornava o anfiteatro da Salpêtrière.*

> *Depois de renunciar ao medo cego de ser mistificado pelos pobres doentes, medo que até então havia impedido de nos ocupar seriamente da neurose, era possível perguntar que tipo de elaboração podia ser bem conduzida pelo mais curto caminho para a solução do problema (1893f, p. 411).*

Para Freud, especificamente, seu trabalho mais valioso, ao qual daria continuidade com Breuer, relacionava-se às *paralisias traumáticas* reveladas na histeria. Por fim, em suas lembranças, sublinha algo que certamente o influenciou nas futuras pesquisas psicanalíticas: "Podíamos ouvi-lo dizer que a maior satisfação na vida de um ser humano era ver alguma coisa nova, isto é, reconhecê-la como nova". Na medicina, "os homens sempre viam apenas o que já tinham aprendido", enquanto ele continuava a ver muitas das coisas que durante trinta anos, em suas salas de doentes, haviam escapado ao seu olhar".

Evidentemente que não será a visão, mas a escuta, o sentido privilegiado por Freud em seu próprio trabalho para vir a descobrir e esclarecer tantos segredos da alma humana. E tal como o fez com seus pacientes, escutou muito e bem, e no bom momento, seu mestre parisiense – e para além do que aprendeu percorrendo com ele a Salpêtrière "este museu de fatos clínicos", cujos nomes e particularidades "provinham em grande parte dele mesmo". Em 1893, ano de sua morte, reconhecido e reverente, o aluno já ultrapassara o mestre e não depende mais de seus ensinamentos específicos e pontuais. Quando, em 1906, faz publicar uma coletânea de seus artigos curtos aparecidos nos anos anteriores, coloca à frente deles este obituário que acabamos de percorrer. Como justificativa, explica que o escrito, além de ser uma dívida de gratidão, marca também o ponto no qual seu trabalho o separa de Charcot. Mas enquanto a separação não acontece de fato, é o resultado do que aprendeu em Paris que o acompanha a Viena, servindo-lhe de norte, ainda por alguns anos, para iluminar teoricamente o exercício de sua profissão.

Freud com Charcot, em Viena

Em 30 de março de 1886, escreve a Martha, de Berlim, depois de deixar Wandsbek penalizado de vê-la chorar desta vez na despedida, e pouco antes de retornar a Viena esperançoso com o futuro deles, juntos: "Entramos em um novo período, um período feliz, eu espero, e que nos levará para nossa felicidade" (1966, pp. 225-227). Onze dias antes, havia se referido a "uma lembrança viva e estimulante de Charcot, um pouco como o que me resta dos dez dias passados perto de você. Tenho a impressão de ter vivido alguma coisa muito bonita que nunca me poderá ser tirada".

No mesmo estado de espírito, mas meses depois, em 13 de outubro do mesmo ano, escreve a Carl Koller, o descobridor do efeito anestésico da cocaína e agora imigrante nos Estados Unidos: "Você tem razão em supor que Paris significa para mim um novo começo de vida". Havia ali encontrado um mestre tal como imaginara, com o qual aprendera "a ver clinicamente" e recolhera uma boa "quantidade de conhecimentos positivos". Depois de lamentar o pouco tempo de sua estadia, porque "fui estúpido demais levando dinheiro que só me desse para cinco meses" (deixara parte da bolsa de estudos com a mãe), revela as dificuldades para se estabelecer como clínico em Viena.

Mas faz a ressalva de que as coisas foram melhores do que esperava: "Não quero examinar o quanto contribuíram para isso a ajuda de Breuer, o nome de Charcot e talvez a natural afluência dos clientes para um profissional novo". Já em 13 de maio, a Martha, havia assinalado o motivo dessas dificuldades: embora numerosos, não havia muitos pagantes entre os pacientes. "Dou-me conta de que trabalho e renda são, para um médico, duas coisas completamente diferentes. Em certos momentos, ganhamos dinheiro por nada; em outros, trabalhamos como um escravo sem nenhuma remuneração" (1966, p. 229). Ainda um pouco antes, no dia de seu aniversário, com um humor mordaz: "Hoje vieram dois antigos clientes de Breuer ao meu consultório, ninguém mais. Geralmente tenho cinco: dois para tratamento elétrico, um para nada, um *Schnorrer* [mendigo, em iídiche] e um *Schadchen* [agente de casamentos]".

Diante desta ruptura que se operava nele, é mesmo surpreendente o que lhe escapa e soa como algo já extemporâneo, ao comentar com Koller como sua fidelidade à "anatomia do cérebro" podia ser comprovada pelas "publicações especiais" que estava enviando. Na verdade, não passam de restos, sobras teóricas de um tempo já pertencente a um passado revoluto. Seja como for, nada mais publicará em seguida sob tal inspiração.

Quanto aos obstáculos enfrentados junto à comunidade médica para impor suas novas ideias, eles não demoram a surgir. Tantos anos depois ainda as recorda nos detalhes. Foi mal acolhido já na apresentação, na "Sociedade dos Médicos", do que vira e aprendera com Charcot: "Personagens, passando-se por autoridades, tais como o presidente, o internista Bamberger, declararam ser inacreditável o que eu relatava". Meynert, esposando o preconceito muito difundido de ser a França a nação mais neurótica de todas, desafiou-o a encontrar em Viena "casos semelhantes àqueles que eu descrevera e a apresentá-los na Sociedade" (1925d, p. 63).

Incansável, tentou levar à frente a incumbência, apesar de continuamente impedido pelos médicos mais velhos a sequer se aproximar de seus pacientes. Um deles, um velho cirurgião, foi capaz de expressar entre ingênuo e ignorante em sua prepotência: "Mas, meu caro colega, como pode dizer um tal nonsense? É *Hysteron* (sic!) que se chama útero. Assim, como pode um homem ser histérico?".

De pouco valeram suas objeções de que mais do que um diagnóstico aprovado necessitava ter um caso disponível. De todo modo, fora do hospital, consegue um caso de hemianestesia histérica clássica em um paciente masculino. Faz sua demonstração:

> *Desta vez fui aplaudido, mas não me concederam mais interesse. A impressão de que as altas autoridades haviam rejeitado minhas novidades permaneceu inabalável; com minha histeria masculina e a produção de paralisias histéricas por sugestão, encontrei-me empurrado para a oposição. Quando logo depois me negaram acesso ao laboratório de anatomia cerebral, e como durante vários semestres não tive nenhum local onde poder dar meus cursos, retirei-me da vida universitária e associativa. Faz uma eternidade que fui à "Sociedade dos Médicos".* (1925d, p. 63)

Veremos, no próximo capítulo, como enfrentará dificuldades muito mais imediatas no tocante à própria clínica. É compreensível: Charcot, que lhe abrira um caminho no tocante à histeria e ao trabalho nosográfico de modo geral, faz uso da hipnose em caráter mais demonstrativo: teórico em suas experiências com a histeria provocada artificialmente, preocupa-se menos com a terapêutica em si. Ora, como defensor da utilização clínica da hipnose, é nessa condição que podemos compreender a convicta irritação de Freud ainda em 1893, ano da morte do Mestre, ao afirmar que a falta de experiência própria dos adversários do hipnotismo foi o que os levou a "explorar uma declaração de seus últimos anos de vida que nega à hipnose qualquer significatividade como meio curativo" (1893f, p. 415).

Contudo, não demoraria muito para chegar a uma conclusão similar, e será ele, e não o mestre parisiense, que logrará alcançar a terra prometida. Mas nesse itinerário rumo à psicanálise, é preciso abordar uma etapa imediatamente anterior. Persistindo na hipnose em busca de algo que o retire do desamparo clínico, encontra H. Bernheim e a sugestão hipnótica na sua versão eminentemente terapêutica. Com isso, aproximamo-nos do objeto de estudo central deste trabalho.

3. O fator da sugestão na clínica psicológica

De volta a sua cidade, Freud dedica-se a divulgar o que aprendeu sobre a neurose histérica e o hipnotismo não apenas no seu estágio em Paris, mas também no contato subsequente - intenso, sistemático e interessado - com a produção bibliográfica francesa, inclusive traduzindo alguns desses trabalhos para a sua língua materna. Uma aprendizagem que se fazia igualmente pela apropriação de novas maneiras de lidar com os desafios impostos por sua prática profissional cotidiana. Faria mais do que isso: ao dar continuidade a essas novas ideias ainda quase desconhecidas pelos colegas de língua alemã, acaba provocando rupturas fundamentais e intrínsecas à constituição da sua psicanálise.

Por Charcot, pelas ideias de Charcot que são agora também as suas, indispõe-se com a comunidade médica vienense. Mais uma vez, e não será a última - na verdade, é só o começo de tudo -, é visto por seus pares como alguém cujo interesse se dirige para coisas bizarras, mesmo perigosas: primeiro foi a cocaína, agora a histeria e o hipnotismo (e logo mais serão os sonhos, a sexualidade etc.).

O rompimento com a Sociedade Médica de Viena foi tão precoce quanto definitivo: "o destino de estar na oposição e banido da 'maioria compacta'", com o qual já se familiarizara desde suas "primeiras impressões da Universidade" (1925d, p. 57), o levará nos dez anos seguintes, esplendidamente isolado, à invenção de um novo campo do conhecimento.

A preciosa experiência vivida na capital francesa, origem desse longo itinerário, causou-lhe forte impressão. Sente-se bem-disposto, avarento com seu tempo, seguro de si e mais urbano e habilidoso no trato com os colegas (1966, p. 225). Mais do que nunca um trabalhador incansável, executa com rapidez a tradução do livro de Charcot, publicando-o na sua língua antes mesmo da edição francesa. Contudo, se o Mestre lhe ensina tantas coisas sobre a neurose histérica e o introduz de forma inédita e segura no estudo dos casos clínicos, deixa-o sem arrimo quanto a procedimentos mais propriamente técnicos, e quase nas mesmas condições de qualquer médico de "doenças nervosas" do século XIX.

Ora, questões práticas e urgentes lhe são impostas, pois se trata antes de tudo de garantir sua própria sobrevivência e, em seguida, ganhar a vida, entre outras coisas para viabilizar o projeto de casamento. No verão de 1886, suas atividades restringiam-se ao trabalho no Instituto Kassowitz três vezes por semana, às traduções e às tarefas de exame crítico de certas obras, bem como à clínica neurológica privada, inaugurada num domingo de abril (cf. Jones, 1958).

A luta pela clínica em Viena

Naqueles tempos heroicos, o "arsenal terapêutico" de Freud continha apenas duas armas: a eletroterapia e o hipnotismo. O procedimento mais corrente, que se limitava a receitar longas temporadas nos estabelecimentos hidropáticos, era, no mínimo, observa com ironia, uma fonte insuficiente de renda, pois apenas *uma* consulta se fazia necessária para prescrevê-lo. Quanto à eletroterapia – uma estimulação elétrica local da pele e dos músculos e que, portanto, não se confunde com a terapia por eletrochoque (ou eletroconvulsoterapia), só descoberta e em seguida maciça e tristemente utilizada décadas mais tarde –, o seu conhecimento provinha do manual de W. Erb, editado em 1882. Apesar das instruções detalhadas para o tratamento de todas as doenças nervosas, logo se dá conta de que seu acatamento não proporcionava nenhuma garantia de cura: "o que eu tomara por um compêndio de observações exatas era meramente a construção de uma fantasia". Tantos anos depois, suas lembranças lhe permitem uma confidência que faz deste episódio um marco em termos de sua futura independência intelectual e profissional: "Foi penosa a compreensão de que a obra do maior nome da neuropatologia alemã não tinha maior relação com a realidade do que um livro de sonhos 'egípcio' vendido em livrarias baratas". Mas a impressão (crítica, cáustica e impiedosa tantos anos depois) ajudou-o a livrar-se de "outro fragmento da inocente fé na autoridade, da qual eu ainda não estava livre".

O desenlace, porém, não se deu de maneira tão rápida como pode nos fazer supor suas memórias. Segundo Jones (1958), utilizou a eletroterapia durante os vinte meses que se seguiram à inauguração de sua clínica, complementada por vários recursos auxiliares tais como banhos e massagens, procedimentos que só viria a abandonar no início dos anos 1890. Na sua contribuição à história do movimento psicanalítico, é sincero ao afirmar que não chegou por conta própria à conclusão de Möbius de que os êxitos do tratamento elétrico em transtornos nervosos eram meros efeitos da sugestão. Em tom sarcástico e autoderrisório, acrescenta que certamente a culpa devia ser creditada à ausência, na sua clínica, desses sucessos prometidos (1914d, p. 251).

Talvez a descrença no tratamento elétrico não lhe permitisse "sugestionar" e, em termos mais propriamente teóricos, já intuísse a impossibilidade de compartilhar do simples e cômodo parecer ao qual chegara Möbius. Como veremos adiante, o apelo ao fenômeno da sugestão para tornar inteligíveis tantas coisas se tornaria um modismo a camuflar o fato evidente de que ele próprio precisava ser explicado. Antes disso, porém, registra-se justamente a adoção por Freud do método da sugestão hipnótica como alternativa ao tratamento elétrico. Há, portanto, um caminho a ser percorrido e que inclui experimentações e buscas de uma técnica eficaz a fazer frente à sua indigência terapêutica. Comecemos por examinar os procedimentos clínicos iniciais de Freud.

Garcia-Roza (1984, p. 35) aponta o artigo "Histeria", escrito para a Enciclopédia Villaret, em 1888, e tido como apócrifo durante vários anos, como aquele em que a concepção charcotiana sobre a neurose histérica está integralmente presente. Mas é também, justamente neste ano, que Freud consegue convencer seu amigo Breuer a se associar às pesquisas que resultarão, cinco anos mais tarde, na "Comunicação Preliminar". Mesmo dando mostras de conhecimentos nosográficos aprofundados e extensos, Freud ainda não é capaz de acrescentar algo de original ao trabalho de Charcot – é, então, apenas o seu divulgador vienense. Em meu próprio benefício, destaco em particular, neste artigo, o item de número cinco, "A terapia da neurose", com indicações curiosas de seus procedimentos técnico-clínicos: frutos da própria experiência, ainda que sob as bênçãos do psiquiatra parisiense e já sob a influência do psicoterapeuta de Nancy, podemos reconhecer aqui e ali sua argúcia tão característica.

Não gastará mais de cinco páginas para falar de um assunto que diz ser difícil de abordar em poucas palavras. A justificativa é evidente: "Não há nenhuma outra doença em que o médico possa intervir de maneira tão miraculosa ou então ficar tão impotente" (1888b, p. 108); mas como estudioso da doença histérica, e um *partisan* dessa causa no meio médico, parece também advertir seus pares para a insuficiência do que terá a dizer sobre a questão do tratamento. Não sem razão: considerados, pelos anatomistas, transgressores das leis de sua ciência tal como os crentes consideram os hereges, acusados de exagero e de simulação, punidos com a retirada de seu interesse clínico, eram de fato pacientes que punham em questão o saber médico ao não se enquadrarem, previamente, em tabelas diagnósticas e num modelo padrão de intervenção. E, se à sua revelia forçavam "uma reversão na relação médico-paciente", é porque antes deles "somente em sua apresentação corporal podia o paciente fazer apelo ao médico" (Lorenzer, 1987, p. 114).

É verdade que o fenômeno da *sugestão pós-hipnótica*, ou *efeito pós-hipnótico,* serviu a Charcot como modelo convincente para explicar a autenticidade das manifestações histéricas; e sobretudo, escreve Freud (1912g), "nos ensinou [...] a dar toda importância à distinção entre *consciente* e *inconsciente*" (p. 174). É que a prescrição pós-hipnótica evidenciava outra memória além da consciente, uma memória esquecida: hipnotizado punha em ação, depois de despertar, uma ordem dada pelo hipnotizador – por exemplo, abrir o guarda-chuva sem que estivesse chovendo –, mas sem lembrar de onde ou de quem partira esta ordem. Da mesma maneira, havendo uma intenção (um desejo) que causa sintomas, digamos, um ataque histérico súbito e paralisante, isso não quer dizer necessariamente que essa intenção esteja entre as representações conscientes do paciente.[1]

1 Vejamos, por exemplo, esta distinção, no caso Dora, a respeito das amnésias: "A incapacidade dos doentes de apresentar de maneira ordenada sua história de vida, na medida em que ela coincide com a história da doença, não é apenas característica da neurose, nem deixa de ter uma grande significatividade teórica. Esta carência tem na verdade as seguintes razões: em primeiro lugar, a doente guarda consigo, consciente e intencionalmente, uma parte do que lhe é bem conhecido e que deveria contar, e isso por causa dos motivos ainda não superados, que são o receio e o pudor (a discrição, quando levadas em

A recusa em dar um estatuto de cidadania à doença histérica antecipa ou pressupõe outra recusa: a da ampliação *tópica* do psiquismo, que inclui a existência do *inconsciente* (no sentido freudiano) e sua prevalência no jogo de forças psíquico. Ora, naqueles anos, ainda não se tem essa clareza conceitual, a despeito do trabalho pioneiro de Charcot e do conceito (básico) de *dissociação da consciência*, formulado por P. Janet em 1889. Aliás, segundo I. Grubrich-Simitis, justamente em "Histeria", encontramos "a primeira passagem publicada na qual Freud utiliza a expressão inconsciente [*Unbewußte*] num sentido que prefigura o uso psicanalítico ulterior" (apud 1888b, p. 107). O termo *subconsciente* [*Unterbewußte*] chegou a ser usado em "Algumas considerações para um estudo comparativo das paralisias" (1893c, p. 363) e, logo abandonado, ainda aparece nos *Estudos sobre a histeria*, para ser devidamente criticado na *Interpretação do sonho* e em *A questão da análise profana*.

É indubitável que se move, em 1888, em terreno obscuro e escorregadio, e que se tem uma clínica incipiente a constituir um flanco aberto para os adversários da nova clínica francesa. Como médico, a perspectiva de Freud está ainda bem plantada no solo ideológico de sua profissão, e não por acaso o seu olhar se fixa na doença ("Não há nenhuma outra doença..."), quando, no limite, se é impotente ou milagroso em presença do *doente* e não frente à doença. "Não se trata de um discurso moderno, mas de um adágio dos antigos médicos segundo o qual não é o medicamento que cura essas doenças, mas o médico, isto é, a personalidade do

---

consideração outras pessoas); isso constitui a parte da insinceridade consciente. Em segundo lugar, uma parte de seu saber anamnésico, da qual a doente via de regra dispõe, está ausente no relato sem que tenha tomado a resolução de guardá-la consigo: é a parte da insinceridade inconsciente. Em terceiro lugar, nunca faltam as verdadeiras amnésias, essas lacunas da memória, nas quais sucumbiram não apenas antigas lembranças, mas também lembranças absolutamente recentes, assim como as ilusões da lembrança que foram formadas secundariamente para preencher essas lacunas" (1905e, p. 197).

médico, na medida em que, por meio dela, ele exerce uma influência psíquica" (1905a, p. 49).

Pois bem, neste artigo, de valor apenas histórico, no qual o médico Freud ainda fala do tratamento da doença (no caso, a histeria), cabe também assinalar uma evidente preocupação com o doente: o seu meio; a sua família; a relação que mantém com a vida e o mundo. Preocupa-se com as possíveis intervenções e supõe tratamentos diversos conforme o nível de manifestação clínica: do ponto de vista da terapia, deve-se fazer a distinção entre a *disposição* histérica dos *ataques* histéricos (*histeria aguda*) e os *sintomas* histéricos *isolados* (*histeria local*) (1888b, pp. 108-112).

Em termos da disposição histérica, há certa margem de manobra na escolha dos métodos de tratamento. Compreende-se: esta noção é, medicamente, muito mais difícil de ser apreendida do que a de ataque histérico ou sintoma histérico; além disso, na prática, é exigida da parte do médico uma intervenção muito menos urgente do que na histeria aguda, com seus ataques, e muito menos cuidadosa do que na histeria local, com seus sintomas anatomicamente subversivos e transgressores. Como não se sabe muito bem do que se trata e não há urgência, a liberdade para lidar com a disposição não implica nem mesmo uma vantagem, pois, em termos de intervenção terapêutica, não há muito o que fazer.

Assim, já que a disposição para a doença não pode ser eliminada – uma posição coerente com a ideia charcotiana de uma etiologia hereditária, com a qual Freud neste momento está de acordo –, a saída se encontra na recomendação de medidas profiláticas. Por exemplo, não se deve negligenciar, ao lado do desenvolvimento intelectual, os exercícios físicos e a higiene, evitando, assim, sobrecarregar de esforços o sistema nervoso. A seguir, aconselha tratar a anemia ou clorose, que, curiosa inversão, parece conferir um apoio especial à tendência à neurose. Mas faz a ressalva de que o "trabalho intelectual sério", mesmo sendo fatigante, não ocasiona histeria (uma opinião ao menos parcialmente correta à luz de considerações futuras que fazem da *sublimação* a melhor alternativa para a neurose). Em contrapartida, reprova nas classes ricas uma educação que visa à manifestação exagerada do sentimento e da sensibilidade; nesse sentido, tem uma avaliação favorável da conduta dos médicos mais antigos: mesmo assentados em concepções incorretas, eles tratavam as manifestações histéricas nas pessoas jovens como "um hábito desagradável e uma fraqueza de vontade", e com ameaças de castigo. Mais do que uma técnica, o procedimento parece indicar uma ética educacional: por meio de uma recusa autoritária, conseguem-se com as crianças resultados melhores do que com qualquer outro método; com os adultos e em casos graves, não se esquiva em dizer, tal procedimento resulta ineficaz.

De maneira especial, recomenda cautela no contato com o paciente para não revelar um interesse médico muito ostensivo por sintomas histéricos de pouca gravidade, chamados de benignos, evitando, assim, incentivá-los, uma observação que tem respaldo e sustenta-se, talvez, no comprometimento com o caráter terapêutico de sua intervenção – afinal, esta não é a postura de Charcot, teatral e sugestionável por excelência. A recomendação de Freud, nesse sentido, tem mesmo o valor de uma crítica, e ele não deixará de usá-la em benefício próprio, matizando-a ao longo de suas pesquisas com a histeria, no sentido de uma linha de conduta *clínica*, inicialmente, mas depois como linha de conduta *teórica*.

Quanto ao tratamento de histerias agudas, cuja maior característica é a de estar sempre apresentando fenômenos novos, o médico facilmente comete erros e os êxitos são raros. É algo evidente: trata-se da natural "repugnância pelo novo", pelo surpreendente – na linguagem charcotiana, tudo que se desvia dos *tipos* já conhecidos. Como primeira condição, recomenda o afastamento do paciente de sua situação habitual, ou seja, o clássico isolamento, pois esta medida é benéfica por si mesma ao permitir uma observação mais rigorosa e um cuidado – que aparentemente não é apenas assistencial – muito maior da parte do médico: antipsiquiatria *avant la lettre*, observa que "como regra geral, o homem histérico ou a mulher histérica não é o único doente nervoso no meio familiar". Vai além ao dizer que o pânico e a terna participação dos pais ou da família só fazem aumentar a excitação e produzir sintomas mais intensos, e parece garantir a repetição do ataque histérico numa hora determinada ou previamente aguardada. Assinala, desse modo, a dificuldade de fazer com que os ataques sejam encarados com calma e indiferença, observando que são os parentes, mais do que os pacientes, que resistem ao tratamento num estabelecimento médico.

Em seguida, não dispensa a ajuda inerente ao clínico, cuja importância é ressaltada na medida em que sua convicção quanto à cura se transfere para o paciente. Com este isolado, protegido de qualquer excitação provocadora do ataque histérico, torna-se mais fácil a utilização de todo tipo de tratamentos revigorantes (massagens, faradização geral, hidroterapia). Confirma serem benéficos tais procedimentos e diz ser merecida a boa reputação da chamada "cura de repouso" de Weir Mitchell (também conhecida como *tratamento de Playfair*), isto é, justamente a combinação de isolamento, em absoluta tranquilidade, com aplicação sistemática dos mencionados tratamentos revigorantes (superalimentação, massagem e eletricidade). Tal procedimento, corrente nos hospitais, faz da enfermeira qualificada uma presença tão fundamental quanto a do próprio médico. Acredita ser o melhor esquema de tratamento conjugar quatro a oito semanas de repouso no leito com hidroterapia e ginástica (com a neurastenia, contudo, o isolamento não funciona e a influência do médico não é eficaz).

Com relação ao tratamento dos sintomas histéricos isolados, nada se pode fazer enquanto persistir uma histeria aguda, pois, depois de eliminados, eles reaparecem ou são substituídos por outros, novos, o que se torna cansativo para o médico e para o paciente. Por outro lado, se a prescrição de narcóticos é uma incorreção profissional grave na histeria aguda, não há como evitá-los no caso da histeria local e resistente. Ainda assim, não se pode confiar inteiramente no seu efeito, que parece depender da autossugestão do paciente ou de sua crença na eficácia dos medicamentos internos.

Em vista disso, impõe-se o caminho do *tratamento indireto*, ou seja, a tentativa de uma influência geral sobre o sistema nervoso: vida ao ar livre, hidroterapia, eletricidade ("de preferência mediante o tratamento com alta tensão"), até mesmo a melhoria do sangue com "arsenicais e medicação ferrosa". Considera ainda a possibilidade de remoção de estímulos: por exemplo, uma área eritematosa na laringe ou uma tumefação nos cornetos podem originar uma *tussis hysterica* persistente (no *caso Dora*, anos mais tarde, faria pela primeira vez referência a certa *complacência somática*)[2]. Mas adverte, conforme a indicação de Charcot, sobre a necessidade de maior senso crítico com as afirmações que tomam as alterações nos genitais como fontes de estímulos para os sintomas histéricos.

Finalmente, leva em conta a possibilidade de um *tratamento direto*, que consiste em remover as causas psíquicas estimuladoras dos sintomas, o que significa compreender essas causas como pertencentes à "vida de representação inconsciente" (inconsciente

---

2 A expressão foi introduzida por Freud em referência à "escolha da neurose" histérica, bem como à "escolha do órgão ou do aparelho corporal sobre o qual acontece a conversão [como] um material privilegiado na expressão simbólica do conflito inconsciente" (Laplanche & Pontalis, 1973, p. 71). Ele leva em conta que o psíquico e o somático contribuem igualmente na formação do sintoma histérico, logo não se trata de uma escolha entre uma ou outra origem. Deve-se, antes, sublinhar a necessidade de um processo normal ou patológico em um órgão do corpo ou relativo a ele para produzir uma certa *complacência somática* capaz de fornecer uma saída corporal para os processos psíquicos inconscientes (1905e, p. 222) – daí sua importância como fator determinante na escolha da neurose (cf. Agostini Pereira, 1996).

ainda *descritivo*, *latente*, mas que já prenuncia, pela segunda vez neste texto, a ideia de um inconsciente *tópico*). Descreve o tratamento como um procedimento simples: sob hipnose, é dada ao paciente uma sugestão que visa à remoção do distúrbio. Exemplifica: "curamos uma *tussis nervosa hysterica* fazendo pressão sob a laringe do doente hipnotizado, assegurando-lhe que foi removido o estímulo que o faz tossir"; ou uma paralisia histérica, compelindo-o na hipnose a mexer aos poucos o membro paralisado.

Compreende-se, então, que diante da fragilidade teórica e técnica de sua clínica lhe reste como último recurso a hipnose: "Em Paris, eu tinha visto a pronta utilização da hipnose como um método feito para criar e em seguida suprimir sintomas nos doentes", escreve quarenta anos depois (1925d, p. 64). Já em Viena, recebe a boa nova de que surgira uma escola médica em Nancy, França, que fazia uso extenso e marcantemente bem-sucedido do mesmo procedimento, mas para fins terapêuticos. Em novembro de 1887, adota a sugestão hipnótica (Jones, 1958).[3]

Contesta, assim, com razão, a inexatidão de Meynert ao afirmar que ele, Freud, retornando corrompido da "perniciosa Paris, [é] ativo aqui mesmo como praticante formado na hipnose" – isto é, que ele não faz outra coisa além de hipnotizar. Escreve com evidente irritação na resenha do livro de Forel, *O hipnotismo*:

---

3 De acordo com Forel, escreve Freud (1889a), "pela sugestão, na hipnose, podemos produzir, influenciar, impedir (inibir, modificar, paralisar ou estimular) a totalidade dos fenômenos subjetivos conhecidos da alma humana e uma grande parte das funções objetivamente conhecidas do sistema nervoso" (pp. 148-149). Freud complementa que isso significa influenciar "funções corporais sensíveis e motoras, certos reflexos, processos vasomotores (mesmo a formação de bolhas!), no domínio psíquico, [influenciar] sentimentos, pulsões, a memória, a atividade voluntária etc.". Mais especificamente, ensina em outro texto: "Esta sugestão consiste em negar energicamente os sofrimentos dos quais o doente se queixa ou a garantir que ele poderia fazer alguma coisa ou a lhe ordenar executá-la [...]. Aplicamos cada uma das sugestões com a maior firmeza, pois todo indício de dúvida será notado pelo hipnotizado e explorado desfavoravelmente" (1891d, pp. 294-295).

"Bem ao contrário, eu vivo 'aqui mesmo' como médico dos nervos e *me sirvo de todos os métodos terapêuticos* que este médico dispõe". Considera ainda inaceitável que lhe seja retirada a qualificação (conforme as palavras de Meynert) de "médico com formação rigorosa de fisiologista" (1889a, p. 145, grifos meus). A propósito, já em "Histeria", que em parte acabamos de examinar, Freud (1888b) afirma, de passagem e pela primeira vez em texto publicado, ser ainda mais eficaz o método "recente" praticado precursoramente em Viena por J. Breuer, que, proporcionando "sucessos de cura inatingíveis de outro modo", consiste em levar o paciente, também sob hipnose, "à pré-história psíquica do sofrimento, obrigá-lo a reconhecer em qual ocasião psíquica o transtorno correspondente apareceu" (p. 111).

Em 1925, confirmará como algo natural que a sugestão hipnótica, diante do seu desamparo clínico nos primeiros anos de atividade médica, tenha se tornado, "afora os métodos psicoterapêuticos ocasionais e não sistemáticos, meu principal instrumento de trabalho". Como consequência, um rompimento que ultrapassa a simples eleição de um novo procedimento técnico: nunca mais tratará das chamadas doenças nervosas orgânicas.

> *Mas pouco importava. Pois, de um lado, a terapia desses estados não oferecia a menor perspectiva gratificante e, de outro, o número diminuto dos que sofriam desses estados na clientela urbana do médico particular pouco contava diante da multidão dos nervosos que, além do mais, se multiplicavam pelo fato de passarem de um médico para outro sem resultado. Mas, efetivamente, o trabalho com a hipnose era, de resto, repleto de sedução. Pela primeira vez superava-se o sentimento da própria impotência; era muito lisonjeira a reputação de fazedor de milagres.*

> *Só depois eu descobriria em que consistiam as deficiências do procedimento. (1925d, pp. 64-65)*

Pode ser que isso tenha ocorrido (e se ocorreu, não sabemos até que ponto) quando consegue manifestar duas queixas: é incapaz de hipnotizar todos os pacientes, bem como colocá-los num estado tão profundo de sonambulismo como era sua vontade. No primeiro caso, pelo menos sob o seu comando, a técnica era limitada quanto ao número de pacientes que dela poderia se beneficiar; no segundo, punha-se em dúvida a sua eficácia, desde que a influência (relativa) da sugestão sobre o sintoma devesse ser supostamente compatível com o grau de hipnose alcançado.

No verão de 1889, passa algumas semanas em Nancy e, em seguida, participa em Paris, em 8 e 9 de agosto, do Primeiro Congresso Internacional do Hipnotismo, antes de retornar a Viena, significativamente, sem esperar seu término. Da viagem, lembra-se de ter sido testemunha do trabalho do "velho Liébeault" junto às mulheres e crianças pobres da classe trabalhadora, além de ter sido um espectador dos "assombrosos experimentos de Bernheim em seus pacientes de hospital". Credita a esse tempo "as mais fortes impressões" quanto à possibilidade de existir processos anímicos poderosos que, no entanto, estavam encobertos na "consciência do homem" (1925d, p. 65).

Da mesma viagem, a curiosa passagem em que convence uma de suas pacientes – "histérica, repleta de distinção, genialmente dotada, a mim confiada porque ninguém sabia o que fazer com ela" – a ir ter com ele em Nancy. Embora tenham sugerido o nome de Emmy von N. (baronesa Fanny Moser) – o que me parece improvável, se não impossível, pois seu tratamento foi interrompido ao final de junho de 1889, conforme lemos no relato do caso (cf. 1895d), quando retornou a sua casa na região do Báltico e só voltou a ter contato com Freud exatamente um ano depois de seu primeiro encontro com ele (v. capítulo 4) –, a paciente levada por Freud a Nancy não foi identificada. Mas poderia ser a mesma mencionada em carta por Charcot como tendo sido enviada por Freud a Paris; nesse caso, seria a paciente a quem chamou de Cäcilie M. (baronesa Anna von Lieben) nos *Estudos sobre a histeria*, em que aparece em notas repetidas vezes – sua principal cliente [*Hauptklienten*], seu professor [*Lehrmeister*], sua "*primadonna*", como a ela se refere nas cartas, de quem teve "um conhecimento muito mais aprofundado do que todas as outras pacientes evocadas" (1895d, p. 87), mas que, por considerações de ordem pessoal, não pôde ser objeto de um relato detalhado. Ele a visita várias vezes por dia, tratando de seus diversos e variados transtornos (dores oculares, câimbras, nevralgias faciais, reumatismos agudos, alucinações...) com massagens, banhos quentes, medicamentos e tratamento hipnótico. Por intermédio da influência hipnótica, "minha ignorância", diz Freud, não fizera mais do que tornar sua "existência digna de um ser humano", retirando-a "da miséria de seus estados". Mas não a livrara das recaídas e imagina, ao tentar explicar tais remissões, que sua hipnose jamais alcançara a fase de *sonambulismo com amnésia* – a *sugestionabilidade hipnótica* consiste justamente nessa ligação com a amnésia (que falta à sugestionabilidade em outras condições), e uma hipnose profunda com amnésia é o chamado "sonambulismo" (1892b, pp. 302-305).

Embora sem desconhecer nem desconsiderar a eficácia da sugestão com hipnose leve ou mesmo sem hipnose, como preconizava Bernheim, Freud, charcotiano neste particular – ao insistir em fazer uma distinção entre os conceitos de "hipnose" e de "sugestão" e levando em conta certas diferenças entre a sugestionabilidade do estado hipnótico e a sugestionabilidade em outras condições[4] –

4 "Esta é com efeito uma sugestionabilidade geral, enquanto, de ordinário, um crescimento da crença refere-se apenas a essas sugestões que estão em correlação com a condição eficiente. Assim, uma pessoa sugestionada no domínio religioso

busca aprender, em Nancy, como alcançar o verdadeiro sonambulismo. Ora, tendo em vista esse propósito, Bernheim faz com a paciente de Freud inúmeras tentativas, todas sem sucesso, e surpreende o futuro fundador da psicanálise ao confessar que a sugestão lhe proporcionava grandes êxitos terapêuticos "com sua clientela de hospital e não com seus pacientes particulares" (1925d, p. 65).

Pouco se sabe da extensão ou da profundidade de seus estudos em Nancy. Na carta à cunhada Minna Bernays, de 28 de julho, depois de treze dias na cidade, demonstra no mínimo falta de entusiasmo e talvez alguma ironia: "Confesso que a ideia de permanecer aqui até o próximo sábado... me dá náuseas. Sim, claro, passo as manhãs de maneira muito agradável, pois quando não durmo a totalidade delas, deixo-me influenciar pelo milagre da sugestão; mas as tardes são entediantes" (1986, pp. 17-18). Na verdade, a adesão de Freud às ideias de Bernheim nunca foi incondicional, e não raras vezes mantém-se fiel a Charcot – em suas posições, como observa Strachey (2001a), é possível detectar sinais de vacilação na disputa teórica na qual se envolvem os dois professores em fins dos anos 1880.

Ainda sobre a visita que fez a Bernheim, lembra nas memórias de lhe ter proposto traduzir, após muitas "conversas estimulantes", suas duas obras sobre sugestão e seus efeitos terapêuticos (1925d, p. 65). Há aqui um equívoco curioso referido por Jones e por Strachey: afinal, já havia começado a traduzir a primeira delas desde a primavera de 1888 e já estava em vias de publicar sua primeira parte, uma tarefa com a qual de fato se comprometeu desde 1887. Ora, se cremos no determinismo psíquico e se levamos em conta a afirmação do próprio Freud (1916-1917) de como são as grandes coisas reveladas por pequenos indícios, acontecimentos imperceptíveis

é crédula somente em relação a sugestões que estão de acordo com o conteúdo de sua fé religiosa, mas não é crédula de um modo geral. Aceitará por exemplo, sem verificação, uma cura miraculosa em Lourdes, mas será uma crítica severa de uma tentativa que busque alimentá-la com ilusões" (1892b, p. 302).

que são "a escória do mundo dos fenômenos" (p. 20), não podemos desprezar o lapso. De maneira deslocada, ele nos revela, talvez, o que ainda representava para a psicanálise a velha questão da sugestão hipnótica: embora pertencente à pré-história de sua disciplina, o fenômeno continuava a desafiá-lo teórica e clinicamente.

Em 1924, portanto, no ano anterior ao cometimento desse lapso, e 36 anos depois de traduzir o livro de Bernheim, apõe uma nota de rodapé (aqui retomada no Capítulo 5) em seguida ao comentário no qual manifestara, três anos antes, em *Psicologia das massas e análise do eu*, a expectativa de que em seu *entourage* uma detalhada investigação estava sendo preparada com o fim de esclarecer, de uma vez por todas, a "essência" da sugestão. A nota diz apenas: "Infelizmente, este trabalho não foi realizado" (1921c, pp. 28-29).

O prefácio para o livro de Bernheim

Em 28 de dezembro de 1887, Freud (2006) escreve uma de suas primeiras cartas a Fliess, amigo ainda recente e futuro sujeito suposto-saber ao longo da fundação da psicanálise: "Nessas últimas semanas, comecei a trabalhar com a hipnose e consegui todo tipo de sucesso, pequenos, mas notáveis. Tenciono também traduzir o livro de *Bernheim* sobre a sugestão. Não me desaconselhe fazê-lo, já estou preso por um contrato" (p. 33) (trata-se de *De la Suggestion et de ses applications à la thérapeutique*; na tradução de Freud: *Die Suggestion und ihre Heilwirkung*). De fato, o contrato foi cumprido, mesmo se com alguma dificuldade, como já parece indicar o extrato da carta. No pós-escrito acrescentado à última página do livro, informa sobre o adiamento da publicação da segunda parte (no começo de 1889) por alguns meses além do prazo prometido, em decorrência de circunstâncias pessoais que atingiram o tradutor (cf. 1888-1889a). Nada se sabe a respeito dessas circunstâncias pessoais; mas, para além de condições objetivas, quero ainda insistir que talvez se refiram a dúvidas e hesitações que começavam a se manifestar quanto à prática e às posições de Bernheim.

Na carta de 29 de agosto de 1888 (2006) novamente a Fliess, confessa ter empreendido este trabalho de má vontade e, previsão certeira, "apenas para ter uma participação num assunto que não deixará de influenciar profundamente a prática dos neurologistas nos próximos anos" (p. 38). Expõe claramente sua posição: "Não compartilho a visão de Bernheim, que me parece estreita, e no prefácio tentei defender o ponto de vista de Charcot. Não sei se o fiz com habilidade. Mas sei que certamente sem grande sucesso".

Com efeito, seu prefácio, deveras heterodoxo, ao primeiro dos livros traduzido – não por acaso, o segundo, *Hypnotisme, suggestion, psychothérapie: études nouvelles,* de 1891 (na tradução alemã, de 1892, *Neue Studien über Hypnotismus, Suggestion und Psychotherapie,* publicada com um prefácio de Bernheim, datado de 20 de agosto de 1890), não traz nenhuma introdução ou notas de Freud – contém críticas e discordâncias incomuns nesses casos, como tradutor e apresentador da obra em sua própria língua. Talvez o fato demonstre tão somente sua reconhecida coerência intelectual, mas com toda evidência, na condição de adepto da causa da histeria e do hipnotismo, intuía o perigo decorrente de certas ideias contidas no livro. Na carta a Fliess, de 29 de agosto de 1888, avalia certeiramente com evidentes preocupações políticas: "A teoria sugestiva, isto é, iatro-sugestiva, de Bernheim é um *commonplace* que exerce sua magia nos médicos alemães, pois eles não precisam dar um grande passo para passar da teoria da simulação, na qual estão presos agora, para a teoria da sugestão". Feita a denúncia, conclui corajoso, mas realista, a respeito de seu prefácio: "Porque o estado de espírito de todos os meus amigos o exigia, tive que ser moderado na minha crítica a Meynert, que se faz ouvir aqui de maneira autoritária sobre um assunto do qual nada sabe, no estilo insolente e maldoso que lhe é costumeiro. Apesar de tudo, o que escrevi lhes pareceu audacioso" (2006, p. 39).

É que em 2 de junho daquele mesmo ano, em conferência ("Über hypnotische Erscheinungen", ou seja, "Sobre fenômenos hipnóticos") na Sociedade de Medicina de Viena, Meynert, afirmando ser a hipnose "a expressão de uma escravização do homem por outros homens" – uma avaliação que num futuro próximo não seria de total desagrado do futuro fundador da psicanálise –, havia recusado o caráter científico de tais fenômenos. No Prefácio, Freud (1888-1889a, p. 122) sente-se na obrigação de conclamar os médicos alemães a considerarem apenas a experiência, "jamais a autoridade sem a experiência, que decide definitivamente pela aceitação ou pela rejeição". Para um jovem médico, a iniciativa era delicada, mesmo imprudente, mas Freud, recém-engajado na questão, não podia deixar de correr este risco.

Ao introduzir a "Suggestion", começa por buscar o aval do Prof. Forel, de Zurique, segundo ele um dos únicos nomes da neurologia alemã – menciona ainda Krafft-Ebing – favoráveis ao hipnotismo, e que teria feito uma recomendação calorosa ao livro de Bernheim. Freud (1888-1889a, pp. 121-122), manifesta, assim, a expectativa de que seus leitores descobrissem todas as qualidades que o levaram a traduzi-lo.

Trata-se, em primeiro lugar, de "uma excelente introdução ao estudo do hipnotismo, do qual o médico não tem mais o direito de se manter afastado", e apropriado para "destruir a crença segundo a qual o problema da hipnose seria ainda e sempre rodeado de uma 'aura de mau gosto'", como Meynert havia arengado. Para Freud, ao correlacionar as manifestações da hipnose a fenômenos conhecidos da vida psicológica normal e do sono – e, este, sendo mesmo o valor principal do livro –, Bernheim contribuíra para destruir a estranheza ainda persistente nessa área. E, ao fazer esta correlação, transpõe o problema da hipnose para o campo psicológico, mediante a colocação da *sugestão* "como ponto nodal do hipnotismo e chave para a sua compreensão". Da mesma maneira, defendendo a sugestão hipnótica como poderoso método terapêutico e levando em conta que sua aplicação não se restringe aos "neuropatas graves e histéricos", seus benefícios podem igualmente se estender à maior parte das pessoas sadias. Assim, uma importância prática incomum é conferida ao livro, pois significa ampliar seu interesse nos médicos para além do estreito círculo dos neuropatologistas.

Esta simpática exposição inicial pode ser lida também como uma primeira aproximação aos pontos de divergência entre Charcot e Bernheim. Fenômeno fisiológico e procedimento de caráter mais demonstrativo para o primeiro e restrito às histerias, a sugestão hipnótica, fenômeno psicológico, torna-se para o segundo uma técnica psicoterápica *à part entière*. Estas serão pistas amplamente aproveitadas por Freud em seu itinerário científico, mesmo se nos anos seguintes a questão de ser a hipnose um fenômeno psicológico ou fisiológico deixe de interessá-lo. No entanto, sabemos que a partir do "Projeto para uma psicologia científica", de 1895, desviará totalmente suas pesquisas para o terreno da psicologia. Quanto à sugestão, com ou sem hipnose, ela tem, certamente, um papel significativo na criação da técnica psicanalítica, quando nada, como a sua antítese; e a ampliação de seu poder, que ultrapassa o interesse específico, mais nosográfico do que terapêutico do mestre parisiense, a história o confirma em termos de seus próprios interesses futuros. Na verdade, desde Paris, coloca em prática essa tendência: Ola Anderson (citado por Nassif, 1975, pp. 157-158) observa, e sua literatura epistolar o confirma, que o interesse teórico e terapêutico de Freud pela neurastenia foi tão significativo quanto o foi pela histeria e são plenamente comparáveis [em intensidade] suas tentativas simultâneas de clarificar os problemas levantados por ambas as neuroses.

"A qualificação de 'histérico', testemunha Freud, é frequentemente utilizada como sinônimo de 'nervoso'". E, na ausência de sua estrita diferenciação das outras neuroses, "o diagnóstico funda-se, na maior parte do tempo, em circunstâncias acessórias: idade do paciente; desenvolvimento da doença; variabilidade dos sintomas etc.; em vez de sê-lo sobre sintomas positivos do quadro estável da doença" (1886g, p. 41). Como Charcot, Freud adota a hipnose, ao menos provisoriamente, como meio de diagnóstico; seu texto sobre a histeria, de 1888, é fértil em exemplos referentes ao diagnóstico diferencial: "Os transtornos da sensibilidade são esses sintomas sobre os quais podemos fundar o diagnóstico da histeria, mesmo nas formas mais rudimentares. Na Idade Média, descobrir lugares anestésicos sem sangramento (*stigmata diaboli*) equivalia a provar a feitiçaria"; ou então: "a surdez histérica raramente é bilateral"; ou ainda: "as paralisias histéricas revelam que não levam em conta a estrutura anatômica do sistema nervoso [...], estando um braço totalmente paralisado, uma perna fica intacta do mesmo lado do corpo" (1888b, pp. 98-101).

Depois de denunciar o costume dos autores alemães e ingleses de associar à histeria "numerosos estados psicológicos e numerosas neuroses ainda não resgatadas do caos das afecções nervosas", Freud (1888b, p. 94) afirma sua distinção fundamental com a neurastenia, cuja etiologia bem como seu desenvolvimento diz conhecer e que, na sua experiência médica, "se repete de maneira idêntica várias vezes por ano" (1892-1893a, p. 318). São mesmo, "rigorosamente falando", opostas uma à outra. Nassif (1975) comenta que o conceito de neurastenia o levaria ao de neurose obsessiva; e esta, como sabemos, forma um *par de opostos* definitivo e por excelência com a neurose histérica.

De tudo isso, resulta algo curioso: desde o início, parece adotar uma atitude cautelosa mas firme frente aos ensinamentos de Bernheim. Acolhe-os, com eles mantém um diálogo e, eventualmente, deles se apropria; mas, sobretudo, os critica e finalmente os toma como modelos do que não se deve fazer. Servirão para a psicanálise nascente como um modelo negativo, assim como positivos seriam o método e os ensinamentos pioneiros de Breuer.

Antes disso, no Prefácio, aproveita o espaço que lhe cabe como apresentador da obra para mais uma vez fazer a defesa do hipnotismo. Denunciando sua acolhida desfavorável entre os principais luminares da ciência nos países de língua alemã, refuta a opinião de ser a hipnose perigosa à saúde mental do paciente ("psicose provocada experimentalmente", "loucura artificial" ou ainda "histeria artificial") e que leva a resultados adversos. Para isso, utiliza um argumento simples: o emprego do clorofórmio não foi proibido depois de casos isolados de morte nas anestesias cirúrgicas; basta que o uso da hipnose se faça com critérios seguros e em casos submetidos antes a uma correta seleção. Tampouco considera "grande coisa" chamar as sugestões de "representações obsessivas" e a hipnose de "psicose experimental"; e quem se assusta com "a injúria 'psicose' teria apenas de se perguntar se o nosso sono natural fica menos legitimado se o chamamos dessa forma, desde que valha a pena conferir nomes técnicos fora de sua esfera própria" (1888-1889a, pp. 123-124).

Uma questão com a qual ele próprio terá de se confrontar num futuro bem próximo justamente para fundar uma nova disciplina, ao tomar de empréstimo termos de um dado domínio e transferi-los para o da sua psicanálise – ainda que, a bem da verdade, em suas múltiplas vias de conceitualização, seu uso da língua de outras disciplinas científicas tenha sido muito mais raro se comparado ao uso muito mais frequente da língua comum (cf. Bourguignon *et al.*, 1989, p. 43).

Paris versus *Nancy: a posição nuançada de Freud*

Freud resume assim a controvérsia científica entre os partidários do hipnotismo e que os coloca nitidamente em campos antagônicos:

> *Para alguns, cujo porta-voz parece ser hoje o Sr. Bernheim, todas as manifestações do hipnotismo têm a mesma origem, isto é, provêm de uma sugestão de uma representação consciente que foi levada ao cérebro do hipnotizado por influência externa e acolhida por ele como uma representação surgida espontaneamente. (1888-1889a, p. 124)*

Ou seja, todos os fenômenos hipnóticos são ações psíquicas, isto é, efeitos de representações suscitadas no hipnotizado – representações que, intencionalmente ou não, são provocadas na pessoa hipnotizada. "O próprio estado de hipnose é causado, não por estímulos externos, mas por uma sugestão, não é específico dos nevropatas, mas pode ser obtido sem maiores dificuldades nas pessoas saudáveis" (1889a, p. 147). O vago conceito de hipnotismo passa então a ser incorporado ao da sugestão.

> *Outros, ao contrário, defendem com firmeza que modificações fisiológicas estão na base do mecanismo de ao menos um bom número de manifestações hipnóticas das manifestações fisiológicas, ou seja, deslocamentos da excitabilidade no sistema nervoso sem participação das partes que trabalham com a consciência e, por esta razão, falam dos fenômenos físicos ou fisiológicos da hipnose. (1888-1889a, p. 124)*

Quer dizer, os adeptos desta tendência, a teoria *somática*, explicam os fenômenos hipnóticos com base nos reflexos medulares ou espinhais, e a própria hipnose, como um estado fisiológico modificado do sistema nervoso, causado por estímulos externos (impacto da mão, fixidez da atividade sensorial, adução de ímãs, aplicação de metais etc.). Neste sentido, apenas os neuropatas (especialmente os histéricos) se deixam hipnotizar com marcantes características físicas, como a enorme hiperexcitabilidade, a contratura muscular etc. (1889a).

Em resumo: se para uma corrente a hipnose é simplesmente o produto da sugestão, para a outra é a sugestão que não passa de uma forma leve de hipnose. Freud não duvida que o estudioso da hipnose terá menos dificuldades em se convencer da exatidão das afirmações da Escola de Nancy, ao passo que não necessariamente estará em condições de confirmar, com suas próprias observações, os fenômenos descritos por Charcot como *grande hipnotismo*. Caracterizado por *três estádios* (catalepsia, letargia, sonambulismo), cada um deles com sinais físicos específicos, duas implicações resultam daí: primeiro, a hipnose seria uma condição patológica dos histéricos; segundo, se há sinais distintos em cada estádio, fica provada a correção da teoria física – afinal, como explicar de outra maneira a natureza tão positiva dessa manifestação?

Por sua vez, ao defender a explicação psicológica para a hipnose – colocando em dúvida a objetividade das observações clínicas de Charcot, diante das condições em que teriam sido realizadas –, Bernheim denuncia o caráter de verdadeiras exibições públicas com que se revestem suas intervenções. Para isso, vale-se das antigas descrições dos magnetizadores sobre o fenômeno do *contágio*, ou seja, como a hipnose fica grandemente facilitada quando realizada em grupo. Dizia de modo sarcástico que, entre os milhares de pacientes hipnotizados por Charcot, só um apresentou os três estádios: uma mulher que havia passado três anos na Salpêtrière (Ellenberger,1994). Por trás da *boutade*, o recado claro: as histéricas da Salpêtrière aprenderam, por contágio, a exibir o que esperavam delas, reagindo, passiva e complacentemente, à sugestão de que tudo se passaria desta ou daquela maneira.

De sua parte, avançando no ponto de vista psicológico, Freud define a sugestão como a atitude para transformar uma representação em ato; ou mais precisamente, "o ato psíquico pelo qual uma representação é introduzida num cérebro estranho e é aceito por este" (1892b, pp. 301-302). Mas a definição parece-lhe insuficiente e muito ampla, pois leva a concluir que qualquer influência psíquica exercida entre pessoas distintas é uma sugestão, eliminando o que lhe é característico e que tanto "nos desconcerta na hipnose". Busca, assim, "estabelecer, com a ajuda de exemplos, quando se trata de comandar, persuadir, instruir etc., o que caracteriza a sugestão". A questão, como veremos no Capítulo 5, retornará trinta anos depois, e sua conclusão de 1892 tampouco será esquecida: a sugestão, afirma naqueles primórdios, consiste numa representação que se oferece do exterior ao cérebro, que a aceita "sem exercer crítica contra ela, mesmo dispondo do material para esta crítica". A ausência de crítica é um fator-chave.

Reconhece como o mérito principal de Bernheim e seu grupo ter revelado os fenômenos de sugestão em todos os domínios da vida anímica humana, e que somos todos sugestionáveis em inúmeras condições. Chega a admitir, abordando os métodos pelos quais é gerada a hipnose, que eles "consistem em aplicar a sugestão"; e que a hipnose não apresenta sinais corporais constantes, mas somente o caráter da sugestionabilidade exacerbada. Podemos, desse modo, compreender como foi possível que J. Delbœuf, o matemático belga que esteve em Nancy em 1888 – tal como o farmacêutico francês E. Coué, em 1886, o psiquiatra suiço A. Forel, em 1887, e o próprio Freud, em 1889 – tenha chegado a afirmar não haver "hipnose, mas somente espécies e graus distintos de sugestionabilidade". Ou, dito de outra maneira, "a hipnose como um estado particular da sugestão, ou mesmo somente como seu produto" (1892b, p. 307).

Ora, em que pese sua aproximação com algumas das posições de Bernheim, Freud (1888-1889a, pp. 124-130), no Prefácio, não deixa de perceber graves implicações decorrentes delas: se os fenômenos da hipnose histérica são falsificados pela sugestão do médico, o mesmo se dirá da *sintomatologia histérica* – especificidades dos ataques em suas quatro fases (epileptoide, de clownismo, passional e terminal), zonas histerógenas, anestesias, paralisias e contraturas; se estão certos os partidários da teoria da sugestão, seria preciso invalidar todas as observações oriundas da Salpêtrière, descritas por Charcot nas histéricas hipnotizadas. Jogando fora, junto com a água suja, a bacia e o bebê que nela tomava banho, Bernheim não fazia mais do que municiar o inimigo: se a hipnose de pacientes histéricos não tem características próprias, segue-se que, em termos sintomatológicos, o médico poderia criar o que desejasse. Ou seja, não se trata mais de dirigir a pesquisa no sentido de verificar as modificações recíprocas que, em função de certas intervenções médicas, ocorrem no sistema nervoso das histéricas. Em vez disso, seria o caso de apenas conhecer as intenções sugeridas por Charcot a seus sujeitos de experiência de uma maneira sobre a qual ele próprio não tinha consciência – o que, para Freud, é absolutamente indiferente para compreender tanto a hipnose quanto a histeria.

Sua posição assume, então, muito claramente, um caráter ideológico, ao levar em conta as implicações políticas (*política na teoria*, na formulação de Althusser) de que tais ideias podiam projetar; é sob tal perspectiva que deve ser compreendida sua previsão de que esta concepção, então dominante na Alemanha, seria muito bem-vinda aos que "tendem a desconhecer a conformidade a uma lei dos fenômenos histéricos". Freud acredita ser ainda necessário defender a veracidade da sintomatologia da histeria, o que significa que a luta de Charcot permanece viva – os pacientes histéricos não podem continuar sendo vistos como meros simuladores de suas doenças. Sendo importantes as críticas de Bernheim – porque consideram a exclusão do fator da sugestão uma necessidade prévia em toda investigação futura –, tampouco pode duvidar da sintomatologia histérica e de como ela tem se manifestado em todos os tempos e lugares, exatamente como observado na Salpêtrière.

Com a ressalva de não ser este o lugar para realizar a respeito uma "justificação detalhada", mostra-se absolutamente categórico: "Podemos aceitar a tese segundo a qual esta sintomatologia é essencialmente de natureza objetiva, real e não é falsificada pela sugestão dos observadores". Cuidadoso, observa não estar negando o caráter psíquico no mecanismo das manifestações histéricas; mas, defendendo sua natureza fisiológica, seu desafio a Bernheim consiste justamente em abordar por meio da sugestão a questão da produção dos fenômenos da intensificação da excitação neuromuscular do estado letárgico, pelo fato mesmo da impossibilidade de a sugestão criar algo além do que constitui o conteúdo da consciência ou nela foi instalado. A consciência "é apenas informada do resultado final de um movimento, de nenhuma maneira da ação e da programação dos músculos isolados nem da distribuição anatômica dos seus nervos". Por um lado, afirma, assim, ao menos no *grande hipnotismo histérico*, a existência dos fenômenos fisiológicos.

Por outro lado, na sua argumentação, leva em conta que no *pequeno hipnotismo normal*, da maior importância na compreensão do problema, todos os fenômenos são provocados pela via psíquica, ou seja, pela via da sugestão, que produz igualmente o próprio sono hipnótico. Mas faz a ressalva de haver em muitos desses casos uma independência entre a sugestão e o sono hipnótico, quando este se instala, sem nenhuma ingerência do hipnotizador, como resultado da condição fisiológica de fadiga, desde que o paciente esteja numa posição fixa ou simplesmente posto a fixar (ou ver, com insistência) um objeto durante algum tempo. Já outros pacientes, ao contrário, dificilmente caem no sono com uma palavra persuasiva. E o que dizer dos que dormem sem ter nenhuma representação da hipnose e sem que o médico nem sequer tenha pensado em hipnotizá-los? Toda intermediação psíquica consciente deveria estar aqui excluída; estritamente falando, não se trata de um determinante psíquico, dá-se o mesmo quando "hipnotizamos as crianças, embalando-as, e os animais, fascinando-os".

Mas Bernheim tem razão sobre a "impressão totalmente insatisfatória" causada por essa decomposição dos fenômenos hipnóticos em fisiológicos e psíquicos. Sobretudo, "o uso flutuante e ambíguo da palavra 'sugestão' dá às oposições uma aparência de precisão que não existe na realidade". Embora se tenha a compreensão de ser a sugestão uma espécie de *influência psíquica*, defende, como o fará sempre, que ela se distingue de certos tipos de influência como ordem, comunicação ou ensino e outras – por exemplo, como vimos, a influência religiosa. Em vista disso, inclina-se por encontrar o elo que coloque em conexão fenômenos físicos e fenômenos psíquicos na hipnose, e quer mesmo dar indicações de como isso pode ser feito.

Propõe, assim, proceder a uma diferenciação adequada entre a *sugestão psíquica direta*, que ele pensa ser aquela na qual uma ordem é dada ao hipnotizado por meio de palavras ("seu braço está paralisado") e a *sugestão indireta* (fisiológica), representada pelo procedimento de Charcot ao dar uma leve pancada no braço do paciente. Neste caso, uma sensação de dolorosa exaustão é causada inicialmente por uma incitação externa, que, de maneira autônoma e sem qualquer intervenção por parte do médico, sugere a paralisia. E complementa: "se é que a expressão deva ser ainda utilizada".

Na verdade, dir-se-ia melhor com *incitação a autossugestões* (1888-1889a, pp. 131-133), que contêm um fator objetivo, portanto, independente da vontade do médico, e conectadas a estados diversos de inervação ou excitação do sistema nervoso. Responsável pela produção de paralisias histéricas espontâneas, o que caracteriza a histeria - mais do que a sugestionabilidade do médico, conforme a proposta etiológica de Charcot - é a tendência a autossugestões. Assim, o próprio Bernheim faz uso de sugestões indiretas dessa natureza com o objetivo de induzir o sonambulismo, e a sugestão direta simplesmente antecipa algo que não deixaria de se manifestar com a sugestão indireta, mesmo se mais lentamente. Contudo, a despeito de sua descrição envolver uma série de elos intermediários entre o estímulo externo e o resultado, cuja origem se encontra na própria pessoa, as sugestões indiretas são, ainda assim, processos psíquicos, que, ao contrário das sugestões diretas, são desconhecidos pela consciência.

Em ambos os tipos de sugestões, conclui, haveria uma evidente continuidade fenomênica entre o fisiológico e o psíquico, e o termo "sugestão" não significa mais do que uma espécie de detonador de estados psíquicos "de acordo com as leis da associação". Exemplifica com uma analogia simples: fechar os olhos leva ao sono dada sua conexão com a representação do sono. Sendo uma das "manifestações concomitantes do sono mais constantes", esta parte sugere todo o resto, num processo de vinculação próprio da natureza do sistema nervoso, o que exclui toda e qualquer ação arbitrária do médico.

Denuncia, então, como equivocada a posição unilateral, de um lado e de outro, ao explicar os fenômenos hipnóticos ou como produtos de atividades psíquicas ou como derivados da inervação vascular. Dito de outro modo, a antítese entre os fenômenos psíquicos e os fenômenos fisiológicos da hipnose carece de significação se não mais consideramos a sugestão uma influência psíquica direta exercida pelo médico que impõe ao paciente hipnotizado a sintomatologia de sua predileção; e se reconhecemos sua ação no desencadeamento de determinadas séries de manifestações fundadas nas particularidades funcionais do sistema nervoso da pessoa hipnotizada – e para isso contribuem outras características do sistema além da sugestionabilidade.

A proposta de Freud é que se evite falar de modo tão genérico sobre fenômenos psíquicos ou fisiológicos na hipnose; deve-se, ao contrário, investigar particularmente cada fenômeno. Por tudo isso, não hesita em dizer desta apresentação do hipnotismo "instrutiva e significativa": se Bernheim vai além do tema da hipnose, também evita considerar uma parte dele.

Na segunda edição do livro, datada de 1896, um ano decisivo para a fundação do campo psicanalítico, Freud diz ser inútil reimprimir seu prefácio publicado na primeira edição. Justifica: "A situação científica da época em que surgiu, em tradução, *De la suggestion* de Bernheim, encontra-se hoje fundamentalmente modificada". Não mais se duvida da realidade dos fenômenos hipnóticos, e não há ônus algum para os neuropatologistas quando empreendem uma investigação sobre o assunto. Na sua opinião, este livro foi responsável por isso, ao defender "com uma força de convicção e uma penetração insuperáveis a causa do hipnotismo científico" (1888-1889a, p. 136).

Strachey (2001a) acredita mesmo que a opinião desfavorável demonstrada no Prefácio talvez tenha sofrido alguma mudança após a viagem a Nancy, pois, alguns anos depois, no obituário de Charcot, Freud observa, com independência e tirocínio, a incompatibilidade entre a Escola da Salpêtrière, de cunho exclusivamente nosográfico, e uma abordagem psicológica estrita.

> *A limitação do estudo da hipnose aos histéricos, a diferença entre o grande e o pequeno hipnotismo, a tese dos três estádios da "grande histeria" (ou histero-epilepsia) e sua caracterização por fenômenos somáticos, tudo isso se perdeu, na apreciação dos contemporâneos, quando Bernheim, aluno de Liébeault, tenta construir a doutrina do hipnotismo sobre uma base psicológica mais ampla e fazer da sugestão o ponto nodal da hipnose. (1893f, p. 415)*

Pareceria assim decidida a posição freudiana não fosse o comentário na carta de 20 de fevereiro de 1930, endereçada a A. Roback, portanto quase quatro décadas depois de ter escrito a passagem mencionada: "Em relação ao hipnotismo, tomei partido contra Charcot, mas tampouco estive inteiramente de acordo com Bernheim" (1966, p. 431). A bem da verdade, este é apenas um dos resultados – paralelo, circunstancial, acessório, mas ainda assim importante, histórica e conceitualmente – do seu exame aprofundado de questões teóricas mais abrangentes, assentado na experiência clínica psicanalítica e fundamentado em conceitos-chave tais como transferência, identificação e libido. Eis como, resumido em nota de rodapé de sua obra *Psicologia das massas e análise do eu*, Freud esclarece, a meu ver, o comentário não mais do que alusivo a Roback:

> *Parece-me digno de ser sublinhado que pelas discussões deste capítulo fomos levados a retornar da concepção da hipnose de Bernheim a esta mais antiga,* naïve. *Segundo Bernheim, é preciso derivar todos os fenômenos hipnóticos do fator sugestão que não é mais esclarecido antes.*

> *Concluímos que a sugestão é um fenômeno parcial do estado hipnótico, e seu verdadeiro fundamento reside numa disposição inconscientemente conservada a partir da história originária da família humana. (1921c, p. 67)*

Recordemos: por um lado, Freud se opõe em tempos idos a Bernheim por temer que suas críticas a Charcot resultassem danosas à causa da histeria junto à comunidade médica alemã, profundamente anatomista. De outro, reconhece o valor do seu livro por considerar a função psicológica da sugestionabilidade na questão do hipnotismo. Agora, em 1921, nega sua prevalência ou prioridade na explicação do fenômeno hipnótico. Mas, como veremos a seguir, o ponto central de suas divergências incide, e se mantém inalterado ao longo dos anos, na recusa algo pueril de Bernheim em fornecer, conceitualmente falando, um tratamento rigoroso à sua noção-chave.

A crítica freudiana à noção de sugestão

Na resenha do livro de Forel, um adepto igualmente provisório da prática bernheimiana, Freud (1889a) questiona se o conceito de sugestão revela menor imprecisão do que o de hipnotismo, e afirma, neste particular, a necessidade de aprofundar a crítica. Sete anos depois, em 1896, no prefácio à segunda edição alemã de *De la suggestion et de ses applications à la thérapeutique* de Bernheim, lamenta, na apresentação do autor, a ausência do ponto de vista segundo o qual "a 'sugestão' (melhor: o êxito da sugestão – a sugestionabilidade) é um fenômeno psíquico *patológico* cuja realização requer condições particulares"; e assegura que nem a frequência e a facilidade de ocorrência do fenômeno nem a importância de seu papel na vida cotidiana deveriam nos levar ao embaraço.

> *Com Bernheim, o estabelecimento factual dessas últimas circunstâncias ocupou tanto lugar que, com isso, ele se descuida de colocar o problema psicológico de saber quando e por que os modos normais de influência psíquica entre os seres humanos podem ser substituídos pela sugestão. E enquanto explica todos esses fenômenos do hipnotismo pela sugestão, esta sugestão permanece totalmente inexplicada, dissimulando-se na aparência de não ter necessidade de nenhuma explicação. Esta lacuna foi bem percebida por todos os pesquisadores que, depois de Forel, se esforçaram em estabelecer uma teoria psicológica da sugestão. (1888-1889a, pp. 135-136)*

Nunca mais abandonará esse ponto de vista ao longo dos 25 anos seguintes. Em *Psicologia das massas e análise do eu*, a noção, que ao longo de tantos anos havia merecido comentários apenas contingentes em sua obra, é enfim retomada num texto importante, em que compõe o título do quarto capítulo: "Sugestão e libido". Lida nesse momento com um problema específico, isto é, a causa dessa *influência* exercida pela massa sobre o sujeito, capaz de alterar profundamente suas funções psíquicas. Decepcionado, constata em todos os autores uma explicação comum: "a palavra mágica 'sugestão'" (1921c, p. 27).

A bem da verdade, já em 1909, no caso Hans, Freud (1909b, p. 91) havia chegado a uma avaliação semelhante. Num comentário episódico, que impressiona pela lucidez e coerência com a posição assumida desde 1889, testemunharia a seu favor: "Como é curioso; sou capaz de me lembrar, quando eu comecei, há 22 anos, a me imiscuir na querela das opiniões científicas, da zombaria com a qual foi então acolhida pela velha geração dos neurologistas e psiquiatras a tese da sugestão e seus efeitos". Ao constatar algo da ordem, diríamos hoje, de uma virada de paradigma, parece dar prosseguimento direto ao comentário de 1889: "Desde então, a situação mudou radicalmente; a repugnância converteu-se numa complacência muito atenciosa". E, sem duvidar dos efeitos produzidos pelos trabalhos da escola de Nancy ao longo dos anos, considera essa pronta aceitação o resultado de uma espécie de "economia de pensamento" quando se emprega esta palavra como chave-mestra. Sua conclusão é ao mesmo tempo uma crítica notável e um esquema preciso de intenções e decisões científicas: "Com efeito, ninguém sabe nem se preocupa em saber o que é a sugestão, de onde provém e quando se instala; é suficiente que se possa chamar de 'sugestão' tudo o que é incômodo no psíquico".

Portanto, é nessa perspectiva histórica que se deve compreender, na obra de 1921, sua "revolta contra o fato de a sugestão, que explicaria tudo, deveria ser ela própria dispensada de explicação" (1921c, p. 28). A noção, que parece acompanhá-lo como uma sombra ao longo da construção de sua disciplina – "depois de um afastamento de trinta anos, me aproximo outra vez do enigma da sugestão" – diz respeito a uma vaga "aptidão à sugestão", como defendia Bernheim, uma espécie de fenômeno originário e irredutível, um fato fundamental [*Grundtatsache*] da vida anímica humana.

Por duas vezes, em 1889 e em 1921, faz uso da mesma "velha adivinhação" para descrever o problema: "Cristóvão carregava o Cristo, o Cristo carregava o mundo inteiro. Diga-me, então, onde Cristóvão se apoiava?" (1889a, p. 151; 1921c, p. 28).

Daremos à questão a continuidade devida a partir do Capítulo 5. Por ora, ainda a título de (necessários) *hors-d'œuvres*, ainda me atenho a sublinhar que, em *Psicologia das massas*, além da advertência quanto à imprecisão *conceitual*, Freud denuncia outro lado, mais propriamente *ético*, da prática clínica de Bernheim, publicamente ausente quando defendia de maneira veemente a causa da hipnose.[5]

5 "De fato, apenas raramente esta influência ocorre sem *resistência* da parte do hipnotizado. Este não é um simples autômato, com muita frequência

Utiliza agora palavras de impacto, que, com a questão conceitual, explicam de toda maneira porque nunca se alinhou incondicionalmente com a terapia sugestiva: "Também não perdi a lembrança de minha surda oposição de então a essa tirania da sugestão. Quando se invectivava contra um doente, que não se mostrava dócil: 'o que está fazendo? *Vous vous contre-suggestionnez!*', eu me dizia haver ali injustiça patente e ato de violência". Conclui com convicção: "O homem tinha certamente direito a contrassugestões quando tentavam assujeitá-lo com sugestões" (1921c, p. 28).

Tal posição deontológica, levantada noutros tempos por Meynert, parece contrariar em parte a afirmativa de Isabelle Stengers (1989), segundo a qual Freud teria rejeitado a hipnose e modificado o uso da sugestão por motivos não éticos, mas técnicos. Afinal, em linha direta, o mesmo motivo seria, no futuro, um ponto de

---

defende-se bem contra a sugestão, extrai de sua própria atividade 'autossugestões', qualificação, aliás, em que, apenas na aparência, há enriquecimento, mas, propriamente falando, há supressão do conceito 'sugestão'" (1889a, p. 149). Talvez até mesmo por causa desta atenuante, mas sobretudo porque, em 1889, Freud ainda faz a defesa do procedimento hipnótico-sugestivo, seu discurso na época, deve-se admitir, diferencia-se ao menos neste particular: diante da objeção segundo a qual utilizar a sugestão como tratamento significa "a repressão da livre personalidade pelo médico, que efetivamente, mesmo no sono artificial, conserva sobre o cérebro adormecido o poder de dirigir", comenta ser "muito interessante ver os deterministas mais resolutos de repente se colocarem como defensores da 'livre vontade pessoal' ameaçada, ouvir o psiquiatra – habituado a sufocar a 'livre ascensão' do espírito de seus doentes por meio de fortes doses de brometos, morfina e hidrato de cloral – acusar a influência sugestiva como algo aviltante para as duas partes". Argumenta que "a repressão da autonomia" do paciente pela sugestão hipnótica é sempre parcial e dirige-se contra "fenômenos mórbidos". Em contrapartida, "toda a educação social do ser humano funda-se em uma repressão de representações e motivos inutilizáveis, e sua substituição por outros melhores [e] quotidianamente, mesmo se intervindo no estado de vigília, a vida exerce [sobre ele] efeitos psíquicos que o modificam muito mais intensamente do que a sugestão do médico, que busca eliminar uma representação de sofrimento ou de angústia por uma contrarrepresentação eficiente" (1889a, p. 143).

litígio com a "escola suíça": "Deliberadamente temos recusado fazer do paciente [...] nosso bem próprio, traçar para ele seu destino, lhe impor nossos ideais e, com o orgulho do criador, modelá-lo à nossa imagem" (1919a, pp. 105-106). Tudo ao contrário também do que propunha J. Putnam, um "amigo venerado", mas para quem a psicanálise "[se colocaria] a serviço de uma determinada visão do mundo filosófica", impondo-a ao paciente com o fim de enobrecê-lo. "Deixe-me dizer haver aí [...] apenas violência", denuncia, desautorizando firmemente tal disparate clínico, "mesmo se acobertada pelas intenções mais nobres". A sublinhar que a objeção é dirigida – a avaliação é do próprio Freud – a um dos mais eminentes médicos dos nervos na América, que, além do mais, era "um homem altamente estimado por todos pelo seu caráter irrepreensível e seu alto nível ético" (1911j, p. 99).

Na realidade, ambos os motivos, éticos e técnicos, são congruentes, assim como também aqueles de ordem teórico-epistemológica. A abordagem teórica da sugestão e da hipnose deixará de interessá-lo durante numerosos anos (e, quando ocorre, será sempre um tema *à côté*). É significativo que a ela só retornaria, em 1921, depois de edificados, falseados, alterados e refeitos pontos de vista da sua psicanálise, cujas bases, como se sabe, haviam sido configuradas quase duas décadas antes pela doutrina do recalcamento e da resistência, pela introdução da sexualidade infantil e pela interpretação e utilização de sonhos na exploração do inconsciente (1914d); e tecnicamente, mais adiante, pelo reconhecimento pleno do papel da transferência na análise. Já a questão ética terá um desfecho relativamente rápido, começando com a adoção do método catártico como alternativa à sugestão hipnótica; em seguida, depois de experimentar o método sugestivo sem hipnose ou com hipnose leve, ao prescindir dela no método catártico; enfim, quando deixa de enfatizar exclusivamente a *ab-reação* e a busca dirigida e sugestionada do elemento patogênico, características do método catártico, para propor um novo procedimento, cujas possibilidades e alcance serão experimentados nos anos seguintes com o nome de *associação livre*, "a regra psicanalítica de trabalho", como lemos em "Da psicanálise", o texto escrito da conferência proferida aos americanos no ano precedente. Foi a segunda vez, o que é bem surpreendente, a incorporar o termo técnico - sendo a primeira em *A Interpretação do sonho* (1900a, p. 583). Antes disso, Freud empregava, com frequência, a expressão "associação das ideias incidentes".

Contudo, o fenômeno hipnótico, e mais particularmente a sugestão no exercício cotidiano da clínica, jamais deixará de ser uma *questão* para a psicanálise - pode-se mesmo dizer, sem exagero, o seu calcanhar-de-aquiles. "Devemos notar que abandonamos a hipnose em nossa técnica somente para redescobrir a sugestão sob a forma de transferência", escreve Freud (1916-1917, p. 463) nas suas lições universitárias. Logo, construído o método psicanalítico, cabe assim justificá-lo em sua singularidade, fundamentando-o em suas diferenças com toda forma de tratamento psíquico para o qual o fenômeno da sugestionabilidade não constitui um problema técnico ou ético.

É o que veremos a partir do Capítulo 5 - na esteira de sua afirmativa segundo a qual não via dificuldade em reconhecer, na transferência, o mesmo fator dinâmico da sugestionabilidade, vetor da relação hipnótica (1925d) -, depois de examinar, no Capítulo 4, sua passagem fundamental da clínica sugestiva para os primórdios da clínica psicanalítica (a "catarse", de Breuer); e de retomar, à maneira de uma longa digressão, a pedra no caminho de Freud, a chamada "teoria da sedução", cujo fracasso está na origem da teoria sexual - e esta, como se sabe, responderá por metade da sua invenção.

4. Rumo à associação livre

Em carta a Freud de 17 de fevereiro de 1889, Charcot, que em seus últimos anos de vida haveria negado à hipnose qualquer valor como método terapêutico, informa não ter recebido a tradução do livro de Bernheim. E aproveita para denunciar: "Começamos a ver que havia muitos exageros nas promessas desse professor e, em Paris, fala-se mais dos perigos do hipnotismo do que em suas vantagens. Mesmo assim, de tudo isso, alguma coisa há de restar" (1986, p. 20).

O grande defensor da "causa do hipnotismo" não viveria o suficiente para assistir ao desenrolar dos acontecimentos que de alguma maneira parecia prever. Morreu em 1893, quando Freud publicava em fascículos sua tradução alemã das *Leçons du mardi*. Ainda teve tempo para, numa última carta, em 30 de junho de 1892, externar sua satisfação: "A propósito, estou encantado com as observações e críticas que encontrei no rodapé das páginas de minhas Leçons. É perfeito: viva a liberdade, como costumamos dizer na França".

Mas não chegou a ler, em sua totalidade, o grande número de notas de rodapé que seu aluno austríaco, ao mesmo tempo ousado e reverente, adicionou ao livro. Entre elas, algumas continham, de fato, objeções e anotações críticas, e pelo menos duas referências à teoria da histeria (Strachey, 2001a), formulada em parceria com o colega e amigo Breuer e vinda a público, justamente no ano da morte do Mestre, na forma de uma "Comunicação preliminar" aos *Estudos sobre a histeria*, de 1895, com novas concepções já afastadas de seu ensino, inclusive na questão central do traumatismo. Em Charcot, na origem da *histeria traumática* haveria uma grande e única experiência traumática; em Breuer e Freud, a *histeria comum* apresenta, em vez de um só acontecimento, uma série de impressões afetivas – mas igualmente na condição de traumatismos psíquicos incompletamente ab-reagidos – a constituir toda uma história de sofrimentos.

Tratamento sugestivo e tratamento catártico

Foi também o saldo inicial do que de mais consequente e relevante o espólio de Charcot logrou produzir: assinala a independência intelectual e profissional de Freud e o início da escalada rumo à psicanálise. Quanto a Bernheim, considerado por muitos o psicoterapeuta mais importante da Europa na virada do século (cf. Ellenberger, 1994), não deixará de escutar a advertência do professor, comprovando os "exageros" em sua prática cotidiana.

Ainda assim, em 15 de julho de 1889, viaja a Nancy em busca de instrução na arte de hipnotizar. Ora, Bernheim – que afirmara, segundo Gregory Zilboorg (1986), "passarmos a maior parte de nossas vidas alucinando as pessoas, potencial ou realmente" (p. 25) – não era infalível como hipnotizador; e coerente com o arranjo teórico que estabelecia a prevalência fenomênica do fator da sugestão, chega a desenvolver uma técnica de tratamento *sem* hipnose. Já Freud (1891d, p. 293), duvidando se tal estado ainda merece este nome, persiste *com* a hipnose, mas avalia de todo modo ser um erro limitar a aplicação da sugestão ao estado sonambúlico, ou seja, em um grau profundo de hipnose. "Em tais casos em que, na verdade, não temos da hipnose mais do que a aparência, podemos obter os sucessos mais surpreendentes, os quais, por outro lado, não podemos atingir pela 'sugestão no estado de vigília'". E conclui: "[...] ainda aqui se trata de uma hipnose a que sem dúvida não vemos atribuir outro fim que não seja o efeito nela obtido pela sugestão". Nas *Lições*, aparenta despreocupação frente a uma questão jamais resolvida apoiando-se na "acuidade" de Bernheim, para quem a sugestão é o essencial nos fenômenos do hipnotismo e a própria hipnose já é um resultado da sugestão, um estado sugerido; e que teria mesmo praticado preferencialmente a sugestão no estado de vigília, "que pode fazer tanto quanto a sugestão na hipnose" (1916-1917, p. 465). São ainda assim sutilezas, mas que de alguma maneira mantêm acesa a querela entre a Salpêtrière e Nancy e sobretudo nutrem a semente freudiana cujo fruto já está a caminho.

Mais um exemplo: embora afirme ser o sucesso de uma hipnose diretamente proporcional a seu grau de profundidade, Freud também admite que as maiores modificações podem ser produzidas com hipnoses mais leves e, ao contrário, o fracasso pode acontecer no estado pleno de sonambulismo. Significativamente aproxima-se de Bernheim ao reconhecer, com óbvias ressonâncias em sua própria clínica, que "o valor terapêutico curativo próprio à hipnose reside na *sugestão* que aplicamos no decorrer da hipnose" (1891d, p. 294). Seja como for, utiliza o epíteto *tratamento hipnótico* para nomear tanto o tratamento pela sugestão hipnótica como o tratamento catártico, assim como às vezes usa indiferentemente os termos hipnose e sugestão como sinônimos. Já Bernheim, ao abdicar da hipnose e ao entendê-la como mero efeito da sugestão, acaba por instituir a seu favor a metonímia *tratamento sugestivo*.

Em suma, insistindo na hipnose como condição necessária para o tratamento, Freud, mesmo fazendo uso do artifício da hipnose leve, parece querer preservar seu caráter *autônomo* como fenômeno fisiológico e *independente* da influência carismática do hipnotizador. Permanece, assim, de alguma maneira, alinhado com Charcot, para quem é a sugestão que não passa de uma forma leve de hipnose. Tal insistência em marcar uma posição diversa daquela de Bernheim indica, ainda que de maneira deslocada e antecipada, a incompatibilidade inevitável entre o tratamento sugestivo e os caminhos apontados por seus novos interesses teórico-clínicos.

Vimos no capítulo anterior como Freud, mesmo antes de 1889, já se insurgira no plano teórico contra esta suposta unidade ontológica de fim de cadeia: em 1904, entrevistado por T. Thomas, faz uma avaliação sobre o magnetismo que em parte poderia servir para o fenômeno sugestivo: "Os homens sempre tiveram esta aspiração: querer abrir com uma chave todos os mistérios. O magnetismo sempre se mostrou como uma dessas chaves. Era e é uma palavra de grande significação sugestiva" (1904d, p. 37). Mas é provável que, em termos mais propriamente técnicos, a crítica estivesse no mínimo acompanhada pela verificação de suas limitações pessoais quanto à forma de tratamento em si, mesmo se encobertas pela dificuldade mais evidente de hipnotizar. Em 1889, na resenha do livro de Forel, em meio a comentários favoráveis à hipnose e quando ainda insistia na habilidade do médico em atingir as condições propícias à sua efetivação, confessa que, embora não lhe faltassem resultados bem-sucedidos graças ao tratamento hipnótico, ainda assim não se arriscava a "empreender certas curas, tal como tinha visto em Nancy com Liébeault e Bernheim" (1889a, p. 150). E acrescenta à guisa de explicação, como antes este último dissera de Charcot: "Também sei que boa parte desses resultados se deve à 'atmosfera sugestiva' que circunda a clínica desses dois médicos, ao *milieu* e ao estado de ânimo das pessoas, todas as coisas que nem sempre consigo promover com meus sujeitos de experiência". Na conferência de 1892, afirma não poder "se declarar 'um adepto entusiasta' da terapia sugestiva quando ela é praticada em tais circunstâncias [e com a renúncia] à hipnose profunda" (1892b, p. 309).

Talvez seja possível concluir: se, por um lado, Bernheim estivesse correto quanto à prevalência da sugestão no estado hipnótico, e se o próprio Freud se recusava a levar às últimas consequências o tratamento sugestivo, como faziam os psicoterapeutas franceses, segue-se que a hipnose, como fenômeno psicológico, continuaria a lhe impor as maiores dificuldades para ser empreendida como meio de diagnóstico e de tratamento; por outro lado, se admitisse uma explicação fisiológica e se a função do médico ficasse restrita à manipulação correta de um fenômeno físico natural, então estaria mais à vontade para insistir no seu uso.

Ao menos em parte iludido, é isso que ele busca com a viagem a Nancy, empreendida justamente no intervalo entre a publicação (em julho e novembro) dos dois fascículos que continham a resenha do livro de Forel. Ora, dada a possibilidade de um tratamento puramente sugestivo a ponto de prescindir da hipnose, e contentando-se com a hipnose leve, não parece à primeira vista evidente a razão de seu empenho em se aperfeiçoar na arte de hipnotizar. Encadeio, a seguir, três proposições.

A *primeira* proposição é que o interesse de Freud ainda se detém na própria hipnose como procedimento técnico *auxiliar* a ser utilizado não apenas no tratamento sugestivo, mas, *sobretudo*, e simultaneamente, no tratamento catártico. Ora, em termos de aprendizagem sistemática visando este último, será seu canto do cisne, pois não demoraria a renunciar ao sonambulismo em algum momento durante o tratamento de Emmy von N., realizado em dois tempos: sete semanas em 1889, a partir de 1° de maio (com visitas diárias, pela manhã e à noite, à casa de saúde onde estava internada), incluindo massagens e sugestão hipnótica; e mais algumas semanas em 1890.

Freud (1925d) afirma ter feito *desde o início* outro uso da hipnose, o que parece ser confirmado nas *Lições*: "Durante anos pratiquei o tratamento hipnótico, *a princípio* combinando com a sugestão de uma interdição e *mais tarde* com o questionamento breueriano do paciente" (1916-1917, pp. 465-466, grifos meus). A partir de uma observação fortuita, Breuer utilizara o sonambulismo – talvez antes mesmo de Bernheim, e em todo caso como seu avesso[1] clínico – para determinar a origem dos sintomas, fazer emergir as lembranças e, assim, provocar a catarse, ou ab-reação. Cabe então indagar: se a hipnose foi utilizada "desde o início" em ambos os métodos, quanto tempo "mais tarde" a utilização de um seguiu-se à do outro? E por quanto tempo ainda terá feito uso da própria hipnose?

Jones (1958) localiza em novembro de 1887 sua adoção da sugestão hipnótica – e de fato, em 28 de dezembro, Freud (2006) já pode contar a Fliess sobre pequenos, mas notáveis, êxitos com a hipnose, da qual vinha se servindo nas últimas semanas. Ademais, ele próprio informa, no relato do caso, ter sido com Emmy sua primeira tentativa de utilizar o método catártico (1895d, p. 66) – logo, haveria um intervalo de ao menos um ano e meio entre a adoção de um e outro método. Contudo, e esta é a minha *segunda* proposição, parece igualmente provável que o abandono da hipnose se deu apenas no tratamento catártico – no tratamento sugestivo, talvez nunca tenha ocorrido inteiramente.

Já no caso da Sra. Emmy – de quem nada ficou sabendo que ela não houvesse podido lhe "contar em estado de vigília" (1895d, p. 310) –, suas hipnoses logo se tornaram "infrutíferas": na época,

---

1 Conforme à expressão de J. Nassif (1977, p. 455) em "Bernheim: l'envers de la psychanalyse", in *Freud l'inconscient.*

"completamente fascinado pelo livro de Bernheim sobre a sugestão, eu esperava de tal influência, exercida sob a forma de lições, mais do que espero hoje" (1895d, pp. 94-95). Numa grande nota de rodapé inserida no relato deste caso sublinha a "interessante oposição" entre a persistência obstinada dos sintomas da doença e a mais ampla obediência sonambúlica em todos os outros pontos (1895d, p. 119); e há pelo menos um registro de caso clínico, publicado em 1892 – o da mãe que não conseguia amamentar, descrito logo adiante neste capítulo –, levado a cabo com tratamento sugestivo e *com* hipnose. Mas no tratamento de Miss Lucy, começado em fins deste mesmo ano, e realizado inteiramente na perspectiva catártica, conta que desistiu do sonambulismo, diante do fracasso em hipnotizá-la, e conduziu "toda a análise [...] num estado que de toda maneira talvez se distinguisse muito pouco do estado normal" (1895d, pp. 126-127). Com Elizabeth, cujo tratamento começou igualmente neste outono, confessa ter dispensado a hipnose no início, mas sem excluí-la do horizonte se "no decorrer de sua confissão" se apresentassem correlações insuficientemente esclarecidas por sua lembrança (1895d, pp. 158-159). Foi sua primeira análise (o termo já era utilizado, ainda sem a partícula *psico*) integral de uma histeria, num procedimento empregado de maneira deliberada e, mais tarde, elevado à categoria de método, comparando-o "à técnica de exumação de uma cidade soterrada". Enfim, em 1905, revela que não pratica a hipnose "para fins terapêuticos [...] há cerca de oito anos" – salvo, acrescenta, "para algumas experiências isoladas" (1905a, p. 50).

Logo, como *terceira* proposição, é verossímil que durante uma dezena de anos tenha utilizado, quase de modo concomitante, ambos os métodos, e eventualmente (com Emmy, por exemplo) um e outro ao mesmo tempo: o método catártico, *sem* sonambulismo já nos primeiros tempos; o método sugestivo, *com* sonambulismo ou hipnose leve, até a adoção efetiva da psicanálise propriamente dita. Dessa confluência, em que pese a incompatibilidade entre os dois procedimentos[2] – e apoiando-se na técnica da sugestão sem hipnose ou sob hipnose leve para substituí-la na catarse de Breuer pelo artifício técnico da *concentração* – resultará nos anos seguintes na instauração e consolidação do seu próprio método, a *associação livre*, cuja origem remonta, curiosamente, à sua juventude: deriva, por criptomnésia, das regras expostas por Ludwig Börne (1786-1837) num pequeno artigo intitulado "A arte de se tornar um escritor original em três dias" (cf. 1920b).

Entre seus primeiros trabalhos "psicológicos", de 1888 a 1893, "Um caso de cura hipnótica...", embora historicamente negligenciado, parece mesmo um divisor de águas, e não apenas por sua circunstância extemporânea. Relato de um caso clássico de tratamento pela sugestão hipnótica - que "se tornou mais convincente e mais transparente do que costuma ser a maioria a maioria dos nossos sucessos de cura" (1892-1893a, pp. 319-323) –, foi publicado no ano anterior à "Comunicação preliminar", o testemunho público do envolvimento de Freud com o método de Breuer.

A paciente - *hystérique d'occasion*, na "feliz expressão de Charcot" –, entre 20 e 30 anos de idade, muito abatida após o nascimento

2 O método catártico tem efeito curativo quando, nas palavras de Freud (1893a), "suprime a eficiência da representação não ab-reagida na origem e permite ao afeto preso a ela escoar-se pela palavra, *levando esta representação à correção associativa* ao retirá-la da consciência normal (numa hipnose mais ou menos leve) ou *a suprimindo pela sugestão médica*, como acontece no sonambulismo com amnésia" (p. 37-38, grifos meus). Essa *nítida mistura de procedimentos* é relatada, como se segue, em Emmy: "Como é de uso na psicoterapia hipnótica, eu combatia as representações mórbidas presentes através de promessas, interdições, introdução de contrarrepresentações de todo tipo, mas não me contentava com isso, ia, ao contrário, pesquisar a gênese de cada um dos sintomas a fim de poder combater os pressupostos nos quais estavam edificadas as ideia mórbidas [...]. Não posso indicar qual parte do resultado terapêutico obtido a cada vez cabia a essa eliminação por sugestão *in statu nascendi*, e qual parte cabia à resolução do afeto por ab-reação, pois *deixei agir conjuntamente os dois fatores terapêuticos*" (1895d, p. 120, grifos meus).

de seu segundo filho, acometida do que hoje chamaríamos de "depressão pós-parto", não conseguia amamentar seu bebê. De toda maneira, uma situação preocupante, pois à época, na falta de produtos para mamadeira capazes de substituir o leite materno, contava-se apenas com o artifício da ama-de-leite. Tais dificuldades, contudo, não eram uma novidade; ao nascimento do primeiro filho, já ocorrera uma situação semelhante: pouco leite; perda de apetite; agitação e insônia, que desapareceram, após quinze dias de tentativa de amamentação, tão logo a criança foi entregue a uma ama-de-leite.

Com o segundo filho, três anos depois do primeiro, as tentativas de amamentação também malograram, provocando sintomas ainda mais penosos: depressão agitada; impossibilidade de comer ou dormir; e agravamento da angústia pela incapacidade de cuidar do filho. Freud a encontrou acamada, furiosa com sua incapacidade de amamentar, que aumentava a cada tentativa. Vomitava e não se alimentara o dia inteiro, tinha o epigástrio distendido, gosto ruim na boca, eructação inodora. Significativamente, não o recebeu como seu salvador num momento de necessidade; apesar disso, hipnotizou-a de imediato e fez a seguinte sugestão: "Não fique angustiada, você vai conseguir amamentar e o bebê vai crescer saudável. O seu estômago está funcionando bem; seu apetite, excelente; e você anseia pela próxima refeição etc.". Em seguida, permitiu que a paciente continuasse a dormir mais alguns minutos; despertada, não se lembrou (indício de sonambulismo) do que tinha vivido pouco antes. O marido, por sua vez, manifestou preocupação com os efeitos da hipnose sobre os nervos da mulher, que, no entanto, naquela noite alimentou-se sozinha e, na manhã seguinte, amamentou o bebê de maneira irrepreensível. Contudo, depois do farto almoço, os sintomas voltaram e ela não foi capaz de colocar a criança no seio.

Ao retornar à noite, Freud tentou uma primeira intervenção hipnótica, visando simplesmente eliminar os sintomas, sem resultado. Em seguida, agindo de maneira mais enérgica, induziu uma segunda hipnose e relatou haver feito esta intervenção extraordinária: disse à paciente que cinco minutos depois de sua partida, ela se voltaria indignada contra seus familiares: "mas o que havia acontecido com o seu jantar, tinham a intenção de deixá-la esfomeada, como queriam que amamentasse o seu filho se não lhe davam nada para comer etc.?".

Na terceira noite, a paciente rejeitou qualquer outro tratamento, alegando não haver mais nada de errado com ela. Estava com excelente apetite e tinha leite em profusão. Freud foi informado pelo marido de que, estranhamente, depois de sua visita anterior, sua mulher exigira a comida com toda veemência, reprovando a mãe de maneira não habitual. De sua parte, Freud registra como curiosa a falta de reconhecimento com o sucesso de seu trabalho.

Um ano depois, quando nasceu o terceiro filho, a paciente voltou a sucumbir à mesma depressão pós-parto. Mais uma vez ele fracassou com a primeira hipnose contra a aversão a alimentos e novamente teve êxito com a sugestão pós-hipnótica heteróclita. Mais relaxado, o casal confessou sem maior constrangimento a razão da conduta em relação a Freud: a paciente se sentia envergonhada com o fato de a hipnose haver feito o que sua força de vontade não foi capaz.

Quanto às repetidas manifestações dos mesmos sintomas, não poderia ser diferente se levarmos em conta que a terapia hipnótica não passa justamente de um tratamento sintomático, cujo sucesso é efêmero e passageiro. Mas a Freud não mais escapou a observação de que, embora empenhada em cumprir suas intenções conscientes de alimentar o bebê, a mãe, à maneira histérica, não chegou nem mesmo a se aperceber de sua "contravontade", ou ainda "contraexpectativa", isto é, parte do que ele chamou de "representações penosas de contraste": a dificuldade de amamentar resultava de um forte conflito intrapsíquico inconsciente, à maneira de uma *folie de doute*, que, na histeria, provoca uma dissociação da consciência. (Já na neurastenia, acrescenta, "a representação de contraste, intensificada de maneira mórbida, é conectada à representação de vontade num único ato de consciência, retira-se da consciência e engendra esta impressionante fraqueza de vontade dos neurastênicos, da qual eles mesmos estão conscientes".)

À luz da psicanálise, então ainda não existente, é possível dar um passo além, ainda que Freud não se limite aqui a relatar procedimentos sugestivos cujo único fim é a supressão de sintomas.[3] Sua *primeira intervenção* foi uma tranquilização hipnótica clássica, com a sugestão pós-hipnótica de que os sintomas da paciente desapareceriam e ela ficaria muito bem; a autoridade e o poder do hipnotizador a curariam magicamente e causariam o desaparecimento dos sintomas. Sua *segunda intervenção*, entretanto, de modo algum foi uma simples sugestão; na verdade, representou uma ruptura com a tradição sugestiva, sendo mesmo precursora da interpretação psicanalítica: embora revestida da roupagem costumeira, a magia hipnótica foi substituída pelo *discernimento analítico*. Freud parecia reconhecer que a sugestão, composta de *negação do desejo* e *tranquilização*, só fazia aumentar a recalcitrância e as subjacentes tendências regressivas da paciente.

Assim, decepcionado com o efeito da eliminação dos sintomas, permitiu à paciente sentir e expressar sua raiva. Havia intuitivamente reconhecido e aceitado, além da raiva, sua carência e regressão orais. Ao autorizá-la a despertar do sonambulismo exigindo ser alimentada, assistida e cuidada, reconheceu a identificação

---

3 Os argumentos analíticos que se seguem, relativos a este caso clínico freudiano, não são originalmente meus, e não fiz mais do que reescrevê-los. Eu os tinha como anotações a serem usadas na sala de aula, mas desde sempre sua referência se perdeu irremediavelmente, a despeito de tudo o que pude fazer para localizá-la.

invejosa da mãe com o bebê, seus próprios anseios de dependência e fúria pela fome infantil não saciada. Como uma mãe podia alimentar seu bebê, quando a criança dentro dela insistia tanto em ser amamentada? Sua segunda intervenção, ao contrário da primeira – e diversamente das intervenções hipnóticas e psicoterápicas da época –, confrontou-se com uma raiz fundamental dos problemas da paciente: sua *raiva*, em vez de se concentrar exclusivamente em eliminar os sintomas.

É como se naqueles primórdios, ainda tão distantes de sua invenção conceitual, Freud tivesse intuído a presença de fantasias inconscientes de identificação, inveja e rivalidade com o bebê que estavam no cerne da depressão pós-parto. A culpa da paciente por seu desejo repudiado de substituir o bebê contribuiu, provavelmente, para sua depressão e anorexia. Não era tanto que estivesse furiosa por não poder amamentar: não podia amamentar porque estava furiosa. Pacientes deprimidos estão inconscientemente enraivecidos, e esta mãe que não conseguia amamentar dava vazão à ira voltando-se contra si mesma por intermédio da depressão.

O artigo "Hipnose" (1891d), que comecei a utilizar no início deste capítulo, foi escrito para um dicionário médico, o que já é suficiente para presumir que o primeiro objetivo de Freud não foi a comunicação das próprias pesquisas, mas tão somente estabelecer, em um livro de consultas amplo, o que até então se sabia de um assunto sobre o qual ele é seu divulgador em Viena e tradutor das obras correlatas na língua alemã. Ainda considero que esse artigo acaba por assumir no plano pessoal o sentido (encoberto) de uma prestação de contas: em primeiro lugar, com o tratamento sugestivo, que desde o início não tem sua adesão incondicional; segundo, com a própria hipnose, um problema prático de difícil solução.

Mas, em 1891, resta-lhe fôlego suficiente para em meio ao relato de observações empíricas recomendar regras técnicas aos médicos praticantes e interessados. Amparado em sua já considerável experiência, começa por aconselhar de maneira curiosa: "Quem se prepara para hipnotizar parcialmente incrédulo, achando-se talvez ridículo nessa situação e se denunciando por sua mímica, sua voz e seus gestos nada esperar da tentativa, não terá nenhuma razão para se surpreender com seus fracassos" (1891d, p. 287).[4] A recomendação tem, em parte, endereço certo: ele próprio.

Em seguida, afirma não ser conveniente impor, de imediato, esse tipo de tratamento ao paciente; a intervenção médica não deve começar pela hipnose – candidamente, observa "ser melhor, antes de tudo, ganhar a confiança do doente e deixar que sua desconfiança e sua crítica se atenuem" (1891d, pp. 288-294); ele pode muito bem declarar que não se angustia diante da hipnose, mas com o fato de não acreditar nela ou que lhe possa ser útil. Identifica a fonte da resistência em se deixar atingir pelo sonambulismo na dolorosa sensação de estar sendo derrubado – o que justifica a recomendação de manter o paciente sentado numa cadeira confortável. Supõe que toda pessoa é hipnotizável, embora o médico não tenha sucesso com certo número delas; em vista disso, afirma ser de início limitada a influência do hipnotizador, na medida em que o grau de sonambulismo passível de ser atingido não depende do método

4 "A hipnose é altamente facilitada pela aparência imponente do hipnotizador. Nós o imaginamos mais frequentemente com uma longa barba, negra de preferência [...]; este acessório viril pode ser substituído por uma grande estatura, sobrancelhas espessas, olhar penetrante, mímica severa, mas que inspira confiança. Admite-se também, de modo geral, que a apresentação segura do hipnotizador, a reputação de seus sucessos anteriores e a consideração que envolve sua qualidade de estudioso renomado aumentam notavelmente as chances de sucesso. A superioridade de categoria ou posição social facilita igualmente a hipnose [...]. Na hipnose, é preciso saber comandar com tal assertividade que a ideia de resistência não possa nem mesmo vir ao espírito do médium" (Ferenczi, 1909, pp. 112-113). Freud (1889a): "Devemos nos armar de entusiasmo, paciência, muita confiança e de uma abundância de astúcias e ideias incidentes" (pp. 149-150).

utilizado, mas de uma aleatória e imprevisível reação do paciente. O papel desempenhado pela reação individual à terapia hipnótica é, assim, tão importante quanto a própria natureza da doença a ser combatida; segue-se que não poder dosar o nível de influência constitui a "deficiência essencial" dessa forma de psicoterapia.

Portanto, por um lado, não hesita em aconselhar, como fazia Liébeault e Bernheim, que o paciente a ser hipnotizado veja com seus próprios olhos outras pessoas em estado de sono hipnótico, com elas aprenda como se conduzir e a perceber a natureza das sensações que lhe são inerentes. É preferível não confiar na espontaneidade de sua ocorrência – em vez disso, deve-se estimulá-lo com sugestões, de modo persuasivo e resoluto. Por outro lado, afirma a impossibilidade de relacionar o fato de ser ou não hipnotizável com qualquer outra qualidade da pessoa. Com terminologia psiquiátrica particularmente datada, assegura não serem hipnotizáveis, na maior parte do tempo, "os doentes ou degenerados psiquicamente", e os neurastênicos, com grande dificuldade. Evidentemente refuta a ideia de que os histéricos não se prestam à hipnose: charcotiano, acredita ser justamente com eles que "a hipnose acontece na sequência de intervenções puramente fisiológicas e com todos os indícios de um estado corporal particular."[5]

5 Segundo Freud, hipnotizadores experimentados indicam uma modificação hipnótica qualquer em cerca de 80% dos sujeitos da experiência. Em contrapartida, não se pode adivinhar *a priori* quem é ou não hipnotizável. Apresentando gradações muito diversas, o estado hipnótico varia de uma espécie de estado de torpor até o chamado "sonambulismo", que se assemelha ao fenômeno natural de caminhar dormindo. Não é como um sono noturno ou como o sono artificial produzido por soníferos: modificações acontecem na hipnose e operações anímicas, ausentes no sono normal, nela se mostram conservadas. A disposição à sugestão depende sempre muito mais do paciente do que do médico e apresenta limites claros quanto às instruções dadas. Por exemplo, na melhor hipnose, podemos observar uma resistência no hipnotizado se pedimos "a uma moça habitualmente pudica para se desnudar ou a um homem honesto para se apropriar de um objeto de valor por meio de roubo" (1890a, pp. 163-173).

Por fim, recomenda esclarecer o hipnotizado sobre "a natureza de seus sofrimentos [...], pois, na maior parte do tempo, não temos diante de nós um autômato psíquico, mas um ser dotado de crítica e julgamento" (1891d, p. 294). Ora, não seria justamente a ausência dessas mesmas faculdades que o tratamento pela sugestão hipnótica, em sua essência, parece exigir não só do paciente, mas também do médico? Ferenczi (1912), igualmente um interessado pela hipnose, observaria anos mais tarde, e já psicanalista: "A desconexão do espírito crítico é [...] a condição *sine qua non* de uma sugestão bem-sucedida [...]. A sugestão rebaixa o paciente ao nível de uma criança incapaz de resistir ou de pensar e refletir por si própria" (p. 233). Afinal, o que dizer mais de um método de tratamento cujos procedimentos consistem em negar a existência dos próprios transtornos psíquicos que, no entanto, pretende curar? (cf. 1892-94a).

Em nota de rodapé, Strachey (2001a) vê neste comentário uma evidência flagrante do crescente desagrado de Freud com o tratamento sugestivo. Eu vou além: a lúcida advertência pressupõe, em primeiro lugar, a utilização cada vez menos habitual e sistemática dessa forma de tratamento; e a insatisfação, mais do que em fase de crescimento, já foi suficientemente elaborada e indica que Freud já ultrapassou Bernheim. Quero ainda supor, na sua afirmativa, uma importância clínica e um valor epistemológico semelhantes aos da crítica formulada, em termos teóricos, à máxima bernheimiana de que tudo está na sugestão. E o seu alcance imediato é ainda maior: enquanto o fenômeno sugestivo durante muitos anos ficará à espera de conceitos psicanalíticos para ser esclarecido, o juízo crítico dos procedimentos clínicos que o tomam como mola-mestra conduz Freud rapidamente à impossibilidade de sua utilização.

Para seus objetivos em vista, e depois de longos anos respaldado pela tendência investigatória aprendida com Brücke e exercitada com Charcot, a técnica terapêutica em vias de ser definitivamente abandonada lhe parece incoerente e estulta: não se trata mais de negar a existência dos sintomas, mas de fazê-los emergir a partir das palavras esclarecedoras do paciente, resultantes de um outro procedimento cuja existência era conhecido por Freud desde 1882, quando seu colega do Instituto de Fisiologia de Brücke, J. Breuer, fez-lhe o relato do caso de Anna O.

Anna adoecera ao final de 1880, vitimada por uma paralisia histérica, distúrbios variados de visão e sintomas afásicos. Breuer, já então um conhecido clínico geral vienense, também especialista em doenças internas, deixou-se tocar pelas características singulares do caso: todas as tardes, à sua mera presença, a paciente caía, espontaneamente, em estado de sonambulismo. Notou que o final desse estado era acompanhado pelo relato de histórias tristes, nas quais ela própria se figurava como protagonista – após o que adormecia e acordava bem-disposta na manhã seguinte. Porém, se Breuer faltava a uma dessas sessões diárias, seu estado regredia e, no encontro subsequente, duas histórias tinham de ser contadas.

De fato, o mais impressionante dessa forma de intervenção é o que a sensibilidade de ambos, médico e paciente – que cunhou ela própria um nome para este tratamento: *talking cure* – detectou: uma vez narrados os acontecimentos, invariavelmente referidos ao mesmo dia do ano anterior, o sintoma desaparecia se esse relato fosse acompanhado das emoções retidas em sua própria origem. A partir de tão feliz observação clínica, seguramente pioneira, Breuer deduziu um procedimento terapêutico: cada sintoma individual teria de ser rastreado separadamente e na ordem inversa da ocorrência do evento traumatizante; ou seja, desde o aparecimento do sintoma até o acontecimento que lhe dera origem.

O nome pelo qual ficou conhecido esse método de tratamento deve-se ao fato de o efeito terapêutico procurado se assemelhar a uma espécie de *purgação* [*katharsis*], ou seja, uma adequada descarga dos afetos patogênicos. Além disso, o que é da maior importância, ele permitia ao paciente a evocação e mesmo a revivescência dos acontecimentos traumáticos aos quais esses afetos estavam ligados e ab-reagi-los (Laplanche & Pontalis, 1973). Enfim, há o uso da hipnose por Breuer, mas não da sugestão direta: como quer Mannoni (1976), "deixava que sua paciente, uma jovem original, culta, inventiva, paralisada (no sentido próprio e no figurado) agisse livremente. Ela é quem conduzia o tratamento" (p. 30). Um quarto de século depois de ter retomado o interesse, em caráter profissional, pelo tratamento catártico, Freud (1914d) resume assim seu itinerário clínico ao historiar o movimento psicanalítico:

> *O que parecia oferecer um substituto à terapia elétrica perdida foi o tratamento com sugestões sob hipnose profunda que tinha aprendido a conhecer pelas demonstrações extraordinariamente impressionantes de Liébeault e Bernheim. Mas a exploração sob hipnose, da qual tinha conhecimento por Breuer, com seu modo de ação automático e a satisfação simultânea do desejo de saber, exerceu* [sobre mim] *uma ação incomparavelmente mais atraente que a monótona e violenta interdição sugestiva desviada de qualquer pesquisa. (pp. 251-252)*

O passo dado em direção à terapia catártica constitui o primeiro da ruptura que mais cedo ou mais tarde teria de ser feita com a prática terapêutica apreendida em Nancy; em outro nível, está em completo acordo com a postura aberta ao novo do mestre Charcot e na origem de seu próprio procedimento. À possível excelência do método eleito, somava-se agora a possibilidade de retomar plenamente a pesquisa científica.

Lydia Flem (1986), citando A. Kardiner, para quem o próprio Freud não se considerava um "grande psicanalista", afirma que ele "confessava sacrificar de bom grado o interesse do paciente à sua própria curiosidade científica.[6] Não foi tão ávido em ajudar e curar como foi em compreender e teorizar suas intuições clínicas" (p. 87). Tais observações, quando retomadas pelos exegetas de Freud, costumam vir acompanhadas da observação de que ele foi o primeiro, e ao seu pioneirismo, que de resto perdurou por toda a vida, pode-se permitir uma liberdade de ação diversa daquela a ser desfrutada por seus seguidores. Ainda assim, cabe, se não refutar, ao menos nuançar e precisar: como vimos, no Capítulo 1, Freud sublinha que o interesse do estudo e da pesquisa científica não deveria sacrificar o do paciente, mas tampouco gostaria de ver a ciência anulada pela terapia. E explica a idiossincrasia epistemológica de sua disciplina: "Desde o início houve em psicanálise uma conjunção entre curar e pesquisar, o conhecimento levava ao sucesso, não era possível tratar sem aprender alguma coisa de novo, não se adquiria nenhuma elucidação sem experimentar a sua ação benéfica" (1926e, pp. 83-85).[7] Nada mais contrário à prática da sugestão direta de Bernheim.

Quanto à própria associação livre, ainda que seus limites esbarrem sempre nas características individuais de cada analista, o modelo

---

6 "Para ser franco, os problemas terapêuticos não me interessam muito. Sou agora [1922] excessivamente impaciente. Sofro de um certo número de deficiências que me impedem de ser um grande analista. Entre outras, sou pai em demasia. Em segundo lugar, ocupo-me todo o tempo de teoria [...], as ocasiões que se apresentam me servem mais para trabalhar minha própria teoria do que para dar atenção às questões de terapia. Em terceiro lugar, não tenho a paciência de segurar as pessoas por muito tempo. Eu me canso delas e prefiro expandir minha influência".

7 "As análises que em pouco tempo conduzem a uma saída favorável serão preciosas para o amor-próprio do terapeuta e revelarão a significatividade médica da psicanálise; para o avanço do conhecimento científico, muito frequentemente permanecem sem importância. Não aprendemos nada de novo com elas. Aliás, foram bem-sucedidas tão rapidamente apenas porque já sabíamos de tudo o que era necessário à sua liquidação. Só aprendemos o novo com análises que oferecem dificuldades particulares" (1918b, pp. 7-8).

tende, no limite, a se aproximar da prática de Breuer, nesse sentido de que a prolixidade verbal de Anna O. não era jamais interrompida. Já no seu primeiro caso clínico (registrado) sob tal inspiração, Freud, que em determinado momento não levara em conta o que a espontaneidade e a mansidão do parceiro lhe permitiu fazer, assegura não ter obtido nada com a interrupção do relato da paciente, e não poderia se poupar de escutá-la sobre todos os pontos até o fim.

Esta paciente, a senhora Emmy, quando Freud a revê um ano e meio mais tarde relativamente bem de saúde, queixa-se de que ele deveria se abster de lhe dar a explicação de uma amnésia específica, pois, justifica, "o sucesso decisivo da terapia neste ponto certamente se devia também" ao fato de contar a lembrança com muitos detalhes, "muito mais detalhes do que conservaram essas notas" – Freud acrescenta entre parênteses – "enquanto de hábito eu me contentava muito frequentemente com simples evocações" (1895d, p. 79). A queixa (ou advertência) é, na verdade, mais antiga: no dia 12 de maio do ano anterior, precisamente na nona sessão (uma sessão dia 1°, outra no dia 2, duas no dia 8, uma no dia 9, duas no dia 10, enfim, duas no dia 11), Emmy lhe diz "num tom bem rabugento", que ele não "devia perguntar sempre de onde vinha isso ou aquilo, mas deixá-la contar o que ela tinha a me dizer. Eu consinto [...]" (1895, p. 81). Nesse sentido, suas obsessivas "fórmulas de proteção" – "Fique quieto! Não diga nada! Não me toque!" – parecem também servir como indicativo para que ele abandone hábitos adquiridos com antigos procedimentos clínicos (massagem, hipnose, sugestão).

O exercício dessa escuta sensível e interessada adquire desde então um caráter paradoxal. Por um lado, trata-se de uma condição sempre necessária ao método clínico que, na esteira de Breuer, Freud está lentamente a construir. Por outro lado, esse ideal clínico tropeça na sua tendência altamente cultivada à investigação científica. A aparente contradição – afinal, a psicanálise será, ao mesmo tempo, um *método clínico* e um *método de investigação*, cujos objetivos nem sempre, ou ao menos não todo o tempo, entram em acordo (cf. 1912e) – manifestou-se de maneira acentuada no período chamado de "nascimento da psicanálise" e nunca arrefeceu ao longo de sua prática clínica, era mesmo, vale reforçar, sua condição.

Em 1909, ao final da fase áurea da terapia psicanalítica, não tem nenhuma dificuldade em afirmar: "Uma psicanálise não é exatamente uma investigação científica isenta de tendências, mas uma intervenção terapêutica; em si, ela nada quer provar, mas apenas mudar alguma coisa" (1909b, p. 92, grifos meus). Complementa com uma observação cuja importância na minha argumentação devo sublinhar: "Na psicanálise o médico sempre dá ao paciente, às vezes numa escala mais rica, em outras mais modesta, as *representações conscientes de expectativa*, com a ajuda das quais ele deve ser capaz de reconhecer e surpreender o inconsciente". Para isso, o analista não pode prescindir (uso a expressão do vocabulário musical) de um "ouvido absoluto", se é que existe de fato tal condição.

Seja como for, mesmo no fim, com o câncer a lhe dificultar a expressão verbal, estudantes em formação se queixam de que, na análise, ele era muito conversador. Um deles, Raymond de Saussure, fascinado com sua lucidez e gênio, ao mesmo tempo o reprova por ter conservado certos reflexos da sugestão, que ele praticou durante muito tempo – uma afirmativa que peca pelo exagero e pela imprecisão, já que a adesão de Freud à prática sugestiva foi sempre parcial, ambivalente e crítica; e, como técnica, em sua estrutura mesma, é a antítese consumada da prática psicanalítica. Saussure depõe: "Quando persuadido de uma verdade, tinha dificuldade para esperar que ela despertasse no espírito de seu paciente; queria logo convencê-lo e por isso falava demais" (citado por Flem, 1986, p. 84) – o que, antes de tudo, vai de encontro à própria *regra freudiana* de escutar até a última palavra. Ora, se reflexos havia, eram antes os de um descobridor, cuja técnica era desafiada todo o tempo por suas construções teóricas.

Em suma, Freud nunca abdicou de ser um pesquisador, e seu lugar privilegiado de investigação foi a experiência analítica. Por isso mesmo, sua invenção, como nos ensina Mezan (1994), "tem a ambição não só de descrever ou de inventar alguma coisa no plano ideal [como um filósofo], mas também a pretensão [como analista] de *intervir* nesse real e de modificar alguma coisa dele" (pp. 58-59).

Formara-se em medicina a contragosto, tendo adiado por três anos a graduação, enquanto aguardava colocação como pesquisador na área fisiológica; frustrado em suas pretensões e médico despreparado, empenha-se na tentativa de aprender clínica geral, mas torna-se mesmo especialista em neurologia; paralelamente à clínica neurológica, continua exercitando a pesquisa, agora no campo médico de sua eleição. Certa vez, esteve prestes a obter reconhecimento com as pesquisas sobre a cocaína, mas excessivamente preocupado com seus prováveis efeitos terapêuticos – numa insistência algo suspeita em obter sucesso como clínico –, acaba por deixar os maiores méritos para o colega Koller, que lhe descobre os efeitos anestésicos, portanto sua utilização na técnica cirúrgica. Com Charcot, rompe com o passado anatômico e vê-se diante de um novo e fascinante caminho, mas com ele não aprende de fato uma terapêutica à altura de suas pesquisas teóricas. Desamparado, convence-se do "milagre" da sugestão como método clínico, mas ao mesmo tempo se dá conta de que o arcabouço teórico bernheimiano sofre de estultícia, bem como é contraditória sua prática terapêutica, que, obrigada a reconhecer o sofrimento do paciente *fora* da sugestão, nega-o com o uso da própria sugestão. Finalmente, a partir do método aprendido com Breuer, chega a uma feliz solução de compromisso, pois, além de ter em mãos um tratamento promissor, pode ao mesmo tempo exercer sua verdadeira vocação: tendo se tornado terapeuta contra a vontade, agora pode sê-lo enquanto pesquisa. Curiosamente, nesse aspecto, como faziam, à maneira deles, os anatomistas: a teoria, vale repetir, é o desafio da técnica.

Este período que antecede o nascimento da psicanálise, se promissor, revela-se ainda problemático, pois persistem as dificuldades em fazer seus pacientes alcançar o estado de sonambulismo, condição sob a qual supostamente tinham acesso às lembranças patogênicas e reconheciam-nas como causas determinantes de seus sintomas. É bem verdade que as dificuldades pareciam estar além de sua própria habilidade pessoal. Em Nancy, ouvira de Liébeault, "o *doyen* do hipnotismo", esta frase fatal: "Se possuíssemos os meios de pôr cada paciente num estado de sonambulismo, o método de cura por hipnose seria de todos o mais poderoso". Chegara a pensar que "tal arte existia realmente" na clínica de Bernheim e que era possível aprendê-la (1895d, p. 127), mas, praticando-a com seus próprios pacientes, logo verificou as limitações de seus poderes como hipnotizador e sua incapacidade de induzir a hipnose depois de três tentativas fracassadas.

Além do mais, causavam-lhe constrangimento, além de resistência e desconfiança nos pacientes, os testes que se obrigava a fazer no intuito de verificar o grau de hipnose alcançado. É tocante a sinceridade de seu relato do seguinte diálogo com Miss Lucy: "Você vai dormir, durma!". E o paciente, "ainda nos graus mais leves de hipnose: 'mas, doutor, eu não estou dormindo'". E Freud de novo, sentindo-se obrigado a antecipar a distinção mais delicada: "'Não quero dizer, claro, o sono ordinário, quero dizer a hipnose. Veja, você está hipnotizado, você não pode nem mesmo abrir os olhos etc. Aliás, nem mesmo preciso do sono' etc." (1895d, pp. 127-128). Viu-se, então, confrontado com o seguinte dilema: ou abandonava o método catártico diante do fracasso em hipnotizar, ou o empregava sem sonambulismo, com a hipnose leve que lhe parece sempre duvidosa. Seja como for, sua dispensa criava uma situação embaraçosa, mas já tinha ido longe demais para recuar:

"O autor destas linhas lembrou-se do que Bernheim tinha evidenciado, [...] o vivido no sonambulismo só aparentemente era esquecido e a todo momento podia ser trazido à lembrança pela garantia insistente do médico" (1923a, p. 186). Este foi, a seu favor, o modelo adotado.

Assim, em vez de explicar a clivagem anímica das histéricas pela não comunicação entre os diversos estados de consciência, como Breuer havia teorizado – as manifestações patogênicas, como "corpos estranhos não assimilados", surgiriam em momentos especiais semelhantes aos estados de hipnose, que ele chamou de *hipnoides* –, Freud, mais próximo "das tendências e inclinações análogas às da vida cotidiana, [concebeu] a própria clivagem como o produto de um processo de repulsão [*Abstoßungvorgang*]", que ele chamou de *defesa* (1914d, p. 253). Partiu, então, do pressuposto de que os pacientes "sabiam" e defendiam-se disso que agora recusavam recordar: não saber é antes não querer saber, pois "a clivagem da consciência [...] conta com um ato de vontade" (1894a, p. 8). Bastava, então, usar certos artifícios. Passou a exigir apenas "concentração": fazia o paciente se deitar, de olhos fechados, até que sua faculdade crítica sofresse certo relaxamento. Uma variante desse método foi a "técnica da pressão", pela qual pousava a mão na testa do paciente, garantindo-lhe que as lembranças emergeriam (na grande digressão sobre método inserida no relato do caso de Miss Lucy, informa que o usou pela primeira vez com Elizabeth).

Era, sem dúvida, trabalhoso, muito mais do que no sonambulismo, alargar por esse meio uma consciência presumivelmente limitada; mas, em troca, pôde compreender o que levava o paciente a *sofrer de reminiscências*: "Eu posso afirmar que esse esquecimento é frequentemente um esquecimento intencional, desejado. É sempre um esquecimento bem-sucedido apenas na aparência" (1895d, p. 130). Diria na terceira pessoa: "Se o método catártico já havia renunciado à sugestão, Freud deu o passo seguinte: abandonar também a hipnose" (1904a, p. 12).

Mas, a rigor, em algum nível e com outro objetivo, não persiste ainda na sugestão? Afinal, constituindo de fato o que será sua derradeira renúncia, que mais podem ser esses procedimentos técnicos (concentração, pressão) senão poderosos elementos sugestivos?[8] Certamente não se trata mais de utilizar a sugestão para negar/proibir a existência dos sintomas, mas de explicá-los por meio das histórias contadas pelos pacientes. Fazendo uso do procedimento catártico, que visa tratar e ao mesmo tempo pesquisar, Freud busca ampliar o campo da consciência dos pacientes ao tentar trazer à tona "pensamentos não desejados", que, normalmente eliminados nas condições habituais, continuam a ser ressentidos na neurose como perturbadores (cf. 1904a).

Das origens da coisa sexual

E o que lhe contavam os pacientes com mais frequência? *Cenas reais de sedução sexual na infância*, "cenas vividas em que a iniciativa cabe ao outro (geralmente um adulto) e que podem ir de simples

8 Em 13 de março de 1895, escreve a Fliess: "Inventei [no caso da Senhora K.] uma terapia surpreendente, procuro lugares sensíveis, pressiono-os e desse modo provoco tremores espasmódicos que aliviam [suas dores]" (2006, p. 156). Contudo, via de regra, utiliza a "pressão da testa" como um artifício para desviar a atenção do paciente de "suas buscas e reflexões conscientes". Afirmando não lhe ser possível prescindir do artifício, admite a possibilidade de sua substituição por qualquer outro tipo de influência exercida sobre o corpo do paciente; a opção por este procedimento se deve antes a razões de ordem prática: com o paciente deitado na sua frente, torna-se mais fácil fazer-lhe pressão na testa ou lhe tomar a cabeça entre as mãos, de acordo com o objetivo em vista. A seguir, assegura poder "explicar a eficácia desse artifício [pelo fato] de corresponder a uma hipnose momentaneamente reforçada" (1895d, p. 296).

investidas com palavras ou com gestos até ao atentado sexual mais ou menos caracterizado, que o sujeito sofre passivamente com pavor" (Laplanche & Pontalis, 1973, p. 436). Nessas vivências sexuais prematuras, pensa ter encontrado as cenas traumáticas por excelência, capaz de satisfazer plenamente as duas condições exigidas para funcionar como tal: adequabilidade para servir como determinante na produção da doença e reconhecida força traumática. Tratar-se-ia, a seu ver, da "descoberta de um *caput Nili* na neuropatologia" (1896c, p. 162).

Pois é justamente a partir de 1893, quando a terapia hipnótico-sugestiva está sendo substituída de forma paulatina pela terapia psicanalítica, que Freud se empenha igualmente em construir uma teoria – chamada na intimidade de "minha *neurotica*" – para explicar o mecanismo do recalcamento sexual e a etiologia das neuroses. No *Selbstdarstellung*, três décadas mais tarde, Freud dirá a respeito da chamada *teoria da sedução*, "esse tipo de cataclismo ao qual ainda não retornamos e ao qual ainda não trabalhamos suficientemente" (Laplanche, 1994, p. 18): em primeiro lugar, "sob a pressão do procedimento técnico" utilizado naquela época, a maioria de "meus pacientes reproduziam cenas de sua infância nas quais eram sexualmente seduzidos por algum adulto" (1925d, pp. 81-82). Em segundo lugar, o papel do sedutor era quase sempre atribuído ao pai, embora os relatos também incluíssem o tio e o irmão mais velho – incesto, portanto. Enfim, as lembranças dessas experiências agiam inconscientemente na produção dos sintomas histéricos (e de outras psiconeuroses, teria então arriscado afirmar, não fosse o fato de apenas um, entre os casos estudados, ser de neurose obsessiva).

Desconfia de alguma inclinação para a ingenuidade científica: "Se alguém balançasse a cabeça com desconfiança quanto à minha credulidade, eu não poderia dizer que estivesse inteiramente errado". Seu método de trabalho, muito particular, é dado como responsável, pois então se impunha restringir o senso crítico para se manter "imparcial e receptivo às numerosas novidades" com as quais se confrontava cotidianamente. Suspeita, assim, das técnicas utilizadas e, portanto, dos resultados obtidos.

Depois de um longo período de confusão e intenso combate intelectual, pensa ser possível elaborar conclusões corretas: tais cenas não passavam de "fantasias de desejo [*Wunschphantasien*] que [seus] pacientes tinham fabulado".[9] E acrescenta, de maneira (talvez) *reativa*: "Ainda hoje não creio que tenha imposto, 'sugerido' essas fantasias de sedução aos meus pacientes". Ele quer dizer que não insinuou ou promoveu voluntariamente tal lembrança; mas nada impede que sugestivamente impregnadas do espírito do tempo as suas pacientes se lembrassem do que ele queria ouvir – afinal, quem, incluindo os cientistas, está imune ao desejo da confirmação? Sobretudo nessa fase turbulenta que antecede sua *autoanálise*, Freud é mais pesquisador que terapeuta, *queria saber*, mais do que *tratar*.

Avancemos um pouco mais: Freud concluirá ao final de todo um processo, aqui examinado em seguida, que em *sua clínica* não encontrou evidências seguras de que essas experiências houvessem sido efetivamente vividas – sem, entretanto, jamais descartar sua existência na realidade cotidiana, inclusive em sua versão

9 Sintomas histéricos "não mais se mostram agora como ramificações diretas das lembranças recalcadas de vivências sexuais da infância, mas entre os sintomas e as impressões infantis se inseriam doravante as fantasias (ficções da lembrança) dos doentes – produzidas na maior parte do tempo nos anos de puberdade – as quais, por um lado, se edificavam a partir e em cima de lembranças infantis e, por outro, transpunham-se sem mediação nos sintomas. Foi apenas com a introdução do elemento das fantasias histéricas que a configuração da neurose e sua relação com a vida dos doentes se tornaram transparentes; disso resultou uma analogia verdadeiramente surpreendente entre essas fantasias inconscientes dos histéricos e as ficções tornadas conscientes sob forma de delírio na paranoia" (1906a, p. 313).

mais radical, o estupro. Em outras palavras: em sua clínica, Freud colocou em questão uma relação evidente entre cenas reais de sedução e neurose, porque descobre que "a realidade psíquica tem mais significância que a realidade material". A história nos mostra que essa fórmula engenhosa faz mais do que resolver um problema: por um lado, questionando sua técnica de "lembrar por pressão", estabelece as condições para o advento da associação livre como método próprio. Por outro, oito anos depois, nos *Três ensaios sobre a teoria sexual*, esta adquire uma extensão mais ampla e universal.

Ora, as pesquisas realizadas pelo antigo diretor dos arquivos de Freud, J. M. Masson – traduzidas e publicadas no Brasil com o nome de *Atentado à verdade*, e na França com um título ainda mais explícito: *Le réel escamoté. Le renoncement de Freud à la théorie de la séduction*, ambas edições de 1984 –, tiveram por objetivo contrapor-se a essa versão da história, ou ao menos ir muito além dela. Tantos anos passados, suas pesquisas em si nem por isso deixam de ser aproveitáveis; mas *não* seus propósitos manifestamente polêmicos e falaciosos, e sobre os quais insiste a partir de duas hipóteses.

A primeira é que a descoberta de Freud acalentada durante alguns anos antes de ser exposta em conferência e publicada em 1896 – isto é, que, em numerosos casos, as crianças são vítimas de maus-tratos e abusos sexuais dentro de suas próprias famílias – "comportava tanto risco que ele teve de literalmente expulsar esta descoberta de sua consciência" (Masson, 1984, p. 22). Dito de outra maneira, ao estabelecer o texto da correspondência de Freud com Fliess, Masson considera ter ali encontrado – como Roudinesco (1992, p. 63) bem sintetiza, *en passant* – "a 'prova' de que Freud teria renunciado à sua famosa teoria da sedução por medo de confessar ao mundo a 'verdadeira verdade' [...], segundo a qual os fantasmas[10] de abuso infantil sempre correspondiam a uma realidade". Com alguma ironia, a historiadora francesa não deixa por menos: "Masson queria [...] retificar a posição freudiana provando ao mundo que todos os pais eram os abusadores de seus filhos". Afinal, é o próprio Masson (1984) que o afirma, ele queria fazer da teoria da sedução "a verdadeira pedra angular da psicanálise" (pp. 18-19).

A ideia de um recuo *temeroso* de Freud parece improvável e não tem respaldo em sua biografia repleta de desafios, além de que sua mudança de rumo o levou à criação de uma nova disciplina científica, o que não é pouca coisa. Já a segunda hipótese tem alguma importância: segundo Masson, ele teria lido relatos de casos semelhantes de médicos parisienses, e mesmo participado com Brouardel de algumas autópsias de crianças abusadas na época de sua estadia em Paris. Mas no afã de sempre confirmar sua primeira hipótese, permite-se relegar para segundo plano o valor inegável de sua pesquisa sobre esses abusos – uma pesquisa que seria, segundo ele próprio, original e importante na França, sendo este "o primeiro país a levar a sério as sevícias sofridas pelas crianças" (Masson, 1984, p. 13). Não pode ser por acaso que perto de um século e meio depois a questão do incesto, tão explosiva quanto silenciada, tenha ocupado mais uma vez, neste ano de 2021, um lugar considerável na mídia francesa, ainda que, como sempre, pontual; e que exista, neste país, uma "*Commission indépendante sur l'inceste et les violences sexuelles faites aux enfants*".[11]

10 Afinal, *fantasma* ou *fantasia*? O segundo termo, para além da preferência pessoal, é a escolha das *Œuvres complètes* (PUF) de Freud (cf. Bourguignon *et al.*, 1989, pp. 104-106), amplamente utilizadas aqui, embora outras obras também referenciadas adotem o primeiro. Como a correção metodológica exige estrita fidelidade ao texto original consultado, sobretudo citado entre aspas, ambos os termos são usados neste trabalho. Dito isso, cabe assinalar que a variação adjetivada "fantasmático" parece ter se imposto a fantasístico, a opção do tradutor (Pedro Tamen) para *fantasmatique* (cf. o verbete "Construção") no *Vocabulário de Psicanálise*.

11 A psicanalista Marie Balmary publicou, em 25 de janeiro de 2021, no *L'OBS*, o artigo "Freud et l'inceste: l'abandon d'une découverte", na esteira do livro

Recusando, assim, o marco fundador, que afirma o primado da construção fantasmática e a distinção (lacaniana) entre *saber* e *verdade*, Masson não leva em conta e nem sequer se refere à questão de *certo* interesse para a história da psicanálise: por que Freud, em nenhum lugar de sua obra, incluindo a vertente epistolar, nunca fez referência aos médicos parisienses como fonte direta ou indireta de sua fracassada teoria da sedução?

Primeiro, os fatos. Segundo Freud (cf. 1925d), a ideia de as neuroses estarem ligadas a perturbações da função sexual – as *neuroses atuais* seriam sua expressão tóxica direta e as *psiconeuroses*

---

de Camille Kouchner, *La familia grande* (2021). Começa por recordar que, em 1976, depois de cinco anos de pesquisa no doutorado, ela expôs a seu orientador de tese na Sorbonne, um psicanalista de renome, o que então achava ser uma hipótese nova: "Freud teria renunciado não a um erro, como ele disse e foi repetido depois dele, mas a uma descoberta: a do abuso sexual na origem dos transtornos que na época chamavam de histéricos". O orientador recusou, dizendo que ela lançava "o anátema sobre a psicanálise". Bloqueada na carreira universitária, Balmary publicou suas pesquisas em 1979, no livro *L'homme aux statues. Freud et la faute cachée du père*. Prossegue seu relato: "O primeiro avanço na direção da descoberta de Freud veio em 1986 [...], não da Universidade, mas de uma vítima de incesto, Eva Thomas, a primeira a testemunhar publicamente. Ela tinha encontrado diversos pontos de apoio para ousar falar, ousar escrever. Entre os quais, meu livro. Eu a encorajei a publicar o seu, *Le viol du silence, à toutes celles qui ont connu la prison de l'inceste*". Balmary conclui: "A psicanálise não é, portanto, inocente do '*air du temps*' onde ela se desenvolveu. Ela pressionou com todo o seu peso contra a verdade das crianças abusadas [...]. Talvez seja este o momento de dizer que a psicanálise, que trouxe ao mundo a preciosa descoberta do tratamento pela palavra, pôde ao mesmo tempo abrir a porta [ao desmentido] de uma perversão. A ciência não sai engrandecida deste episódio. Ou antes, digamos que contrariamente a esta 'ditadura da razão', cara a Freud, convém hoje reconduzir a ciência à razão modesta. Abandonar a ciência como religião, escutar o coração humano. O coração tem suas razões. [...] a ciência do homem não se faz sem ele". Recuperar este tema, como o fiz numa primeira versão em 1995 (tese de doutorado), quando, tal como agora, me contrapus a Masson, pode contribuir para romper com o silêncio que envolve esses mal-entendidos desta vez ressuscitados por Balmary.

sua expressão anímica – lhe ocupa o espírito de maneira sistemática ao menos desde 1892. As cartas, bem como os pequenos, mas importantes, ensaios (publicados *post mortem* como "Manuscritos") enviados a Fliess nos anos 1890, contêm amplas referências a masturbação, *coitus interruptus*, *coitus reservatus*, doenças venéreas, etc., como *influências de segunda ordem ou fatores precipitantes* das neuroses, em face de uma suposta disposição hereditária subjacente.

Suas observações clínicas iniciais, acrescidas do fato de não ter sua terapia em alta conta, levam-no a tomar partido por ações profiláticas – ao menos em parte ingênuas e hoje datadas depois da própria psicanálise, das conquistas da medicina e da mudança de costumes a partir dos anos 1960. Uma delas, como escreve no Manuscrito B, de 8 de fevereiro de 1893, seria "as relações sexuais livres da juventude masculina com moças solteiras [*Mädchen freien Standes*]", mas a medida só poderia ser adotada se houvesse métodos inócuos de evitar a gravidez; na ausência de tal solução – e o preservativo não seria seguro, além de inaceitável para quem já é neurastênico – "a sociedade parece condenada a sucumbir a neuroses incuráveis que reduzem a um mínimo o gozo da vida, destroem a relação conjugal e arruínam toda a geração seguinte por causa da hereditariedade" (2006, pp. 61-62). Em 1910, ao empregar o termo *psicossexualidade*, para reafirmar a importância do fator anímico na vida sexual, já podia precisar, com a própria psicanálise, que a persistência da insatisfação psíquica podia ocorrer mesmo onde não havia ausência de relação sexual normal (cf. 1910k, p. 209).

No Manuscrito C, entre 12 e 15 de abril de 1893, parece cheio de entusiasmo com a linha de pesquisa adotada ao afirmar a Fliess: "Você não pode evitar a menção à etiologia sexual das neuroses, pois isto seria arrancar da guirlanda a mais bela folha" (2006, p. 64). Em 20 de agosto, igualmente inspirado, confessa que "a etiologia das neuroses me persegue como a canção de Marlborough persegue o viajante britânico no mundo inteiro". E acrescenta, à guisa de explicação: "Recentemente, fui consultado pela filha do estalajadeiro do Monte Rax" (2006, p. 77).[12]

Como escreveria no relato do caso correspondente, conhecido como "Katharina", havia empreendido uma excursão àquela região dos Alpes orientais austríacos, "a fim de esquecer durante um tempo a medicina e em particular as neuroses" (1895d, pp. 143-151). Teria tido sucesso no seu intento, não fosse o dia em que no alto de uma montanha, quando descansava diante do belo horizonte aceitou perder alguns momentos de seu "precioso tempo", nas palavras da camponesa que a ele se dirigiu respeitosamente. A moça se queixa – a moda parisiense havia chegado até ali – de estar com os nervos ruins; havia consultado um médico, que se limitou a prescrever algo sem serventia. Freud, ao contrário, ao lhe dar ouvidos, realiza então uma extraordinária consulta ao ar livre, a dois mil metros de altitude, sem divã, sem hipnose, sem concentração ou pressão na testa. A espontaneidade de Katharina – "temos todo o direito de contar tudo a um doutor" – permite-lhe desvendar um segredo que não se cansaria de escutar variações na fala de seus pacientes.

De fato, raro exemplo de sedução real que nos foi dado a conhecer por Freud, o caso adquire valor emblemático para mulheres que carregam na alma e no corpo o sofrimento de tantos seres

12 Somente anos mais tarde (em 1924), Freud se permitiria infringir "a observância da indiscrição", imposta a si próprio, ao revelar que "Katharina não era a sobrinha [como ele havia escrito no relato do caso], mas a filha da proprietária da estalagem". Na sua opinião, devia-se sempre evitar alterações semelhantes num relato clínico, pois, naturalmente, esta não é "destituída de importância para a compreensão que, por exemplo, o deslocamento do lugar da ação de uma montanha para outra" (1895d, p. 154). Uma informação que, aliás, mais do que um exemplo episódico, era uma insinuação certeira: depois da publicação póstuma de sua correspondência com Fliess, sabemos que a estalagem onde se hospedara ficava no Monte Rax (cf. 2006, p. 77), e não nos Alpes Tauern, como também havia escrito no relato do caso.

(falantes) historicamente assujeitados. Ao final de seu relato, revela-se agradecido pela oportunidade de falar com ela "muito mais facilmente do que com as senhoras puritanas" do seu consultório da cidade, "para quem todas as *naturalia* são *turpia* [tudo o que é natural é vergonhoso]". Seu procedimento técnico permanece exemplar para os iniciantes na clínica: faz perguntas significativas, criteriosas e pertinentes e seu maior trabalho consiste em relacionar acontecimentos que a moça encadeia sem dissimulação.

Os sintomas de Katharina – dificuldade para respirar, sensação de "bolo na garganta", cabeça pesada, pressão nos olhos, zumbido nos ouvidos, vertigem, fadiga, medo de tudo, quando normalmente era corajosa, e a sensação recorrente de que alguém, atrás dela, vai agarrá-la: acessos de angústia, resume Freud, típicos fenômenos de conversão histérica, que se manifestam depois de um intervalo de incubação ou, nas palavras de Charcot, "tempo de elaboração psíquica" do trauma vivido. Com Katharina, na forma de tentativas [*Versuchungen*: exatamente "tentações"] sexuais do pai, só compreendidas como tal depois de surpreendê-lo, dois anos depois, a fazer a mesma coisa com a prima.

A observar nesta paciente tão circunstancial, a ausência de sinais semelhantes aos das sessões relatadas pelos médicos franceses com crianças vítimas de estupro e outras sevícias que eventualmente levavam à morte. Katharina não chega a ter um semblante triste, um olhar sem vida, aturdido; seja como for, ao fim dessa sessão bastante heterodoxa, diz Freud, a moça se transformara: "o rosto carrancudo, doloroso, estava animado, os olhos recuperaram o brilho, ela estava aliviada e alegre".

Para ele próprio, foi menos "um caso de histeria analisado que um caso resolvido" no qual ele "adivinhou" a existência do elemento sexual como fator etiológico, e no qual, podemos acrescentar, sua teoria parecia mais uma vez se impor como desafio à técnica.

Afinal, dentre os cinco grandes relatos dos *Estudos sobre a histeria*, o de Katharina era o mais francamente sexualizado; Anna O. e Emmy von N. parecem quase assexuadas; Lucy R. sofre romanticamente por um amor tão impossível quanto sublimado; e Elizabeth von R., ainda que culposamente apaixonada pelo cunhado, quase nada revela de suas experiências sexuais. Em Anna, depõe Breuer (1995d), "o elemento sexual era espantosamente pouco desenvolvido" (p. 39). Com Emmy, Freud (1995d) se impressiona "com o fato de que, em todas as comunicações íntimas que me fez [...], o elemento sexual, que, no entanto, como nenhum outro, dá origem a traumas, faltava totalmente" (p. 122).

Na origem, a teoria que pressupunha a sexualidade como fator etiológico referia-se apenas aos quadros clínicos reunidos sob o nome de "neurastenia". São os neurastênicos que lhe permitem estabelecer a relação entre neuroses e perturbações da função sexual, pois, com eles, "que tinham o costume de vir me consultar em grande número" (1925d, pp. 72-73), começou a prestar atenção na vida sexual de seus pacientes (cf. Agostini Pereira, 1996). Compreende-se: junto com a *neurose de angústia* (que, discriminada da neurastenia em 1895, apresentava transtornos sexuais mais frequentes e claros) e a *hipocondria*, a neurastenia fazia parte do que Freud chamou de *neuroses atuais*, distinguindo-as das *psiconeuroses* porque nelas sua origem deveria ser procurada no presente, na atualidade, e não nos conflitos infantis; e seus sintomas não seriam uma expressão simbólica e superdeterminada, mas o resultado direto da *ausência* (neurose de angústia) ou da *insuficiência* (neurastenia) da satisfação sexual. Para Freud, "nas formas comuns do que chamamos de neuroses atuais, a significação etiológica da vida sexual é um fato bruto, que se oferece instantaneamente à observação" (1916-1917, p. 399).

Em suas memórias, esclarece que o livro escrito em parceria com Breuer e publicado no decisivo ano de 1895 continha uma teoria incompleta no que se refere ao problema da etiologia, ou seja, na questão do terreno onde se enraíza o processo patogênico (1925d). Mas já em 27 de novembro de 1893, cheio de esperança, é capaz de anunciar em carta sua consolidação à medida que vão sendo dissipadas as contradições. Queixa-se, no entanto, da ausência incomum de pacientes nos horários de consultório: "Quando começo um caso para fazer uma restauração completa, tudo se confirma, e às vezes", acrescenta à maneira psicanalítica, "quem procura acha mais do que almejava encontrar" (2006, p. 84). Ou talvez seja encontrado o que já se sabia ou queria encontrar.

Ainda assim, declara simplesmente nas memórias: "Eu não estava preparado para este resultado [a sexualidade como fator etiológico da neurose], a minha expectativa não fazia parte disso, havia abordado a investigação sobre as neuroses com perfeita ingenuidade": teria sido num artigo de Havelock Ellis que mais tarde obteve a informação segundo a qual, "relacionando a histeria à sexualidade, eu retornava aos tempos mais antigos da medicina e me reconciliava com Platão" (1925d, pp. 71-72). Refere-se, em seguida, a uma lembrança mais antiga, que só teria emergido nele quando escrevia a "Contribuição à história do movimento psicanalítico" (1914), de certas observações fortuitas de Breuer, Charcot et Chrobak, cujo alcance teórico, estritamente falando, eles desconheciam. Dois deles chegam a negar a autoria, e Charcot talvez fizesse o mesmo caso fosse igualmente consultado antes de se calar para sempre.

Teria sido Breuer o primeiro a lhe dar a ideia da relação geral entre neurose e sexualidade. Freud era ainda médico-residente, quando o amigo, depois de se encontrar casualmente com o marido de uma paciente "nervosa", cujo comportamento social era muito peculiar, deixa escapar o comentário, em francês, de que essas coisas eram sempre "secrets d'alcôve". Atônito, Freud perguntou-lhe o que ele queria dizer, e obteve como resposta uma explicação sobre o sentido do termo *alcôve* (alcova, leito conjugal), sem se dar conta de ser o conteúdo da própria declaração que lhe pareceu extraordinário (1914d, pp. 255-257).

Anos depois, numa recepção na casa de Charcot, entreouviu o anfitrião em conversa com Brouardel, o professor de medicina legal. Apura o ouvido e escuta algo a respeito de um casal de país distante do Oriente – a mulher, portadora de uma grave doença, ele impotente e francamente desajeitado. "Tâchez donc", teria dito Charcot, "je vous assure, vous y arriverez". À possível surpresa de Brouardel, Charcot repetia ainda mais convicto: "Mais, dans des cas pareils, c'est toujours la chose génitale, toujours, toujours, toujours", cruzando "as mãos no ventre e saltitando várias vezes [...] com a vivacidade que lhe era própria". Freud assegura "ter sido tomado por um assombro quase paralisante", perguntando-se ao mesmo tempo: "se ele sabe disso, por que nunca o diz?"

Um ano mais tarde, clinicando em Viena, recebe de R. Chrobak, ginecologista, a indicação de uma paciente, à qual, como recente professor universitário, não podia mais se dedicar como antes, e cujos acessos de angústia só eram acalmados caso ela tivesse garantias seguras de encontrar seu médico a qualquer hora do dia. Chrobak lhe informou em seguida que a angústia provinha do fato de a paciente, embora casada há dezoito anos, permanecer "virgo intacta" em função de um marido "absolutamente impotente". Nesses casos, continuou, o médico nada podia fazer senão eticamente manter-se discreto, a despeito do fracasso profissional se tornar público. "Para tais sofrimentos, a única receita possível nos é bem conhecida, mas não podemos prescrevê-la: *Penis normalis dosim repetatur*". Freud, que "nunca tinha ouvido falar de tal receita", confessa ter reprovado com a cabeça o cinismo de seu benfeitor.

Está certo de que essas três opiniões idênticas haviam ficado adormecidas nele "sem produzir efeito" até se manifestarem "por ocasião das investigações catárticas como conhecimento aparentemente original" (1925d, p. 71). Ora, nem em 1914, nem em 1925, há referências à teoria da sedução – *a fortiori*, não há nenhuma relação direta entre esta teoria e os comentários de seus colegas. Cabe perguntar: da mesma forma que esquecera esses comentários como preâmbulos de seu futuro interesse pela sexualidade como fator etiológico das neuroses, haveria igualmente esquecido, ou simplesmente omitido, a fonte parisiense de onde provinha a ideia da sedução? E por quê?

Retomemos, então, alguns dados, *mais* ou *menos* conhecidos, referidos por Masson. No relato de sua estadia em Paris, Freud (1956a, p. 16), que não demorou muito a deixar de lado as pesquisas anatômicas para se concentrar totalmente nos ensinamentos de Charcot, confessa haver passado a assistir apenas a suas conferências; as únicas exceções foram as autópsias forenses do professor Brouardel e as aulas na Morgue, que raramente perdia. O que é de fato surpreendente, pois foi justamente em medicina legal, conforme referi no primeiro capítulo, o seu único fracasso nos exames prestados para se tornar médico. Todavia, como também vimos no Capítulo 2, havia escolhido estudar, ao chegar a Paris, ainda anatomista, as atrofias e as degenerações consecutivas a afecções cerebrais infantis. Mas essa tarefa foi de curta duração; logo, o que poderia significar tal interesse tardio para além de um encantamento pelo professor?

Em 20 de janeiro de 1886, mais de três meses depois de chegar a Paris, escreve a Martha: "Também recebi autorização para assistir às aulas do professor Brouardel no Instituto Médico-Legal, o que eu fiz hoje. A palestra foi muito interessante, mas não é o assunto apropriado para nervos delicados; falam disso em todos os jornais parisienses como sendo o relato horripilante mais recente" (1966, p. 209). No prefácio para *Scatologic rites of all nations* (1913k), de Bourke, um ano antes de escrever sua história do movimento psicanalítico (quando se lembra das afirmações de Breuer, Charcot et Chrobak relativas à sexualidade), é ainda mais explícito ao afirmar: "Quando morava em Paris, em 1885, como aluno de Charcot, o que me atraiu mais fortemente, ao lado das lições do Mestre, foram as demonstrações e as preleções de Brouardel". Anda se lembra de que o professor "tinha o costume de nos mostrar, tomando como material os cadáveres da morgue, quantas coisas havia que mereciam ser conhecidas pelo médico". A essas coisas, entretanto, "a ciência preferia não dar atenção" (1913k, p. 47). Masson (1984, pp. 36-54) acredita ser esta uma alusão às crianças estupradas. Para prová-lo, enfileira alguns dados de realidade e outros... especulativos.

Sabe-se que Brouardel escreveu um livro sobre o estupro de crianças: *Les attentats aux mœurs*, no qual parece, no entanto, mais preocupado com o estuprador, descrito frequentemente como "excellents pères de famille", e não com a vítima. Tende a encarar os relatos das crianças como simulações, ao contrário de seu antecessor no Instituto de Medicina Legal, A. Tardieu, que, desde 1860, ao catalogar com detalhes chocantes abusos brutais sofridos por crianças nas mãos de quem devia zelar por elas – frequentemente seus próprios pais – jamais pôs em dúvida as informações prestadas pelas pequenas vítimas. Contudo, a despeito de sua relutância em reconhecer a culpa de um pai em tal crime, Brouardel registra, no âmbito de sua experiência pessoal, 232 casos em que o pai era culpado em 19, o sogro em 4, e o tio em 6. Para ele, o típico atentado ao pudor é o que tem como vítima uma menininha; e é um crime do lar.

Embora posteriormente Brouardel viesse a mudar de posição sobre tais atentados, sua posição anterior, no mínimo mais neutra, talvez tenha inspirado seu aluno A. Delcasse a escrever *Étude médico-légale sur les sévices de l'enfance*, onde afirma, na introdução, que em suas "notáveis conferências" o professor tem "frequentemente chamado nossa atenção sobre esses fatos qualificados: sevícias e maus tratos, dos quais as crianças são vítimas mais particularmente de seus pais e mestres, daqueles que [...] exercem sobre eles autoridade mais ou menos direta". Delcasse publicou seu livro em 1885, justamente o ano em que Freud chegou a Paris; além disso, Brouardel teria escrito, em 1883, um artigo intitulado "Les causes d'erreur dans les expertises relatives aux attentats à la pudeur", cuja primeira parte é quase exclusivamente dedicada à ideia de *simulação*; enfim, haveria em *Les attentats aux mœurs* um longo capítulo sobre o assunto, em que apresenta, entre os grandes progressos desses anos recentes "uma série de artigos de Dupré, datando de 1905, sobre a *mitomania*, a mentira patológica que, para Brouardel e seus colegas, estavam relacionadas à degenerescência mental" (Masson, 1984, p. 64).

Sobre esta obra póstuma, aparecida em 1909, Masson (1984) nos informa (sem fornecer nenhuma referência) que Brouardel, morto em 1906, "parece [tê-la] escrito em 1905. Mas, manifestamente, várias de suas aulas referem-se a uma data bem anterior" (p. 230). E, claramente, forçando uma aproximação com Freud, "parece, no entanto, razoável supor que ele expôs esse assunto diante de seus ouvintes, na morgue de Paris, em 1885" (Masson, pp. 63-65). Ora, Freud só veio a escrever sobre o assunto a Martha, como vimos, em 20 de janeiro de 1886 – e contar tudo, de maneira detalhada e imediata à sua noiva, foi um hábito jamais rompido. Na verdade, em todo lugar, no livro de Masson, há inferências comparáveis: por exemplo, a partir de um único artigo – "Viol accompli pendant le sommeil hypnotique" –, Masson constata: "como Charcot, Brouardel se interessava pela hipnose". Nada impede que ele tivesse interesse por esse assunto, na época, amplamente difundido nas demonstrações populares por hipnotizadores profissionais; mas, como médico, e mesmo sem preconceitos, certamente não da mesma maneira que Charcot, que fez da hipnose seu instrumento de trabalho. Enfim, se há alguma semelhança entre este itinerário de Brouardel e o de Freud – afinal, ambos acreditaram primeiro nas histórias de seus pacientes, para depois as negar –, ela é apenas aparente: para Freud, discípulo de Charcot, suas pacientes histéricas não eram simuladoras, e não mentiam porque a verdade delas era de outra ordem, uma verdade psicológica.

Assim, aos poucos nos aproximamos das suposições contestáveis de Masson. Primeiro, ele presume – talvez pela referência de Brouardel a Charcot no começo do livro *Les attentats aux mœurs* – uma colaboração "próxima e real" de ambos no estudo do abuso de crianças pelos adultos; mas afirma ignorar a natureza exata dessa colaboração. Dirá mesmo que os escritos de Charcot não indicam seu interesse pela questão do abuso de crianças, a exceção seriam as citações provenientes dos artigos que escreveu com V. Magnan.

Desprezando tudo isso, Masson quer nos convencer de que Freud, possuindo os seis volumes traduzidos por Möbius da obra de Magnan, conhecia seu artigo (em coautoria com Charcot), intitulado "Inversion du sens génital et autres perversions sexuelles". Contudo, este artigo não é nem sequer citado no segundo dos seus *Três ensaios sobre a teoria sexual* que trata do assunto.[13] Além disso, o único vínculo entre o artigo de Magnan e Charcot e o estupro das crianças é uma referência ao livro de Tardieu sobre *Les attentats aux mœurs*, mas este livro parece querer resgatar apenas a questão dos apetites sexuais pervertidos. Enfim, os artigos de Magnan não tratam sempre ou somente da perversão – e o próprio Masson (1984, p. 57) se lembra, aliás, da "fascinação" de Freud pelo conceito de "degeneração" deste psiquiatra francês.

Em tais circunstâncias, e apesar de dados pouco convincentes, resta ao menos especular: teria Freud escutado de Brouardel referências a esses crimes? Teria mesmo participado de alguma

13 Aliás, o próprio Brouardel tampouco é citado nos *Três ensaios* e (conforme o *Index of personal names*, vol. XXIV, *The Standard Edition of the complete psychological works of Sigmund Freud*, e confirmado pelo *Index des noms propres*, das *Œuvres complètes* da PUF) não aparece mais do que três vezes em toda a obra freudiana, todas elas, aliás, devidamente mencionadas aqui.

autópsia numa criança brutalizada sexualmente? Sendo verdadeira a informação de Masson de que, entre os livros levados para o exílio londrino, constam as obras mais importantes sobre a violência sexual contra as crianças, Freud as teria ao menos folheado? E *quando* o fez, se é que o fez? Podemos observar que o resultado de suas próprias análises, mencionadas em "Sobre a etiologia da histeria", tem alguma semelhança (mas por que seria diferente?) com os relatos dos antigos médicos franceses; mas não contém os detalhes destes e limita-se a pouco mais de uma listagem: "Na totalidade dos dezoito casos (de histeria pura e de histeria combinada com representações obsessivas, seis homens e doze mulheres) cheguei [...] ao conhecimento de tais experiências sexuais vividas na infância" (1896c, p. 167).

De certo, sabemos que Freud nunca mencionou a fonte primeira, para além da fala de seus pacientes, de onde provinha a ideia que confere à sedução de crianças por adultos a condição de causa etiológica das neuroses – e muito menos serem os médicos franceses essa fonte. Sim, trata-se de um enigma. Mais especificamente, por que jamais utilizou, como era seu costume, seja quando acreditava na teoria da sedução, seja quando a renegou, a palavra das autoridades que tantas vezes evocou para afiançar seus mais diversos pontos de vista? O fato de sua *démarche* não ter nada a ver com a dos médicos franceses – seja pela natureza diversa das vivências de seus pacientes, seja pela qualidade de escuta que elas suscitam ("simulação" em um caso, "verdade psicológica", no outro)[14] – tampouco justifica um aparente desdém de Freud como pesquisador, mormente se ele teve em mãos essa bibliografia.

---

14 Entre as palavras técnicas extremas que utiliza em "Sobre a etiologia da histeria" – *Vergewaltigung* (estupro), *Missbrauch* (abuso), *Angriff* (ataque), atentado, agressão –, Freud privilegia *Verführung* (sedução), o que leva a supor que esse termo diz muito da experiência de sua clínica.

Em "Meus pontos de vista sobre o papel da sexualidade na etiologia das neuroses", ao mesmo tempo afirmando que "o acaso de um material ainda raro na época tinha-me conduzido a um número desmesuradamente grande de casos pelos quais, na história infantil, a sedução sexual por adultos ou por outras crianças mais velhas desempenhava o papel principal" – o que o teria levado a "superestimar a frequência desses episódios" –, Freud (1906a, p. 312) não hesita em adicionar entre parênteses: episódios que, "por outro lado, não podemos colocar em dúvida". E em "Sobre a etiologia da histeria" (1896c), em que pela primeira e única vez propõe publicamente a teoria da sedução, afirma "que dado o pouco interesse dos pais, nossas crianças são expostas a agressões sexuais muito mais frequentemente do que deveríamos esperar" (p. 166, grifos meus). Portanto, ele está confirmando a existência do abuso de crianças. Mas, sem fazer nenhuma menção a observações dos tempos de Paris, acrescenta que, ao reunir "as primeiras informações relativas ao que era conhecido sobre esse tema, *tive informações dos colegas* sobre a existência de várias publicações de médicos pediatras denunciando a frequência das práticas sexuais, mesmo com bebês, efetuadas pelas babás". Como exemplo, diz ter "em mãos, datando das últimas semanas, um estudo proveniente do Dr. Stekel de Viena que trata do 'Coito na idade infantil'". Freud, acreditamos com dificuldade, confessa não ter tido tempo de reunir outros testemunhos da literatura – curiosamente, Masson nunca cita esta passagem, na qual em nenhum momento há menção aos médicos parisienses.

Vida e morte da primeira teoria sexual

Ainda em "Sobre a etiologia da histeria", Freud coloca duas questões cruciais: não seria o caso de pensar que o médico talvez sugira tais cenas a seus dóceis pacientes, dizendo tratar-se de lembranças? Ou, ainda, que os pacientes contam ao médico coisas imaginadas ou inventadas deliberadamente? Recusando, como fará em 1925, haver utilizado a sugestão nesse sentido, permite-se adiar o julgamento sobre a confiabilidade do método psicanalítico (em 1896, já utilizava o neologismo), pois sua avaliação seria apenas possível com uma apresentação completa de sua técnica e de seus resultados. Já quanto às dúvidas sobre a autenticidade das cenas sexuais mencionadas, afirma poder refutá-las em mais de uma maneira.

Primeiro, refere-se aos comportamentos dos pacientes durante o relato de suas experiências infantis – impossível, segundo ele, não perceber o desgosto e a relutância com que o fazem. Antes de se submeterem à análise, eles nada sabem dessas cenas, demonstrando indignação ao serem prevenidos sobre seu aparecimento – prevenir já não seria sugestionar? Seja como for, sem ter ainda a dimensão futura do que é capaz de provocar o fenômeno transferencial, limita-se a descrever as sensações violentas pelas quais passam durante suas reminiscências sexuais, ressaltando sua diferença com o relato de outros elementos esquecidos. Conclui acertadamente: "Por que os pacientes deveriam, sem hesitação, me assegurar sua incredulidade, se, por algum motivo, eles mesmos inventaram coisas que queriam desvalorizar?" (1896c, p. 163).

Reconhece, de toda maneira, não ser fácil contestar a ideia segundo a qual o médico impõe reminiscências desse tipo ao paciente, influenciando-o pela sugestão a imaginá-las e reproduzi-las. Mas se diz particularmente incapaz de impor uma cena por ele esperada a um paciente, de tal maneira que este parece vivê-la com todas as sensações apropriadas. "Talvez outros o façam melhor".

Recorre em seguida a provas mais objetivas: a uniformidade de alguns detalhes, como se houvesse um acordo secreto entre os diferentes pacientes; a descrição algo inocente de suas lembranças, ou seja, ausência de percepção do quão são importantes, ou o registro de detalhes igualmente importantes, mas mencionados sem nenhuma ênfase; enfim, invoca a relação das cenas infantis com o conteúdo de todo o resto do caso clínico, que se apresenta como numa montagem de um "quebra-cabeça infantil".

Estes foram tempos decisivos, durante os quais Freud estava em vias de construir um novo campo de conhecimento no isolamento imposto pelas circunstâncias. Em 12 de junho de 1895, escreve a Fliess: "Você tem razão em supor que estou transbordando de novidades, inclusive de novidades teóricas" (2006, p. 171), com certeza uma referência à sua psicologia para neurologistas, trabalho que não consegue concluir e recusa publicar, mas ao qual se entrega freneticamente, por mais de um ano, a partir de abril de 1895.

A despeito das incertezas dessas pesquisas teóricas – atestadas pela literatura epistolar do período –, o próprio trabalho clínico se manterá em continuidade com a ideia de sedução até 1897, embora já se desse conta, três anos antes, em 21 de maio de 1894, de quão sozinho se encontrava na questão da elucidação das neuroses: "Consideram-me quase um monomaníaco, e eu tenho o claro sentimento de haver tocado num dos grandes segredos da natureza" (2006, p. 98). Já confessara no mês anterior como "é doloroso para um médico que se mata o dia inteiro para compreender as neuroses não saber se o humor depressivo do qual sofre é de natureza lógica ou hipocondríaca. Devemos ajudá-lo com isso" (2006, p. 92). A psicologia, o tirano sem o qual não poderia viver e a serviço do qual não conhecia limites, a psicologia que foi outrora a sua meta distante, "é realmente uma cruz. É mais saudável jogar boliche e procurar cogumelos" (2006, p. 177), diz ele em meados de agosto de 1895, dias antes de viajar a Veneza, exausto de tanto buscar uma explicação para o processo defensivo.

Na carta de 15 de outubro, parece estar no bom caminho ao perguntar: "Terei comunicado a você, oralmente ou por escrito, o grande segredo clínico? A histeria é a consequência de um *pavor sexual* pré-sexual. A neurose obsessiva é a consequência de um *prazer sexual* pré-sexual que se transforma mais tarde em *censura*" (2006, pp. 185-227). No dia seguinte, insiste que está "quase certo de ter encontrado, com as fórmulas de pavor sexual e do prazer sexual infantis, a solução do enigma da histeria e da neurose obsessiva"; e afirma corajosamente que as duas neuroses são curáveis não apenas quanto aos sintomas, mas também quanto à própria disposição neurótica. Mais quinze dias, e confessa duvidar do que antes havia anunciado com tanto entusiasmo: "nesse jogo de paciência, eu não tenho a ordem exata" desses elementos que constituem o "prazer-dor" nas duas neuroses. No primeiro dia do novo ano, conta, misterioso, que "uma voz" o teria aconselhado "gentilmente a ainda adiar a apresentação da histeria" porque nela havia "demasiadas incertezas". Exatos dois meses depois, comenta que Breuer lhe recomendara perguntar-se todos os dias se não estaria sofrendo de "*moral insanity* ou de paranoia científica".

Ainda assim, temerariamente, em 21 de abril de 1896, apresenta no *Verein für Psychiatrie und Neurologie* (Associação de Psiquiatria e Neurologia) de Viena, "A etiologia da histeria", como resultado de suas conclusões. No seu relato a Fliess, no dia 26, Freud (2006) conta que a conferência "teve uma recepção glacial por parte daqueles asnos, e um curioso julgamento de Krafft-Ebing: 'Parece um conto de fadas científico'" (pp. 237-238).[15] Agressivo e magoado, repete para Fliess a expressão latina usada no próprio texto da comunicação: "Isso depois de lhes ter demonstrado a solução de um

15 A maneira como escreve a Fliess – "a mais bela folha da guirlanda" ou "a canção de Marlborough [que] persegue o viajante britânico" – para falar de suas pesquisas que resultaram na *Etiologia da histeria* lembra aquela utilizada publicamente em "Über Coca", nesse sentido de que manifesta o mesmo entusiasmo e a mesma convicção de estar em marcha por caminhos novos e ainda não explorados e denuncia a mesma pressa ousada de dar a conhecer muito rapidamente os resultados de ambos os trabalhos.

problema de mais de mil anos, um *caput Nili*. Pois que vão para o inferno, para expressá-lo eufemisticamente".

As consequências práticas logo se fizeram sentir. Oito longos e torturantes dias se passam, quando Freud volta a escrever:

> *Estou isolado e você pode ficar contente com isso. Foi dada a instrução para que eu fosse abandonado, pois há um vazio ao meu redor. Até agora, tenho suportado tudo com serenidade. O que acho mais desagradável é que neste ano meu consultório está vazio pela primeira vez, há semanas não vejo uma cara nova, não pude começar nenhum tratamento novo e nenhum dos antigos foi terminado. As coisas estão tão difíceis e penosas que, de modo geral, é preciso ter para isso uma forte constituição. (2006, p. 238)*

Mais oito meses e, em 6 de dezembro, afirma aparentemente convicto: "Parece-me que a histeria se impõe cada vez mais como a consequência da *perversão* do sedutor, a hereditariedade *mais e mais* como uma sedução pelo pai [...]. Na verdade, a histeria é, portanto, não recusa da sexualidade, mas *recusa da perversão*" (2006, p. 270) – a passagem, sem contextualização e referência, é citada interessadamente por Balmary em seu curto mas incendiário artigo.

Em 17 de dezembro, ainda continua às voltas com suas dificuldades, pois não tem nem sequer um caso concluído: "Tenho a impressão de que ainda me falta uma peça essencial em algum lugar. Enquanto eu não tiver desvendado um caso até o fim, não vou me sentir seguro e não poderei dar-me por satisfeito". Em 3 de janeiro, sempre a Fliess, manifesta a esperança de conseguir levar um caso a termo até a Páscoa, ocasião do próximo "congresso" – como os dois amigos chamam seus encontros regulares de amizade e trabalho comum.

Em 8 de fevereiro, enfim, informa estar agora com dez pacientes em tratamento, trabalha até doze horas e meia por dia, o que o impede de ir até o quarto das crianças e fazer uma experiência com Annerl (Anna, a sua caçula) sobre o aparecimento do nojo nos bebês e sobre a existência de um período na pequena infância em que este nojo é inexistente. Reclamando das mulheres da casa, que não o apoiam em suas pesquisas, acredita que "a resposta seria interessante de um ponto de vista teórico" (2006, pp. 277-294).

Como podemos ver mediante esses poucos exemplos, Freud se interessa resolutamente por tudo o que diz respeito a seu objeto de estudo, nada lhe escapa sobre a neurose e a sexualidade – suas cartas a Fliess, o único interlocutor com quem mantém em seu esplêndido isolamento um diálogo científico franco, são repletas de ideias semelhantes. Na mesma missiva, datada de 2 fevereiro de 1897, depois de relatar sintomas de seus pacientes ele faz, de forma corajosa e coerente, a afirmativa que, no futuro, seria apropriada por Masson para reforçar sua hipótese: "Infelizmente, meu próprio pai foi um desses perversos e foi responsável pela histeria de meu irmão [...] e de várias das minhas irmãs mais novas. A frequência desta situação muitas vezes me dá o que pensar". Por mais duas vezes, em 7 e 29 de março, queixa-se das dificuldades do tratamento que o impedem de terminar um único caso.

Mas em 6 de abril acontece a primeira manifestação da mudança de paradigma que está a caminho. Refere-se às *fantasias histéricas*, regularmente relacionadas, "a coisas que as crianças entreouvem em idade precoce e só compreendidas posteriormente". Espanta-se com a idade – a partir dos seis a sete meses de idade – quando supostamente receberam tais informações: "O seu cunhado Oscar me implorou que deixasse de lado esse ponto preciso (provavelmente alguém o encarregou disso), e não para de me perguntar o que você tem a dizer sobre esta novidade. Então, eu a comunico aqui oficialmente" (2006, p. 297). Na carta seguinte, de 12 de abril, depois de se queixar de cansaço, afirma ter adquirido uma noção exata da estrutura da histeria: é possível, diz ele, ter acesso direto à reprodução de algumas cenas; mas, outras vezes, apenas por meio de fantasias interpostas, provenientes, insiste com a fórmula ainda recente, de coisas ouvidas, mas só compreendidas muito mais tarde. Complementa que todos os materiais são naturalmente reais.

Em 16 de maio, depois de comentar estar sempre retornando às neuroses e ao aparelho psíquico, não importa por onde principia, conta que tudo borbulha e fermenta dentro de si e nada faz além de esperar novos impulsos. Permanece sem decidir sobre escrever a "exposição geral provisória" (sobre o aparelho psíquico), conforme a exigência do amigo; mas encorajado, sente-se impelido a trabalhar no livro sobre o sonho, em que se sente mais seguro.[16] E, mais atento do que nunca, "dando uma olhada na literatura especializada me sinto como o diabinho celta: 'Ah, como estou feliz que ninguém, realmente ninguém sabe!' Ninguém sequer suspeita de que o sonho não é nenhum nonsense, e sim uma realização de desejo" (2006, pp. 308-309).

Ainda na mesma carta: "Meu banqueiro, [o paciente] que foi mais longe na análise, me abandonou num momento decisivo,

16 "Nos longos anos de meu trabalho sobre os problemas das neuroses", dirá no prefácio à segunda edição da *Traumdeutung*, "oscilei muitas vezes e me induzi ao erro em mais de um ponto; então, era sempre e ainda com 'A interpretação do sonho' que eu recuperava minha confiança" (1900a, p. 18). E em 1914: "A interpretação do sonho se tornou para mim uma consolação e um apoio nesses primeiros e duros anos da análise, quando tinha de dominar, simultaneamente, a técnica, a clínica e a terapia das neuroses, estando totalmente isolado e, diante do imbróglio dos problemas e da acumulação de dificuldades, temendo perder, frequentemente, toda referência e confiança. A prova obtida do que pressupunha, isto é, que a análise deve forçosamente tornar compreensível uma neurose, quase sempre se fazia esperar no doente com uma vagarosidade desconcertante; com os sonhos, que podíamos conceber como análogos aos sintomas, esse pressuposto encontrou uma confirmação quase regular" (1914d, p. 263).

logo antes de me fornecer as últimas cenas". Além de significar um prejuízo material, convence-se de não ter ainda completo domínio da questão. Procura dizer a si mesmo: "pois então esperarei ainda mais tempo até que um tratamento seja concluído. Isso deve ser possível e precisa ser feito".

No último dia de maio, confessa o pressentimento de que "vai descobrir proximamente a fonte da moral". Conta ter sonhado com "sentimentos exageradamente ternos" por Mathilde [sua filha mais velha]: "Só que ela se chamava Hella" – o nome da sobrinha norte-americana de quem acabara de ver uma fotografia. E acrescenta, já em plena autoanálise: "Matilde poderia ser chamada de 'Hella' porque, recentemente, chorou amargamente por conta das derrotas dos gregos. Está fascinada pela mitologia da antiga Hélade e, naturalmente, vê como heróis todos os helenos". Conclui a interpretação: "O sonho, é claro, mostra a realização do meu desejo de encontrar um *Pater* como o gerador da neurose e, desse modo, pôr fim a minhas dúvidas reiteradas" (2006, pp. 315-335). No manuscrito N, anexado à mesma carta – já mergulhado na psicanálise em processo de criação e no começo de sua teoria edipiana –, informa que "os impulsos hostis contra os pais (o desejo de que morram) são também uma parte integrante da neurose". Retoma a questão da moralidade, antecipando na base seu exame futuro do primeiro código fundador da cultura: "O horror ao incesto [...] baseia-se no fato de que em consequência da comunidade sexual (também na infância) os membros da família ficam permanentemente juntos e são incapazes de se ligar a estranhos". Em função disso, conclui, "o incesto é antissocial", e sua "renúncia progressiva" resultou na cultura.

Registra em 18 de junho um período de "estagnação intelectual" – "desde o último impulso nada se moveu e nada se alterou". Mas já na carta seguinte refere-se a uma paciente de 19 anos cujas representações obsessivas, "remontam, segundo minha especulação, a uma idade psíquica mais avançada"; assim, sua conclusão é que elas "não reenviam diretamente ao pai, que poupa a criança quanto mais ela cresce em idade, mas sim aos irmãos e irmãs um pouco mais velhos para os quais a menina está ainda longe de ser uma mulherzinha". Finaliza sua carta por onde começou na anterior, retomando sua impressão de paralisia intelectual: "Creio que estou num casulo, Deus sabe que espécie de animal vai sair de lá".

Em 14 de agosto, volta ainda a se queixar: há dentro dele uma fermentação, mas nada conclui. Há os sonhos e há as neuroses: a psicologia o deixa satisfeito, mas se atormenta com sérias dúvidas em relação a sua teoria das neuroses, sente-se intelectualmente muito preguiçoso e não consegue se acalmar com "tudo que se agita na minha cabeça e nos meus sentimentos". E confessa: "Sou eu mesmo o principal paciente que me ocupa".

Finalmente, em 21 de setembro de 1897, não há mais por que resistir. É o desfecho e o fim de sua agonia: "Vou lhe confiar sem mais demora o grande segredo que foi despontando lentamente em mim nestes últimos meses. Não acredito mais em minha *neurotica*".

Deveríamos prestar atenção nos motivos alegados por Freud – Masson, por exemplo, parece não os levar em conta. Em primeiro lugar, as contínuas decepções com o fato de não ter conduzido uma única análise a uma verdadeira conclusão; a desistência de pacientes que no início mostravam-se altamente empenhados em se tratar; a ausência de sucessos completos, os sucessos parciais. Em segundo lugar, refere-se "à surpresa de ver que na maior parte dos casos era preciso incriminar o *pai* como perverso, sem excluir o meu": antecipando o procedimento de falseabilidade de Popper, considera que se assim fosse, a incidência da perversão teria de ser "infinitamente mais frequente do que a histeria", uma vez que a manifestação da doença só ocorre depois de um acúmulo de acontecimentos, acrescido de "um fator enfraquecedor da defesa". Em terceiro lugar, constata não haver "sinais de realidade no inconsciente, de modo que não se pode diferenciar a verdade da ficção investida de afeto". Enfim, em quarto lugar, leva em conta o fato de que "na psicose mais profunda, a lembrança inconsciente não vem à tona, de modo que o segredo das vivências da juventude não se trai nem mesmo no mais confuso delírio". Era já a pura psicanálise: afinal, o que será solicitado ao analisando, por meio da associação livre, não é somente dizer o que sabe ou o que dissimula com os outros, mas também o que não sabe de forma consciente.

Curiosamente, à semelhança de quando abandonou suas pesquisas anatômicas e deixou-se fascinar pelo mestre Charcot, Freud não se sente deprimido, confuso, exausto nem envergonhado. "É claro que não contarei isso em Dan, nem falarei disso em Ascalon, na terra dos filisteus, mas diante de você, e quanto a mim, na verdade, tenho mais o sentimento de uma vitória que de uma derrota (o que, entretanto, não se justifica)".

A sequência do abandono da teoria da sedução

Quarenta anos depois desses acontecimentos e de uma prática analítica intensa, cotidiana, devotada, Freud (1937d) está certo de ter havido exagero na acusação segundo a qual o paciente é induzido a aceitar as coisas que o próprio analista acredita. Esta desventura, afirma ele, só aconteceria com quem de fato se comportasse de uma maneira muito incorreta. O analista "teria antes de tudo de se reprovar por não ter deixado o paciente falar à vontade. Sem me vangloriar, posso afirmar que tal abuso da 'sugestão' não ocorreu na minha prática" (p. 66).

Por que duvidar desse testemunho de fim de vida sobre procedimentos clínicos que inventou justamente para substituir as práticas hipnótico-sugestivas e graças aos quais nasce a clínica psicanalítica e, de certa maneira, a própria psicanálise? E por que colocar em questão a evidência de que o presumido abandono da teoria que impunha os traumatismos sexuais reais como causa direta da neurose resulta na investigação da sexualidade infantil, ampliando, assim, com a inclusão do elemento anímico, o próprio conceito de sexualidade para além de uma mera sexologia?

Na verdade, não podemos falar nem mesmo, em relação à teoria da sedução, de um completo fracasso. Primeiro porque, conforme lembram Laplanche & Pontalis (1973) no verbete correspondente (que permanece hoje tão esclarecedor como no momento em que foi escrito), "Freud, até o fim da vida, nunca deixou de sustentar a existência, a frequência e o valor patogênico das cenas de sedução efetivamente vividas pelas crianças" (p. 438) – como podemos ler, por exemplo, seja nos começos da psicanálise propriamente dita (cf. 1905d), seja no fim de sua vida (cf. 1940a). Além disso, sua descrição do vínculo pré-edipiano com a mãe inclui a ideia de uma sedução sexual do bebê legítima e incontornável: "A fantasia toca aqui o solo da realidade efetiva, pois foi efetivamente a mãe [ou representante] que, com os gestos requeridos pelos cuidados corporais, não pôde senão suscitar sensações de prazer no órgão genital, talvez mesmo despertá-las pela primeira vez" (1933a, p. 204). Trata-se aqui, para Laplanche (1989, p. 282), de um *aprofundamento* da noção de sedução, o que, afinal, Freud deixou de fazer.[17]

Cabe ainda sublinhar, no plano teórico, serem provenientes da época do nascimento da psicanálise, incluindo a teoria da sedução, esquemas explicativos que permaneceram em elaborações psicanalíticas posteriores: por exemplo, a ideia dos "vários tempos" do recalcamento, segundo a qual apenas *après-coup* [*nachträglich*] um

---

17 Historicamente, a questão da sedução padeceu entre os "autores, discípulos ou herdeiros [de] uma espécie de silêncio, de esquecimento, ou de censura, induzidos pelas opção do mestre", como nos demonstra Laplanche (1994, p. 116) em seu *Novos fundamentos para a psicanálise*, de 1987, uma fatalidade que, aparentemente, atinge seu próprio (e notável) trabalho.

acontecimento se torna traumático, por intermédio da ocorrência de um segundo, ele próprio traumatizante, na forma – o sentido é sempre econômico – de forte sobrecarga de estímulos em curto espaço de tempo e não suficientemente elaborada pelo eu (1916-1917, p. 285).

Desse acontecimento primeiro, temos a "lembrança" como realidade psíquica, um "corpo estranho" que mais tarde se tornará o fantasma. Ora, Freud não considera essa realidade psíquica como um dado espontâneo na vida sexual da criança, e a seu ver algo mais real que simples imaginações deve fundar o primeiro tempo do recalcamento (cf. Laplanche & Pontalis, 1973). É isso que ele busca provar, seja na percepção da cena originária, como o vemos fazer incansavelmente em o "Homem dos Lobos" (que ele dizia com algum exagero valer por metade da psicanálise); seja na sedução do bebê pela mãe como descrito já neste livro; seja mesmo na ideia de restos mnêmicos hereditários das vivências na história da espécie humana.[18] Enfim, com as fantasias de sedução, chega (descobre, com a análise de seus pacientes e sua própria autoanálise) ao complexo de Édipo, o drama secreto de toda infância, ao qual faz alusão pela primeira vez em carta a Fliess, de 3 de outubro de 1897, justos treze dias depois de confessar não mais acreditar em sua *neurotica*. "Por trás dessas fantasias", diria anos mais tarde, "a vida sexual da criança [aparece] em toda a sua extensão" (1914d, p. 260).

A sexualidade como algo a atingir o sujeito "de fora" permanece em Freud uma convicção permanente, e, nessa perspectiva mais geral, não há equívoco, mas coerência epistemológica: "Se as histéricas

18 "Parece-me bem possível que tudo o que nos é contado hoje na análise como fantasia, a sedução infantil, a agitação da excitação sexual pela observação das relações sexuais dos pais, a ameaça de castração – ou melhor, a castração – foram um dia realidade nos tempos originários da família humana e que a criança que fantasia simplesmente preencheu as lacunas da verdade individual com uma verdade pré-histórica" (1916-1917, pp. 384-385).

reconduzem seus sintomas a traumas inventados, o fato novo é justamente que elas fantasiam tais cenas, e que a realidade psíquica exige então ser levada em conta ao lado da realidade prática". Uma realidade *ao lado da outra*, e não exclusão de uma pela outra. E mesmo se nunca tenha "se decidido categoricamente, ao contrário de seus sucessores, por opiniões definitivas a favor ou contra uma teoria da sedução", como quer Sabourin (1982, p. 12), ele se expressa de maneira muito clara nesta passagem de sua segunda carta escrita a K. Abraham, em 5 de julho de 1907:

> *Evidentemente que você foi poupado de cometer o erro pelo qual eu tive de passar, que foi defender os traumas sexuais para a etiologia própria da neurose. Naquela época, ainda não sabia que esses acontecimentos são muito frequentes e, quando soube, pude felizmente me voltar para a constituição psicossexual. Entretanto, é verdadeiramente salutar que o estudo desses traumas sexuais seja empreendido por alguém cuja segurança de julgamento não tenha sido abalada, como foi comigo, por esse primeiro grande erro. O elemento constrangedor, para você como para mim, reside no fato de que esses traumas* dão forma *à sintomatologia da neurose. (F/A, 1969, p. 10)*

A verdade é que, trauma ou fantasia, a questão está posta desde sempre como um *ou* outro e, como tal, é geradora ainda hoje de conflitos que talvez não encontrem respaldo em Freud, mas, sim, nas posições hegemônicas de muitos de seus seguidores, incluindo o orientador de tese de Balmary. Entre estes, seguramente não se encontra S. Ferenczi, que, em "Confusão de língua entre os adultos e a criança" (1933), retomaria a teoria da sedução para sublinhar a diferença entre a sexualidade adulta – a *linguagem da paixão* – e a sexualidade infantil – a *linguagem da ternura*. A confrontação entre ambas – abstração feita de tudo que recorre à ideia de uma inocência sexual da criança, para antes ressaltar uma sexualidade que lhe é distintiva – significa o sacrifício de uma organização libidinal incompleta, acarretando sempre consequências dramáticas, sejam simples aproximações por palavras ou gestos, sejam atentados sexuais mais ou menos caracterizados.[19] Assustador de fato é o caráter de passividade própria das condições infantis (dependência, desamparo, "confusão de línguas"); no limite, algum elemento dessa passividade – no sentido da ausência de resposta ou representações sexuais – diz respeito, estruturalmente, a *todos* nós, na forma de um "pavor sexual" [*Sexualschreck*].

Eis, então, a pergunta a ser feita pelo pesquisador distanciado desses conflitos que sempre fizeram parte da história da psicanálise: teria havido, ao longo do tempo, uma superestimação do "fantasma" em detrimento do "trauma"? Sem dúvida, não se pode fazer ciência *sem* o coração, mas tampouco se faz ciência (ou história da ciência) *apenas* com o coração. A posição de Freud relativa a abuso de crianças jamais foi parcial e/ou sectária, ainda que pressupusesse não vincular *mecanicamente* sevícias a traumatismos, porque, no limite, os fatos valem, sobretudo, pela maneira como são vividos – esta é a novidade freudiana a ser aqui levada em conta.

Especificamente, sua experiência, diversa daquela da medicina legal parisiense, leva antes à observação de que as fantasias extraordinárias de suas histéricas pertencem a todo mundo como *cena originária* – uma das quatro *fantasias originárias* [*Urphantasien*]; como tal, permanecem na memória, digamos, como

---

19 "Atualmente, fico novamente tentado a atribuir, ao lado do complexo de Édipo das crianças, *uma importância maior à tendência incestuosa dos adultos, recalcada e mascarada pela ternura*. Por outro lado, não posso negar que a presteza das crianças em responder ao erotismo genital manifesta-se muito mais intensamente, e muito mais precocemente do que costumávamos pensar até o presente" (Ferenczi, 1930, pp. 93-94).

representações de expectativa [*Erwartungsvorstellungen*]. Capital na situação edipiana, em que faz parte de um conjunto de acontecimentos – intervindo, portanto, na constituição do sujeito humano e na orientação de seu desejo –, a cena de sedução desempenha igualmente seu papel nas manifestações psicopatológicas; mas, até segunda ordem, são fantasias cuja realização brutal acontece *realmente* para alguns (e não são poucos!). Infelizmente, no campo social, ela é ainda referida à maneira dos *faits divers* da imprensa, isto é, de maneira suficientemente distanciada para pressupor uma ética subjacente que condena ao menos na aparência o acontecimento criminoso; ou suficientemente próxima para desempenhar, em relação às cenas de sedução, o mesmo papel dos restos diurnos [*Tagesreste*] em relação aos sonhos.

As histéricas de Freud encarnam em seus corpos histórias sempre latentes, mas já susceptíveis de se manifestar porque sustentadas em pressupostos éticos contemporâneos. Em resumo, talvez já se pudesse encontrar, no final do século XIX, condições político-sociais novas capazes de fazer com que a consciência moderna e laica ressinta como intolerável as sevícias sexuais em crianças e mulheres. O que certamente não impede, *hélas*, sua existência em todo lugar nesse mundo, e reveladas ou denunciadas ainda hoje como novidade, ou como um tabu de que ninguém parece querer se dar conta nem enfrentar como se deve. Essa consciência, que veio à tona há mais de um século, ao mesmo tempo do mais íntimo e do mais manifesto do ser histérico, culminou num *compromisso* formalizado em suas histórias e sintomas, graças aos quais essas mulheres, pacientes de Freud, denunciaram a besta humana que podemos sempre vir a ser.

Resta-nos, por fim, retomar o itinerário clínico freudiano para lembrar o quão é esclarecedora esta sequência de eventos: o abandono da teoria da sedução ocorre pouco depois do período que assinala o fim da técnica da pressão; a partir de 1896, Freud não mais terá contato físico com o paciente e nem mesmo lhe pedirá para fechar os olhos – ou seja, evita qualquer outro procedimento que possa lembrar a hipnose, salvo a posição deitada no divã.[20] Ora, para além das divergências teóricas, uma hipnose leve não é outra coisa senão o fenômeno da sugestionabilidade. Portanto, Freud evita sugerir: aceitar seu fracasso teórico pressupunha antes aceitar o fracasso de sua técnica. "Nesta convulsão de todos os valores, diz ele, apenas o psicológico permaneceu intacto. O sonho está lá com toda certeza e o preço que atribuo a meus primórdios no trabalho metapsicológico só fez aumentar". Conclui a assertiva, formulada antes de se tornar psicanalista: "É uma pena que não se possa ganhar a vida, por exemplo, com a interpretação dos sonhos" (2006, p. 337).

Ainda que às avessas, esta foi, em parte, uma profecia acertada. De mais a mais, sabemos o que resultou da "falsa" teoria: Freud, vale repetir, passou a escutar o que lhe contavam os pacientes não como *realidade prática*, mas como *realidade psíquica*. Realidade psíquica implica "certa autonomia da elaboração inconsciente perante os eventos 'exteriores' com os quais ela pode estar conectada"; conforme nos lembra ainda Mezan (1998a, p. 78) com precisão, "essa conexão é invariavelmente complexa, multifacetada, já que a apreensão da realidade exterior é modelada por fantasias, pelos mecanismos de defesa, pelo desejo e, de modo geral, pelo conjunto do funcionamento psíquico". Podemos, então, supor que as cenas

20 A posição deitada no divã faz parte do "cerimonial" e, segundo Freud (1913c), é o que restou do "tratamento hipnótico [embora, como vimos no texto "Hipnose", informe que o paciente era hipnotizado *sentado*], a partir do qual a psicanálise se desenvolveu" (pp. 174-175). Mas são "múltiplas" as razões de sua manutenção. Pessoalmente, sentar-se atrás do analisando serve-lhe para evitar ser olhado oito horas ou mais por dia e permite-lhe abandonar-se em seus pensamentos – a chamada "atenção (igualmente) flutuante" [*gleichschwebende Aufmerksamkeit*] do analisando, ambas dependentes da "neutralidade [*Neutralität*] do analista. "Mas eu persisto em fazer valer esta medida [para] prevenir a mistura imperceptível da transferência com as ideias incidentes do paciente, isolar a transferência e destacá-la no bom momento como resistência com contornos precisos".

de sedução contadas pelas pacientes freudianas não eram *necessariamente* reais, embora nada impedisse que o fossem; de toda maneira, não existiam como realidade "bruta", mas "deformadas" no sentido psicanalítico do termo. Cabe, assim, perguntar: sem a ideia de uma realidade psíquica, haveria psicanálise?

Mais precisamente, esta mudança de paradigma permitirá a Freud trabalhar com a associação livre, o método constitutivo da técnica psicanalítica e sua regra fundamental: em vez de privilegiar um tema determinado, como no método catártico, o paciente é convidado a dizer tudo o que lhe possa vir à sua autopercepção, abstendo-se de toda objeção crítica e de "toda representação-meta consciente" (1925d, p. 87). Há algo do dito sentencioso goethiano nesta regra: uma palavra sempre aparece a tempo ali onde faltam as ideias. Deve-se, no entanto, compreender que o livre exercício do discurso na análise não quer dizer indeterminação, pois supõe que esse tudo que pode vir à autopercepção do paciente parta de algum lugar com o qual, forçosamente, deve estar em correlação (1923a, pp. 186-187). Para dizer isso de outra forma: "A associação livre não é efetivamente livre [porque] o paciente está sob a influência da situação analítica" (1925d, p. 87) e, com ela, tudo no seu discurso está relacionado. Com a associação livre, obtém-se um material rico de ideias incidentes a serem exploradas. Este material ainda não é o próprio esquecimento, mas algo que dele se aproxima à maneira de uma alusão. São indícios para se chegar ao recalque.

A lógica interna desse método clínico demandou anos de experiência e decisões epistemológicas importantes, conforme veremos mais detalhadamente no próximo capítulo. Com a catarse de Breuer, buscava-se determinar o fator que provocou o sintoma, e lembrar-se era, então, reconstituir, com a ajuda da hipnose, os processos psíquicos nele implicados, os quais levavam à ab-reação. Em seguida, sem a hipnose, por meio das livres associações e segundo o modelo da interpretação dos sonhos, tratava-se de adivinhar o que faltava nas lembranças – com sua comunicação ao paciente, esperava-se que as resistências fossem contornadas. Finalmente, "formou-se a técnica consequente de hoje" (1914), com qual o analista, sem se preocupar em tomar por foco momentos ou problemas bem definidos, limita-se a reconhecer, com a arte da interpretação, as resistências surgidas na "superfície psíquica" do analisando em sua "observância da regra fundamental Ψα"; consciente delas, ele não tem maiores dificuldades em trazer à tona acontecimentos e suas correlações até então conservados no esquecimento. Deve-se observar que o objetivo dessas técnicas, cujo aprimoramento vai se fazendo com o tempo, não sofre mudanças: "no plano descritivo: preencher as lacunas da memória; no plano dinâmico: ultrapassar as resistências do recalcamento" (1914g, p. 187).

Conceito clínico, correspondente ao de *defesa* na metapsicologia, "a resistência no tratamento provém dos mesmos estratos e sistemas superiores da vida anímica que, anteriormente, efetuaram o recalcamento" (1920g, p. 289). O raciocínio é clinicamente engenhoso: se o alvo da associação livre é a busca do que foi esquecido, a resistência se traduz, heuristicamente, nas diferentes maneiras pelas quais o analisando transgride a regra fundamental.

Vemos, assim, que o método clínico freudiano tem como característica implícita, estrutural e necessária a de nada sugerir diretamente ao paciente: se a associação livre deriva "dos métodos pré-analíticos de investigação do inconsciente que recorriam à sugestão e à concentração mental do paciente numa dada representação", sabemos que sua constituição plena se faz quando essa "busca insistente do elemento patogênico desaparece em proveito de [sua] expressão espontânea" (Laplanche & Pontalis, 1973, p. 228).

Esse refinamento técnico, convém levar em conta, é o resultado de um longo itinerário cuja origem nunca foi negada por Freud: "Nós, psicanalistas, podemos nos tomar como herdeiros [do hipnotismo] e não nos esquecemos de todos os encorajamentos e esclarecimentos teóricos que lhe devemos" (1916-1917, p. 480). Se a psicanálise é fundamentalmente sua antítese clínica, seria um erro acreditar que sua prática cotidiana esteja livre dessa herança. Quando nada, porque uma coisa é renunciar à sugestão como meio técnico, dinâmico, outra conservar sua ideia como modalidade do funcionamento psíquico (cf. Roudinesco & Plon, 1997, p. 1021), como espero estarmos agora mais aptos a verificar nos próximos capítulos.

5. Da sugestão à transferência

No final dos anos 1880, Freud nada podia fazer além de constatar que o próprio fenômeno hipnótico-sugestivo carecia de explicação; como Bernheim, não dispunha de um aparelho conceitual apropriado para sua abordagem. Apenas em 1905, já de posse do "primeiro sistema psicanalítico", cuja referência é a histeria (cf. Mezan, 2014, p. 100 e ss.), teria algo relevante e significativo a apresentar – ainda que de passagem e sem a intenção específica de se defrontar com a questão.

Nos *Três ensaios sobre a teoria sexual*, referindo-se à *superestimação do objeto sexual*, recupera uma antiga ideia (de 1890, anterior à psicanálise, portanto) para afirmar que a *credulidade de amor* se torna, no âmbito psicológico, se não a mais fundamental, uma importante *fonte de autoridade*. Em seguida, pela primeira vez, aproxima-se da questão do hipnotismo para além de uma descrição empírica, ao supor que, na sua essência, podemos identificar uma *fixação inconsciente da libido* na pessoa do hipnotizador, em relação a quem os hipnotizados manifestam uma *docilidade crédula* por meio da *componente masoquista* da pulsão sexual (cf. 1905d, p. 83).

Trata-se de um comentário episódico e em nota de rodapé, mas são inegáveis sua elegância conceitual e rigor: com poucos elementos articulados e precisos que não ultrapassam as fronteiras da jovem ciência psicanalítica, a ainda precoce proposição permite abordar a questão mediante os três registros – *dinâmico, tópico* e *econômico* –, ou pontos de vista que Freud estabelece no futuro (1915, 1925) como condicionantes de uma correta apresentação [*Darstellung*] metapsicológica de todo o processo psíquico. Vejamos, de forma esquemática, seus desdobramentos teóricos mais importantes.

Em primeiro lugar, a noção de *fixação*, na sua forma descritiva, aponta para um dado manifesto da experiência: todo ser humano, e não apenas quem sofre de neurose, é para sempre marcado por suas experiências infantis – e é dessa maneira que a criança se mantém no adulto. Em função delas, permanece ligado (*fixado*), mais ou menos disfarçadamente, a modos de satisfação e a tipos arcaicos de objetos ou ainda a formas de se relacionar. Já em 1905, Freud vincula esta noção a sua ainda incompleta *teoria da libido* – termo proveniente da "doutrina das pulsões", qualifica a expressão dinâmica da sexualidade (1923a, p. 204) – para poder explicar, sobretudo nas perversões, a constância dessas características anacrônicas da sexualidade.

Tendo em vista este esquema, segue-se que a figura do hipnotizador deve conter, como objeto de investimento libidinal (em termos mais propriamente *econômicos*: investimento pela energia das pulsões sexuais), certas particularidades capazes de despertar conteúdos representativos (experiências, imagos, fantasmas), inscritos de forma inalterada no inconsciente do sujeito hipnotizado. A fixação, que está na origem do recalcamento, é, pois, do ponto de vista *tópico*, um processo inconsciente e como tal desempenha seu papel na hipnose.

Em segundo lugar, sempre de acordo com a proposição, o processo agora descrito atualiza-se na intervenção hipnótica mediante os componentes masoquistas da pulsão sexual. Com isso, Freud quer sublinhar que o par antitético *sadismo-masoquismo*[1] é próprio das manifestações dinâmicas da vida pulsional. Mais particularmente visível nas perversões, mas também encontrado com regularidade na análise das neuroses, sua importância é evidente para além dos dados clínicos, na medida em que se trata de um dualismo fundamental que permite traduzir o conflito psíquico – conforme nos ensina sua abordagem do ponto de vista *dinâmico*. Ora, o que caracteriza este par – sadismo-masoquismo – são, respectivamente, a *atividade* e a *passividade*, de resto, constitutivas da vida sexual em geral. Logo, por componentes masoquistas, devemos entender os "componentes passivos" nas relações do tipo *dominação-submissão*, cujo protótipo mais radical talvez seja a própria relação hipnotizador-hipnotizado.

A nota de rodapé é, inclusive, retomada mais uma vez, em 1910, para nela acrescentar uma única e breve frase: "Ferenczi [em "Introjeção e transferência", de 1909] relacionou esse caráter de sugestionabilidade ao 'complexo paterno'". A rigor, a contribuição do jovem psicanalista húngaro não passa de uma boa leitura que, aluno atento, faz do mestre. Afinal, já em 1890, Freud persegue essa linha de pensamento, à maneira – como descrito no primeiro parágrafo de *Pulsões e destinos de pulsões* (1915c) – de suas "ideias abstratas" [*abstrakte Ideen*] que, sem constituírem ainda formulações teóricas plenas, desde o início da atividade científica [*wissenschaftliche Tätigkeit*] – a fase de descrição do fenômeno – ele vai aplicando ao material empírico.

Este material empírico, na hipnose profunda ou sonambúlica, pode ser apresentado como se segue: "o mundo do hipnotizado

1 "Para que serve a literatura? Os nomes de Sade e de Masoch servem ao menos para designar duas perversões de base. São os exemplos prodigiosos de uma eficácia literária" (Deleuze, 1967, p. 15). Sabe-se que ao próprio Sacher-Masoch não causou nenhum orgulho o uso redutor que fez Krafft-Ebing de seus escritos.

limita-se por assim dizer ao hipnotizador"; o primeiro torna-se dócil, obediente e, sobretudo, crédulo de maneira quase sem limites em relação ao segundo; seu comportamento anímico-corporal, por meio da pura magia das palavras, corresponde inteiramente ao conteúdo das representações que lhe são fornecidas pelo hipnotizador. Freud (1890a) busca similaridades na vida real:

> *Observemos, acessoriamente, que esta crença, tal como o hipnotizado reserva para seu hipnotizador, só é encontrada na vida real, fora da hipnose, na criança em relação aos pais adorados, e semelhante maneira de orientar sua própria vida anímica pela de outra pessoa com tanta submissão, tem uma contrapartida única, mas que então assume todo seu valor, em muitas relações amorosas com confiança total. A conjunção de estima concedida exclusivamente com obediência crédula geralmente faz parte disso que caracteriza o fato de amar. (pp. 168-169)*

Um veio antigo, portanto, e promissor, pois somente nos primeiros anos da década de 1920 o material dela resultante, e acumulado ao longo dos anos, poderá ser submetido a um tratamento teórico mais rigoroso. Serão mais de trinta anos de fidelidade a um mesmo raciocínio – embrião de gestação lenta, mas jamais estéril, cujo desenvolvimento deve ser buscado em notas de rodapé ou nos desvios exigidos pela abordagem do tema principal de seu interesse. Eis disso mais um bom exemplo: inicia o capítulo IX de *Psicologia das massas e análise do eu* justamente denunciando a ilusão de haver resolvido o enigma da massa, embora no essencial, diz ele, não tivesse feito mais do que o reconduzir ao enigma da hipnose, "em que tantas coisas restam ainda não liquidadas" (1921c, p. 55).

Acrescente-se que um possível exame teórico, no sentido forte, da sugestão esteve sempre na dependência de conceitos psicanalíticos cuja elaboração mais consequente só terá lugar depois de 1910. Refiro-me, especialmente, à *transferência*, à *identificação* e à própria *teoria da libido* – e esta, como ensina Lacan (1978), só foi plenamente elaborada por Freud em torno de 1920, depois de introduzida a *função do narcisismo*.

Mas é interessante e curioso observar, como nos mostra a história inicial da psicanálise, que os experimentos maçantes com a sugestão pós-hipnótica deram lugar ao estudo dos sonhos, de reconhecida importância teórica; e a noção de sugestionabilidade, como veremos, far-se-á representar na clínica psicanalítica pelo conceito de transferência. Por sua vez, os sonhos possibilitam uma investigação sobre o inconsciente, é mesmo, como quer Freud, a via real que lhe dá acesso; e a transferência está mergulhada na problemática libidinal. Ora, como sabemos, estas são as duas principais vertentes da pesquisa psicanalítica – o *inconsciente* e a *sexualidade* – que resultaram nos textos capitais da extensa obra freudiana: *A interpretação dos sonhos* e os *Três ensaios*.

Sugestão e transferência

Ao defender a objetividade da análise de Hans e em resposta à conjectura de ser o paciente, como toda criança, altamente sugestionável – "pelo amor do pai, [em agradecimento por este] se ocupar tanto dela" – Freud (1909b, p. 91), impaciente, denuncia o emprego abusivo (como uma espécie de chave-mestra) da palavra "sugestão". Com vimos, em 1890 e 1905, ele tentou explicar minimamente o fenômeno; agora, em 1909, numa de suas conferências americanas e, no mesmo ano em que se revolta, no caso Hans, contra seu uso abusivo, pela primeira vez, sempre de passagem e de maneira inesperada, estabelece a relação: "O estudo da transferência pode também lhes dar a chave para compreender a sugestão hipnótica, da qual inicialmente nos servimos como meio técnico para a exploração do inconsciente em nossos pacientes" (1910a, p. 51).

Ora, a segunda parte da assertiva diz respeito ao fato de que o fenômeno da sugestão pós-hipnótica, tendo servido a Charcot para explicar a autenticidade das manifestações histéricas, também serviu a Freud – antes dos sonhos, das recordações encobridoras e dos atos falhos – como a prova mais simples da ação das representações inconscientes: trata-se, nas suas palavras, de um "excelente protótipo das influências que o estado consciente pode sofrer da parte do estado para ele inconsciente" (1910a, p. 16). Quanto à afirmação de ser a transferência a chave para compreender a sugestão hipnótica, de várias maneiras e em várias passagens, veremos mais adiante que, em absoluta consonância com a direção do tratamento analítico, seu interesse se concentra mais na distinção do que na equivalência ao mesmo tempo existentes entre os dois fenômenos: "Ao longo de sua vida", observa Le Guen (1989), "ele esteve atento para reexaminar e situar o lugar da sugestão na ação terapêutica, não para combatê-la, mas para isolar o núcleo duro que lhe parece 'o ouro puro da psicanálise'" (p. 14).

Por exemplo: ainda no extraordinário ano de 1905, e no caso Dora, depois de elencar três condições - se as neuroses são curadas em estabelecimentos que não fazem uso do tratamento analítico; se é possível dizer que a cura da histeria é realizada não pelo método, mas pelo médico; se, enfim, uma "espécie de dependência cega e de encadeamento durável" do paciente é provocada habitualmente pelo médico que o liberou de seus sintomas com a sugestão hipnótica -, então "a explicação científica" desses acontecimentos pode ser buscada "nas transferências que [ele] regularmente faz sobre a pessoa do médico". Sua conclusão: "O tratamento psicanalítico não cria a transferência, apenas a coloca a descoberto, como qualquer outra coisa que está escondida na vida anímica" (1905e, p. 296).

Nos anos seguintes, a relação da sugestão com a transferência será referida por Freud em outros momentos de sua obra, até propor, em 1921, uma explicação do fenômeno hipnótico-sugestivo. Mas, em 1905, um passo mais do que necessário já terá sido dado: credulidade e obediência crédula, fixação inconsciente da libido, componentes masoquistas da pulsão sexual são as noções utilizadas no âmbito da sua teoria sexual. Com o conceito de transferência, ainda na iminência de ser construído, Freud lida com um fenômeno rigorosamente nomeável dentro das fronteiras psicanalíticas, e que, em suas derradeiras e íntimas significações, nem mesmo deverá admitir sinônimos (Bachelard).

Nas conferências americanas, é suficientemente modesto para admitir que, por ora, tem pouco a dizer sobre esse fenômeno "desconcertante" (1910a, p. 50), e não faz mais do que descrever seu surgimento na análise na forma de moções ternas com frequência misturadas a outras hostis e dirigidas ao analista pelo paciente. Como essas moções não têm sua fonte nem sua razão de ser em nenhuma experiência real entre eles, presume-se, por suas particularidades, serem derivadas de antigos *desejos de fantasia* do paciente, parte de sua *vida de sentimento* que, tornados inconscientes, lhe escapam à lembrança e são agora revividos na análise como atualidade irreversível na relação transferencial. Diria anos mais tarde, ratificando observações clínicas do tempo da hipnose (Anna O., com Breuer, e uma de suas próprias pacientes que, acordando do sono hipnótico, passa os braços em torno de seu pescoço): a particular relação de sentimento do paciente com o médico, que ultrapassa a dimensão racional e "varia do abandono mais terno à hostilidade mais obstinada [é] uma prova suplementar em favor da proposição segundo a qual as forças de pulsão da formação de sintoma neurótico são de natureza sexual" (1923a, p. 196).

Ainda nas conferências, utilizando uma comparação extraída da química, esses "precipitados de experiências amorosas (amorosas no seu sentido mais amplo) anteriores" são os sintomas, que "só podem ser dissolvidos e transformados em outros produtos psíquicos na temperatura mais elevada da experiência vivida de transferência" (1910a, p. 51). Nesta reação, o analista desempenha o papel de um "fermento catalisador", expressão excelente, diz ele, creditando-a a Ferenczi – que a utilizara, naquele mesmo ano, em "Introjeção e transferência" [*Introjektion und Übertragung*], um artigo técnico pioneiro na clínica psicanalítica, como veremos no Capítulo 6, e já referido aqui.

Fenômeno universal e espontâneo em todas as relações humanas e, na relação do paciente com o médico, "o veículo da influência exercida pela terapia [que] age tão mais fortemente quanto menos suspeitamos de sua presença", sua manifestação na forma sonambúlica da hipnose, só alcançada, por definição, com a prevalência de transferências positivas, implicava no desaparecimento das "resistências psíquicas" [...] de um certo domínio para serem amontoadas em suas fronteiras numa muralha intransponível". Denuncia a ilusão desse estado de coisas e suas dificuldades clínicas correlatas em pelo menos mais um lugar na sua obra, quando repete a fórmula: no tratamento hipnótico "a resistência [retira-se] até uma fronteira determinada onde em seguida se revela invencível" (1920a, p. 253). Eis então o que Freud descobre e vai se tornar o nó górdio da sua psicanálise: no limite, a intervenção clínica, seja ela qual for, nunca está livre de manifestações de resistência – isto é, no seu sentido mais geral, tudo o que perturba a continuação do tratamento (1915a).

Ora, com a invenção de sua própria clínica, depois de renunciar à técnica hipnótica, Freud livra-se, de imediato, do logro de um suposto ideal relacional: como ainda escreveria dois anos antes de morrer, é preciso se preocupar com as "possibilidades da transferência negativa [pois] uma relação transferencial não pode jamais ser puramente positiva", ainda que esta seja "o motivo mais forte para que o analisando participe do trabalho analítico em comum" (1937c, pp. 22-34). Dito de outra maneira, embora sem negar a existência dessa "influência particular, pessoal", o seu papel na análise, sendo igualmente importante, não é o mesmo que na hipnose. Na análise, seria um erro tomar este fator como o veículo e promotor do tratamento [*der Träger und Förderer der Behandlung*] sem restrições ou limites (cf. 1926e, p. 12), conforme parecem acreditar, no passado e no presente, quase todos os psicoterapeutas.

Para nos ocupar dessas e de outras questões próprias ao campo psicanalítico, é indispensável e útil começar pelo exame da relação de íntima reciprocidade entre a constituição paulatina do conceito de transferência e os *objetivos imediatos* [*nächste Ziele*, no original alemão, *buts premiers*, na tradução francesa] da técnica psicanalítica nas três fases distintas da clínica freudiana (1920g, p. 288), aqui já esboçados ao final do capítulo anterior.

Em sua primeira fase, a do método catártico de Breuer, o paciente colocava-se numa situação pregressa que não lhe parecia confundir com a situação presente; por sua vez, "o médico que analisa" [*der analysierende Arzt*] limitava-se, no momento oportuno, a apresentar ao paciente o material inconsciente (recalcado) devidamente agrupado e oculto nas manifestações sintomáticas. A psicanálise "era antes de tudo uma arte de interpretação" – e o analista, às vezes, um professor que explicava; outras vezes, um padre confessor. De todo modo, a interpretação visava provocar uma descarga afetiva (ab-reação) no paciente por intermédio da recordação do acontecimento traumático. "Rememoração e ab-reação eram então os objetivos a atingir, com a ajuda do estado hipnótico" (1914g, p. 187), já escrevera com o mesmo propósito histórico-descritivo. O procedimento, contudo, parecia resultar melhor à pesquisa do que à arte de curar.

Ainda mais que o bom êxito do tratamento era frequentemente ameaçado por perturbações na relação do paciente com o analista, de resto encontradas, assegura Freud, em qualquer análise relativamente séria – mas consideradas, então, é bom frisar, um obstáculo exterior à análise e não ligado ao seu conteúdo. Seriam três as causas presumíveis dessas perturbações: um desentendimento pessoal entre ambos; o medo do paciente de perder a independência habituando-se ao médico; e a crença de estar *transferindo* para este representações desagradáveis e derivadas do conteúdo da análise (1895d, pp. 329-331).

Trata-se, no último caso, escreve em francês, de uma *fausse connexion*: em meio às associações da paciente, manifesta-se nela um desejo oriundo de seu passado esquecido e que é prontamente vinculado à figura do médico (*deslocamento de afeto*). A paciente tem de "vencer o afeto penoso de ter alimentado, por um momento, semelhante desejo [erótico]"; deve compreendê-lo como uma *compulsão* e uma *ilusão*. Ou seja, cada transferência é um fenômeno localizado e externo ao tratamento, a ser enfrentado como qualquer outro sintoma, mas com o único fim de restaurar uma relação terapêutica baseada na *cooperação confiante*. Para isso, não hesita em utilizar, entre outras coisas, sua própria influência pessoal [*menschliche Beeinflussung*].

Na segunda fase do tratamento analítico, embora sem ainda admitir sua essencialidade, já reconhece o papel primordial do fenômeno transferencial na relação terapêutica. Como vemos em Dora, foi por haver sido infeliz na arte da interpretação que a paciente interrompe o tratamento.[2] "Transferências", define com toda

2 "O erro técnico do qual Freud se penitencia, neste caso, foi não ter notado que as palavras de Dora sobre Herr K. tinham um segundo sentido, dirigido a ele. Deveria então ter-lhe perguntado: 'o que em mim lhe lembra Herr K.?'. Como isso não foi feito, Dora *atuou* uma parte de suas fantasias, em vez de reproduzi-la verbalmente nas sessões de análise. Interpretar a transferência, neste caso, significaria estabelecer qual foi o caminho associativo que permitiu a Dora colocar Freud no lugar de Herr K. e fugir dele, como fugira de Herr K.; o corolário desta ideia é que, se este caminho tivesse sido descoberto, Dora teria permanecido na análise e continuado a *falar* de Herr K." (Mezan, 1998b, p. 230).

segurança, "são reedições, reproduções das moções e fantasias [...] despertadas e tornadas conscientes enquanto avança a análise". E arremata especificando um pouco mais a observação de 1895: "acompanhando-se de um deslocamento – característica de toda essa categoria – de uma pessoa anterior pela pessoa do médico" (1905d, p. 295).

Ainda assim, o termo no plural é *aqui* índice claro da fragmentação fenomênica que ainda o impede de pensar *todo* o tratamento, estrutural e dinamicamente, como uma relação de transferência. Insiste mais uma vez no seu caráter universal, ao dizer que não são diferentes em sua natureza caso se dirijam ao analista ou a qualquer outra pessoa; mas, na análise, todas as moções, inclusive as hostis, são despertadas e podem ser destruídas apenas depois de tornadas conscientes. Dessa maneira, "destinada a ser o maior obstáculo à psicanálise, [a transferência converte-se no] seu mais potente auxiliar se conseguimos a cada vez adivinhá-la e traduzi-la para o doente" (1905e, pp. 296-297).

O caso Dora, cujos ensinamentos teóricos estão na medida das especiais dificuldades apresentadas, permite-nos observar nos procedimentos técnicos freudianos uma evidente e confiante insistência em fazê-la recordar o passado esquecido, na esperança algo ingênua de obter dela a confirmação das frequentes interpretações. Ora, tal procedimento é característico da segunda fase do tratamento analítico: como se sabe, o caso Dora, publicado em 1905, ocorreu nos três últimos meses de 1900.

Se na primeira, conforme o modelo do método catártico, o analista não fazia mais do que adivinhar [*erraten*] o material inconsciente oculto e comunicá-lo ao paciente, agora, na segunda, no rumo da associação livre, este é forçado a confirmar a construção do analista; a dificuldade maior recai, então, sobre suas *resistências*. "Toda a arte estava agora em colocá-las a descoberto o mais rápido possível, mostrando-as ao doente e incitando-o a abandoná-las, graças à influência que um homem pode exercer sobre outro (é aqui que se situa a sugestão agindo como 'transferência')" (1920g, p. 288).

A afirmativa, por motivos óbvios, reveste-se de especial interesse uma vez que Freud não a pronunciaria, em 1920, sem levar em conta a distinção já estabelecida entre o tratamento sugestivo e o tratamento analítico (conforme veremos, em 1916-1917), depois de haver condicionado (como vimos, em 1905 e 1909) a explicação da primeira ao estudo da segunda. Na verdade, *a sugestão deve ser subsumida pela transferência*, ou seja, o fenômeno sugestivo é parte do fenômeno transferencial, mais precisamente, sua parte positiva (1912).

Ao mesmo tempo em que esclarece de maneira exemplar de que forma a transferência age implicitamente como sugestão, a afirmativa de 1920 deixa entrever o que permanece de dramático e decisivo nesta segunda fase do tratamento analítico: tanto numa como noutra, a mesma dependência da influência pessoal, sempre positiva e tomada como favorável ao tratamento. Nos primórdios da análise, sua utilidade era reconhecida como um fator determinante para restabelecer, sempre que necessário, a confiante e terna relação entre paciente e analista; agora, sendo outro o objetivo, deve servir como suporte na tentativa de fazer o paciente abandonar, depois de reveladas, suas resistências em confirmar a reconstrução de seu passado proposta pelo analista.

Entretanto, desde sempre, de Anna O. a Dora – e Dora foi a prova de fogo para o próprio Freud, que fracassou clinicamente –, já se sabia que esta influência não se limitava à cooperação cordial tão desejada: havia ainda intensas *fantasias sexuais* e *sentimentos hostis* de toda ordem. E são essas *transferências* que perturbavam os objetivos imediatos visados pelo tratamento analítico nesta segunda fase; ou seja, eram elas as responsáveis pelas resistências do paciente em recordar e deixar-se convencer pela veracidade da reconstrução de seu passado.

Um impasse técnico que, de quebra, punha em questão os limites da influência pessoal do analista (ou seja, o fator da sugestão) e a veracidade de sua reconstrução da história do paciente. É neste momento que a noção de transferência, no seu sentido amplo, integra-se plenamente à teoria analítica, assumindo por direito, tanto técnica como teoricamente, um papel essencial no tratamento. A reviravolta é anunciada a Pfister já em 5 de junho de 1910:

> *Quanto à transferência, é uma verdadeira cruz. Isso que na doença age com vontade própria e é indomável – nos fazendo renunciar à sugestão indireta e à sugestão hipnótica direta – não pode ser inteiramente eliminado pela psicanálise; no máximo chegamos a limitá-lo e o que resta vem se manifestar na transferência. (F/P, 1996, p. 75)*

O tom inflamado parece de queixa, mesmo de renúncia, jamais de capitulação. Amadurecido por mais de vinte anos de vicissitudes clínicas, Freud não tem mais por que insistir na vã tentativa de cutucar o diabo com varas curtas. O descobridor das forças explosivas a habitar a outra cena em nós não duvida mais de que suas manifestações clínicas visam, de forma privilegiada, a figura do analista. Vejamos os passos que operam a mudança, e que dá início, com Freud, à *terceira fase* do tratamento analítico, quando ele já não é, em princípio, o único analista.

Antes de tudo, parece cada vez mais claro não ser plenamente alcançável a meta fixada, isto é, tornar consciente o inconsciente: o paciente não pode se lembrar de tudo, e talvez mesmo do que é essencial para se convencer da justeza da construção que lhe é comunicada, só lhe restando como alternativa "repetir o recalcado como experiência vivida no presente, em vez de rememorá-lo como um fragmento do passado" (1920g, p. 288). Embora o analista esteja empenhado em restringir essa tendência, estimulando-o a rememorar e permitindo-lhe o menos possível o ingresso na repetição, o paciente, de modo geral, não pode ser poupado dessa etapa do tratamento.

Por um lado, havia aqui uma dificuldade de ordem técnica: "Desde o tratamento do Homem dos Lobos" – que teve início em 1910 – "Freud se viu embaraçado com os casos de neuroses graves, para os quais a regra da associação livre se mostrara, muitas vezes, insuficiente" (Kupermann, 2019, p. 45). Por outro lado, finalmente se deu conta de que o fragmento de "experiência de vida real", que se refere à vida sexual do paciente, portanto, ao complexo de Édipo e seus prolongamentos, é regularmente representado no domínio da transferência, isto é, da relação com o médico. Quando se chega a este ponto do tratamento, a neurose anterior é substituída por uma "neurose de transferência" [*Übertragungsneurose*], doença artificial provisória criada pela transferência como um "reino intermediário entre a doença e a vida". Com ela, Freud (1914g) afirma a possibilidade para o analista de conferir "uma nova significação transferencial a todos os sintomas da doença" (p. 194). Acessível como tal às suas intervenções, o resultado dessa operação sobre a transferência seria o despertar das lembranças e, sem maiores dificuldades, a superação das resistências.

Eis, então, a pergunta lançada aos alunos de suas lições iniciadas com a Grande Guerra: como nos desembaraçamos dessa resistência? À maneira de sempre, com a interpretação, "adivinhando-a e apresentando-a ao paciente [...]. O contrainvestimento, ou a resistência, não pertence ao inconsciente, mas ao eu que é nosso colaborador" (1916-1917, p. 453), mesmo se este eu – como sistema e não como fenômeno, bem entendido – seja apenas em parte consciente. A pergunta seguinte é, portanto, com quais forças pulsionais trabalhamos neste caso – afinal, trata-se de fazer deste eu que resiste um colaborador. E seria um colaborador porque, em primeiro lugar, aspira recobrar a saúde – não fosse assim, não teria buscado análise, "se [curvado] ao trabalho em conjunto conosco". Contamos ainda, acrescenta, com a ajuda de sua inteligência, que lhe permite "reconhecer a resistência e encontrar a tradução correspondente ao recalcado quando lhe damos as representações de expectativa adequadas". O seu pressuposto teria se confirmado em numerosas "afecções nervosas" – as histerias, os estados de angústia, as neuroses obsessivas (*névroses de contrainte*, na edição francesa) –, com as quais lhe foi possível adquirir "a impressão mais clara do violento combate que se desenrola na alma do paciente para ultrapassar cada resistência".

Ora, este (raro) otimismo clínico freudiano, que inclui o uso arriscado da palavra "adivinhar", não se confirmará amplamente, e esta terceira fase do tratamento analítico, como veremos no próximo capítulo, enfrentará manifestações clínicas que em parte serão responsáveis, em *Para além do princípio do prazer* (1920), pela proposição das noções de *pulsões de morte* [*Todestriebe*] e *compulsão à repetição* [*Wiederholungszwang*], esta já invocada desde "Rememoração, repetição e perlaboração" (1914); pelas revisões metapsicológicas relacionadas à noção de *princípio de prazer* [*Lustprinzip*]; e pela importância assumida na experiência analítica pelas noções de ambivalência, de agressividade, de sadismo e masoquismo. A clínica freudiana terá chegado, assim, à maioridade de sua proposta, diferenciando-se em definitivo de qualquer outro tratamento psíquico, quando se vê obrigada a reconhecer que, na elevada temperatura proporcionada pela transferência, as boas intenções – de ambos, paciente e analista –, bem como os melhores esquemas e procedimentos clínico-metodológicos, arriscam-se a desaparecer como farelo ao vento.

Por certo, o tratamento psicanalítico, contrariamente ao hipnótico, é também luz, razão, entendimento; e nunca é demais insistir no perigo de se deixar seduzir e fascinar por um "misterioso inconsciente" (1923c, p. 170). Como no sonho, a análise deve ser essencialmente o trabalho que nela se realiza – nem mais nem menos. Porém, enquanto se tenta compreender como individualmente esse trabalho se constitui, trava-se uma luta infernal, conforme o demonstra na prática toda análise digna desse nome: "Sermos caluniados e chamuscados no fogo do amor com o qual operamos são os riscos de nosso ofício, pelos quais certamente não abandonaremos o ofício", escreve Freud a Jung em 9 de abril de 1909 (F/J, 1975a, p. 287). Na análise, lida-se com paixões: "O primeiro médico que tentou uma análise – não fui eu – defrontou-se com esse fenômeno... e ficou desorientado. Essa relação de sentimento é com efeito – para dizer as coisas claramente – da natureza de um estado amoroso" (1926e, pp. 50-51). Diante dessas paixões, "como sabemos, conseguimos pouca coisa com discursos sublimes" (1915a, p. 204); logo, "seria agir não analiticamente, mas estupidamente" – depois de invocá-las "por engenhosas conjurações" – influenciar o paciente a suprimir, renunciar ou sublimar suas pulsões.

A dinâmica da transferência

Já o primeiro parágrafo de "A dinâmica da transferência", ao afirmar a impossibilidade de esgotar esse tema, informa que ele foi tratado de maneira descritiva por W. Stekel – aliás, o segundo psicanalista de renome, depois de Adler e antes de Jung, a romper com a psicanálise. Por sua vez, propõe agora algumas considerações [*einige Bemerkungen*] que permitam "compreender como a transferência ocorre necessariamente durante um tratamento psicanalítico e como, nesse tratamento, ela vem a desempenhar o papel que conhecemos". Na apresentação do texto, depois de informar sobre a sua inclusão por Freud entre os artigos técnicos, Strachey (2001c), nota com certa prudência se tratar de um exame teórico do fenômeno da transferência e do modo freudiano de operar na análise.

Neste exame teórico, a peça-chave do raciocínio freudiano reside no que ele chama de "representações de expectativa libidinal" [*libidinöse Erwartung Vorstellungen*][3] (1912b, p. 108). Mas para bem compreender seu raciocínio, é preciso percorrer parágrafo por parágrafo deste texto denso ("menos claro", ele próprio avalia, que o anterior da "série técnica") e deliberadamente sintético, escrito, conforme ainda suas palavras, de encomenda e sem necessidade interior (F/J, 1975b, p. 237, v. capítulo 6).

O ponto de partida consiste na observação de que todo ser humano é o resultado da "ação conjugada de uma predisposição congênita e de ações exercidas sobre ele durante seus anos de infância" (1912b, pp. 107-109).[4] Cada um difere do outro: quanto às exigências

---

3 Chamo a atenção para as traduções que o leitor de outras línguas que não a alemã pode encontrar deste termo em *determinadas* edições: incompleta e lasciva, como em espanhol, "representaciones libidinosas"; imprecisa, ainda que poética, como em francês, "espoir libidinal"; mais precisa, ainda que ideológica, como em inglês, "libidinal anticipatory ideas"; enfim, imprecisa e ridiculamente lasciva, como em português, "ideias de expectativa libidinosas". Já a atual edição completa da PUF propõe corretamente: "représentations libidinales d'attente".

4 *Hereditariedade* e *Experiência*; *fatores constitucionais* e *acidentais*; *Talento* e *Sorte*: só a combinação de ambos os fatores em uma *série* (complementar) – escreve Freud em nota de rodapé – determina o destino do homem e só individualmente pode-se avaliar a participação de cada um deles na etiologia do processo etiológico. *En privé*, havia escrito em 1911, que as influências acidentais, nos trabalhos psicanalíticos, predominavam sobre os fatores constitucionais pelo fato de que, tendo sido até então negligenciadas, as primeiras precisavam ser agora provadas; todavia, eram sobre elas que a psicanálise sabia alguma coisa. Enfim, sem negar o constitucional – e a constituição, para Freud, é sempre de ordem sexual –, as razões psicanalíticas se inclinavam mais para a sobredeterminação e menos para a antítese (1966, p. 307). Eis sua conclusão em 1912: "Poderíamos arriscar conceber a própria constituição como o precipitado de ações acidentais exercidas sobre a série infinitamente grande dos ancestrais" (1912b, p. 107). Mas será em 1915, no prefácio da terceira edição

prévias estabelecidas para enamorar; quanto às pulsões que deseja ver satisfeitas; e quanto às metas [*Ziele*] pulsionais fixadas para si próprio. Tais condições determinam um modo particular de conduzir-se na vida amorosa e são, dessa forma, o *material da análise*. Por sua vez, o exercício continuado desse modo particular de amar produz um *clichê* (ou uma série deles), regularmente repetido no decorrer da vida na medida em que lhe permitam as "circunstâncias externas e a natureza dos objetos de amor acessíveis"; e que até certo ponto se deixam modificar pelas experiências mais recentes.

Entretanto, Freud imagina um duplo destino para essas moções pulsionais amorosas: se parte delas sofreu todo um processo de desenvolvimento psíquico, outra parte permaneceu inalterada desde sempre; as primeiras estão à disposição da personalidade consciente do sujeito e dirigem-se para a realidade, as segundas estão retidas no inconsciente e impedidas de se manifestarem de outro modo que

dos *Três ensaios* (cf. 1905d, pp. 63-65), que o *acidental* será distinguido do *disposicional*. O primeiro refere-se a acontecimentos vividos da primeira infância; o segundo constitui uma espécie de sedimentação, cuja forma se faz a partir das experiências anteriores da espécie. A soma desses fatores cria a disposição como atitude a reagir de uma maneira particular às excitações e às impressões e, pelo desenvolvimento, a evoluir em certas direções. Para D. Benhaïm (2007), Freud "parece fazer" uma diferença, sem realmente explicitar, entre "hereditariedade" e "constituição sexual", entre o somático e o psicossexual, cujo funcionamento obedeceria a outras leis científicas que não aquelas válidas na medicina e na biologia. Fervoroso admirador do "grande Darwin", ele era igualmente um adepto da repetição filogenética da ontogênese, noção desenvolvida em torno de 1870 por E. Haeckel, ao mesmo tempo principal vulgarizador do darwinismo na Alemanha e defensor da *seleção natural* de Lamarck, Essas teorias, como se sabe, perderam interesse e credibilidade no meio científico com a (re)descoberta no começo do século XX das leis mendelianas e da genética geral. Ainda assim, como ainda sublinha Saurer (2014), Freud nunca abandonou sua tese da transmissão dos caracteres adquiridos, como se estivesse convicto de que mais cedo ou mais tarde a ciência lhe daria razão. Em 1917, escreve a G. Groddeck: "Uma continuação lógica da teoria de Lamarck sobre a evolução coincide também com o pensamento psicanalítico" (1966, p. 345).

não seja com fantasias. Assim, o indivíduo cuja necessidade de amor não está inteiramente satisfeita pela realidade acha-se "na obrigação de se voltar, com representações de expectativa libidinal, para toda pessoa nova que entra em cena", fazendo uso das duas porções, consciente e inconsciente, de sua libido.

Esta exposição – com toda evidência, um modelo teórico – permite compreender sem maiores dificuldades o que se passa no trabalho analítico: portador de certa carga de libido insatisfeita, o paciente a transfere para o analista, apoiando-se em seus modelos ou clichês amorosos há muito estabelecidos. Quer dizer, tende a incluir também o analista numa das *séries* psíquicas à sua disposição e segundo as *imagos* (ou mais corretamente, *imagines*) paternas, maternas ou fraternas, que, oriundas da infância, se ajustam ou se projetam melhor no relacionamento em curso. E se levarmos em consideração que essas representações de expectativa libidinal são, sobretudo, inconscientes, torna-se mais compreensível a natureza bizarra dessa transferência para o analista, que, além de nada ter feito voluntariamente para provocá-la, manteve-se numa deliberada atitude de reserva. São tais representações que possibilitam a "singular relação de amor [que] faz abstração de todas as outras considerações reais, coloca-se acima de todas as variações da atração pessoal, idade, sexo, classe social" (1926e, p. 51); e para a qual não encontramos uma "explicação racional" – uma constatação que, de resto, Freud sublinhara já no relato do caso Dora, de 1905.

Esse é o construto teórico básico da transferência com Freud em 1912. Em sua opinião (claramente retórica), nada mais haveria a dizer se não restassem inexplicados dois pontos cujo interesse específico é evidente para os psicanalistas: primeiro, uma provável maior intensidade nos sujeitos neuróticos que se analisam em relação àqueles que não estão em análise; segundo, o "enigma" de a transferência manifestar-se na análise como a "resistência mais forte ao tratamento", ao passo que, fora dela, "como veículo da ação curativa, como condição de sucesso favorável" (1912b, pp. 109-110).

O primeiro problema, no entanto, não apresenta maiores dificuldades, pois uma simples observação empírica garante sua falsidade: nos estabelecimentos onde os "doentes nervosos" não são tratados de maneira analítica, a transferência ocorre nas "intensidades mais elevadas e sob as formas mais indignas de uma transferência, chegando mesmo à sujeição", e com conotações eróticas evidentes. Nas entrelinhas, pode-se notar, a antiga preocupação com seu caráter universal: a psicanálise não a cria (embora possa observá-la de maneira privilegiada), e sua intensificação é própria da neurose.

Quanto ao segundo problema, sobre a relação intrínseca da transferência com a resistência na análise, começa por sublinhar sem transigir que por enquanto ele não foi ainda abordado. Em primeiro lugar, a evidência clínica: observa-se que, em dado momento da análise, o analisando deixa de se orientar pela regra fundamental, ou seja, o fio associativo ora em curso se rompe e é substituído por outras associações que incluem a pessoa do analista. Opera-se uma mudança de rumo: o paciente busca as suas satisfações substitutivas, sobretudo no próprio tratamento, em seu relacionamento com o analista, quando, antes, as buscava na própria doença.

Para explicar a ocorrência, Freud introduz a noção de *introversão da libido*, tomada de empréstimo a Jung, que a usou para a demência precoce. A noção pressupõe, com Freud (1912b, pp. 110-111), que a parte da libido capaz de se tornar consciente e dirigida para a realidade é diminuída; a outra, que se encontra para além da realidade, é inconsciente e limita-se a investir o mundo fantasmático do sujeito, é proporcionalmente aumentada. Em outras palavras, ele considera que "a libido se engajou (no todo ou em parte) na regressão e reavivou as imagines infantis". O tratamento psicanalítico visa justamente descobrir essa libido regredida em seu próprio esconderijo, trazê-la de volta à consciência e fazê-la mais uma vez tributária da realidade. Quando finalmente logra alcançá-la, um conflito se estabelece: para manter intactas as novas circunstâncias, as mesmas forças responsáveis pela regressão libidinal apresentam-se agora como *resistências* ao trabalho da análise. Ora, a resistência no tratamento é proveniente das mesmas forças que, no passado, causaram o recalcamento. Para completar o quadro, a outra parte da libido normalmente à disposição do sujeito, mas que esteve sempre na mira de seus "complexos inconscientes", acaba por aderir ao processo desencadeado na análise - ainda mais se está a enfrentar uma realidade que não lhe convém. Conclui: primeiro, "a resistência acompanha o tratamento a cada passo"; segundo, "cada uma das ideias incidentes, cada ato do indivíduo tratado deve levar forçosamente em conta a resistência e se apresenta como um compromisso resultante das forças que visam a cura e daquelas, aqui indicadas, que se opõem a ela".[5]

Ou seja, quando a transferência atinge tal grau de intensidade, cada associação do paciente deve ser vista como uma *solução de compromisso* entre as exigências dessa resistência e as do trabalho de investigação - como no sintoma, no sonho, nas funções falhas, no *Witz*, sempre em termos de duas partes em conflito. Se algo das antigas representações do paciente serve "para ser transferido sobre a pessoa do médico, essa transferência é instaurada" - e ela

5 Diria com outras palavras em 1938: "Do lado do paciente, alguns fatores racionais agem em nosso favor: a necessidade de cura motivada por seu sofrimento, e o interesse intelectual que possamos ter-lhe despertado pelas doutrinas e revelações da psicanálise, mas, com ainda mais força, a transferência positiva com a qual se apresenta a nós. Do outro lado lutam contra nós: a transferência negativa, a resistência de recalcamento do eu, isto é, seu desprazer em se expor ao árduo trabalho que lhe é atribuído, o sentimento de culpabilidade proveniente da relação com o supereu e a necessidade de doença proveniente das profundas modificações de sua economia pulsional" (1940a, p. 274). Ver a seção "Das questões técnicas e éticas na psicanálise freudiana", do Capítulo 6.

determina a associação incidente que se segue. A inferência possível: se "esta ideia transferencial penetrou na consciência à frente de quaisquer outras possibilidades de ideias incidentes, é porque ela satisfaz também à resistência" (1912b, pp. 112-113).

Freud está agora em condição de começar a responder à segunda pergunta que se propôs no início e fá-lo com uma equação canônica da clínica psicanalítica: "A transferência no tratamento analítico imediatamente nos aparece, ainda e sempre, como a arma mais poderosa da resistência". Como consequência imediata e necessária, conclui que "a intensidade e a perseverança da transferência são efeito e expressão da resistência".

Resumindo até aqui: em termos metapsicológicos – ou seja, para uma possível explicação teórica de seu mecanismo –, a transferência deve ser referida às representações de expectativa libidinal, ou seja, a disposição da libido, e às imagos infantis; clinicamente, ou seja, o papel que ela desempenha no tratamento analítico, sua explicação somente se torna possível se a examinamos a partir de suas relações com a resistência.

Logo, o raciocínio freudiano não chegou ao seu final: resta ainda esclarecer por que a transferência na análise se põe a serviço da resistência.

Em princípio, a explicação parece óbvia. Afinal, é compreensível que o paciente evite revelar, em presença do outro (que, além do mais, é objeto de seus mais secretos investimentos libidinais), moções amorosas carregadas de desejos; e desejos que nunca se manifestaram, exceto deformados por toda sorte de representações sintomáticas. Na verdade, a situação analítica, nesse particular, não difere essencialmente de nenhuma outra da vida cotidiana: em ambos os casos são sempre constrangedoras. Entretanto, também é possível observar que uma relação interessada e terna consegue arrancar das pessoas as mais íntimas revelações.

Assim, cabe perguntar por que a transferência para o analista não poderia servir, de modo igualmente simples, para transpor todas as dificuldades da confissão. A resposta Freud vai encontrar na observação clínica, e é interessante que sua conclusão o leve a retomar, agora com pleno direito, o termo no plural: "Percebemos, diz ele, que não podemos compreender a utilização da transferência como resistência enquanto pensamos simplesmente em 'transferência'", e sua proposta é separar uma transferência dita *positiva* de uma outra dita *negativa*. Isso quer dizer, em outras palavras, separar "a transferência de sentimentos ternos daquela de sentimentos hostis e tratar separadamente os dois tipos de transferência sobre o médico" (1912b, p. 113).

Deve-se ainda acrescentar que nos pacientes neuróticos menos graves ambas coexistem lado a lado e são dirigidas simultaneamente a uma mesma pessoa. Contudo, neles, essa *ambivalência*, até certo ponto normal, está grandemente aumentada.

Freud (1912b) confessa, antes de prosseguir: "A transferência negativa mereceria uma abordagem mais aprofundada que não pode lhe ser conferida no contexto destes desenvolvimentos", limitando-se ao "bom termo 'ambivalência'", forjado por Bleuler, para caracterizar o estado em que, junto com ela, "uma transferência terna é simultaneamente dirigida para a mesma pessoa" (p. 115). Lacan (1973, pp. 113-114) ratifica a posição freudiana: "A transferência negativa, somos mais prudentes, mais moderados, na maneira de abordá-la, e não a identificamos jamais com o ódio. Empregamos antes o termo 'ambivalência'"; e complementa à sua maneira: "Diremos, com mais justeza, que a transferência positiva é quando aquele de quem se trata, o analista no caso, pois bem, somos indulgentes com ele – negativa, estamos de olho nele". Laplanche & Pontalis (1973, p. 498), por sua vez, lembram que *positivo* e *negativo* qualificam a natureza dos afetos transferidos e não a repercussão, favorável ou desfavorável, da transferência no tratamento. Citam D. Lagache, que propõe os termos "efeitos positivos" e "efeitos negativos" como mais compreensivos e mais exatos: "Sabe-se que a transferência de 'sentimentos negativos' pode constituir um progresso decisivo".

Por fim, na transferência positiva deve ser distinguida uma porção amistosa, terna – e tal como se apresenta (sublimada), admitida pela consciência – de outra que contém os prolongamentos desses sentimentos no inconsciente e necessariamente derivada de fontes eróticas recalcadas. Esta última distinção lhe permite supor que todas as relações emocionais de simpatia, amizade, confiança etc. têm sua origem na sexualidade, cujo desenvolvimento se fez a partir de desejos puramente sexuais; portanto, desviados de suas primeiras metas. "Originalmente, conhecemos apenas objetos sexuais" e, nessa condição, permanecem para sempre em nosso psiquismo inconsciente (1912b, pp. 113-116).

Acredita ter chegado, assim, à solução de seu enigma clínico: apenas a transferência negativa e a parte positiva das moções eróticas recalcadas servem como alvos da resistência. A resolução da transferência na análise deve incidir, portanto, apenas nesses dois componentes; o terceiro, "capaz de consciência e não chocante, subsiste e é para a psicanálise, tanto quanto para qualquer outro tratamento, o veículo do sucesso". Nesta conjuntura, diz Freud, "admitimos de boa vontade que os resultados da psicanálise [se apoiam] na sugestão", mas na condição de que esta seja entendida como o faz Ferenczi (1909), ou seja, "a influência exercida sobre um ser humano por meio dos fenômenos de transferência que nele são possíveis".

Esta última afirmativa, que certamente vem ao encontro de nosso interesse específico, permite uma digressão não contida neste texto: se a sugestão coincide com a parte positiva terna da transferência, se a sua manifestação consciente, na forma de sentimentos amistosos, encobre prolongamentos sexuais inconscientes, portanto recalcados, a influência que o analista exerce sobre o paciente à sua revelia exige dele, conforme os princípios mesmos do método mas também da ética psicanalítica, uma atitude atenta, tolerante e reservada: *sustine et abstine*, para usar a divisa do estoicismo. "O tratamento analítico, tanto quanto possível, deve ser conduzido na privação, na abstinência [*Entbehrung*]" (1919a, p. 102), ou seja, pela frustração das demandas libidinais do paciente como condição lógica para sua expressão verbal. Embora cause grandes dificuldades para o psicanalista restringir os fenômenos de transferência, em troca, são eles justamente que "proporcionam o inestimável serviço de tornar atuais e manifestas nos pacientes as moções de amor escondidas e esquecidas, pois, afinal, ninguém pode ser abatido *in absentia ou in effigie*".

A sugestão na análise tem assim uma função definida e limitada por suas implicações transferenciais. Não se trata de algo a ser exercido impunemente ou que se esgota na pura sedução, isto é, com objetivos espúrios ou autoritários. Tampouco o pensamento de Freud deve se prestar à caução de certas práticas psicológicas, que, como um ramo da moral, tendem ao julgamento e à prescrição de "mandamentos", cuja obediência seria a única garantia da arte de viver. Isso é tudo com o que a neutralidade analítica está francamente em desacordo.

Sugestão ou transferência

Ao tratar da relação entre a transferência e a sugestão em suas *Lições de introdução à psicanálise*, Freud afirma que os resultados clínicos da psicanálise não se tornam menos confiáveis com o reconhecimento da ação da sugestão no sentido psicanalítico. Ao final dessas *Lições*, esta relação é afirmada mediante duas premissas: primeiro, "a capacidade de dirigir investimentos libidinais de objeto para pessoas", ou *disposição à transferência* [*Übertragungsneigung*], "deve ser atribuída a todos os seres humanos normais". Segundo, corolário imediato, essa disposição à transferência, como constatada entre os neuróticos, constitui apenas "um aumento extraordinário dessa propriedade geral" (1916-17, p. 462). Observa com pertinência: "Seria [...] muito estranho que um traço do caráter humano tão predominante e significativo nunca tivesse sido notado nem explorado".

Lembra-se assim de Bernheim - um desses observadores de "perspicácia infalível" -, cuja doutrina dos fenômenos hipnóticos fundou-se na tese segundo a qual todos os homens são, de uma maneira ou de outra, "aptos à sugestão, 'sugestionáveis'". De fato, nos ensina Freud, sua sugestionabilidade, ou aptidão à sugestão, ou ainda, "a aceitação sem crítica de nossas sugestões" (Ferenczi, 1924b, p. 238), não seria mais do que "a disposição à transferência [*Neigung zur Übertragung*] tomada num sentido muito restrito" (1916-1917, pp. 462-463), de modo que nela não tivesse lugar a transferência negativa ou, melhor dizendo, a ambivalência pulsional. Além disso, o psicoterapeuta de Nancy nunca pôde dizer "o que é de fato a sugestão e como ela ocorre", e nunca reconheceu a dependência da sugestionabilidade em relação à sexualidade, à atividade da libido.

Já com Freud, aprendemos que esta disposição à transferência, ou seja, a capacidade de investir libidinalmente no outro, é a expressão radical de uma característica constitutiva e estruturante no desenvolvimento da sexualidade humana: em dado momento, o *infans* - até então mergulhado em atividades autoeróticas - tem suas pulsões sexuais reunidas com o fim de encontrar no exterior um objeto amoroso; como num ensaio, toma-se primeiro a si mesmo como este objeto (narcisismo primário), para, em seguida, dirigir seus investimentos para o outro, seu semelhante. "Atribuímos, portanto, ao indivíduo um progresso que conduz do narcisismo ao amor de objeto. Mas [...] uma certa quantidade permanece sempre ao lado do eu, certo grau de narcisismo se perpetua não obstante um amor de objeto altamente desenvolvido" (1917a, p. 45).

Distinguimos, assim, duas modalidades de investimento: a libido pode tomar como alvo o próprio sujeito (libido do eu ou narcísica), ou um objeto externo (libido de objeto). Pressupõe-se sempre entre ambas um balanceamento energético de tal maneira que a segunda diminui quando a primeira aumenta, e vice-versa; em circunstâncias normais, a libido pode ser transformada sem nenhum impedimento em libido objetal, e esta retornar novamente ao eu (tomado aqui como uma espécie de reservatório). O sujeito dispõe, portanto, de uma quantidade de energia libidinal a repartir de maneira variável entre seus objetos e ele próprio.

No estado de sono, por exemplo, há supressão de todo interesse pelo mundo exterior na forma de um refluxo da libido objetal para o eu daquele que dorme. A propósito, alguma coisa de similar parece ocorrer em algum nível em certos estados psicóticos e melancólicos: os pacientes "atingidos por neuroses narcísicas [...] recusam o médico, não por hostilidade, mas por indiferença. [...] neles o investimento de objeto [deve] ter sido abandonado e a libido de objeto, transposta em libido do eu" (1916-1917, pp. 463-464) (a partir deste construto, a observação clínica permite avaliar se tal condição, mais ou menos permanente ou temporária, tornaria esses pacientes impróprios ou próprios a uma psicanálise em termos freudianos). O inverso se passa no estado amoroso: uma grande parte da libido narcísica investe o objeto amado de tal maneira que o mundo exterior parece adquirir um interesse subitamente novo. Na hipnose, esse estado amoroso torna-se tão mais intenso e evidente que, para Freud, a explicação do estado hipnótico parece melhor esclarecer o estado amoroso, e não o inverso.

Sublinhemos, então, mais uma vez: verifica-se nos neuróticos uma intensificação dessa capacidade de investir libidinalmente no outro; de modo mais específico, os pacientes neuróticos em análise são conduzidos a uma especial disposição à transferência. "O doente busca antes de tudo a satisfação substitutiva no próprio tratamento, na relação de transferência sobre o médico" (1919a, p. 104), quando antes a buscava na doença. As mesmas resistências que, no passado, o levaram ao recalcamento o impedem agora de cumprir a regra fundamental da análise; como vimos, o recalcado retorna não na lembrança, mas como experiência vivida no presente – e quanto maior a resistência, mais a rememoração é substituída pelo agir (1914g, p. 191) – na forma de uma neurose de transferência.

Para Freud (1916-1917), "é esta significatividade extraordinária, verdadeiramente central para o tratamento", assumida pelo fenômeno transferencial "nas histerias, nas histerias de angústia e nas neuroses obsessivas [...], que, por esse fato, são reagrupadas, com razão, sob o termo [neste caso em seu sentido *nosográfico*] 'neuroses de transferência'" (p. 461). No seu sentido *clínico*, a expressão – pela primeira vez utilizada como tal em "Rememoração, repetição e perlaboração", de 1914 – é hoje frequentemente esquecida e raramente utilizada, como constata Sédat (2014), ainda que esta passagem da *expectativa crédula* dos pacientes à *neurose de transferência* caracterize, a seu ver, a invenção central da *démarche* freudiana e, acrescento por minha própria conta, esteja no cerne da perspectiva psicanalítica como tratamento psíquico diferenciado das psicoterapias.

Os desenvolvimentos metapsicológicos apresentados no decorrer deste capítulo e suas repercussões na clínica psicanalítica nos permitem afirmar: vinculando a noção de sugestão à sua teoria da sexualidade, Freud dá um passo à frente em relação a Bernheim, que se contentou, por desconhecer sua origem e a forma de sua produção, em considerá-la um fato básico, fundamental. A indiferença teórica demonstrada pelo psiquiatra francês quanto ao fenômeno da sugestão não impediu, por certo, sua atuação terapêutica; mas, em troca, não alcançou mais do que um conhecimento prático a respeito do instrumento que tinha em mãos. Já a investigação analítica permite reconhecer a sugestão como a *parte positiva terna* do fenômeno de transferência – apresentada à nossa autopercepção consciente na forma de simpatia, amizade, confiança etc., e desenvolvidas, pelo enfraquecimento da meta sexual. E que, por isso mesmo, é sempre ambivalente: além do erotismo subjacente, acaba por encobrir a desconfiança manifestada como transferência negativa.

Indo além de Bernheim, a clínica psicanalítica descobre um limite além do qual a influência sugestiva vai sempre de encontro à resistência do sujeito; em contrapartida, essa resistência tem na análise uma função heurística; enfim, o destaque é dado ao paciente, não a um suposto poder mágico do terapeuta. Na verdade, "muito frequentemente, a transferência pode sozinha eliminar os sintomas de sofrimento, mas então apenas de maneira provisória, precisamente enquanto ela própria existir". A destacar a sequência do raciocínio: "*É então um tratamento sugestivo, não uma psicanálise*. O tratamento só merece este último nome quando a transferência utilizou sua intensidade para vencer as resistências" (1913c, p. 184, grifos meus). Todo cuidado se faz assim necessário para não se deixar levar por esta tentação, até certo ponto justificada, referida na primeira parte da assertiva; e todo esforço deve ser empreendido para alcançar o objetivo da análise como mencionado em sua segunda parte.

Tantos argumentos não impedem certa humildade – não fosse o contexto de uma curta passagem de uma lição em sala de aula – quando Freud imagina uma objeção entre seus auditores: para que então lhe teria servido esse desvio trabalhoso pelas lembranças inconscientes do passado e sua interpretação, mesmo a tradução das deformações nelas contidas, gasto de tempo e dinheiro, se a "terapia psicanalítica" continua a contar, tal como os hipnotizadores, com a força e a eficácia da sugestão (ainda que não de maneira direta), salientando a afirmativa segundo a qual sua "influência repousa essencialmente na transferência, isto é, na sugestão"? (1916-1917, p. 465).

O questionamento lhe parece interessante e sua pertinência o conduz a uma "resposta detalhada" das diferenças entre a terapia hipnótica e a terapia psicanalítica, estabelecendo, explicitamente e pela primeira vez na sua obra, os *limites* da sinonímia entre a sugestão hipnótica (no sentido próprio e figurado) e a sugestão analítica.

A terapia analítica, ao contrário da terapia puramente sugestiva, visa expor os sintomas em sua plenitude, na convicção de que podem ser eliminados apenas em presença dos conflitos que estão na sua origem, e que se expressam agora por meio da resistência, servindo-se "da sugestão para modificar a saída desses conflitos" (1916-1917, pp. 467-468). Como tal, em vez de se manter inerte e passivo como no tratamento hipnótico, ao paciente cabe uma parcela substancial deste trabalho – na realidade (o que não é óbvio, como intramuros à primeira vista pode parecer) é o analisando quem faz sua análise. "Conhecemos essa resistência com exatidão a partir de nossas análises, onde ela toma, na transferência, formas muito impressionantes [v. *infra*, Capítulo 6] e nos dá enorme trabalho" (1923d, p. 235); mais precisamente, um trabalho pesado imposto tanto ao médico como ao paciente. Mas os resultados, em contrapartida, são permanentes e este vê-se protegido quanto à possibilidade de novamente adoecer.

Se concordamos que Freud, à diferença de Bernheim, logra esclarecer a natureza da sugestão (isto é, como a parte positiva da transferência, e esta, por sua vez, é um *conceito fundamental* da psicanálise), é pertinente e útil ainda insistir na *diferença de métodos* existente entre as suas formas de tratamento – a sugestão hipnótica e a analítica. Mais particularmente, a maneira como cada uma delas utiliza o fator da sugestão em seu próprio benefício.

Seu raciocínio começa em 1905, quando, depois de afirmar a maior oposição entre ambos os tratamentos, parafraseia a célebre fórmula com a qual Leonardo da Vinci confronta a pintura à escultura.

Como na primeira, que procede *per via di porre* – ou seja, matizando com cores a tela branca – a técnica sugestiva, aplica alguma coisa sobre a doença, a sugestão, esperando que esse procedimento seja poderoso o suficiente para impedir "a manifestação da ideia patogênica". A técnica analítica ao contrário, procede *per via di levare*: como na escultura, que não faz mais do que esculpir a estátua cuja superfície estava recoberta na pedra, busca remover, retirar, e não adicionar algo de novo, preocupando-se com a origem dos sintomas mórbidos e com o contexto psíquico da ideia patogênica, visando a sua eliminação (1905a, p. 51)[6].

Uma dezena de anos mais tarde, mediante os conhecimentos adquiridos com a psicanálise, Freud continua a estabelecer, insistindo em comparação metafórica similar, que a terapia hipnótica busca dissimular e maquiar algo da vida anímica – ela trabalha como uma *cosmetologia* –, utilizando a sugestão para proibir os sintomas e reforçando, assim, os recalcamentos. A análise – que trabalha como uma *cirurgia* – utiliza a sugestão para modificar a saída dos conflitos que deram origem aos sintomas, convicta de que, apenas em presença dos primeiros, os segundos podem ser eliminados.

Podemos, dessa forma, compreender a razão pela qual a terapia hipnótica mostrava-se contingente, aleatória, duvidosa. Sendo um tratamento infinitamente mais rápido do que o tratamento analítico, sem maiores inconvenientes e dificuldades para o paciente (*tuto*, *cito*, *iucunde*, como na fórmula clássica, atribuída a Esculápio, da medicina tradicional), seu cerimonial tornava-se, contudo,

---

6 Para Kupermann (2019), a oposição entre a *via di porre* e a *via di levare*, "apesar de inspiradora é, evidentemente, insuficiente para expressar a complexidade do exercício da psicanálise", o que ele demonstra ao longo do seu livro, *Por que Ferenczi?*, a partir da "torção operada por Ferenczi desde os anos 1920" (pp. 147-149). Esta diz respeito, em uma palavra, aos *princípios da neutralidade e da abstinência*, que, vale ressaltar, sustentam igualmente a distinção entre a *clínica sugestiva* e a *clínica da transferência*. (Sobre esses princípios básicos da clínica psicanalítica e seus desdobramentos, remeto o leitor, em particular, para o Capítulo 6.)

monótono e cansativo para o médico, pois, sempre o mesmo, consistia em proibir a existência do sintoma sem lhe buscar sentido e motivação. "Era um trabalho de manobra [*Handlangerarbeit*]", diz Freud (1916-1917), "não uma atividade científica, fazendo pensar mais na magia, na encantação e no abracadabra" (p. 466). Sobretudo, não era confiável sob outros aspectos: alguns pacientes se deixavam influenciar, outros, não, e em todos os casos, ninguém compreendia o porquê; as curas presumíveis eram não só inexplicáveis como jamais permanentes.

Para Ferenczi (1912, p. 234), que, conforme Balint (1968), nos últimos anos de sua vida foi tomado inteiramente por seu interesse pela técnica, teriam sido justamente esses dois obstáculos - o fato de nem todos "poderem ser sugestionados", bem como o caráter provisório desta influência - que impediram a terapêutica pela hipnose e sugestão de se tornar um "procedimento maravilhoso".

O que Bernheim não sabia, e tantos psicoterapeutas ainda hoje resistem em considerar, é que, com a utilização da hipnose, ficava-se na dependência da disposição à transferência do paciente (1916-1917, pp. 468-470). Ora, para infortúnio de sua opção empirista - logo, não trabalhava com modelos - as reações do paciente manifestam-se em sua singularidade fantasmática matizada pela ambivalência pulsional, o que exige uma investigação caso por caso. Para Freud - persuadido de que a história de cada um deve ser montada como um quebra-cabeça que, no limite, não se repete -, um trabalho de investigação [*durcharbeiten*] é efetuado sobre a própria transferência, em vez de tratá-la como um instrumento meramente auxiliar cuja importância se esgota no fato mesmo de sua existência. "Trabalhamos sobre a própria transferência, dissolvemos o que a ela se opõe, desenvolvemos o instrumento com o qual queremos agir" e, dessa maneira, sem ser o próprio paciente que se sugestiona, o analista "guia" a sua sugestão, "na medida em que ele é acessível à sua influência"; torna-se, assim, possível obter outro proveito da potência da sugestão.

> *No fundo, é esse último traço que separa o tratamento analítico do tratamento puramente sugestivo e que livra os resultados analíticos da suspeita de serem sucessos da sugestão. Em qualquer outro tratamento sugestivo, a transferência é cuidadosamente preservada, deixada intacta; no tratamento analítico, ela própria é objeto do tratamento e é decomposta em cada uma de suas formas de manifestação.*

E removida, justamente ao final de um tratamento analítico, depois da operação que consiste, com sua ajuda, ultrapassar as "resistências internas" do paciente. Sempre interessada em provar que "a hipnose e a psicanálise são práticas da mesma natureza" (Marie, 2004, p. 143), mais uma vez só em parte Stengers (1989, p. 185) tem razão ao afirmar que Freud não abandonou o uso da sugestão com o manejo da transferência: a seu ver, é "o caráter controlável e calculável" da sugestão analítica que a diferencia da "sugestão usual". Para responder por antecipação a ela e a tantos outros, o fundador da psicanálise não evita expor a objeção mais frequentemente levantada contra sua disciplina, segundo a qual tanto faz chamar de transferência ou sugestão a força pulsátil da análise e, assim, igualando tudo, considerar "a influência exercida no paciente como argumento para tornar duvidosa a certeza objetiva de nossas descobertas" (1916-1917, pp. 468-469).

Aliás, tal objeção, embora pouco pertinente, tampouco lhe parece despropositada, pois, afinal, ela existe igualmente naqueles que desconfiam da significância das experiências sexuais dos pacientes, ou da existência mesma dessas experiências, acreditando que lhes teriam sido antes inculcadas pelo analista. Admite com precisão ser mais fácil argumentar, em benefício próprio, invocando a experiência, em vez de estabelecer formulações mais propriamente teóricas. Afinal, basta observar que não seria difícil para o analista fazer do paciente um adepto de uma determinada teoria ou mesmo torná-lo cúmplice de alguns de seus erros; sob este aspecto, o paciente se comportaria como qualquer outra pessoa – como um aluno, por exemplo, mas "apenas sua inteligência, e não sua doença" seria atingida.

É que seus conflitos não se resolverão, nem suas resistências diminuirão, a menos que as representações de espera (ou de expectativa) fornecidas em momentos apropriados pelo analista, com *interpretações* (elemento isolado, ideia incidente) ou *construções* (fragmento de sua pré-história), coincidam com a realidade patente de seu infortúnio pessoal e obtenham seu assentimento. Se tal não acontece, e sendo um erro isolado do analista, o paciente não será tocado em seu inconsciente. Se a inabilidade do analista persiste, gerando seguidas transferências negativas, o tratamento analítico, que não é uma farsa nem uma imposição, será interrompido – não houve cura, mas tampouco houve uma simulação de cura. Nesse caso, o fracasso clínico acaba por mostrar, com todo o rigor, os limites da sugestionabilidade na análise.

"A *Erwartungsvorstellung* [representação de expectativa]" é, para Assoun (1988), "uma espécie de imagem a ser preenchida [afetivamente] de conteúdo quando o sujeito a tiver investido, para se dar conta de que, efetivamente, ali tem algo de 'importante' a ser visto" (p. 75). É, portanto, uma coisa diversa de uma "banal sugestão, ainda que confirme a persistência de um momento sugestivo na relação analítica" – algo que os próprios analistas não têm o direito de esquecer.

Em 1921, Freud constata que passados tantos anos a sugestão permanece um enigma e sua imprecisão terminológica constitui ainda um problema. Registra uma só exceção, "que justamente atesta a influência da psicanálise", no sentido de fazer um esforço "para formular corretamente o conceito de sugestão, de fixar, portanto por convenção, o uso do nome" (1921c, pp. 28-29), citando, em nota de rodapé, W. McDougall, cujo texto, "A note on suggestion", fora publicado um ano antes no *Journal of Neurology and Psychopathology*. Prossegue:

> *E isso não é supérfluo, pois a palavra está exposta a uma utilização cada vez mais ampliada, rumando para uma significação descuidada, e logo vai designar não importa quais influências exercidas, como em inglês, em que* "to suggest, suggestion" *corresponde aos nossos* Nahelegen [propor, recomendar] *e* Anregung [incitação][7]. *Mas, sobre a essência da sugestão, isto é, sobre as condições nas quais influências se instauram sem fundamento lógico suficiente, não houve esclarecimento. (1921c, pp. 28-29)*

Acredita mesmo ser a afirmativa passível de sustentação com um exame pormenorizado da literatura dos últimos trinta anos – e de fato, em 1890, depois de lembrar que chamamos de sugestão as palavras do hipnotizador capazes de provocar "efeitos mágicos" no hipnotizado, já sublinhava o hábito de se empregar o mesmo nome quando não havia a intenção primeira de provocar um efeito similar (1890a, p. 170). Agora, em 1921, informa que, no seu entorno, uma investigação exaustiva se colocou justamente esta tarefa. Contudo, em 1925, também em nota de rodapé, esclarece que este trabalho infelizmente não se realizou; como nada mais diz a respeito, a informação, no conjunto, permanece um mistério. Ele próprio, "em vez de fazê-lo", escolheu utilizar o conceito de libido – "que nos prestou

7 Como já referido na introdução deste livro, no francês e no inglês, diz a nota de rodapé de Strachey (2001d), o uso técnico do termo "sugestão" deriva de seu uso cotidiano; já na língua alemã, ele foi adotado primeiramente no seu sentido técnico e, só depois, e raras vezes, foi introduzido na linguagem coloquial. Freud estava mesmo com a razão: um dicionário atual [*Langenscheidts Taschenwörterbuch*] dá como tradução para *zu nahelegen* justamente "sugerir", "dar a entender".

tão bons serviços no estudo das psiconeuroses" – para esclarecer a psicologia das massas.

Ora, em 1916, como vimos, Freud apontou a relação de dependência entre a sugestionabilidade e a atividade da libido. Não sendo apenas um empirista, isso significa que, em termos metapsicológicos, a definição de sugestionabilidade deve ser relacionada, necessária e especificamente, com a *teoria da libido*.

A libido: do discurso freudiano sobre o amor

Proveniente da doutrina da afetividade, a expressão "libido" refere-se a uma energia – "atualmente não mensurável", diz ele, mas ainda assim afirmada segundo um ponto de vista *quantitativo* – que sustenta todas as variantes do sentimento que designamos ordinária e genericamente por *amor*, o qual visa, em última instância, a união sexuada. Isso quer dizer que a psicanálise pressupõe que todas as formas de amar – o amor a si próprio, o amor pelos pais e pelos filhos, a amizade, o amor pela Humanidade etc. – derivam da mesma fonte pulsional que, em dado momento, sofreu desvios ou foi inibida em sua manifestação, conforme a meta original (a cópula).

Como identidade comum a todas elas, as mesmas características de "autossacrifício" [*Selbstaufopferung*] e "tendência à aproximação" [*Streben nach Annäherung*]. Sendo assim, a psicanálise não faz mais do que apresentar subsídios teóricos ao uso corrente da palavra amor e alinha-se, assegura Freud (1921c, p. 30), à mesma tradição conceitual que faz do *Eros* de Platão e do uso ampliado que lhe destina o apóstolo Paulo, na Epístola aos Coríntios, seus legítimos precursores na literatura. "Ora, essas pulsões de amor são chamadas em psicanálise, *a potiori* e por sua proveniência, de pulsões sexuais", e por "vida sexual", todo acionamento de *sentimentos ternos* cuja fonte são "moções sexuais primitivas" que sofreram uma espécie de inibição na sua meta originalmente sexual. Seria mais correto falar em *psicossexualidade*, para "não deixar de ver nem subestimar o fator anímico da vida sexual" (1910k, p. 209).

Isto posto, a pressuposição freudiana é que, na essência da alma coletiva, existem igualmente relações de amor [*Liebesbeziehungen*] ou – é indiferente, diz ele – ligações de sentimentos [*Gefühlesbindungen*]. Mas verifica que os autores envolvidos com a sociologia e a psicologia da massa nunca se referem a tal fenômeno nesses termos; e aquilo que lhe corresponde acha-se oculto (e protegido) atrás "da tela, do biombo da sugestão" (1921c, pp. 30-31). Ei-lo assim de volta, forçado pela literatura da época, ao seu calcanhar de Aquiles.

Em favor de sua hipótese – a de que a alma da massa está impregnada de relações amorosas –, apresenta "dois pensamentos fugidios" como justificativa: primeiro, a massa "é mantida em coesão" mediante alguma forma de poder; ora, pergunta-se, "a qual poder se poderia atribuir esse desempenho senão ao *Eros*, que mantém tudo em coesão no mundo?".

Em segundo lugar, "tem-se a impressão de que se o indivíduo na massa abandona a sua especificidade e se deixa sugestionar pelos outros", ele o faz porque lhe é necessário estar em "bom entendimento" em vez de "em oposição a eles"; logo, talvez, pelo amor deles – ou por causa deles [*ihnen zuliebe*].[8]

---

8 A propósito, Garcia (1987, p. 22) ressalta que tradutores de Freud mantiveram a expressão "inhen zuliebe", mas, no seu entendimento, fazia-se necessário traduzi-la para dela se apropriar, em vez de repeti-la sem saber (ou sem querer saber) o que isso significa. Ao professor, a expressão parece indicar que "o membro do Grupo está, como os outros, em volta de um círculo, mas de costas para a imensidão [...] e a qualquer hora ele pode ir embora". Lembrando ainda Canetti, diz que na *matilha* (um bom correspondente, diz ele, para a *horda* de Freud) "cada um permanece só ao mesmo tempo em que se encontra no grupo ao qual está vinculado". E conclui, com propriedade: "é insuficiente, mais propriamente falso [...] dizer que o grupo ajuda a superar o medo de ser isolado". Para ele, "o que liga ao grupo é o fato de calar-se, sem sabê-lo, sobre as mesmas coisas".

Neste meu próprio trabalho, a questão da sugestionabilidade foi sempre examinada no contexto da relação (manifesta) entre dois sujeitos que concordam em estabelecer uma associação (assimétrica) com vistas ao tratamento de uma delas. Contudo, sem abandonar essa perspectiva, permaneço em consonância com o texto freudiano, pois, se privilegio em meu próprio benefício a *questão da hipnose*, devo, como ele, tomar como modelo a *formação de massa*. Como Freud (1921c) diz em duas oportunidades, "a hipnose tem todo direito a essa qualificação: uma massa de dois" (p. 53); e chega mesmo a acrescentar: "A hipnose não é um bom objeto de comparação com uma formação de massa porque ela é antes idêntica a esta última" (p. 67).

Assim, igualmente em ambos os casos, a análise a ser empreendida deve levar em conta dois aspectos que serão objeto de exame a seguir:

1. Tanto a hipnose como a formação coletiva baseiam-se inteiramente em moções pulsionais *inibidas quanto às suas metas* [*Zielgehemmten*]. "Tais são em particular as relações de ternura, na origem plenamente sexuais, entre pais e filhos, os sentimentos de amizade e, no casamento, as ligações de sentimento provenientes de uma inclinação sexual" (1923a, p. 207).

2. Como característica comum, verifica-se a colocação do objeto amoroso no lugar do *ideal do eu*, instância diferenciada no aparelho psíquico como "resultante da convergência do narcisismo (idealização do eu) e das identificações com os pais, com os seus substitutos e com os ideais coletivos. Como instância diferenciada, o ideal do eu constitui um modelo a que o sujeito procura conformar-se". (Laplanche & Pontalis, 1973, p. 184)

No segundo estado, o da formação de massa, há tão somente uma multiplicação deste processo básico, na medida em que uma *identificação* entre seus componentes é estabelecida; e uma identificação que, na sua origem tornou-se possível, diz Freud, por terem "a mesma relação com o objeto" (1921c, p. 82). Devo ainda levar em conta, no que se segue, a hipótese - sem dúvida, mítica, e mítica no sentido de um saber inicial, prévio - segundo a qual ambos os estados, a hipnose bem como a formação de massa [*Massenbildung*], "são precipitados hereditários [*Erbniederschläge*] provenientes da filogênese da libido humana, a hipnose, como disposição, a massa, além disso, como sobrevivência direta".[9] Fechando o círculo, como hipótese derradeira: "A substituição das tendências sexuais diretas [*direkte Sexualstrebungen*] por aquelas que são inibidas quanto à meta favorece em ambas a separação do eu". No *estado amoroso* [*Verliebtheit*], já conhecemos esta separação em seu início.

---

9 A noção de horda primeva na obra de Freud é a principal referência a Darwin. Hipótese marginal no livro do naturalista, o psicanalista a utiliza (em *Totem e tabu*, na "Autoapresentação", na *Nova sequência das lições de introdução à psicanálise*, em *O homem Moisés e o monoteísmo* e, como estamos a ver, em *Psicologia das massas e análise do eu*) para dar um estatuto científico à sua teoria da repetição filogenética e da transmissão dos caracteres adquiridos. A sublinhar, com o passar do tempo, o desinteresse dos psicanalistas pela ideia de filogênese e sua recapitulação pela ontogênese - não por acaso, nenhum verbete lhe é dedicado por Laplanche e Pontalis no *Vocabulário*, sendo rapidamente evocada sob a rubrica dos *fantasmas originários*, como bem observa Benhaïm (2007, pp. 11-25). O princípio, formulado pelo zoólogo E. Haeckel e anunciado por Freud, em 1913, como uma nova extensão do interesse da psicanálise, preconizava que a ontogênese seria o desenvolvimento individual do ser vivo e a filogênese, sua contrapartida para a espécie. A herança arcaica, nos homens, corresponderia aos instintos nos animais, sendo estes os depositários das experiências da espécie. A notar que "a fantasia filogenética está primeiro associada em Freud à reflexão sobre a *Kultur*, dimensão de sua obra que os psicanalistas contemporâneos abandonaram, considerando-as como marginal e sem incidência clínica, embora ele não deixe de repetir que *Kultur* e neurose são indissociáveis". Em "Übersicht der Übertrangunsneurosen" (na edição brasileira: "Neuroses de transferência: uma síntese"), de 1915, texto que permaneceu inédito até 1985, ele escreve: "Isto é o quão longe teríamos ido no cumprimento de um programa planejado por Ferenczi, 'pôr de acordo os tipos neuróticos de regressão com as etapas da história genealógica da humanidade'" (1985, p. 296).

O estado amoroso caracteriza-se, ao mesmo tempo, por moções pulsionais com metas sexuais diretas e por moções pulsionais inibidas quanto ao alvo (ou meta). Além disso, ainda a mencionar o fenômeno, identificado por Freud trinta anos antes, da *superestimação sexual* [*Sexualüberschätzung*]: o objeto amado está de certo modo isento de crítica e possui qualidades não creditadas às pessoas que não estejam amorosamente investidas no mesmo nível. Além disso, curiosa inversão, o sujeito acredita amá-lo sensualmente a partir de suas qualidades anímicas, quando, na verdade, a atribuição destas dá-se como resultante do amor sensual. Freud (1921c, pp. 50-51) chama o processo assim descrito de "idealização" [*Idealisierung*]: tratado como o próprio eu, o objeto, em estado amoroso, é inundado por uma grande quantidade de libido narcísica. Em certos casos, torna-se mesmo evidente que o objeto é colocado no lugar de um ideal jamais alcançado: "Nós o amamos em virtude das perfeições que aspiramos para o próprio eu e que agora gostaríamos de nos proporcionar por meio desse desvio para satisfazer o nosso próprio narcisismo".

Nos casos extremos de superestimação sexual, observa-se mesmo que o eu se torna cada vez mais privado de reivindicação e modesto, e o objeto, cada vez mais grandioso e precioso, a ponto de ter sobre si todo o amor que o eu depositava em si próprio. "O objeto, por assim dizer, consumiu o eu", sobretudo se este amor não obteve nenhuma gratificação sexual. É isso, justamente, o que acontece com as pulsões sexuais inibidas quanto à meta: como "não são capazes de satisfação deveras plena, elas estão particularmente aptas a criar laços duráveis, ao passo que as diretamente sexuais [perdem] sua energia a cada vez, pela satisfação, e são forçadas a esperar uma renovação pela acumulação da libido sexual" (1921c, p. 78). Ora, sem esta gratificação, que sempre reduz em algum nível a tendência à superestimação, as funções atribuídas ao ideal do eu – a crítica, a consciência moral – não mais têm lugar: por amor também se mata ou se morre; em uma palavra, *o objeto foi colocado no lugar do ideal do eu.*

Como se pode ver, é esta formação nitidamente diferenciada do eu – *a função do ideal* – que lhe permite igualmente explicar a fascinação amorosa, a dependência para com o hipnotizador e a submissão ao líder [*Führer*]. Em todos esses casos, outra pessoa é colocada pelo sujeito no lugar do seu ideal do eu, que é em parte resultante de identificações (com os pais e ideais coletivos). Vejamos o que, basicamente, a psicanálise quer dizer com o conceito de identificação, para em seguida estabelecer sua diferenciação com o estado amoroso.

Identificação e estado amoroso

O termo "identificação", pertencente também à linguagem comum e à linguagem filosófica, é utilizado pela psicanálise sobretudo num sentido reflexivo, que corresponde ao verbo *identificar-se*. Mais do que um mecanismo psicológico como tantos outros, o conceito de identificação é aqui considerado uma operação constitutiva do sujeito. *Conceito fundamental*, na psicanálise nunca deve ser confundido com a simples *imitação* – nele se inclui um elemento inconsciente comum de natureza fantasmática. "A identificação é conhecida em psicanálise como a manifestação mais precoce de um laço de sentimento com outra pessoa" (1921c, p. 42).

Embora o próprio Freud considere insuficiente sua investigação sobre este conceito – e este texto, *Psicologia das massas e análise do eu*, é mesmo a sua exposição mais completa sobre o tema (cf. Laplanche & Pontalis, 1973) –, é indubitável que se deve começar por estabelecer a relação essencial entre o processo de identificação e os primórdios do complexo de Édipo. A construção freudiana tornou-se clássica.

Um menino desenvolverá um interesse especial por seu pai, desejará ser como ele e eventualmente ocupar o seu lugar junto à mãe. São, portanto, duas características psicológicas distintas:

um investimento de objeto marcadamente sexual para com a mãe e uma identificação com o pai, percebido como um modelo para si próprio. Coexistindo sem conflitos por certo período, essas duas características acabam por se agrupar, segundo o plano de unificação da vida psíquica, no complexo de Édipo normal. O pai torna-se, então, para o menino, um empecilho aos seus projetos de conservar a mãe só para si. Naturalmente frustrado em seus objetivos, desenvolverá, irremediavelmente e desde o início, uma identificação marcada por seu caráter ambivalente – em uma relação ao mesmo tempo de amor e de rivalidade – com o objeto. Um fenômeno que de resto não constitui novidade, pois já se verificara algo semelhante na *fase oral* do desenvolvimento psicossexual da criança: o objeto amado e almejado por ela (o leite materno, por exemplo), uma vez ingerido, é obviamente destruído – tal como ocorre entre os canibais, que devoram os inimigos a quem dedicam amor, admiração e reverência.

Na verdade, esta seria a primeira – ainda que com certeza a mais importante – modalidade de identificação e que constitui a forma originária do laço de sentimento com o objeto (*identificação primária*). Outras duas podem ainda ser descritas secundariamente (e "secundário" aqui não apenas num sentido cronológico, mas também para marcar a posição já existente de independência do objeto). Num segundo caso, a identificação dar-se-ia como substituição regressiva para uma escolha de objeto previamente abandonado; ou seja, em lugar da escolha de objeto aparece a identificação por meio de *regressão*. Uma terceira modalidade pressupõe que o indivíduo manteria com o objeto, e excluindo qualquer investimento sexual nele, uma identificação que tem por base um elemento comum que ambos compartilham, tal como acontece mutuamente entre os componentes da massa em sua relação com o líder.

Este duplo laço [*Bindung*] – *um*, entre os membros da massa e o *outro*, destes com o líder – verificada na psicologia de massa leva-o a opor a *identificação* e o *estado amoroso*, na sua forma mais extrema, que se pode traduzir por *fascinação* ou *sujeição amorosa*. No primeiro caso, arrisca ele, "o eu se enriqueceu com as propriedades do objeto, 'introjetou-o', segundo a expressão de Ferenczi; no segundo caso, se empobreceu, abandonando-se ao objeto e colocando-o no lugar de sua parte constitutiva mais importante" (1921c, pp. 51-52).

Contudo, Freud não se satisfaz com essa descrição, que, no seu entendimento, estabelece oposições inexistentes na realidade: uma análise do ponto de vista econômico esclarece que não se trata de empobrecimento ou de enriquecimento, uma vez que o enamoramento mais extremado pode ser descrito como aquele em que o eu introjetou o objeto em si próprio. Tenta, assim, uma nova distinção, considerando aspectos mais essenciais: "No caso da identificação, o objeto perdeu-se ou foi abandonado; ele é então restabelecido no eu; o eu se modifica parcialmente conforme o modelo do objeto perdido. No outro caso, o objeto é conservado e, como tal e à custa do eu, superinvestido".

Mas tampouco esse modelo deixa de estar sujeito a objeções: seria possível haver, na identificação, interrupção de investimento no objeto? Não haveria identificação e ao mesmo tempo manutenção do objeto? Certamente, reconhece, esta é uma questão delicada. As dificuldades metapsicológicas apontadas advêm da necessidade de esclarecer as primitivas relações do ser humano com o seu semelhante, e dizem respeito a dois fatores: o caráter triangular da situação edipiana e a bissexualidade constitucional do ser humano. O segundo fator exige a ampliação da situação edipiana, que, a despeito de um caráter positivo, pressupõe outra de caráter negativo e que é, rigorosamente falando, invertida em relação à primeira. Igualmente importante é a pressuposição de que no início (fase oral) não se pode distinguir entre o *investimento do objeto* e a *identificação*; além disso, é provável que esta identificação se faça anteriormente a qualquer escolha de objeto.

Freud declina, assim, de examinar esta questão quando percebe que, ao longo da discussão e a partir do que lhe era mais essencial, foi aos poucos se constituindo uma alternativa que estabelece a distinção proposta no início. Ou seja, deve-se considerar *se o objeto está no lugar do eu* (mais conforme com o processo de identificação), ou *no lugar do ideal do eu* (definindo com precisão o que se passa no estado amoroso).

O estado amoroso pode ser mais bem explicado pela hipnose se levarmos em conta que a total entrega amorosa existente em ambos os estados se faz, na relação hipnótica, com a exclusão da satisfação sexual. Do ponto de vista teórico, esta seria uma vantagem, já que se resguarda assim "a pureza extrema dos fenômenos" [*die extremen Reinheit der Erscheinungen*].

Seja como for, em ambos os estados há a mesma sujeição humilde, mesma docilidade, mesma ausência de crítica, mesma renúncia de qualquer iniciativa pessoal, tudo isso que se torna mais claro na hipnose: "a relação hipnótica é um abandono amoroso sem restrição, com a exclusão de satisfação sexual, ao passo que no estado amoroso esta é apenas afastada por algum tempo e permanece em segundo plano como possibilidade de alvo ulterior". Vale repetir: a satisfação leva a uma redução da superestimação sexual do objeto e, logo, a uma menor "clareza" do fenômeno.

Seja como for, igualmente na hipnose, *o hipnotizador situa-se no lugar do ideal do eu do hipnotizado* e, como tal, torna-se para este o único objeto digno de interesse e atenção. Ora, sendo uma das funções do ideal do eu a prova de realidade, compreende-se como o eu hipnotizado "experimenta como num sonho tudo o que o hipnotizador exige e afirme": *o ideal do eu se funde com o eu* – um se toma pelo outro, desaparecendo, como por encanto, o conflito habitual entre ambos.

Freud não hesita em observar mais uma vez e nesse momento tardio de sua obra que a hipnose apresenta dados ainda não muito bem compreendidos e de caráter misterioso. Efetivamente, em termos descritivos, trata-se de uma influência exercida por um, que dispõe de plenos poderes, sobre o outro, impotente e desamparado. Mas constitui um enigma o fato de haver pessoas que facilmente se deixam hipnotizar, enquanto outras apresentam total resistência. Supõe "um fator ainda desconhecido" que, no sono hipnótico, "é efetivamente realizado" e que, talvez, apenas nele torna possível "a pureza das posições libidinais" (1921c, pp. 54-56). Como dado suplementar, "também leva em conta que frequentemente a própria consciência moral [*moralische Gewissen*] da pessoa hipnotizada pode se mostrar resistente", mesmo se, por outro lado, "com plena docilidade à sugestão". Arrisca a hipótese de isso acontecer porque, tal como praticada no mais das vezes, a hipnose se apresenta como um jogo, como "uma reprodução não verdadeira de uma outra situação de importância vital muito maior".

Sugestionabilidade: o sintoma hipnótico

Retomando as considerações sobre a formação de massa, a ideia é que os numerosos e intensos laços de sentimento que a determinam podem explicar uma de suas características, a saber: a uniformidade verificada nos comportamentos de seus membros, os quais, ao perderem a capacidade de iniciativa e de independência próprias, tornam-se, em que pese a contradição terminológica, um *indivíduo de massa* [*Massenindividuum*]. Mas são ainda outros aspectos – conforme G. Le Bon, o enfraquecimento do rendimento intelectual, a não inibição da afetividade, a inaptidão para a moderação e o adiamento, a tendência para a superação de todas as barreiras na manifestação do sentimento e a plena descarga deste na ação etc. – que levam Freud a pensar no quadro assim descrito como uma "regressão da atividade anímica a um estádio anterior", algo, de resto, em nada surpreendente quando encontrada nos selvagens ou nas crianças. (Faz, contudo, a ressalva de que essas características regressivas sofrem atenuações na massa mais organizada e artificial.)

Observa, entretanto, que as manifestações afetivas e intelectuais, fragilizadas como unidade autônoma, adquirem força suficiente para se fazer ouvir quando resultante de um conjunto de iguais. Acrescente-se ainda o aumento do "enigma da influência da sugestão" caso se admita "que tal influência não é exercida apenas pelo líder, mas por cada indivíduo sobre cada indivíduo", levando-o, assim, a dar maior importância ao que ele chama de "sugestão recíproca" [*gegenseitige Suggestion*]. Na verdade, uma "massa primária" constitui-se de "um certo número de indivíduos que colocaram um só e mesmo objeto no lugar de seu ideal do eu e, consequentemente, identificaram-se uns com os outros em seu eu".

A referência à chamada *pulsão gregária* [*Herdentrieb*], proposta por W. Trotter, torna-se, desse modo, inevitável, vista "como uma analogia e de certa forma uma extensão da estrutura multicelular"; seria inata, portanto não analisável e irredutível, bem como determinante quanto ao comportamento social dos seres humanos. A psicanálise, afirma Freud (1923a, p. 207), contradiz tal formulação. "Quão inata possa ser a pulsão social", parece-lhe mais provável que sua explicação seja encontrada no que ele chama de "investimentos de objeto originalmente libidinais", cujo desenvolvimento deu-se, na infância, "como formação reativa a posições hostis de rivalidade. Ela se apoia em uma espécie particular de identificação com o outro".

Ao contestar o caráter irredutível e não analisável da pulsão gregária de Trotter, Freud atualiza seu inconformismo teórico manifestado trinta anos antes, no mesmo sentido, a propósito da noção de sugestão de Bernheim. O que não constitui uma mera coincidência: afinal, um autor chamado Boris Sidis não deixaria de fazer uma relação entre as duas noções, ao tentar explicar a origem da pulsão gregária por meio da sugestionabilidade. Uma explicação que Freud igualmente contesta: caso se levasse em conta a irredutibilidade da dita pulsão, tal hipótese resultaria supérflua. E insuficiente: melhor seria a proposição inversa, ou seja, a de que a sugestionabilidade é produto da pulsão gregária; e esta admite a possibilidade de análise (1921c, pp. 56-60).

Em termos da teoria da libido, Freud entende o gregarismo como "uma outra manifestação da tendência proveniente da libido, que têm todos os seres vivos da mesma espécie de se reunir em unidades cada vez mais englobantes"; mas suas observações o levam a pensar em sua formação paulatina, como efeito das relações entre as crianças entre si e destas com seus pais. Fruto da identificação, seu substrato é o de justiça e tratamento igual para todos. Ou seja, há como que uma substituição nas crianças da rivalidade inicial pela solidariedade, com a condição de não haver para qualquer uma delas mais privilégios do que para outra; e que sejam amadas pelos pais de maneira igual. A inversão do que foi a princípio um sentimento hostil constitui, assim, o sentimento social.

Seguindo a ontogênese da pulsão gregária a partir do desenvolvimento infantil, Freud critica, portanto, na construção teórica de Trotter, a ausência do papel do líder, que lhe parece ter importância fundamental na compreensão da psicologia da massa. Entre outras coisas, porque a exigência de igualdade entre os membros, tomando por base a análise das massas artificiais como a Igreja e o Exército, manifesta-se na pressuposição individual de uma cota de amor, igual e justa para todos, proveniente do líder. "Todos os indivíduos devem ser iguais entre eles", identificados entre si e desejosos de ser dominados por um só ("chefe supremo") – esta é, a seu ver, a situação "na massa viável". Substitui, assim, a hipótese de Trotter de que o homem é um *animal de rebanho* [*Herdentier*] por outra que faz dele um *animal de horda* [*Hordentier*].

Retoma aqui a construção darwiniana "segundo a qual a forma originária da sociedade humana era a de uma horda dominada sem restrição por um macho forte".[10] Um pai violento e ciumento que detinha para si todos os direitos - especialmente os sexuais - sobre as fêmeas e que expulsava os filhos na medida do seu crescimento e obrigava-os à abstinência sexual (1921c, pp. 61-66). Num dado momento, os irmãos - juntos, uma vez que, separadamente e sós, isto seria impossível - mataram e devoraram o pai, pondo fim à horda patriarcal. Este pai originário foi um modelo ao mesmo tempo temido e invejado por cada um nesse grupo de irmãos; o ato de devorá-lo significou, assim, uma forma de com ele se identificar e obter para si parte de sua força.

Freud supõe, primeiro, que traços indestrutíveis foram deixados pelos destinos dessa horda na história hereditária do homem; e, segundo, uma correlação entre o violento assassinato do chefe supremo, com a mutação da horda do pai em uma comunidade de irmãos, e o desenvolvimento do totemismo - o totem como substituto do pai -, que abrange os primórdios da religião, da moralidade e da subdivisão social. Mas esta comunidade estaria fadada a funcionar sob bases precárias, e sempre tendente a desintegrar-se, caso persistisse em cada um dos irmãos o desejo de se empenhar numa luta fratricida, a fim de ocupar o lugar do pai assassinado. Afinal, agora eram todos rivais em relação às mulheres.

A maior resultante - embora não seja a única - do parricídio teria sido, portanto, a instituição da *exogamia*, a lei do incesto, ou

---

10 "Certamente esta é apenas uma hipótese como tantas outras pelas quais os pré-historiadores tentam esclarecer a obscuridade do tempo originário - uma 'just so story' como espirituosamente a nomeou um crítico inglês não desprovido de amabilidade -, mas eu estimo ser honroso para uma hipótese mostrar-se apropriada para fornecer coerência e compreensão em domínios sempre novos" (1921c, p. 61). Em *Scientific Knowledge, History, and Prediction*, Popper teria afirmado que, historicamente, todas as teorias científicas encontram sua origem no mito, e este, inversamente, pode antecipá-las (citado por Dor, 1977, p. 198).

seja, a proibição do contato sexual com as mulheres da família com as quais se manteve, desde a infância, um laço inicial de ternura [*Zärtlichkeit*]. O complexo de Édipo figura, assim, no plano individual, ontogenético, a repetição e a renovação desse tabu, fruto de um acontecimento mítico primordial na história da humanidade.

Para Freud, "restituir a massa à horda originária" poderia nos conduzir a uma aproximação "do que resta ainda incompreendido, misterioso e se esconde por trás das palavras enigmáticas hipnose e sugestão". O caráter inquietante em si da hipnose "reenvia a alguma coisa de antigo e familiar, que sucumbiu ao recalcamento" – fenômeno para o qual utiliza de maneira própria a palavra alemã *unheimlich* – e que tende agora a emergir, como toda formação de compromisso, de maneira deformada. O hipnotizador, por sua vez, sustenta justamente esse caráter de mistério, propiciado por esse *retorno do recalcado,* obviamente não compreendido como tal pelo hipnotizado, e utiliza-se deste poder no sentido de destituir o sujeito de sua própria vontade; "esse poder misterioso – amiúde ainda qualificado popularmente como magnetismo animal – é necessariamente a mesma coisa que a considerada pelos primitivos como fonte do tabu, a mesma que emana dos reis e dos chefes e que torna perigoso se aproximar deles (Mana)".

A condição é que a pessoa hipnotizada deve investir o hipnotizador deste suposto poder. Observa que a hipnose se faz, sobretudo, pelo olhar [*Blick*]. E acrescenta, a título de ilustração:

> *É justamente a visão* [Amblick] *que é para os primitivos perigosa e insuportável, como mais tarde seria a visão da divindade para os mortais. Moisés deve ainda se fazer de intermediário entre seu povo e Javé, dado que o povo não suportaria a visão de Deus, e quando ele retorna, depois de ter estado em presença de Deus, seu rosto resplandece, uma parte do "Mana"*

havia sido transferida para ele como acontece com o mediador dos primitivos.

Em vista disso, é possível criticar toda e qualquer conjectura de ordem fisiológica quanto ao uso de artifícios – como um objeto brilhante ou um som monótono – na hipnose. Freud constata que estes procedimentos têm a única função de desviar e prender a atenção do hipnotizado sobre o hipnotizador, retirando-lhe todo o interesse pelas coisas do mundo (retomaremos esta ideia, mais adiante, no Capítulo 7). Naturalmente, ainda observa, não haveria a mesma efetividade caso a hipnose fosse operada por intermédio de palavras correlatas, uma vez que a pessoa a ser hipnotizada não pode estar consciente das intenções do hipnotizador. Ao fixar o olhar e a atenção nesses instrumentos artificiosos, na realidade, o sujeito, distraído e cativado em sua atenção consciente, "concentra, inconscientemente, toda a sua atenção no hipnotizador e se coloca na posição do *rapport*, da transferência", para com ele. (É interessante notar ser este o único lugar do texto onde aparece o termo "transferência"; mas deixa de ser surpreendente se o tomamos, levando em conta o restante da análise freudiana examinada até agora, como um indício mínimo, sutil de que foi praticando a hipnose que Freud concebeu a ideia de transferência. Tal como vista aqui, a explicação de uma serve em parte para a outra, uma pode ser tomada em parte pela outra, no sentido de uma disposição à transferência.)

Mais uma vez apoiando-se em Ferenczi, presume que, no começo da hipnose, quando induz o hipnotizado ao sono, o hipnotizador está efetivamente colocando-se no lugar dos pais deste. Lembrando com legitimidade e fechando o círculo: temporariamente ocupando o lugar da instância que é fruto da internalização das figuras paterna e materna, ou seja, o *ideal do eu*. Ou talvez, dizendo mais corretamente neste contexto: o *sistema ideal do eu-supereu* (em 1921, Freud não havia ainda utilizado este último termo). Por fim, e ainda segundo Ferenczi, haveria dois tipos de hipnose:

uma, carinhosa e apaziguadora [*schmeichlerisch begütigende*], que ele atribuía ao modelo maternal; a outra, ameaçadora [*drohende*], atribuída ao pai.

Conclui que o hipnotizador, com tais procedimentos, "desperta no sujeito uma parte de sua herança arcaica", já manifestada igualmente com os pais, tendo conhecido "na relação com o pai uma revivificação individual" (1921c, pp. 66-67), personalidade superpoderosa e perigosa e frente à qual se toma uma *posição passivo--masoquista* – termos utilizados por Freud em 1905, como vimos no início deste capítulo, para explicar metapsicologicamente a natureza da hipnose – e de renúncia quanto à própria vontade: encará-lo seria, portanto, uma empresa arriscada, da mesma forma que teria sido para o membro da horda originária em relação ao pai originário.

Ainda que a atitude pessoal para com a emergência dessas *situações arcaicas* sofra grande variação entre as pessoas, suas considerações sobre a sugestão e a formação de massa o levam a supor que o líder (assim como o hipnotizador) é ainda o pai originário temido, e a massa (assim como o sujeito hipnotizado) "sempre quer ser ainda dominada por um poder ilimitado, e é no mais alto grau ávida de autoridade, ela tem, segundo a expressão de Le Bon, a sede de submissão". Considerando a hipnose, com todo direito, uma *massa de dois*, Freud pensa que essa definição deve ser complementada para servir à sugestionabilidade. Ou seja, nessa massa de dois, o sujeito que se submete à sugestão deve estar animado de *uma convicção que não está fundada na percepção nem no trabalho de pensamento, mas numa ligação erótica* [*erotische Bindung*].

Cabe registrar que em "Sugestão e psicanálise" – ou seja, nove anos antes – Ferenczi (1912) havia antecipado em parte esta definição freudiana, ao afirmar (na continuidade de um raciocínio já referido aqui) que "a hipnose e a sugestão fixam, de certa maneira, a diminuição do campo da consciência, adestrando o paciente a permanecer cego para uma parte de suas percepções externas e internas" (p. 233). Antes disso, convencido de que Bernheim tinha razão ao afirmar que a hipnose não passava de uma forma de sugestão, um "sono sugerido", afirma não dar muita importância em precisar a distinção entre as duas noções (Ferenczi, 1909, p. 112).

Já Freud, em 1921, está em condições de se contrapor definitivamente a Bernheim, ao Ferenczi de seus começos e, de certa forma, a ele próprio: trinta anos depois de intervir na questão dos fenômenos hipnótico-sugestivos, não pode mais duvidar de que a sugestão é uma manifestação parcial do estado de hipnose; e esta, por sua vez, fundamenta-se, vale repetir, numa disposição cuja origem é inconsciente e que remonta à história originária da família humana.

Haveria em nós esta *necessidade premente* – à maneira de um sintoma, conforme Roudinesco (1994a, pp. 169-170), um *sintoma hipnótico* (ortodoxia de uma doutrina, culto da personalidade, onipotência de um dogma ou de um chefe) – invocada por Kant, segundo a qual somos incapazes de "nos impedir de supor a existência de um ser supremo, para além do sensível, como causa de nosso mundo e garantia de sua coerência"? (Marie, 2004, pp. 164-165). Uma *necessidade de servidão*, conforme apontaram Maquiavel, La Boétie, Hobbes e Sade, e já referida por Platão, em *A república*, como uma dificuldade dos homens de suportar sua liberdade, responsável em parte pela constituição da tirania? Enfim, tenderíamos a nos aproximar dos mestres capazes de "nos transmitir um saber sobre uma verdade que excede o conhecimento"?

Se assim for, tais premissas sustentariam igualmente a disposição à transferência em todo tratamento psíquico. Mas, sem estar livre de tantos e tais perigos, os procedimentos clínicos da psicanálise se contrapõem (ou deveriam se contrapor) aos das psicoterapias na medida em que estas, por definição, convictas de um *saber universal*, inscrevem o sintoma exposto pelo paciente numa grade de leitura capaz de fornecer sua significação, para, assim, conceber seus métodos e protocolos de remissão de sintomas, cujo objetivo é assegurar o bem dos pacientes e promover sua felicidade. As psicoterapias, ao contrário da psicanálise freudiana, que não é uma filosofia, assentam-se, assim, na ideia de haver um sentido que conviria a todos – "quando, se sentido houver [...], é um sentido singular que convém apenas àquele que fala" – visando à concretização de uma possível harmonia. Pois justamente aqui mora o perigo: como adverte Marie (2004, p. 25), fechando o círculo de seu raciocínio, "todo sofrimento psíquico induz à ideia de haver em algum lugar um saber sobre ele". E é este saber suposto que, "circunscrito numa dada pessoa, suscita o amor que temos por ela e que doravante nos torna sensíveis a seus propósitos". Não por outra razão este amor é igualmente "o limite da ação de toda psicoterapia".

Lemos em Freud (1916-1917): "A crença repete [...] a história de sua própria gênese" (p. 462). Ramificação do amor, essa crença nem mesmo "tem necessidade dos argumentos". Mais de dez anos antes, nos *Três ensaios*, já mostrara a importância, e talvez mesmo, como vimos, a essencialidade da "credulidade do amor" como fonte da autoridade, citando, como exemplo, a docilidade crédula dos hipnotizados para com os hipnotizadores, de resto, verificada igualmente, nos apaixonados, "em uma cegueira lógica (fraqueza de julgamento) frente aos desempenhos e perfeições anímicos do objeto sexual" (1905d, p. 83).

Podemos, enfim, supor que todo tratamento psíquico fundado *apenas* na sugestão (essencial ou circunstancial) sustenta-se na condição limite de um amor impossível, pois supostamente destituído de ambivalência. Dito de outra maneira, negar ou negligenciar a ambivalência pulsional é o que permite sustentar, sempre ilusoriamente, não só o estado amoroso entre pessoas como qualquer outra variação de paixão que na vida social se constitua como única e exclusiva. Por exemplo, a paixão ideológica e, em particular, a ideologia político-religiosa, que mais do que nunca está a nos exigir estratégias firmes e claras de enfrentamento e esclarecimentos cotidianos. Vivemos tempos obscuros, ameaçadores e truculentos de celebração da ignorância e proliferação de ideias pseudocientíficas e anticientíficas, ataques às ciências e às universidades, negacionismos e teorias conspiratórias, que se expressam em mentiras grosseiras nas redes sociais – e, ainda mais preocupante, em políticas de governo como tristemente vemos hoje acontecer no Brasil, onde são, *hélas*, acolhidas por uma parte mesmerizada da população.

Em contrapartida, são igualmente tempos em que, *a fortiori*, vêm se configurando inéditas possibilidades de trabalho e atuação em nossos sistemas públicos de saúde (em que o SUS, Sistema Único de Saúde, constitui uma conquista a ser louvada e preservada), e onde o profissional de psicologia (psicanalista ou não) se vê cotidianamente confrontado em sua clínica com as questões aqui esboçadas, como realidade imanente, intrínseca e incontornável de seu ofício. Podemos, dessa forma, esperar e desejar: necessariamente, escolhas decisivas e importantes hão de se fazer por aí.

6. Prolongamentos da *clínica da transferência*

O "esplêndido isolamento" de Freud, que abrange a maior parte do período de gestação da psicanálise, parece confirmar-se por um detalhe curioso da biografia de Sándor Ferenczi. Embora dado a experiências com a hipnose desde os tempos de colégio em sua cidade natal (Miskolc) e tendo realizado seus estudos médicos em Viena na última década do século XIX, o então psiquiatra e neurologista húngaro, e no futuro o mais importante psicanalista da primeira geração, só viria a conhecer de fato o trabalho de Freud dez anos depois de retornar ao seu país natal e instalar-se em Budapeste em 1897. Segundo Haynal (1992, p. XVI), "no momento de seu encontro com Freud, é um homem de personalidade afirmada, dotado de ideais culturais amplos, de extensa experiência médica e terapêutica, incluindo a hipnose – tudo como Freud".

Já em sua primeira carta ao Mestre, de 18 de janeiro de 1908, revela que o seu ensino lhe ocupa o espírito desde o ano anterior – por coincidência, também o ano em que a primeira edição de 600 exemplares do livro fundador da psicanálise, e um dos mais importantes do século, afinal se esgotara. Ferenczi não deixa, assim, de figurar entre os primeiros e relativamente poucos leitores da *Traumdeutung*.

Não sem alguma resistência: conforme viria a relatar mais tarde o próprio Freud (1923i, p. 327), durante algum tempo, "não se sabe se por enfado ou aversão", teria repelido sua obra. Fora antes atraído pelo renome da clínica de Zurique (da qual fazia parte Jung, já então um adepto da psicanálise, e Bleuler, simpatizante), para só depois dirigir-se a Viena no intuito de "falar com o autor do livro que um dia deixara de lado de maneira tão desdenhosa". Não o largaria mais, ao menos naquele ano: em 5 de dezembro, agradecendo o envio de "Teoria sexual infantil", cuja segunda leitura "muito lhe havia ensinado", Ferenczi refere-se ao livro do sonho: "A propósito me vem ao espírito que eu deveria retomá-lo [...] uma quarta vez; quando compreendemos as coisas um pouco mais, aproveita-se muito melhor da leitura de seus trabalhos" (F/F, 1992, p. 33). Seus leitores subsequentes assinariam embaixo.

Também em 1907, logo depois do retorno das férias de verão, o "Homem dos Ratos", a seu modo, mas também, tal como acabara de fazer Ferenczi na condição de profissional, chega à psicanálise por intermédio de uma fonte bibliográfica: folheando *A psicopatologia da vida cotidiana*, ali encontrara "a explicação de conexões singulares de palavras", e estas lhe teriam feito recordar "seus próprios 'trabalhos de pensamento' que pesavam sobre suas ideias" (1909d, p.138). Ora, o fato de um paciente não ser mais tão ingênuo em sua demanda de análise parece premonitório do fim de uma época para a clínica psicanalítica. A própria terminologia da nova disciplina, como no seu tempo ocorreu com a kantiana, não demoraria a fazer parte do vocabulário comum – e por vezes muito mais para encobrir do que revelar: doravante, Freud e os primeiros analistas passariam a contar cada vez mais com essa nova e grosseira modalidade de resistência na análise.

Com sua argúcia peculiar, Ferenczi (1913, p. 45) observa fatos extraordinários. Por exemplo, a grande histeria, "que chega a deslocar completamente da esfera psíquica para a esfera física a dúvida e os sentimentos incompatíveis com a consciência", parecia estar se tornando mais rara, numa possível relação com o recuo proporcional das pessoas hipnotizáveis. "Em contrapartida, o número dos obsessivos – parece – vem crescendo".

Com a análise do Homem dos Ratos em andamento fazia pouco mais de dois meses, e em 9 de janeiro de 1908, a Abraham, então às voltas com um caso de obsessão, Freud avalia ser mais difícil a técnica para esta neurose do que a empregada com a histeria; e diferentes os meios de recalcamento, tomados aqui no sentido amplo de *defesa*, das duas neuroses.[1] Mas a neurose obsessiva não passava de "um outro dialeto, e nada mais" (F/A, 1969, p. 27). Havia afirmado em 1895, nos *Estudos sobre a histeria*: "Registro aqui entre parênteses existir um grande parentesco interno entre o mecanismo psíquico das representações obsessivas e aquele dos sintomas histéricos e que a técnica de análise é a mesma para ambos" (1895d, p. 301).

Seis anos mais tarde, e mais preciso, afirma não ter encontrado nesta neurose o esquecimento "de impressões, de cenas, de vivências", submetidas, na maior parte do tempo, a uma espécie de

1 "Avalio agora haver uma vantagem segura em retornar ao velho conceito de defesa, na condição de colocá-lo como a designação geral para todas as técnicas das quais o eu se serve em seus conflitos que eventualmente levam à neurose, enquanto o recalcamento permanece o nome de um desses métodos de defesa, bem determinado, que, na sequência da orientação de nossas investigações, foi o primeiro mais bem conhecido por nós" (1926d, p. 277). O recalcamento [*Verdrängung*] é, portanto, o protótipo de uma categoria de defesas ditas *primárias*, que mais tarde vão se enriquecer com a descoberta de outros mecanismos análogos, como recusa (da realidade) [*Verleugnung*], preclusão [*Verwerfung*] e denegação [*Verneinung*]. Outras defesas devem, assim, ser consideradas *secundárias* – e secundárias, antes de tudo, no sentido de aparecerem num segundo tempo. São *segundas* em relação às defesas primárias.

"barragem", como parecia ser a regra na histeria. Quando ainda fazia uso do método da velha hipnose catártica, presenciara a típica surpresa experimentada pelas histéricas (mormente nos casos clássicos de conversão) diante de suas lembranças - situações e acontecimentos esquecidos nos quais nunca pensaram depois, porque, pode-se afirmar à luz da psicanálise, não queriam saber deles. O "esquecimento" obsessivo sofria outro tipo de limitação: "em numerosos casos, tive a impressão de que a amnésia de infância muito conhecida e tão significativa para nós no plano teórico era completamente contrabalançada pelas recordações encobridoras", em que não somente algo de essencial havia sido conservado, "mas para dizer a verdade todo o essencial". Em consequência, em meio às resistências manifestadas na clínica, as lembranças do paciente obsessivo parecem derivadas de um processo de dissociação ou de deslocamento: ele sabe de algo sobre o qual não pensa conscientemente; ou, dito de outra maneira, rememora algo que não pôde ser esquecido porque em nenhum momento foi percebido; logo, a rigor, jamais foi consciente. "Em particular, é nas múltiplas formas da neurose obsessiva que na maior parte do tempo o esquecimento se restringe à dissolução das correlações, ao desconhecimento das consequências lógicas, ao isolamento das lembranças" (1914g, pp. 188-189).

Tais asserções são o resultado de uma reflexão contínua, mas que ganha impulso na primeira metade de 1908. Cinco meses após o início da análise do Homem dos Ratos, confessa a Jung que "a entidade da histeria vem se dispersando" para ele, agora seu interesse se volta mais para a neurose obsessiva (F/J, 1975a, p. 174). Na Páscoa, por ocasião do primeiro congresso psicanalítico, em Salzburgo, apresenta o relato do caso do Homem dos Ratos durante cinco horas, sem interrupção (Haynal, 1992, p. XXIII), embora – em parte fiel a sua própria recomendação de não submeter um caso clínico ao tratamento científico antes de seu término (cf. 1912e) –, só viesse a escrevê-lo em definitivo entre junho e julho do ano seguinte. Duas cartas, ambas a Ferenczi, constituem provas definitivas. Em 13 de junho de 1909: "Estou redigindo o Homem dos Ratos de Salzburgo, para o Jahrbuch [*Jahrbuch für psychoanalytische und psychopathologische Forschungen*, ou Anuário de Pesquisas Psicanalíticas e Psicopatológicas]" (F/F, 1992, p. 75) – que vem a ser o primeiro periódico psicanalítico, fundado justamente por ocasião do congresso. Em 4 de julho: "Terminei a história do Homem dos Ratos, ela está pronta para ser enviada a Jung, mas esgotei toda minha capacidade de trabalho para a estação" (F/F, 1992, p. 77).

Estamos ainda em 1908 (26 de novembro), e depois de dez meses de intensa e profícua correspondência, Freud conta a Ferenczi de seu empenho recente de escrever sobre o *método psicanalítico*: "Penso ser muito importante para aqueles que já praticam a análise. Quem não estiver envolvido com ela não compreenderá uma palavra" (F/F, 1992, p. 29). Ora, a despeito de chegar a quase quarenta páginas escritas, o trabalho jamais seria concluído tal como projetado no início.

O que se segue é um resgate minucioso desse episódio, referido, que eu saiba, apenas por Jones, o biógrafo oficial de Freud, por Strachey, seu tradutor inglês, e pelos editores da correspondência de Freud e Ferenczi, e que diz respeito à indecisão persistente do mestre-fundador em redigir "uma metodologia geral da psicanálise" [*Allgemeine Methodik der Psychoanalyse*] – presumivelmente, segundo Strachey (2001c), um trabalho sistemático sobre técnica. Mencionado desde 1908, o projeto original seria de vez abortado em algum momento antes de fevereiro de 1911, quando enfim publica o primeiro ("O manejo da interpretação do sonho em psicanálise") dos seis curtos ditos artigos sobre a técnica ("Sobre a dinâmica da transferência", o segundo da lista, é de 1912).

Pode-se mesmo afirmar com alguma segurança que Freud jamais despendeu tão longo tempo a escrever um texto e hesitou tanto (salvo com o caso Dora, mas supostamente pela questão do sigilo) em sua publicação. Strachey (2001c) relaciona a relativa escassez de trabalhos sobre técnica com suas hesitações e demora em produzi-los – aparentemente, relutava em publicar esse tipo de material. Por um lado, temia que seus pacientes viessem a conhecer os pormenores de sua técnica; por outro, era cético quanto ao valor de uma espécie de manual para jovens analistas.

Para além da reserva de escrever sobre a técnica psicanalítica, proponho aqui explicar essa indecisão de Freud como *também* resultante das novas aquisições ocasionadas pela neurose obsessiva: nesse sentido, se estiver correto, a análise do Homem dos Ratos (antes mesmo da análise do Homem dos Lobos) representa um marco anunciador do fim de uma época de ouro para a psicanálise, quando, por um lado, ainda predominava o entusiasmo das primeiras e fundadoras descobertas e Freud, na maior parte deste período, foi seu único praticante; e quando, por outro lado, sua regra fundamental adquire enfim uma configuração definitiva, o que ao mesmo tempo distingue uma conquista pressuposta e necessária e para sempre um enorme e original desafio.

Em função dessas circunstâncias, e talvez não por acaso, a prioridade na abordagem das questões de método (genuinamente psicanalítico) – quase três anos antes de o fundador da psicanálise se autorizar a fazê-lo – caberia ao ainda neófito Ferenczi, com o seu "Introjeção e transferência". Publicado em fins de 1909, o artigo guardava, segundo Freud, estreita relação com a *Methodik* (a maneira abreviada pela qual se refere nas cartas ao trabalho sempre encalhado). Deve-se ainda notar, no artigo do discípulo, a novidade de aparecer em seu título o termo "transferência".

O "*Caso Methodik*"

Freud (1910d) anuncia, em "As chances futuras da terapia psicanalítica", que os psicanalistas não demorariam a reconhecer as necessárias modificações pelas quais a técnica analítica deveria passar, adequando-se à forma da doença e às pulsões nela predominantes. "É verdade que partimos da terapia da histeria de conversão; para a histeria de angústia (as fobias), é preciso mudar um pouco nossa abordagem" (p. 67).

Nas publicações, continuava valendo o que escrevera em Dora cinco anos antes: "A técnica do trabalho analítico foi [...] revelada apenas em alguns raros lugares, com exceção dos sonhos" (1905e, p. 192). Havia o relato bastante completo do procedimento pré-psicanalítico nos *Estudos sobre a histeria*: exposto a partir das descobertas de Breuer e já descrito como a *técnica de pressão*, incluía, como bem avalia Strachey (2001c), consideráveis elementos sugestivos, ainda que caminhasse muito rapidamente em direção ao que logo ele chamaria de "método psicanalítico". Registra-se ainda, sobre a técnica, "duas descrições, muito superficiais", em "O método psicanalítico de Freud", de 1904, e em "Da psicoterapia", de 1905.

Três dias depois do anúncio da *Methodik* e "agradavelmente surpreso", Ferenczi afirma a "imensa necessidade" deste trabalho, pois "nos poupará muito em dificuldade e decepção" (F/F, 1992, p. 30). O curioso é que Freud escrevera algo semelhante a Abraham, mas no começo daquele ano (19 de janeiro): "Ainda a propósito de técnica [...], esta foi a mais dura conquista, e é mesmo por esta razão que gostaria de poupar meus sucessores de uma parte do tormento e do – preço da lição" (F/A, 1969, p. 31). Talvez já pensasse neste momento, ou mesmo antes, em sua *metodologia geral.* Como se conhecesse essa passagem, Ferenczi dá-se conta de "haver algo de doloroso em oferecer sem mais nem menos, aos mais jovens, esses conhecimentos adquiridos à custa de tantas dificuldades e sacrifícios" (F/F, 1992, pp. 30-31). Em seguida, também anuncia uma novidade: "Antes de ir a Viena, espero dar conta de um pequeno trabalho que toca igualmente o aspecto técnico das análises e para o qual já reuni os materiais". Sua vontade de não chegar de mãos vazias na certa o "[obrigaria] a trabalhar mais e de modo mais assíduo".

Na sua resposta, além de estimular Ferenczi a trazer todos os seus projetos, Freud adverte que seu trabalho sobre a metodologia da psicanálise talvez não fosse exatamente o que dele esperava o discípulo, propondo-lhe em troca, quando de sua visita a Viena, a leitura das 34 páginas já escritas – de um total estimado em 40 a 50 –, na expectativa de uma avaliação. Passado o Natal, apressado em publicar os próprios textos e fiel à sua promessa, Ferenczi leva a Freud o manuscrito, composto de duas partes, de "Introjeção e transferência". A Jung, já em 30 de dezembro, Freud menciona o evento, e comenta que este "*ótimo* trabalho sobre a transferência" seria destinado à segunda parte do volume do *Jahrbuch*, mas que, no interesse de Ferenczi, gostaria de "publicar *mais cedo*, pois é muito próximo da seção correspondente da minha 'metodologia geral' da ΨA"". Mas antecipa: "Se ele não encontrar acolhimento fora – já fui recusado [por Marcuse, o editor da revista *Sexualproblem*] uma vez – de toda maneira vamos precisar passá-lo para você" (F/J, 1975a, p. 264).

Dois dias depois, ao próprio Ferenczi, refere-se aos possíveis editores (Marcuse e Bresler), antes de lhe propor o *Jahrbuch*, "ao lado de meu grande artigo" sobre a técnica – se o psicanalista húngaro renunciasse "à prioridade merecida" (F/F, 1992, p. 37). Como na época as cartas entre Budapeste, Viena, Zurique e Berlim não tomavam mais do que 24 horas para chegar ao destino (Haynal, 1992, p. XIX), já no dia seguinte Ferenczi responde sem hesitação:

> *Antes de tudo, muito obrigado pelas numerosas provas de boa vontade da qual sou mais uma vez beneficiado.*

> *Se não soubesse que ter gratidão é também estar em dívida, o que separa as pessoas mais do que as reúne, eu me deixaria levar sem reserva por este sentimento. Apenas recebo o que o senhor me oferece como um presente de minha boa sorte, e penso em suas palavras de Berchtesgaden: "O homem também deve saber aceitar presentes". (F/F, 1992, p. 38)*

Lamenta o fato de Freud ter passado por tantas dificuldades em prol de seu artigo, quando de sua parte tendia a evitar uma comparação direta entre os dois trabalhos: "Se a existência desse pequeno artigo se justifica por si, eu sei muito bem que não será este o caso depois da publicação do seu". Logo, via Jung, ele quer tentar o *Journal für Psychologie und Neurologie*, ou qualquer outra revista. Atento, ainda adverte: "Muito particularmente, evitei usar o que aprendi em sua *Methodik*". Trata-se do jovem Ferenczi, que até então não havia publicado mais do que quatro artigos psicanalíticos e cuja clínica – disso se dá conta "sem se deprimir", pois sabe que ela virá com o tempo – acaba de perder três de um total de cinco analisandos. E ainda "a preços reduzidos".

Em sua resposta, Freud recomenda a Ferenczi conter o "pessimismo terapêutico"; informa que Jung já se pôs em contato com K. Brodmann, que "vale o nosso esforço"; esclarece que a complicada questão da prioridade – "deveremos ainda nos repetir com frequência" – o impede de favorecer a apresentação das ideias do discípulo húngaro na "Sociedade da Quarta-feira à Noite"; enfim, que apenas temporariamente e "no [seu] interesse" estaria colocando dificuldades em publicar seu artigo no *Jahrbuch*. Na sequência, ele comete, aparentemente, um *lapsus calami*:

> *Não tenho por você (nem por outros) sentimentos de benfeitor e, logo,* [não] *atribuo à minha maneira de*

> *agir os temores, por outro lado justificados, de que fala. Levando em conta a minha idade, acho que devo deixar livre o lugar para outros que vêm depois de mim, e em tudo, portanto, ajo apenas pela causa* [da psicanálise], *que no fundo é mais uma vez a minha, o que quer dizer que procedo de maneira absolutamente egoísta. Entre meus sucessores e continuadores, deve estar assegurado a você um lugar eminente. (F/F, 1992, p. 40)*

Depois de agradecer a "amável missiva" e afirmar que Freud, não querendo ser um benfeitor, pratica "a forma mais sublime do egoísmo", além de "reforçar minha coragem frequentemente vacilante", Ferenczi aponta na carta uma frase que não consegue compreender mesmo depois de muito refletir. Por um lado, diz ele, deve ter algum significado "o esquecimento total de minha parte desses temores"; por outro, supõe que a frase "ficou estropiada de alguma maneira, talvez lhe falte um 'não' ou outra negação" (F/F, 1992, p. 42). Ora, com a psicanálise sabemos que um lapso jamais é destituído de importância e interesse; e neste caso preciso ele ocorre quando Freud parece repelir votos de reconhecimento, de agradecimento, de dívida... a separar os homens em vez de os reunir. A "negação" omitida, denunciada por Ferenczi como "fiel discípulo de seu ensino", não terá sido mero deslize gramatical se levamos em conta a sucessão dos acontecimentos.

Há a resposta de Freud, que, reconhecendo a falta de uma negação, limita-se num primeiro momento a acusar um "terremoto interior" – imagem pertinente, se levarmos em conta que na carta do primeiro dia de 1909, pesaroso, ele faz referência ao terremoto do último 28 de dezembro, que destruíra quase por completo a cidade italiana de Messina. Tivera ainda uma forte enxaqueca no dia anterior à carta, o que, como de hábito em situações similares, o faz se contradizer. Estava certo, porém, de não haver nenhuma "significação mais deplorável" em sua manifestação (F/F, 1992, p. 39). Ora, supõe-se que o fundador da psicanálise se analise sempre, logo, o assunto deveria ainda se prolongar.

Em missiva não datada – os editores justificam pelo conteúdo sua colocação nesta ordem, confirmada também pelo papel de carta –, Ferenczi retoma mais uma vez o assunto com visível constrangimento: "Lamento ter de falar sobre meu trabalho, pois, embora não possa tomar este opúsculo como absolutamente destituído de valor – sobretudo depois de sua elogiosa apreciação – preferia ver este dossiê arquivado e abandoná-lo a seu destino" (F/F, 1992, pp. 43-44). É que, sem explicação, afirmando não poder publicá-lo, Brodmann havia retornado o manuscrito: foram 24 horas em depressão, confessa Ferenczi, antes de, enfim, concluir tratar-se da "política partidária" que entrava "a livre expressão das opiniões" em publicação científica.

A carta de Freud de 18 de janeiro, cruzada com a precedente, e que se inicia com o incomum "prepare-se para rir de mim", fala primeiro da satisfação de ter em mãos os catorze primeiros fascículos do *Jahrbuch*, a seu ver, "qualquer coisa de magnífico" – trabalho que ele credita a Jung como redator-chefe. Mas um arrependimento lhe pesa no coração: o fato de Ferenczi "não [figurar] neste volume, que, tão impactante e tudo por nosso mérito, não se renovará tão cedo. Eu me disse que foi minha *culpa*". Explica-se:

> Por uma preocupação inoportuna com a discrição ou sabe Deus porquê, eu tinha deixado de fora da segunda parte do volume o seu belo trabalho sobre a transferência. Pensei que você poderia escrever facilmente outro artigo para esta segunda parte, mas então me fizeram ver que lhe seria quase impossível produzir algo de tamanha importância em um ano. (F/F, 1992, pp. 45-46)

Sem estar ainda a par da resposta (negativa) do editor vienense – e antes de esclarecer seu ato falho, como veremos na sequência –, propõe com hombridade, além de movido por um claro desejo ainda não de todo consciente de reparar: "Sinto-me na obrigação de lhe pedir para considerar como encerrada minha antiga oposição, e avaliar mais uma vez se não prefere retirar seu artigo do jornal de Brodmann para destiná-lo ao Jahrbuch". Sublinha: "Isso me pareceria agora *muito mais justificado*", antes de enfim concluir: "Com relação a Jung, transfira tranquilamente para mim todo o incômodo desta inconsequência; com Br.[odmann], não há por que dar provas de consideração, invoque qualquer razão. Bem, ria de mim, e faça agora o que lhe aconselho".

Dois dias depois, em vez de rir ("nada mais distante de mim"), Ferenczi relembra o dito de Lichtenberg, naturalista e escritor alemão conhecido pelos aforismos e máximas: "Vale sempre mais que um cargo seja inferior às capacidades", para se referir à dúvida que sempre o invade: "com o passar do tempo, estaria eu à altura de justificar a confiança que deposita em minhas atividades?" (F/F, 1992, p. 47). Ainda se reprova pela frequência com que Freud desperdiça um tempo precioso com seus "ensaios literários", e emenda sem pestanejar: "Veio bem a propósito o seu lisonjeiro convite de publicar meu artigo no primeiro volume, ele chegou quase ao mesmo tempo que a recusa de Brodmann. Seria por acaso?". Aceita todos os conselhos: "Enviei logo o manuscrito a Jung, contando da alegria de me apresentar em companhia tão agradável, entre pessoas que partilham as mesmas convicções e as mesmas opiniões".

Poderia passar por uma fina ironia. Sem nenhuma queixa, encerra com chave de ouro um episódio prenhe de significados e revelador da política interna e externa do movimento psicanalítico em seus primórdios (como podemos ler, com mais frequência e sutilezas, nas minutas das reuniões das quartas-feiras dos primeiros psicanalistas). Para o psicanalista húngaro, o episódio significou sua autorização profissional, em particular junto ao "bando vienense", para usar a expressão de Binswanger (1970, p. 271).

Freud, o primeiro a receber uma das cartas cruzadas acima mencionadas, escreve-lhe também em 20 de janeiro de 1909 (um único parágrafo, deve-se notar): "Viva Brodmann! É a melhor solução. Uma parte dessa força etc." – a frase resumida refere-se às palavras de Mefistófeles, no Fausto de Goethe: "Uma parte dessa força que ora quer o mal e ora faz o bem" (F/F, 1992, p. 46). Freud recorda: "Console-se, no passado ele aplicou-me o mesmo golpe, com a análise de Dora", segundo Jones (1958, p. 397; 1961, pp. 272-273), com o argumento de violar o segredo médico. Insiste mais uma vez: "Escreva logo para Jung, conte-lhe os meandros de minhas hesitações e arranje as coisas por lá" (F/F, 1992, p. 46) –, sem ainda saber que a demanda já se cumprira.

De sua parte, gentil e preocupado com a questão da prioridade, Ferenczi finaliza a carta de mesma data: "Observe que neste artigo inseri, entre outras, algumas frases em que cito e parafraseio brevemente suas palavras sobre a transferência". (Cita como exemplo: "Qualquer que seja a maneira pela qual tratamos um psiconeurótico, ele se trata sempre pela transferência".) Nada mais tem a esclarecer sobre o episódio.

Ao contrário de Freud, que escreve em 2 de fevereiro:

> *Espero que seu artigo esteja agora em lugar seguro, abrigado do* Jahrbuch. *Há três dias meu comportamento neste caso tornou-se subitamente compreensível para mim de maneira bem racional, e os enganosos floreios afetivos se desprenderam. Compreendi – bruscamente, parece – que eu não podia terminar minha obra sobre a técnica durante os meses de trabalho, e que devia adiá-lo para julho-agosto* [período de férias de verão europeu]. *Logo, só pode ser publicado no segundo tomo do* Jahrbuch: *no primeiro, há agora lugar para seu artigo. É plausível que essa*

> *compreensão tenha vindo já há muito tempo, apenas não tinha retirado dela as consequências antes de formular a hipótese. (F/F, 1992, pp. 47-48)*

Ferenczi aceita sem dificuldade essas justificativas finais: "Os motivos de sua mudança de opinião nesse assunto estão plenamente esclarecidos, e eu posso esperar o aparecimento do segundo tomo com toda tranquilidade na alma". Sente-se aliviado do antigo receio de ver seu artigo comparado ao do Mestre, fossem publicados juntos, e de não ter que adiar ainda mais, como autor-psicanalista, a "severa crítica da parte da medicina oficial [*Esoterische Medizin*]" (F/F, 1992, p. 49) – para a qual se diz já preparado. Quase quatro anos depois desses acontecimentos, e já em curso a futura defecção de Jung do movimento psicanalítico, escreveria a Freud, em 26 de dezembro de 1912, o que se segue:

> *O senhor é sem dúvida o único que pode se permitir privar-se de um analista; entretanto, não lhe é uma vantagem, isto é, para sua análise, mas uma necessidade: acontece que o senhor não dispõe de um analista que esteja em pé de igualdade e, menos ainda, lhe seja superior, pois vem praticando a análise há quinze anos mais que* todos *os outros, acumulando uma experiência que ainda nos falta. – Apesar de todos os defeitos da autoanálise (com certeza mais longa e mais difícil que ser analisado por um outro), devemos esperar do senhor a capacidade de vencer seus sintomas. Foi o* senhor *que em grande parte encontrou as verdades que nossa prática confirma todos os dias – e isso em sua autoanálise. [...] o senhor teve a força para superar em si mesmo, sem guia (*pela primeira vez na história da humanidade*), as resistências que a maioria dos seres*

humanos opõem aos resultados analíticos [...] (F/F, 1992, pp. 470-471)

Depois de publicado o artigo de Ferenczi, mais de dois longos anos iriam ainda se passar antes que Freud, sempre relutante, assumisse o já antigo projeto de dissertar sobre seu método – o que de resto, como veremos mais adiante, ao menos no começo da nova fase, considera um "trabalho de encomenda". Nesse contexto, seu ato falho envolvendo o artigo de Ferenczi talvez manifestasse, diante de suas próprias hesitações, alguma censura à iniciativa prematura do discípulo nas questões técnicas. Ressalte-se ainda que a prioridade de escrever sobre a transferência coube, assim, ao mais jovem dos psicanalistas.

A propósito, sobre a questão da prioridade, muito cara e sensível a Freud, um descobridor, não hesita em confessar alguns meses mais tarde, justamente a Ferenczi e sobre sua comunicação no congresso psicanalítico de Nuremberg (1910): "Não se surpreenda ao ouvir novamente seus pensamentos e mesmo algumas de suas fórmulas. Será como na última explanação em Worcester: tenho um intelecto decididamente complacente e uma forte tendência para o plágio" (F/F, 1992, p. 144). A Abraham, no mesmo ano: "É óbvio que devo plagiá-lo abundantemente neste trabalho [O caso Schreber]" (F/A, 1969, p. 102). Ou ainda a Jung, quatro meses depois: "Não se surpreenda se reconhecer uma parte dos enunciados de seus escritos num ensaio meu [...], e não me chame de plagiador por isso, ainda que haja alguma tentação em fazê-lo" (F/J, 1975b, p. 68).

Em 3 de junho de 1909, Freud sela, enfim, sua decisão, fazendo-a chegar por carta a Jung: "Voluntariamente deixo para o próximo ano o trabalho sobre os métodos, primeiro, por querer que Ferenczi apareça antes; segundo, porque ainda não posso prometer terminá-lo durante as quatro semanas de férias em julho.

Os senhores leitores estão longe de nos alcançar!" (F/J, 1975a, p. 305). Apenas uma semana depois, Ferenczi envia a versão final de seu artigo a Jung, "depois de tê-la revisado de maneira sumária e introduzido sua teoria masoquista da sugestão" (F/F, 1992, p. 73). Quatro meses mais tarde, quando faz a correção das provas do artigo, considera superficial a primeira parte, e a segunda, sobre a hipnose, um pouco mais elaborada. Pede a Freud que publique logo seu trabalho sobre a técnica, "para que sejam eliminadas as imprecisões que ainda não pude evitar" (F/F, 1992, p. 86). Enfim, apenas em novembro "Introjeção e transferência" seria lido pelos leitores - portanto, um ano depois de seu autor ter começado a escrevê-lo.

Mais nenhuma palavra de Ferenczi sobre sua tão aguardada publicação - salvo, de forma muito indireta, em 20 de novembro, ao retomar sua noção de "hipnose paterna" para conjeturar ao respeito do método utilizado sobre uma vidente, uma certa Sra. Jelinek (cujo marido era o hipnotizador), como técnica auxiliar em sessões telepáticas. De maneira curiosa, e talvez não por acaso, este foi o mês das cartas recheadas de relatos sobre este tema (*transferência de pensamento*) que muito mobilizou Freud e Ferenczi neste período, conforme veremos na seção seguinte deste capítulo.

Freud foi o primeiro, em 3 de dezembro, a colocar o assunto do artigo em dia: "O Jahrbuch me esperava em Viena, é uma realização grandiosa. Espero que os próximos volumes não sejam dominados de maneira tão visível pelo meu nome. Estou guardando seu artigo para o domingo" (F/F, 1992, p. 117). De maneira surpreendente, na carta seguinte (7 de dezembro), Ferenczi mais uma vez não faz nenhum comentário sobre a publicação do *Jahrbuch*, nem sobre seu próprio artigo. Já Freud, passado o domingo, informa que este "está sendo lido por todo mundo": assim, em vez de sua própria avaliação, transmite-lhe "o de um terceiro competente [que] achou excelente toda a primeira parte e a segunda, que trata da sugestão, menos original, pois você teria se limitado a desenvolver meu comentário que se encontra na Teoria da Sexualidade" (F/F, 1992, p. 120).

De certa forma, uma opinião divergente daquela, como vimos, do próprio Ferenczi. Mas na segunda parte, havia, quando nada, a noção de hipnose paterna: em 1910, em nota de rodapé nos *Três ensaios*, como vimos, Freud daria ao discípulo os devidos créditos pela relação entre sugestionabilidade e "complexo paterno". E havia ainda uma maneira original de apresentar o conceito de introjeção, de resto, introduzido por Ferenczi. O fundador da psicanálise finaliza seu comentário avaliando, agora, em nome próprio: "Não duvido do pleno sucesso do conjunto, contudo, parece-me incerto que o termo 'introjeção' possa ser mantido".

Freud manterá, sim, o termo, mas para designar o processo relacionado à identificação, pelo qual, de modo fantasmático, o sujeito faz passar de "fora" para "dentro" objetos e qualidades inerentes a esses objetos. Opõe com clareza *introjeção* à *projeção* – que diz respeito à localização no "outro, pessoa ou coisa, de qualidades, sentimentos, desejos, até mesmo 'objetos', que ele desconhece ou menospreza em si" (Laplanche & Pontalis, 1973, p. 209) – o que Ferenczi não faz mais do que indicar, assinalando uma espécie de comportamento neurótico (em particular, entre os histéricos) de natureza projetiva. A sublinhar que o texto do jovem psicanalista antecede em quase quatro anos a análise do caso Schreber, a partir do qual aprendemos que a projeção, defesa de origem muito arcaica, é encontrada "em operação [particularmente] na paranoia, mas também nos modos de pensamento 'normais' como a superstição" (Laplanche & Pontalis, 1973, p. 344).

Em seu artigo, Ferenczi (1968, p. 100), clínico antes de tudo, utiliza o termo "introjeção" no sentido mais amplo de uma "paixão pela transferência", referindo-se ao enorme interesse manifestado pelos neuróticos às coisas do mundo exterior, tornando-as "objeto de fantasias conscientes ou inconscientes

[na] busca perpétua de objetos de identificação, de transferência; isso significa atrair o que lhe é possível para sua esfera de interesses, ele os 'introjeta'". Tudo ao contrário do que faz, por um lado, o "demente precoce" (termo de Kraepelin para *esquizofrênico*, de Bleuler), que retira por completo seu interesse do mundo; e, por outro lado, o paranoico que, incapaz de fazer como o esquizofrênico, projeta no mundo exterior seus desejos tornados penosos, acreditando reconhecer em outrem todo o amor e todo o ódio que ele nega em si mesmo. Enfim, o interesse no mundo exterior do neurótico se dispersa "livremente", visando conservar suas fantasias conscientes e inconscientes. Já o interesse do paranoico, tingido de sentimentos de desconfiança e de perseguição, não consegue senão, no fim das contas, recolher-se sobre o eu. Como podemos ver, essas distinções, de grande importância para além do meramente empírico-descritivo, não comprometem nem se contrapõem à lógica e ao raciocínio psicanalítico.

Apenas em 27 de dezembro, Ferenczi voltará por um breve momento ao seu trabalho: "Tive forte interesse por sua crítica de meu artigo sobre a introjeção; [Otto] Rank também me escreveu neste sentido, ou seja, que a primeira parte [sobre a técnica] tem mais valor. De toda maneira, fico satisfeito que contenha algo de utilizável" (F/F, 1992, p. 125). Na clínica, sem dúvida.

Sobre seu próprio texto, sempre inacabado, Freud comunica a Jung já em 2 de fevereiro de 1910: "Em nenhum caso estou contando entregar ao Jahrbuch o trabalho sobre a metodologia geral, deixá-lo em repouso só vai lhe fazer bem" (F/J, 1975b, p. 21). Mas já no dia seguinte escreve a Ferenczi que, entre outras intenções de trabalho, conta "retomar o artigo sobre a técnica" (F/F, 1992, p. 166).

Desde sempre reconhecendo lacunas quanto aos detalhes da técnica, Freud não deixa de brindar seus alunos mais próximos com "conselhos privados". Por exemplo, a Jung, em 25 de janeiro de 1909: "Eu sei, acontece com qualquer um, depois de ultrapassar os primeiros sucessos, vem uma época amarga e ruim na ΨA, durante a qual a amaldiçoa, ela e seu fundador. Mas isso termina por se acalmar e chegamos a um *modus vivendi*. A realidade é esta! *C'est la guerre!*", exclama em francês. E acrescenta sobre o sucesso da empreitada: "Talvez o ensaio sobre a metodologia (que justamente não termino) ajudará no essencial, mas é certo que não muito" (F/J, 1975a, p. 277).

Jamais o terminaria, ao menos sob a forma projetada no início, como desde sempre parecia anunciar sua recorrente hesitação. Por exemplo, já quando conta a Ferenczi, em 26 de novembro de 1908, estar trabalhando num método geral da psicanálise, duvida se naquele ritmo seria ainda possível falar de trabalho: "Fora dos domingos, consigo escrever apenas algumas linhas; estou na página 24" (F/F, 1992, p. 29). Já se queixara a Jung dias antes dos mesmos aborrecimentos: "Um tratado começado, *Metodologia geral da psicanálise*, cujo nome diz tudo, avança de maneira muito lenta; só aos domingos posso agora escrever algumas páginas" (F/J, 1975a, pp. 243-244). Ainda assim, pensava em propor sua publicação "no 2º fascículo dos pequenos escritos, que Deuticke está prestes a publicar, e onde deve reaparecer 'Dora'".

Mais uma vez a Jung, então redator-chefe do *Jahrbuch*, no dia 12 de novembro de 1909 e já um pouco aflito: "O trabalho avança muito lentamente; é que eu estou de 8-8 h sob o jugo. Você o aceitaria para o segundo meio-tomo se minha outra contribuição – sobre o homem da obsessão com os ratos – fracassar contra minha resistência interior à indiscrição?". Explica-se: "Não quero me dirigir às outras revistas com coisas tão específicas; aliás, será compreensível apenas para o nosso público mais próximo, pois supõe o conhecimento dos *Estudos* e Deus sabe o que mais ainda" (F/J, 1975a, p. 247). A Abraham, no mesmo dia 12: "Trabalho num

Método [*Methodik*] geral da Psicanálise, cujo lugar de publicação não está ainda fixado, que em todo caso aparecerá – talvez de modo exclusivo – no segundo volume de meus escritos sobre a teoria das neuroses". Sempre a questão do tempo: "Infelizmente, tenho tão pouco tempo que o trabalho avança muito devagar" (F/A, 1969, p. 64). Enfim, mais uma vez a Abraham, em 26 de dezembro: "Em consequência da absorção de todas as minhas forças pelas análises, não consigo prosseguir meu trabalho: 'Método geral da psicanálise', que, há semanas, parou na página 36" (F/A, 1969, p. 69). Não se trata de um mero exagero: 24 páginas em 28 de novembro, 34 em 11 de dezembro, enfim, 36 em 26 de dezembro, quando estimava, como vimos, que a obra não devia ultrapassar 40 a 50 páginas. Conforme Strachey (2001c), a escrita da *Methodik* teria sofrido uma interrupção com a viagem (e respectivos preparativos) aos Estados Unidos; ainda assim, naquele verão de 1909, Freud teria falado com Jones a respeito de um pequeno memorando sobre máximas e normas de técnica, planejado para ser partilhado apenas com seus seguidores mais próximos.

A leitura das cartas permite verificar que nos últimos meses do ano seguinte, apesar do sucesso da análise do Homem dos Ratos ("O homem vai muito bem", escreve em 20 de novembro de 1909), e de sua clínica *tout court*, demonstra pouco entusiasmo com seus pacientes. Por exemplo, em 10 de novembro do mesmo ano, "bloqueado, no plano científico, pelas conferências americanas", confessa a Ferenczi com toda a "honestidade psicanalítica"[2] (F/F, 1992, p. 106): "A época está mais para morna, estou completamente tomado, e de maneira intencional reduzi meu trabalho;

2 Frequentemente, Freud e Ferenczi utilizam o termo "psicanalítico" como adjetivo epíteto. Eis alguns exemplos (ou recorrência): sinceridade psicanalítica (1992, p. 169); resignação psicanalítica (1992, p. 171); esclarecimento psicanalítico (1992, p. 196); honestidade psicanalítica (1992, p. 196); franqueza psicanalítica (1992, p. 227).

certos casos são maçantes e nenhum caso novo se apresenta" (F/F, 1992, p. 106). Seria um erro ver aqui apenas problemas de circunstâncias: ir aos Estados Unidos representa de fato um reconhecimento importante de sua disciplina; e, considerando que os conceitos psicanalíticos de base estão já descritos no essencial, essas conferências têm o porte e o alcance de um balanço.

Contudo, à glória exterior (e do estrangeiro), opõe-se esse descontentamento íntimo que se manifesta primeiro na clínica. Por exemplo, também a Ferenczi, em 22 de outubro, pode dizer de seus pacientes que "eles são odiosos [mas de toda maneira lhe] fornecem a ocasião de novos estudos técnicos" (F/F, 1992, p. 93). Com Abraham, em 23 de novembro, mostra-se ainda menos tranquilizador: "Nunca tive tantos pacientes como nesses dois últimos meses, mas também nunca minha prática tinha sido tão aborrecida e tão estéril do ponto de vista científico" (F/A, 1969, p. 88). Protegidas pela intimidade epistolar, tais confissões nos soam sinceras, mesmo brutais, pois vindas do homem que durante tantos anos exercitou como poucos a escuta paciente dos mais diversos destinos humanos. Em 1920, não hesitaria em confessar a Pfister: "Saiba [...] que na vida sou terrivelmente intolerante com os loucos [...]" (F/P, 1996, p.122).

Embora terapeuta contra sua vontade, como escrevera ao amigo Fliess, em 1896, em meio às tormentas teóricas que o levariam à fundação do campo psicanalítico, Freud se daria conta, trinta anos depois, que os anos anteriores a 1910 constituíram para a psicanálise "o mais importante e mais interessante período de sua história" (1926f, p. 289). A afirmativa ganha relevância se confrontada a outra, dirigida a Ferenczi, mas datada naquele ano-limite: "Com a Dieta [assembleia política] de Nuremberg, termina a infância de nosso movimento" (F/F, 1992, p. 166). Nuremberg foi a cidade-sede do primeiro congresso *mundial* de psicanálise – "extraordinariamente bem-sucedido", diz ele, três dias depois do evento – e marco-fundador da Associação Internacional de Psicanálise (IPA, na sigla em inglês). Entretanto, finaliza, "minha conferência não teve sucesso, não sei por quê. No entanto, ela continha muitas coisas [...] dignas de interesse" (F/F, 1992, p. 165).

Na conferência, apresenta um tema prático - aliás, este era mesmo o objetivo do congresso - visando despertar um interesse mais clínico do que científico, pois supunha que a maior parte dos auditores já teria passado "pelas duas fases conhecidas dos debutantes, a de encantamento quanto ao crescimento insuspeitado de nossa ação terapêutica e a de depressão frente à amplitude dos obstáculos impostos aos nossos esforços"; mas lhe parece "claro que todo progresso de nosso saber significa um suplemento de poder para nossa terapia" (1910d, p. 63). Lembra que o tratamento analítico, implacável e estafante no início - "era preciso que o próprio paciente dissesse tudo, e a atividade do médico consistia em pressioná-lo sem cessar" - resume-se (em 1910), primeiro, em liberar para o analisando a representação de expectativa consciente [*bewußte Erwartungsvorstellung*] mais próxima da representação recalcada, que se abre, assim, à possibilidade de se manifestar. Esse procedimento do tratamento analítico (mais uma ajuda intelectual, com o fim de superar as resistências entre consciente e inconsciente) não é, entretanto, o único em operação.

O outro, um mecanismo "muito mais enérgico", escreve de passagem, é a transferência. Ora, como vimos, na mesma época afirma em privado a Pfister (F/P, 1996, p. 75), que a transferência, tema do artigo pioneiro de Ferenczi, permanece a cruz da psicanálise. Em público, anuncia no Congresso de Nuremberg: "Vou me esforçar para em breve tratar de todas essas coisas importantes à compreensão do tratamento em uma 'Metodologia geral da psicanálise'" (1910d, p. 65). Na verdade, o esforço datava, então, de ao menos dois anos: a nota de rodapé de Strachey (2001c) confirma seu planejamento e, pelo menos em parte, sua escrita em 1908 e 1909, bem como sua não publicação.

Ainda na conferência, previne que tampouco demorará o reconhecimento de que a técnica analítica deve passar por modificações segundo a forma da doença e segundo as pulsões que predominam no paciente. Depois de se referir às histerias de conversão e de angústia (fobias) do começo de tudo, ainda adverte, tal como o fizera a Abraham dois anos antes, por correspondência, que "outras modificações da técnica [...] serão requeridas no tratamento das neuroses obsessivas". Mas elas não lhes parecem "ainda suficientemente maduras para nos pronunciarmos a respeito" (1910d, pp. 67-68).

Nada, a meu ver, poderia justificar melhor a resistência em finalizar a *Methodik*.

A Jung, em 5 de julho de 1910, "cada vez mais penetrado pela convicção do valor cultural da ΨA", pessoalmente, confessa sua "impressão de no momento estar diante de um bloqueio e de esperar um novo impulso" (F/J, 1975b, p. 77). Mas é a Abraham que, em 28 de agosto, expõe as nuances desses momentos decisivos:

> *Nossa causa, acredito, porta-se muito bem no conjunto, e agora não está mais sozinha entre meus quatro olhos.*[3] *É seguro que a partir de agora os progressos serão mais difíceis; a superfície foi desnatada, os últimos e decisivos resultados não são talvez ainda claramente visíveis, e é necessário nos defender não apenas dos nossos inimigos, mas também dos nossos*

---

3 Conforme a nota 1 da edição consultada desta correspondência, "trata-se de uma variação feita por Freud, no sentido de uma astúcia, de uma expressão alemã (derivada do hebreu) e corrente na época: *"Ein Geheimnis dürfe nur auf vier Augen stehen"*, quer dizer: "Só deveria haver segredo entre quatro olhos".

> *colaboradores muito afoitos. Mas talvez seja eu o único a ter a impressão de ser necessária uma desaceleração, enquanto os mais jovens farão as coisas avançar com energia. (F/A, 1969, p. 97)*

É mesmo nesse tempo, quando ultrapassando os muros de Viena se faz reconhecida por um público mais vasto, que a psicanálise apresenta dificuldades clínicas, teóricas e político-institucionais não negligenciáveis. Freud escreve na carta de 23 de novembro: "Estou lhe dizendo, era com frequência melhor no tempo em que eu estava só" (F/F, 1992, p. 246). Não é mais o único a praticar a análise: pelo contrário, os candidatos a analista começam a se tornar numerosos; as defecções de Adler e Stekel e, logo depois, de Jung, estão mesmo em gestação; as regras de formação de analistas (dos anos 1920) estão longe até mesmo de se esboçarem. Em uma palavra: ainda hesita em tornar públicos os detalhes de sua técnica na conferência de Nuremberg.

Tudo indica que, apesar de anunciada em público, a existência da *Methodik* (em 1910, repito, no Congresso de Nuremberg) nada lhe tenha acrescentado depois dessa data e, mesmo antes, conforme os extratos de cartas aqui citados. Enfim, podemos ainda ler que, em 29 de janeiro de 1911, três anos depois de anunciar (a Jung, com vimos, em primeiro lugar) sua intenção de escrever seu trabalho sobre a metodologia, Freud continua a se justificar perante Pfister, que de tempos em tempos lhe pede informações sobre o trabalho:

> *Estou profundamente em dívida com você e lhe devo várias cartas [...]. Pode ser que suas repetidas questões a respeito de minha metodologia tenham tido alguma responsabilidade neste atraso; é visível que não gosto muito de ouvir falar disso. Terminei uma parte há*

> *um ano e meio, mas o todo não está ainda maduro e o autor está muito cansado. Assim, nada posso prometer antes de muito tempo. Até lá, deixemos as técnicas crescerem em estado selvagem. (F/P, 1996, p. 84)*

Um mês mais tarde retoma o assunto: "Mortifica-me profundamente que permaneça com o objetivo preciso de esperar minha metodologia. Sinto-me tão longe dela que pressinto sua vez não virá antes de longos anos [...]. Portanto, trate você mesmo de se ajudar. A sede não pode esperar tanto tempo" (F/P, 1996, p. 85).

Ora, de maneira inesperada, no último dia de 1911 – quase dois anos depois de conduzir, com dificuldade, a análise do Homem dos Lobos, um caso grave de neurose obsessiva (segundo Freud) ou de paranoia (segundo Ruth Mack Brunswick, sua segunda analista) –, Freud alerta Jung sobre a próxima chegada de "um primeiro fragmento da técnica" – "O manejo da interpretação do sonho em psicanálise" –, "de uma indigência decepcionante". Demora ainda menos com o segundo ("A dinâmica da transferência"). Continua descontente: "[Ele] não será melhor, será apenas menos claro. Nunca dá certo quando escrevo de encomenda, sem necessidade interior, como foi o caso desses ensaios" (F/J, 1975a, p. 237).

A encomenda – uma exigência pessoal, é certo, mas desta vez muito mais pela "causa" – se tornará uma realidade, pois a seguir não cessarão as notícias a respeito. É assim que, seis meses mais tarde, anuncia a Ferenczi, em 6 de junho de 1912: "Justamente ontem, procurei suas proposições para a segunda sequência dos 'conselhos'. É preciso que eu inaugure o novo ano [escolar] com um ensaio desse gênero" (F/F, 1992, p. 400). Nem chegaria a tanto: o primeiro da série, "Conselhos ao médico no tratamento psicanalítico", seria publicado ainda naquele mês de junho. Enfim a Abraham, em 29 de julho, fala de seu contentamento de ter terminado, "nos últimos dias de calma", dois artigos técnicos, "um sobre o amor de transferência e o outro intitulado: 'Rememoração, repetição e perlaboração'". Avalia-se favoravelmente: "Creio que minha maneira de apresentar as coisas se transformou; desde o ajuste de contas [Jung], tornei-me mais sincero, mais arrojado e mais direto" (F/A, 1969 p. 191).

Vemos, assim, que, em questão de meses (e às vezes, dias entre uma e outra), Freud realiza quatro comunicações curtas, pontuais e ao mesmo tempo sortidas sobre o tema - ele que, diria uma historiadora no futuro, deixou muito poucos escritos técnicos, já que, sobre o processo do tratamento analítico, preferia se valer de metáforas em vez de se alongar em explicações complexas (Flem, 1986). Mas esses textos, por vários motivos tão importantes, respondem antes de tudo às dificuldades enfrentadas pelos analistas pioneiros e de primeira geração. Coincidem com o período em que Freud aguarda, como vimos, um novo impulso teórico - que de fato virá, ao longo dos anos seguintes, em plena maturidade intelectual, na forma dos ditos escritos metapsicológicos e da reviravolta teórica dos anos 1920 (segunda teoria das pulsões e segunda tópica), que inauguraria a década seguinte.

Sobre a própria *Methodik*, nada sabemos de certo sobre seu destino. Teriam sido destruídas as quase quarenta páginas escritas, em meio às faxinas periódicas feitas por Freud em seus escritos, depois de repartido seu conteúdo entre as curtas comunicações sobre a técnica aqui citadas? Ou estão conservadas ainda hoje nos Sigmund Freud Archives (doação de Anna Freud à Biblioteca do Congresso Americano)? Lemos numa simples e singela nota de rodapé na correspondência entre Freud e Abraham (F/A, 1969, p. 64): "Este trabalho [*Methodik*] se integrará mais tarde aos escritos sobre a técnica psicanalítica". Muito bem, mas de que forma isso se deu? E, ainda, qual o destino (se de fato existiu) do referido memorando sobre máximas e normas de técnica, que deveria permanecer privado e restrito aos seguidores mais próximos? O que da *Methodik* permaneceu no memorando ou nos artigos técnicos publicados?

Essas informações não estão disponíveis até o momento, até mesmo porque se trata de documentos que nunca estiveram entre os mais importantes e estes só aos poucos, com o passar do tempo, foram sendo divulgados. "Existem sim os *Archives Freud*", confirmava Pontalis (1976, p. 3), "onde estão cuidadosamente conservados sob a responsabilidade do Dr. Kurt Eissler em Nova York, documentos de enorme interesse, mas não temos nem mesmo à nossa disposição o inventário deles, tanto o princípio do segredo permanece ativo". Bem, já dispomos hoje, por exemplo, da correspondência de Freud e Ferenczi.

De concreto, conforme já referido, sabemos que uma das seções da *Methodik* era muito próxima do trabalho sobre a transferência de Ferenczi. A transferência fora reconhecida desde 1895, nos *Estudos sobre a histeria* – e lá como o pior dos "obstáculos", próprio para incomodar as relações do paciente com seu médico, e que deveria ser sempre vencida, depois incluída na natureza das preocupações terapêuticas: "correspondia a uma lei" (1895d, p. 331). Enfim, inerente ao procedimento analítico e, como tal, encontrada em toda análise digna desse nome, mais do que nunca exigia ser levada em conta – ainda mais com as mudanças teóricas que se avizinhavam. Recusando-se a considera-la algo dado, Freud sabe que, por conta da estreita relação com a resistência e a repetição, sua manifestação clínica está sujeita a uma oposição própria dos limites afetivo-transferenciais de cada um. Seria, então, o caso de perguntar: a que ponto?

Variando "do estado amoroso passional plenamente sensual à expressão extrema da revolta, do rancor e do ódio" (1925d, p. 88), é também possível considerar na transferência alguma especificidade nosográfica ou estrutural. Por exemplo, sob seus efeitos as histéricas podiam imaginar-se grávidas, como Anna O., desejarem ser beijadas por seus analistas, ou, até mesmo, frente à inabilidade do analista, abandonar a análise, talvez por vingança, como Dora... A Ferenczi, em 23 de dezembro de 1912, comenta de maneira divertida ("de todos os lados, os irmãos caem sobre mim") a confirmação na prática de sua construção da "refeição totêmica" - antes de contar que um de seus pacientes (os editores da correspondência de Freud e Ferenczi confirmam em nota não se tratar do Homem dos Ratos) nada falou durante uma semana por não poder assumir a crueldade de contar na análise que um irmão ou tio de Freud tinha sido executado por roubo e assassinato. A propósito, o pai, como elemento simbólico – o *pai morto*, como Lacan sublinha em sua obra –, tão determinante para o Homem dos Ratos, seria desenvolvido em *Totem e Tabu* (1912-1913a), depois de escrever "A dinâmica da transferência", onde introduz sua modalidade negativa.

O próprio Homem dos Ratos, neurótico obsessivo, numa sessão "repleta da transferência mais assustadora, [...] experimenta, por exemplo, [essa] enorme dificuldade em contar" que um dos irmãos de Freud, um garçom, teria cometido um assassinato em Budapeste. Imediatamente Freud se lembra de Leopold Freud, "o assassino do trem", de quando cursava o terceiro ou quarto ano da escola. "Começo com uma risada: de onde ele tirou isso? [...] Todo seu afeto desaba. Teria sido seu cunhado, conhecido de meu irmão, que lhe contou para provar que a educação não quer dizer nada e a predisposição, tudo". E em seguida Freud lhe assegura não ter parentes em Budapeste: "Aliviado, confessa que por esta razão vinha, desde o início, com certa desconfiança" (1974, pp. 159-161).

Escreve sobre o Homem dos Lobos em 13 de fevereiro de 1910, a Ferenczi: "Um jovem russo, rico, que eu atendo por causa de uma paixão amorosa compulsiva, confessou-me depois da primeira sessão as seguintes transferências: judeu escroque, ele gostaria de me pegar por trás e cagar na minha cabeça". Seu primeiro sintoma manifesto, aos seis anos de idade, "consistia em injúrias blasfematórias contra Deus: porco, cachorro etc. Sentia-se incomodado quando via na rua três montes de merda graças à S.[anta] Trindade, e ansiosamente buscava um quarto para destruir a evocação" (F/F, 1992, pp. 148-149).

Desconfiança, culpabilidade, pensamentos fantasiosos de morte, de crueldade, de ódio, escatológicos, privados e íntimos, cujo alvo é o analista.[4] A ação do analista, por sua vez, será determinada por sua capacidade de se fazer instrumento de deslocamento e de substituição e de como acolher o diabo, depois de cutucá-lo com vara quase sempre curta. Em outra oportunidade, novamente a Ferenczi e a respeito da análise do jovem russo de Odessa, Freud contrapõe: "Estou mais eficaz do que nunca" (F/F, 1992, p. 144).

Não há por que duvidar – e um ano depois, como vimos, sairiam em sucessão os artigos técnicos. Mas é certo que a devida dimensão clínico-epistemológico da transferência – identificada (no plural) em *Estudos sobre a histeria* e reconhecida em Dora (um fracasso terapêutico, mas ainda assim, ou até por isso mesmo, uma preciosidade clínica) como parte integrante da análise – não poderia se tornar compreensível antes de estabelecer sua relação, nos artigos sobre técnica, com a resistência e a repetição, a partir do que esta última passa a ocupar, na análise, uma

4 "Em termos expressos", Jones escreve para Freud, que, por sua vez, transcreve para o "divertimento" de Abraham: "Tive uma longa conversa na semana passada com a Sra. E., que acaba de fazer um mês de análise com Jung... Você terá interesse em aprender o último método de lidar com a transferência. A transferência é superada quando a paciente aprende "que não está realmente apaixonada pelo analista, mas lutando pela primeira vez para entender uma Ideia Universal (com maiúsculas) no sentido platônico" (F/A, 1969, pp. 191-192).

proeminência tão importante quanto a própria rememoração (embora, em Freud, sempre a serviço desta); de explicitar a diferenciação entre terapia psicanalítica e terapia sugestiva, nas *Lições de introdução à psicanálise*; e enfim, de examinar em profundidade os fenômenos sugestivo-hipnóticos, em *Psicologia das massas e análise do eu*.

Na clínica analítica, a transferência negativa, que se traduz na *ambivalência* do analisando em relação ao analista, funciona como limite à sugestão, e sua manifestação – emblemática, particular e profícua, se sustentada de maneira devida pelo analista – anuncia o começo do fim da análise. Era talvez, igualmente, o começo da maturidade de sua disciplina, pela qual Freud tantas vezes ansiava antes de se sentir capaz de apresentar particularidades de seu método para o grande público. Antes disso, porém, há uma curiosidade (transferência de pensamento) – quase pueril, não fosse sua persistência na sua trajetória – que ele busca desvendar; e há a questão do *desejo* e da *resistência* do analista (contratransferência).

Transferência de pensamento e contratransferência

"É sob a influência de Ferenczi que se reaviva o interesse de Freud e Jung pelos fenômenos ocultos?" – pergunta A. Haynal (1992, p. XXV), um dos responsáveis pela edição integral das numerosas cartas trocadas entre os dois primeiros. Se nada impede que esta influência tenha ocorrido com Freud, talvez não se possa afirmar o mesmo de Jung, cuja tese de doutorado, aliás, já tratava primordialmente da temática.

Por outro lado, podemos, sim, observar em cada um deles interesses bem particulares e diversos.

O interesse de Freud pelos fenômenos telepáticos parece ser, aliás, anterior à própria psicanálise. Na resenha (1888u, p. 118) do livro de H. Obersteiner, *O hipnotismo, em particular do ponto de vista de sua significação clínica e médico-legal*, considera "extraordinário [...] que um sistema nervoso possa influenciar um outro sistema nervoso por outros meios além das percepções sensoriais conhecidas por nós", pois, a seu ver, "acrescentaria à nossa visão do mundo algo de novo, não reconhecido até o presente, e de alguma maneira recuaria as fronteiras da personalidade". Mas tampouco, no ano seguinte, deixaria de assinalar que, "mencionando esses problemas obscuros, sustentados pelo hipnotismo (transferência de pensamento etc.), do qual o espiritismo se ocupa no presente, Forel demonstra uma reserva autenticamente científica" (1889a, p. 140).

Já psicanalista, esse interesse se desdobra em dois períodos bem distintos de sua vida. No primeiro, entre 1909 e 1912, caracteriza-se pela ativa orientação das pesquisas telepáticas de Ferenczi. Se no começo o tema não passa de um entre outros que merecem ser abordados a partir do ponto de vista psicanalítico, afinal, um método de pesquisa ainda recente, ao final deste período, precipitado, chega mesmo a afirmar a Jung, em 10 de janeiro de 1912, que as duas mais importantes contribuições dos últimos tempos à psicanálise – "sua demonstração da hereditariedade inconsciente na simbólica, ou seja, de fato a demonstração das 'ideias inatas', e as provas de Ferenczi em apoio à transmissão dos pensamentos" – devem ser consideradas porque "nos levam para além da limitação original da ΨA".

No segundo período, entre 1921 e 1933, com a liberdade de um sábio que já teria construído quase tudo de sua invenção, Freud *escreve* publicamente sobre o alcance limitado, ou quase nenhum, da transmissão dos pensamentos para a psicanálise, em que pese seu fascínio pessoal jamais esmorecido e várias vezes privadamente compartilhado. Sem fazer distinção entre os dois períodos, Jones (1969) descobre em Freud "um delicado vai e vem entre o ceticismo e a credulidade" (p. 425).

É preciso mencionar, antes de tudo, sua tendência supersticiosa, repetitiva, a jogar com os números supostamente funestos, dos quais retira pressentimentos de desgraças, em particular, de morte, de sua própria morte. Ora, ainda que os mencione sob forma de gracejos, como negligenciar, depois da psicanálise, tais fatos psicológicos?[5]

No artigo póstumo sobre a temática ("Psicanálise e telepatia"), escreve que seu material "trata unicamente da indução de pensamento", e que nada tem a "dizer de todos os outros milagres que proclamam o ocultismo", dos quais sua própria vida teria sido particularmente pobre e diante do qual, "o problema da transferência de pensamento [parece] diminuto" (1941d, pp. 117-118).[6] Jones (1969, pp. 426-427) confirma, assim, com justeza que o interesse de Freud se limita à telepatia, o elemento mais "respeitável" nesse

5 "Dois eventos ocorreram [em 1899] simultaneamente. Em primeiro lugar, escrevi *A interpretação do sonho* [...], em segundo lugar, recebi um novo número de telefone [...]: 14362. O que é comum aos dois fatos é fácil de estabelecer: em 1899 [...] eu tinha 43 anos. Então o que poderia estar mais próximo do que pensar que os outros dois números tinham que significar o fim da minha vida, logo, 61 ou 62 anos [...]. [Esta superstição] revela-se o equivalente da convicção de que com *A interpretação* eu concluí a obra da minha vida, que não preciso fazer mais nada, e que posso morrer tranquilamente" (F/J, 1975a, pp. 296-297).

6 "Traduzimos este termo [*Gedankenübertragung*] normalmente, correntemente, quando se trata de ocultismo, por 'transmissão de pensamento'. Mas como o tradutor poderia se resignar a não restabelecer a continuidade com a *Übertragung* do tratamento [em pleno período de maturidade de Freud, quando o conceito de transferência está plenamente desenvolvido e ele consagra um texto inteiro ao problema da *Gedankenübertragung*]? Como ele poderia traduzir a afirmação central desse artigo [*Psicanálise e telepatia*], *es gibt Gedankenübertragung*, de outra maneira que não seja 'existe transferência de pensamento'?" (Bourguignon *et al.*, 1989, p. 48).

campo; como consequência, teria sido também o mais amplamente aceito. Retomemos Freud em seu terceiro artigo sobre o tema:

> *O fenômeno da indução ou transferência de pensamento, que é muito próximo da telepatia e que de fato pode ser associado a ela sem muita restrição [...] enuncia que processos anímicos em uma pessoa, representações, estados de excitação, impulsões da vontade podem se transferir através do livre espaço, sobre outra pessoa, sem utilizar as vias conhecidas, da comunicação por palavras e por sinais. Você compreende como seria notável, e* talvez significativo igualmente para a prática, *que coisas semelhantes efetivamente aconteçam. Para dizer* en passant, *é surpreendente que esse fenômeno seja precisamente o menos interrogado nos relatos de milagres. (1933a, p. 121, grifos meus)*

Diferentemente de Freud, o interesse de Jung pelo tema é antes derivado daquele, mais abrangente, relacionado ao misticismo em geral, e que, afinal, se tornará a marca mais evidente de seu trabalho no futuro. Já em novembro de 1907, ele informa que, por seus próprios méritos, tornara-se "*honorary fellow of the American Society for Psychical Research*" e, por isso, voltara a se ocupar mais dos fenômenos ocultos. Tenta seduzir o Mestre: "Suas descobertas são provadas aqui da maneira mais brilhante", para perguntar em seguida: "O que o senhor pensa deste domínio?" (F/J, 1975a, p. 151). Não conhecemos a resposta, pois a carta que talvez a contivesse não foi conservada, mas é certo que só dois anos depois, Freud o informaria vagamente de um projeto: "Em comum com Ferenczi, persigo uma coisa da qual você ouvirá falar quando em alguma medida se tornar compreensível" (F/J, 1975a, p. 336). Esse dia só chegaria um ano depois, e Freud se apressa em contar o fato ao discípulo húngaro, em 29 de dezembro de 1910, como mera contingência:

> *Saiba que eu tinha me proposto escrever para essa astróloga [...], e, no entanto, deixei de verificar o endereço; e em M.[unique], me lembrei apenas da rua. Diante de tais sinais de fraqueza interior, eu cedi e fiz a confidência a Jung; falei de seus achados [...] e de minha proposta de um tempo de latência até 1913. Ele riu e confessou estar há muito tempo convencido, que ele mesmo fizera experiências bastante comprobatórias. Louvou minha prudência e se prontificou, se fosse o caso, a chegar a um acordo com você. Como nós, ele [não ignora] todos os perigos [*mas*] quer se arriscar com a ΨA. Me alegrei que ele tenha as costas tão largas. Achava a tarefa muito pesada para mim. Então, não seja ciumento e inclua Jung nos seus cálculos. Mais do que nunca estou convencido de ser ele o homem do futuro. (F/F, 1992, p. 256)*

Em sua resposta, Ferenczi reconhece, "depois da mais madura reflexão", o papel futuro de Jung (dada sua posição "corajosa e independente" das ideias de Freud), ao mesmo tempo em que ele "cai facilmente em especulações teológicas", e tende "a trabalhar com "abordagens metafísicas de pensamento, antes mesmo de ter esgotado o que é acessível por dedução". De toda maneira, no *post-scriptum*, promete logo engajá-lo na transmissão de pensamento (F/F, 1992, pp. 261-262).

Por sua vez, Jung não hesita em declarar a Freud sobre a necessidade de conquistar o ocultismo, e que essa conquista deveria ser efetivada a partir da teoria da libido. Conta que se orienta pela astrologia, cujo conhecimento lhe parece indispensável para a compreensão da mitologia. E implora que o deixe "passear sem preocupações nesses infinitos", de onde espera trazer um "rico butim" para o conhecimento da alma humana: nesse sentido deve, por algum tempo, se "embriagar com eflúvios mágicos para poder compreender completamente quais segredos o inconsciente mantém escondidos nesses abismos". Em sua resposta, Freud reconhece que "as tendências mais íntimas" de seu discípulo preferido o levam para o estudo do oculto e avalia que a reputação conquistada com a *Dementia* [*praecox*] o livrará por um bom tempo da "injúria de 'místico'"; mas que ele não deve permanecer lá "nas colônias tropicais, trata-se de governar na sua casa" (F/J, 1975b, pp. 173-175).

Para Ferenczi, conta que Jung, dizendo ser necessário "fazer também a conquista do ocultismo", pediu-lhe "autorização para empreender uma campanha no domínio da mística". E, resignado, adverte: "Vejo que não se pode detê-los. Ao menos, avancem de mútuo acordo; são expedições perigosas nas quais não posso acompanhá-los" (F/F, 1992, p. 289). A resposta de Ferenczi - em vez de conquista, fala em "combate contra o ocultismo", que julga, inclusive, prematuro - não esconde suas dúvidas sobre a vontade de Jung de compartilhar com ele as tarefas de um trabalho em comum sob a supervisão de Freud. Considera, contudo, que dois psicanalistas, abstraindo-se de suas ambições pessoais, "deveriam ser capazes mesmo assim de trabalhar pela causa", ainda mais nesse caso que pode trazer "graves consequências [...] e mesmo nefastas em caso de fracasso ou erro" (F/F, 1992, p. 292). Na verdade, já vinha denunciando um traço de misticismo nas declarações do grupo de Zurique, devido, talvez, à "reação cristã à psicanálise".

Ferenczi tem antes, pelo tema da transferência de pensamento, um *interesse clínico*, e é por esse lado que parece desenvolver seu plano de trabalho desde o começo.[7] Sua associação com

7 Em 1915, diria que, propriamente falando, sua inclinação para o oculto - que não "é 'secreta' mas totalmente patente" - é muito mais "uma necessidade de

o colega suíço não poderia dar certo, como não deu. Depois de hesitações variadas, e estimulado inclusive a fazer-lhe uma visita, finalmente registra em 19 de junho: "Chegou a resposta de Jung. Muito amável, muito atenciosa" (F/F, 1992, p. 307). Mas contenta-se apenas em agradecer, também amavelmente; e desiste da visita. Prossegue sozinho suas pesquisas de campo, cujo valor Freud reconhece, comenta seus relatos regulares, adiciona proposições, mesmo exemplos, conselhos. Chega até a esboçar alguns protocolos de pesquisa, além de frequentemente observar o exagero das provas.

A abordagem psicanalítica da questão principia quando Ferenczi, depois de se assegurar de que não se trata de simples prestidigitação, coloca à prova a hipótese segundo a qual a leitura de pensamento, praticada por alguns adivinhos, poderia ser explicada por movimentos inconscientes, que Freud chama de "ações sintomáticas"[8] – por analogia com os atos falhos. Trata-se, antes de

'desocultação'". Mas afirma sua convicção na existência da indução de pensamentos, e que "mesmo a prova de que as *profecias* são possíveis não poderia nem deveria forçar ninguém a abandonar a base científica" (F/F, 1996, p. 82).

8 "Chamo de ações sintomáticas esses gestos que o indivíduo executa, como se diz, de maneira automática, inconsciente, sem prestar atenção, como por jogo, aos quais ele gostaria de negar qualquer significação e que, quando interrogado a respeito, diz serem indiferentes e fortuitos. Uma observação mais minuciosa mostra então que tais ações, das quais a consciência nada sabe ou nada quer saber, expressam pensamentos e impulsos inconscientes, que elas são assim, como manifestações toleradas do inconsciente, preciosas e instrutivas" (1905e, p. 255). Mais de vinte anos antes, já havia antecipado a relação dessas ações com a leitura de pensamento: "O que chamamos 'adivinhação de pensamento' [*Gedankenerraten*] se explica pelos pequenos movimentos musculares involuntários efetuados pelo 'médium' quando fazemos experiências com ele, deixando-nos talvez guiar por ele para descobrir um objeto escondido. No seu conjunto, este fenômeno merece antes o nome de uma traição de pensamento [*Gedankenverraten*]" (1890a, p. 160). Pode ser que o raciocínio provenha de Th. Lipps, que, "bastante citado por Freud, desenvolveu uma teoria da imitação inconsciente baseada na percepção da mímica facial para explicar como

tudo, de descobrir se o adivinho, com esses gestos inconscientes, poderia ler as ideias, mesmo não confessadas, de seu interlocutor.

O interesse clínico do discípulo húngaro pela telepatia segue de perto seu próprio trabalho com os pacientes. Em 17 de agosto de 1910 (portanto, depois de um ano em ação), envia ao professor-supervisor, uma espécie de amostra que ele chama de "Algumas observações recentes (sobre o tema da transmissão de pensamentos)" – auto-observações registradas no período entre 25 de julho e 16 de agosto e que começam desta maneira:

> *Com frequência me impressionei com o fato de um paciente, um homossexual com fortes resistências e uma transferência inconsciente sobre mim igualmente forte, às vezes misturar em suas associações coisas que efetivamente me preocupam de maneira intensa. Mas durante muito tempo tudo isso ficou-me em estado de impressão vaga. (Da qual, aliás, informei igualmente, na época, ao Professor Freud.) Nos últimos tempos (a resistência e a transferência tornando-se cada vez mais intensas), essas convergências se acumularam, de modo que decidi prosseguir minhas pesquisas na matéria e anotar com precisão cada um de seus incidentes. (F/F, 1992, pp. 215-216)*

Muitos anos mais tarde, Jones (1969, p. 437) observa que fosse o paciente capaz de adivinhar, aproximadamente, os pensamentos de seu analista, este seria um fato "que poderia revolucionar a técnica da psicanálise". Já Ferenczi, em meio a suas pesquisas, levanta uma hipótese: "A transmissão de pensamentos provém mais frequentemente do conteúdo de complexos atuais ou ainda

---

temos acesso aos sentimentos vividos e não verbalizados por outra pessoa" (Koeppel, 1990, citado por Kupermann, 2019).

de complexos inconscientemente reavivados (sonhos, erros, elementos não elaborados)". Adianta uma informação: a observação parecia confirmar que "tudo isso não tem nenhuma influência na progressão da análise". E conclui provisoriamente: "se há alguma coisa de verdadeiro nessa transmissão de pensamentos, então as palavras transmitidas agem tal como as palavras-estímulo de Jung", isto é, a técnica das associações provocadas. "Eu *projeto inconscientemente* as palavras-estímulo, ele as *introjeta*" (F/F, 1992, pp. 217-218)". Freud responde na carta seguinte:

> *Suas observações – cuidadosamente preservadas – sobre seu masoquista me parecem sufocar, definitivamente, as dúvidas relativas à existência da transmissão de pensamento. Trata-se agora de se habituar a isso em pensamento, de perder esse temor respeitoso diante da novidade e, também, de guardar o segredo, suficientemente, por longo tempo no seio materno; mas aqui a dúvida chega ao fim. (F/F, 1992, p. 221)*

Três dias mais tarde, Ferenczi se confessa assustado de ver o supervisor considerar probatórias suas considerações sobre a transmissão de pensamento. Ele próprio, cheio de dúvidas e insegurança, e necessitado de provas suplementares, acredita estar, em teoria, bem familiarizado com essas coisas para afirmar, mais uma vez, que elas não abalarão a psicanálise – mas a tornam mais complicada. Uma resistência a essas descobertas não é, assim, inesperada, e é preciso contar com um tempo de reflexão.

O que não o impede de se deixar absorver por essas mesmas descobertas. Escreve em 22 de novembro: "Uma novidade interessante na história da transferência. Imagine que *eu sou um formidável vidente, ou antes, leitor de pensamentos!* Leio (em minhas associações livres) os pensamentos de meus pacientes". Antes de dar alguns exemplos, chega mesmo a afirmar que "a futura metodologia ΨA deveria tirar proveito disso" (F/F, 1992, p. 245). Tudo pareceria bem sério, não fosse o comentário irônico que se segue: "Quando for a Viena, eu me apresentarei ao senhor como 'astrólogo' da corte dos psicanalistas". Além de procurar videntes profissionais e de fazer experiências com seus pacientes, Ferenczi decide tomar a si próprio como médium.

Encontra-se tão mergulhado na questão – gasta seu tempo não ocupado pelo trabalho analítico com experiências de transmissão de pensamento –, que escreve novamente, em 2 de dezembro, antes mesmo de receber a resposta da carta anterior e sem nada de novo a dizer sobre o assunto. Limita-se, dessa forma, a disponibilizar um resumo do que já observou e refletiu até então:

> *Se estamos tomados por uma emoção qualquer e não totalmente envolvidos (na experiência) – podemos ser um bom emissor de irradiação, mas não valemos nada para a recepção. Uma disposição de espírito calmo é mais favorável. Os mais sensíveis são os enamorados (com a ajuda de seu componente masoquista). Não está excluído que a "diferença de tensão", e a transmissão de pensamento que esta condiciona, desempenha um certo papel na vida corrente, influindo nas associações – e com isso também no humor, na atividade etc. Ela assumirá maior significação apenas nos casos patológicos. O receptor reage à transmissão com seus próprios complexos inconscientes, entre os quais escolhe precisamente aqueles que são os mais próximos dos complexos inconscientes de quem dá as ordens. (F/F, 1992, p. 247)*

A carta de Freud, prudente, mas de toda maneira encorajadora, chega em 3 de dezembro, certamente cruzada com a última de

Ferenczi, mesmo considerando a presteza do correio entre Budapeste e Viena:

> *Você deve certamente estar admirado de eu não ter reagido mais cedo à sua perturbadora comunicação: que você próprio seria um médium [...]. Vejo chegar o destino, que se aproxima inelutavelmente, e constato ter sido a você que foi atribuída a tarefa de esclarecer a mística e outras coisas desse gênero, e que o impedir seria também tão inútil quanto mesquinho. Mas penso que podemos arriscar na tentativa de retardar as coisas. Gostaria de convidá-lo a acumular os dados ainda durante uns dois bons anos, em segredo, para só aparecer em público em 1913, e no Jahrbuch, abertamente. Você conhece minhas objeções práticas e minha penosa impressão secreta. (F/F, 1992, p. 249).*

Ora, Ferenczi não reage e Freud aproveita o fim de sua carta de 16 de dezembro para cobrar uma "resposta à minha proposição relativa à publicação sobre a indução de pensamento". A resposta de Ferenczi, que não tarda, traz a justificativa segundo a qual ele tomara "já como certo, no espírito de nossas discussões anteriores, que devemos tratar este assunto com extraordinária prudência". Tampouco precisava dizer que concordava com a data de 1913, talvez mesmo a adiasse para mais adiante. "Nesse meio-tempo, coleto um pouco de material" (F/F, 1992, pp. 253-254).

Sobre a metodologia de pesquisa, apresenta "um fato interessante e precioso": pensa em privar-se de médiuns profissionais. "De tempos em tempos, eu também consigo", desde que a experiência seja feita com pessoas de mesma sensibilidade. Para ter sucesso, é necessário que o receptor esteja num "estado de humor calmo, alegre mas não muito agitado", já que a impaciência perturba. O estado de excitação é melhor para "emitir a irradiação psíquica". O jogo de esconde-esconde das crianças é dado como modelo. Durante as associações, explica Ferenczi, aquele que faz a pergunta "controla" a boa ou a má adequação das associações das ideias, indicando ao receptor a melhor direção a tomar. Às vezes, o receptor "começa realmente muito longe com seus próprios complexos, e [é] conduzido pouco a pouco para o que deve adivinhar". Há constantes "indicações mudas, 'quente' ou 'frio' [e] admiráveis acordos entre seus próprios complexos e as ideias pré-conscientes de quem pergunta" (F/F, 1992, p. 254).

De sua parte, Freud conta a Ferenczi ("para a sua coleção") "a mais bela peça que você talvez tenha até o presente" (posto que ele, Freud, conhece o material) de uma transmissão em forma de profecia (F/F, 1992, p. 263). No futuro seria uma das duas profecias de pacientes (aliás, não confirmadas) expostas em "Psicanálise e telepatia", e depois retomadas, com algumas modificações, no conjunto do material utilizado em "Sonho e ocultismo".

Depois de agradecer a Freud (em 8 de janeiro) pela "contribuição à história da indução", em 24 do mesmo mês, Ferenczi (F/F, 1992, pp. 264-266) relata uma transmissão de pensamento que lhe aconteceu durante uma análise. Trata-se de uma mulher que pensa num senhor chamado Postás (= carteiro). Comicamente, associa de imediato: "uma flauta, uma corneta, como aquela que aparece numa certa marca de cigarros egípcios. Taratara-taratara-taratata! Tarrara-tarara-tarata!" A senhora o interrompe: "Você adivinhou. Ele se chama Postás. Ele sempre fuma cigarros egípcios".

Em todo caso, agora que leva em conta essa direção da indução de pensamento, ou seja, do analisando para o analista, um risco se impõe, e ele é referido na carta seguinte: "Além da vigilância da contratransferência [*Gegenübertragung*], também é preciso tomar cuidado com essa maneira 'de ser induzido' pelos pacientes. (Talvez se trate apenas de uma forma de contratransferência.)" (F/F, 1992, p. 267). Cabe, então, lembrar sem mais demora que a noção de contratransferência foi a inovação de ordem técnica relacionada à pessoa mesma do analista, anunciada por Freud em sua conferência no congresso psicanalítico de Nuremberg em 1910. "Cura pelo amor" (F/J, 1975a, p. 52), que supõe experiências de sentimento repetitivas, o encargo assumido pelo analista não acontece sem sofrimento –, algo de que Ferenczi já informara a Freud e não por acaso... também em 1910:

> *Para introduzir a parte técnica de minha carta, gostaria de formular uma hipótese, ou seja, que a prática analítica continuada acarreta um* aumento *dessa necessidade de apoio. Antes mesmo de o senhor instaurar a exigência de "reprimir a contratransferência", todos nós o tínhamos feito instintivamente e esta permanente repressão* deve *com certeza culminar numa perturbação quando, depois de 10-12 horas de trabalho, nos encontramos, como eu, tão totalmente solitário e desprovido de todo objeto de amor. De fato, é sobretudo à noite que eu sinto dolorosamente esta solidão. (F/F, 1992, p. 168)*

A queixa encontra-se na primeira carta a Freud depois do congresso, quando se dá conta do quanto se sente sozinho intelectual e afetivamente na Hungria. Poderia bem ser algo de pessoal, ou seja, sua tendência, confessada já em 1908, a considerar as questões dos pacientes como suas – não fosse este o preço a pagar no exercício desta função operada no fogo do amor. Nem por isso se trata de abandoná-la, pois *navigare necesse est, vivere non necesse*, como Freud dissera a Jung, quase um ano antes, repetindo as palavras do *Fausto* de Goethe, o "avô gentil-homem", lembrando-se aqui da lenda segundo a qual o avô do suíço teria sido filho natural do grande escritor alemão: "Você está com o diabo e quer temer a chama?" (F/J, 1975a, p. 287). Três meses mais tarde, igualmente a Jung, o assunto ressurge agora a propósito do "caso Spielrein":[9]

> *Tais experiências, se elas são dolorosas, são também necessárias e difíceis de evitar. Isso acontece apenas depois que conhecemos a vida e a coisa que temos nas mãos. Eu próprio, é verdade, não me deixei apanhar assim, mas cheguei perto disso várias vezes e tive um* narrow escape. *Creio terem sido apenas as atrozes necessidades da vida para as quais meu trabalho estava direcionado, e a década de atraso, em relação a vocês, com a qual eu cheguei à ΨA, que me preservaram das mesmas aventuras. Mas isso não causa nenhum dano. E dessa forma nos estimula a endurecer a pele como é necessário, nos tornamos mestres da "contratransferência"*

9 Deve-se lembrar que "depois do triângulo Breuer-Anna O. e ele próprio, [Freud] esteve de novo implicado duas vezes em situação análoga: com Sabina Spielrein e Carl Gustav Jung, e com Elma Pálos e Sándor Ferenczi" (Haynal, 1992, p. XXIII). "O que realmente aconteceu com a paciente de Breuer", conta Freud a S. Zweig em 1932, "eu só fui capaz de adivinhar mais tarde, muito tempo depois de nossa ruptura, quando subitamente me lembrei de uma informação que Br. me havia dado no passado em outro contexto, antes de trabalharmos juntos, e que ele nunca mais repetiu. Na noite do dia em que todos os sintomas tinham sido superados, ele foi chamado novamente; encontrou-a delirante, contorcendo-se em cólicas abdominais. Ao lhe perguntar o que estava acontecendo, ela respondeu: 'É o filho que espero do doutor Br. que está chegando'. Nesse momento, ele teve nas mãos as chaves que lhe teriam aberto o caminho até às Mães [Fausto, Goethe], mas as deixou cair. Apesar de suas grandes faculdades intelectuais, não havia nada de faustiano nele. Atingido por um pavor bem conformista, ele fugiu, deixando a sua paciente com um colega. Ela ainda lutou por seu restabelecimento durante meses em um sanatório" (F/Z, 1995, p. 89).

> *na qual, contudo, somos colocados a cada vez, e aprendemos a deslocar nossos próprios afetos e empregá-los corretamente. É um* blessing in disguise. *(F/J, 1975a, p. 309)*

Com efeito, é um mal que vem para um bem desde que o analista tenha domínio sobre ele; e na pior das hipóteses, como Ferenczi (1919) reconheceria, "a aprendizagem dessa regra técnica da psicanálise custa um paciente ao médico" (p. 336), como foi o caso de Anna O. para Breuer ou, de certa maneira, Dora, para Freud. No mesmo sentido, mas dez anos antes, Freud (F/A, 1969, p. 69) passava a Abraham um de seus conselhos privados: "Com frequência me aconteceu que os casos pelos quais eu tinha um interesse pessoal muito grande de fato fracassaram, talvez, justamente em razão dessa intensidade". E é como um "digno velho mestre" que recomenda a Jung, em 1911, a frieza necessária: dando muito de sua própria pessoa, diz ele, torna-se difícil "pedir alguma coisa em troca [...]. Não nos deixemos jamais enlouquecer pelos pobres neuróticos" (F/J, 1975b, pp. 237-238). Em contraposição, propõe "permanecer inacessível e limitar-se a receber". E acrescenta um pouco mais adiante, como que antecipando, de alguma maneira, a importância que a *empatia* assumirá na clínica futura de seu discípulo húngaro (cf. Kupermann, 2019): "A última discussão desse tipo, eu a tive com Ferenczi, que me achava fechado e inacessível e se queixou amargamente de minha pouca docilidade, mas que desde então reconheceu plenamente o seu erro, e minha faculdade de compreensão". Finaliza essa espécie de supervisão epistolar: "o ensaio sobre a 'contratransferência', que me parece necessário, não deveria ser impresso, mas circular em cópias entre nós". Na verdade, nunca veio à luz, nem de uma maneira nem de outra.

Antes disso, no Congresso de Nuremberg (30 e 31 março de 1910), Freud escolhera falar sobre "As chances futuras da terapia psicanalítica". Parecia, assim, um feliz presságio que, no texto, aparecesse pela primeira vez a palavra "contratransferência", não fosse este um dos dois artigos em que a emprega – o outro, publicado em 1914, "Observações sobre o amor de transferência". E se não se tratasse – "a regra técnica que eu presumi faz pouco, 'superar a contratransferência'" (F/J, 1975b, pp. 20-21) – de avançar com a exigência de que o analista deve obrigatoriamente reconhecê-la em si mesmo e dominá-la.

Utiliza não mais do que um parágrafo para lembrar sua recomendação, a mesma desde que um contingente maior de pessoas passou a praticar a psicanálise: o psicanalista não pode ir além do que lhe "permitam seus próprios complexos e resistências internas", uma atividade iniciada "por sua autoanálise", e continuamente aprofundada "de acordo com suas experiências com o doente", sob pena de não ser capaz de tratá-lo "analiticamente" (1910d, p. 67). Ainda que a considere um dos problemas mais "difíceis da técnica psicanalítica", Freud assegura a Binswanger, em 20 de fevereiro de 1913, que a contratransferência é "teoricamente mais fácil de resolver. O que damos ao paciente jamais deve ser *afeto espontâneo*, mas deve ser sempre afeto conscientemente expressado, em maior ou menor quantidade conforme as necessidades". Eis, portanto, a fórmula freudiana contida no *princípio da abstinência*: "Em certas circunstâncias, é preciso dar muito, mas *jamais nada que tenha saído diretamente do inconsciente do analista*". Sua recomendação: é preciso "reconhecer e superar sua contratransferência a cada vez". Só assim ficamos livres dela, é a sua palavra final, antes de mencionar a necessidade de "um pouco mais de experiência" (F/B, 1995, p. 183, grifos meus).

Com Lacan, tomamos conhecimento da abordagem crítica do termo. Denunciando o erro de considerar a análise uma relação dual, intersubjetiva, afirma, no seminário *A angústia*, que haveria apenas um conceito, o de transferência: "Essa questão da contratransferência não é verdadeiramente a questão. Sua significação encontra-se no estado de confusão a que nos trouxe. Essa significação é o desejo do analista. O que impõe dificuldades na abordagem desses autores é o desejo do analista" (citado por Garrigues, 1987, p. 9).

Ora, caminhando noutra direção, a noção viria no futuro a ser objeto de atenção crescente por parte de alguns analistas (análise de crianças e de psicóticos) (Laplanche & Pontalis, 1973, p. 103), que quiseram reconhecer na contratransferência seu valor na *dinâmica* mesma do tratamento (em particular, Paula Heimann, Margaret Little, Annie Reich e Lucia Tower, na psicanálise inglesa). Para eles (ou elas), "os sentimentos que experimentam ou que se lhes impõem no decorrer da experiência analítica antecipam elementos ainda recalcados e orientam a direção do tratamento" (Garrigues, 1987, p. 8). Ou ainda, em vez de examinar em sua análise pessoal, depois de terminada a sessão do paciente, a influência deste sobre sua sensibilidade inconsciente, esses analistas pós-freudianos preferiram tomar, de modo instantâneo e direto, seus próprios sentimentos como base para a interpretação das associações dos pacientes, com todos os riscos de uma intervenção projetiva e mais afeita às psicoterapias sugestivas.

Laplanche & Pontalis (1973, p. 103) notam que essa ideia de "utilizar, controlando-as", as manifestações contratransferenciais no trabalho analítico, busca prosseguir a afirmação freudiana segundo a qual "todo ser humano possui em seu próprio inconsciente um instrumento com o qual é capaz de interpretar as manifestações do inconsciente no outro" (1913i, p. 88). No seu texto imediatamente anterior, *Totem e tabu*, Freud (1912-1913a, p. 379), com outros objetivos, formulou uma variação desta afirmação: "Com efeito, a psicanálise nos ensinou que todo ser humano possui em sua atividade de espírito inconsciente um aparelho que lhe permite interpretar as reações de outros seres humanos".[10]

10 Para Benhaïm (2007), a afirmativa retoma a tese da transmissão dos caracteres adquiridos, que, para Freud, seria indispensável no trabalho psicanalítico. O autor argumenta que, em 1938, no contexto de "O homem Moisés e a religião

A observar que a palavra "reação", aqui no plural, com a explicação a seguir, torna menos misteriosa essa condição humana: "Isto é, desfazer as deformações às quais o outro recorreu na expressão de suas moções de sentimento".

É a partir desta última versão que Ferenczi (F/F, 1992, p. 524) considera "nova e extraordinária a ideia da transmissão por meio da *compreensão inconsciente*" (v. capítulo 7). A data da carta, 23 de junho de 1913, nos autoriza ler a palavra "transmissão" como *transmissão de pensamento*; como também é certo que, em Freud e seus próximos, o aparecimento da noção de contratransferência coincide curiosamente com o primeiro período (entre 1909 e 1912} de seu interesse pela telepatia e das pesquisas de campo do discípulo sobre o fenômeno. Enfim, o ano de 1910, quando "eles estiveram muito preocupados com o tema" (Jones, 1969, p. 450), é também aquele em que Freud anuncia, como acabamos de ver, em "As chances futuras da terapia psicanalítica", pela primeira vez *publicamente*, a noção de contratransferência.

Caberá, assim, a Ferenczi retomar a questão da contratransferência em 1919, no artigo "A técnica analítica". O termo aparece no subtítulo da quarta parte do texto, no qual ele se refere aos

---

monoteísta", Freud afirma a hereditariedade e a transmissão dos traços mnêmicos do que foi vivido pelas gerações anteriores, independentemente de toda comunicação direta ou de toda influência educativa, sem deixar de claramente sublinhar a diferença entre o biológico e o psíquico, como que antecipando as objeções à sua tese. Essa memória arcaica passa pelo esquecimento, e o esquecimento em psicanálise é o recalcamento, que protege e conserva a lembrança da qual não somos mais, individualmente, os proprietários. Este aparelho que nos permite interpretar as reações de outros seres humanos é o segundo dos pressupostos – o primeiro é a de uma psique de massa na qual os processos psíquicos acontecem como na vida anímica de um indivíduo –, introduzido, mas não elaborado, por Freud para explicar, tratando-se de memória arcaica, como se conservam e transmitem-se os traços mnêmicos. Vencido o desinteresse dos psicanalistas, esta seria uma pesquisa cuja realização, sempre conforme Benhaïm, levaria em conta os paralelos entre a ontogênese e a filogênese.

dois modos de sugestão, paterna e materna (v. Capítulo 5), referida por Freud em *Psicologia das massas*. Deve-se lembrar que, no ano anterior, Freud (1919a, p. 102) fizera uma comunicação no 5° Congresso Internacional de Psicanálise, em Budapeste, publicada com o nome de "As vias da terapia psicanalítica", em que escreve: "O desenvolvimento de nossa terapia tomará [...] sem dúvida outras vias, antes de tudo aquelas que Ferenczi recentemente caracterizou em seu trabalho sobre as 'Dificuldades técnicas de uma análise de histeria' como sendo a 'atividade' do analista" – atividade que, na verdade, segundo o psicanalista húngaro, diria respeito apenas ao analisando.

Em 1919, portanto, para o já maduro e experimentado Ferenczi (1919, pp. 335-337), o psicanalista deve se esforçar para não sucumbir aos afetos, mesmo às paixões, que não favorecem a compreensão dos dados analíticos. Mas, sendo um ser humano que também apresenta "humores, simpatias, antipatias e impulsos pulsionais", sem os quais, aliás, nem mesmo poderia "compreender as lutas psíquicas do paciente", compete a ele, por um lado, "observar o paciente, examinar seus dizeres, construir seu inconsciente a partir de suas intenções e de seu comportamento". Por outro lado, trata-se da tentativa de "constantemente controlar sua própria atitude para com o paciente e se necessário retificá-la". Que ele seja analisado, exige Ferenczi, como condição prévia, mas não suficiente, para "se libertar das particularidades de seu caráter e das flutuações de seu humor a ponto de se tornar supérfluo o controle da contratransferência". É o seu domínio que lhe permite oscilar, no tratamento, "entre o livre jogo da imaginação e o exame crítico" (escuta flutuante) do material apresentado pelo analisando.

É de toda maneira curioso constatar que Ferenczi, no fim de sua vida, "tenha ido tão longe nisso que poderíamos chamar de [...] 'contratransferência', ao propor a 'análise mútua', o paciente que analisa seu analista" – ele que, no entanto, afirmara justamente o contrário, dizendo a Freud, em 1912, que a análise mútua era "um nonsense e uma impossibilidade" (F/F, 1992, p. 470). Com a "técnica ativa", sua experiência durará sete anos, para culminar num "erro fecundo", se levarmos em conta "as numerosas observações clínicas cujos relatos generosos conservam ainda hoje um valor inalterável" (Dupont, 1974, p. 9). Enfim, se o próprio Freud começou por reivindicar a paternidade da ideia que deu nascimento à técnica ativa – isto é, *abstinência e frustração*[11] –, muito cedo ele renuncia a seguir seu discípulo mais amado em suas experiências. Mas não é o caso de nos enganar: "o que poderia soar excessivamente heterodoxo àqueles que desconhecem o pensamento ferencziano em sua amplitude é, na verdade, resultado de uma incontestável fidelidade aos problemas encontrados por Freud ao longo do seu percurso" (Kupermann, 2019, p. 17).

A notar que Freud não faz nenhuma relação entre transferência de pensamento e contratransferência, ainda que o sentido de contratransferência – "conjunto das reações inconscientes do analista à pessoa do analisando e mais particularmente à transferência deste" (Laplanche & Pontalis, 1973, p. 103) – não seja alheio ao de transferência de pensamento. E tampouco viu na contratransferência uma função dinâmica positiva no tratamento, talvez porque se trata de *jamais recorrer ao nosso próprio inconsciente*. Da mesma maneira, nunca cogitou fazer da transferência de pensamento uma possível técnica auxiliar e direta para a psicanálise, ainda

---

11 Insistindo, em 1912, sobre a possibilidade de o tratamento analítico exercer uma "influência curativa" sobre os sintomas atuais (neuroses atuais), Freud considera a alternativa de que esses incômodos sejam mais tolerados ao colocar o "indivíduo doente" no estado poder de prescindir deles "por uma modificação de seu regime sexual". Nada impede que já estivesse pensando no princípio de abstinência na análise – afinal, já havia experimentado o fim antecipado da análise do Homem dos lobos. Seu comentário final: "Estas são, certamente, perspectivas que desejamos no interesse de nossa terapêutica" (1912f, p. 163).

que, vale igualmente recordar, tenha suposto que sua comprovação talvez fosse significativa para a prática - se consideramos que ele estivesse se referindo à prática psicanalítica. Para ser mais preciso, registra-se apenas uma vez - ao comentar não ser o único que, no decorrer da análise, foi colocado "na posição de viver tais incidentes 'ocultos'" - em que chega a indicar: "Helene Deutsch, em 1926, trouxe ao nosso conhecimento observações similares e estudou seu condicionamento pelas relações de transferência entre paciente e analista" (1933a, pp. 136-137).[12]

Tampouco a relação entre transferência de pensamento e contratransferência foi ventilada entre os analistas pós-freudianos partidários desta última como técnica auxiliar e direta na análise, talvez porque, tal como eles a concebem, ela evoque *sentimentos experimentados*, enquanto a outra pressupõe *leitura de pensamentos* (logo, representações ideativas). Contudo, apesar da diferença fenomenológica entre ambas, parece que se assemelham em algum ponto no que diz respeito a este desejo implícito de influenciar, sugerir, do qual ninguém, incluindo o próprio analista, está livre, e ronda inexoravelmente a psicanálise.

Para além da proximidade temporal e histórica que une as duas noções, com Ferenczi esta relação aparece mais claramente; cabe, então, reavivar a memória do leitor. Em primeiro lugar, há muita semelhança entre sua advertência de 1910 a

---

12 Eis o nome do artigo de Helene Deutsch: "Okkulte Vorgänge während der Psychoanalyse" (Processos ocultos durante a psicanálise). Foi publicado em espanhol, em 1996: "Procesos ocultos durante el psicoanálisis", *Revista de Psicoanalisis, 53*, 505-518 - cf. Idete Zimerman Bizzi, "Vida anímica primitiva e subjetividade: o que realmente disseram as pioneiras Spielrein e Deutsch?" (*Revista de Psicanálise da SPPA, 27*(2), 547-564, 2020); e em francês, em 1992: "Processus occultes pendant l'analyse", em *Cas cliniques et autoanalyse*, 1918-1930 (Paris, Le Seuil, 1992, 85-101) - cf. Luiz Eduardo Prado de Oliveira, "Du secret et de la transmission em psychanalyse" (*Le Coq-héron*, 169, 2002/2, 7-12, https://www.cairn.info/revue-le-coq-heron-2002-2-page-7.htm).

respeito da transferência de pensamento – "o receptor reage à transmissão com seus próprios complexos inconscientes, entre os quais escolhe precisamente aqueles que são os mais próximos dos complexos inconscientes de quem dá as ordens" – e esta outra de 1919, sobre a contratransferência – "o analista deve tentar "controlar constantemente sua própria atitude para com o paciente e se necessário retificá-la". Enfim, há também esta relação direta, referindo-se primordialmente à transferência de pensamentos em 1911: "Além da vigilância da contratransferência, também é preciso tomar cuidado com essa maneira 'de ser induzido' pelos pacientes. (Talvez se trate apenas de uma forma de contratransferência.)"

Muitos anos mais tarde, referindo-se ao *relaxamento* do paciente, que deveria ser favorecida pelo analista, e da *análise mútua*, uma extensão do relaxamento também no analista, Ferenczi (1932, pp. 176-178), afirma que somente a análise poderia determinar a razão pela qual são desenvolvidas "a simpatia e a antipatia" entre analista e paciente, que eles mesmos não conseguem explicar; e que, ao lado de "manifestações de emoções" justificáveis pela análise ou pela psicologia corrente, "acontecem também fenômenos psíquicos que não são explicáveis no estado atual de nossos conhecimentos em fisiologia dos órgãos dos sentidos e em psicologia". Retoma seu interesse do início dos anos 1910: "Outros antes de mim mostraram com que frequência espantosa fenômenos ditos de transmissão de pensamento acontecem entre médico e paciente, amiúde de uma maneira que ultrapassa de longe a probabilidade do acaso". E reafirma o interesse clínico que então norteava suas pesquisas inconclusas com a transferência de pensamento: "Se essas coisas um dia forem verificadas, parece-nos plausível, a nós analistas, que a relação de transferência possa favorecer extraordinariamente a instauração de manifestações de receptividade mais apuradas".

Retomemos, então, mais detidamente, a questão da transferência de pensamento. Em outubro de 1911, dizendo-se menos assíduo no trabalho científico, Ferenczi informa que faz muitas "leituras sobre as coisas 'ocultas'" (F/F, 1992, p. 320). Em julho do ano seguinte, ainda insiste em suas pesquisas, embora com alguma dificuldade: tendo fracassado totalmente nas experiências de indução com a senhora Seidler, que nem mesmo se colocou à sua disposição, anuncia uma viagem a Freising, na Baviera, onde esperava se encontrar com o Professor Staudenmaier, que, além de químico, é autor de trabalhos sobre a "magia experimental" (F/F, 1992, p. 408). Enfim, faz uma conferência na Associação Vienense, em 9 de novembro de 1913, mas, afirma Jones de maneira sempre suspeita em relação a Ferenczi, nada viria a publicar sobre o tema.[13] Em termos: afinal, além do que acabei de refeir, há pelo menos seu artigo, de 1915, "Anomalias psicogênicas da fonação", que contém extratos de dois casos clínicos, em que, no primeiro, o paciente se diz detentor de "forças sobrenaturais"; o segundo, estima Ferenczi (1915, pp. 167-170), "ilustra bem a situação nem um pouco excepcional que costumo chamar de o

13 Segundo Jones (1969), na conferência, Ferenczi prestou contas de suas experiências, "reunidas de modo experimental", sem tomá-las como sendo "inteiramente probatórias, ainda que [respondessem] num sentido positivo à questão da telepatia" (p. 440). Mas, apenas em poucos casos, foram de fato positivas as experiências, efetuadas sob o controle dos membros da associação, os quais não se convenceram da legitimidade da transmissão de pensamento. Ferenczi levara à Sociedade um "certo professor" Alexander Roth; apesar do fracasso da experiência, quatro dias mais tarde, Freud teria organizado "uma sessão com o mesmo personagem", da qual participaram três outros analistas (Rank, Sachs e Hitschmann), além de uma suposta médium. Mais uma vez a sessão foi um fiasco, e Freud se recusou a dar o atestado aguardado por Roth. Ora, Ferenczi já havia se antecipado nesse sentido, o que permitiu ao vidente jactar-se de seu sucesso junto aos psicanalistas. A repreensão do Mestre sobre a credulidade do discípulo teria sido severa, exigindo-lhe que recuperasse o atestado. Sem saber o que fazer, Ferenczi teria renunciado à ideia de qualquer publicação neste domínio.

'*diálogo dos inconscientes*', ou seja quando os inconscientes de duas pessoas se compreendem perfeitamente sem que a consciência de nenhuma das duas tenha disso a menor suspeita". Algo da ordem de transferência de pensamentos, portanto.

O próprio Freud somente dará a conhecer publicamente suas conclusões no começo de 1922, inaugurando o segundo período de seu interesse pela telepatia, com "Sonho e telepatia", escrito em dezembro do ano precedente; em 1925, em "Alguns suplementos à interpretação do sonho", inclui um pequeno texto: "A significação oculta do sonho"; e, como já referido, em 1933, o tema comporá a segunda das novas lições, "Sonho e ocultismo". Cabe ainda registrar nesta série que, em 1921, e quatro meses antes do primeiro, ele já havia escrito outro texto, sem título na origem, lido para os membros do "Comitê Secreto", o grupo de discípulos mais íntimos de Freud (K. Abraham, H. Sachs, O. Rank, S. Ferenczi, M. Eitingon), mas só publicado em 1941, postumamente, com o nome de "Psicanálise e telepatia".[14]

---

14 Em 1921, portanto, no ano anterior ao que dá início a este segundo período de seu interesse pela telepatia, Freud (1966) escreve a H. Carrington: "Não sou daqueles que recusam de imediato o estudo dos fenômenos psíquicos ditos ocultos porque é anticientífico, indigno do cientista, mesmo perigoso. Se me encontrasse no começo de minha carreira científica em vez de no fim, talvez não escolhesse outro domínio de pesquisas, a despeito de todas as dificuldades que apresenta. Contudo, eu lhe pedirei para desistir de mencionar meu nome em seus trabalhos por várias razões. Primeiramente porque sou totalmente profano e principiante no domínio do ocultismo, e não tenho o direito de pretender a menor autoridade nesta matéria. Em segundo lugar, porque tenho boas razões em querer estabelecer uma linha de demarcação muito clara entre a psicanálise – que nada tem de oculto – e este campo de conhecimento ainda inexplorado, e de não dar motivos para mal-entendidos neste assunto. Enfim, porque não posso me desembaraçar de certos preconceitos de materialismo cético que traria comigo na pesquisa dos fatos ocultos [..]. Em suma, penso ser melhor para mim continuar a me limitar à psicanálise" (p. 364).

Para Jones (1969), o interesse de Freud pela telepatia teria sido reanimado mais ou menos dois anos depois da guerra, em razão de suas reflexões sobre os problemas relativos "à vida e à morte e à possibilidade da imortalidade (no protozoário e no plasma germinativo), temas que podem facilmente ser incluídos nos problemas do ocultismo" (p. 443). Como sabemos, na mesma ocasião, ele introduziu esta temática na sua segunda teoria das pulsões (pulsões de vida e pulsões de morte), de fato objeto de uma verdadeira abordagem psicanalítica. Ora, sendo então e ainda hoje uma questão controversa para alguns, a ideia de pulsões de morte não pode ser reduzida de forma alguma a uma reflexão ocultista fragmentária e imprecisa.

Em "Psicanálise e telepatia", Freud (1941d, pp. 102-102) afirma, de imediato a impossibilidade de afastar por mais tempo o estudo do que pode ser chamado de "fatos ocultos". Conta que por três vezes recusara colaborar em periódicos recentemente fundados e consagrados a tais estudos, cuja razão de interesse se encontrava, na sua opinião, numa espécie de ressarcimento pelo fato de que por causa da Grande Guerra "a vida nessa terra perdeu sua atração". Além disso, do lado da ciência exata, ocorrera, entre outras coisas, a descoberta do rádio, que "confundiu tanto quanto ampliou as possibilidades de explicação do mundo físico" – a tal ponto que o desenvolvimento da teoria da relatividade teria diminuído, paradoxalmente, "em muitos daqueles que a admiram sem nada entender, [...] sua confiança na credibilidade objetiva da ciência" (um fenômeno, diga-se de passagem, sempre recorrente e sempre perigoso). Freud registra o protesto de Einstein "contra tal mal-entendido".

Reconhece que pareceria haver *a priori* "simpatias recíprocas" entre o ocultismo e a psicanálise. A título de exemplo, ambos sofreram o mesmo "tratamento desdenhoso, altivo, da parte da ciência oficial": frequentemente a psicanálise, suspeita de misticismo, presencia "seu inconsciente classificado ao lado dessas coisas entre céu e terra com as quais a sabedoria de escolas se proíbe de sonhar". Tampouco é do interesse da psicanálise, sacrificando-se, defender essa autoridade, pois ela própria se encontra "em oposição a tudo o que, limitado pelas convenções, está bem estabelecido e geralmente reconhecido". Ainda assim, não lhe parecia evidente uma verdadeira aliança entre psicanalistas e ocultistas, na medida em que estes, em sua maioria, não são movidos pelo "desejo de saber", e não faziam mais que buscar confirmações para sua crença, impondo-a aos outros. Como tal, o ocultismo seria um legítimo herdeiro da velha crença religiosa, mesmo das "convicções ultrapassadas dos primitivos" – congruente, portanto, pode-se acrescentar, com este "sono do mundo" (1914d, p. 264) com o qual a psicanálise definitivamente não compactua. Aliás, não por acaso, conforme o registro de Freud (1922a, p. 127) num dos outros textos da série: a psicanálise "tem contra si, por assim dizer, todos os instintos anímicos, [enquanto o ocultismo] vê surgir ao seu encontro fortes e obscuras simpatias".

Neste sentido, a investigação do material oculto pelos analistas – esses "incorrigíveis mecanicistas e materialistas" – teria como único interesse poder excluí-lo "definitivamente da realidade material as formações de desejo [*Wunschgebilde*] da humanidade" (1941d, p. 104). O domínio de trabalho do analista é o do inconsciente da vida anímica, e um interesse relacionado aos fenômenos ocultos poderia impedi-lo de ver o que lhe está mais próximo, assim como, durante o trabalho analítico, fazê-lo esquecer do que faz parte de seu "armamento e de seu equipamento de analista", que se traduz por *não prevenção, imparcialidade e ausência de toda expectativa*. Os fenômenos ocultos, que não podem ser evitados, devem ser tratados, como não importa qual outro material, pela via da análise. Descarta, assim, haver algum proveito numa "comunidade de trabalho entre analistas e ocultistas".

Dito isso, não pode se impedir de dar a conhecer, ao menos no entorno, seu exame deste material composto de apenas dois casos, mas munido de duas vantagens: primeiro, a isenção quanto às reservas e dúvidas que pairam sobre a maior parte das observações dos ocultistas; segundo, sua força probatória advém da submissão desses dados à elaboração analítica. Conclui antes mesmo de apresentá-los: "minha posição pessoal frente a esse material permanece recalcitrante, ambivalente".

Em "Sonho e telepatia", efetivamente publicado em 1922 e o mais longo e justificado dos três textos, Freud analisa duas supostas profecias, a partir de relatos de leitores que, como tantos outros, costumavam lhe enviar observações extraídas da vida cotidiana. Relacionar intimamente sonho e telepatia é uma prática disseminada, e tais relatos seriam mesmo uma saída, porque, ao longo de quase três décadas de suas atividades como analista, nunca lhe foi dado viver, com algum de seus pacientes, a experiência de um sonho telepático. Seu material, portanto, é escasso e ele só tem a lamentar o fato de não ter podido trabalhar seus próprios sonhos, como no passado, quando ele escrevia *A interpretação do sonho*. Outra dificuldade encontra-se na ausência de detalhes do acontecimento, informações essenciais – que talvez nem mesmo fossem sanadas por ideias incidentes, frutos da associação livre na análise – para determinar se se trata de "um fato telepático ou [de] uma operação inconsciente particularmente sutil do sonhador, ou se deve ser tomado simplesmente por uma coincidência fortuita" (1922a, p. 129).

Depois de seu exame rigoroso e detalhado por meio de ferramentas utilizadas na investigação analítica (interpretação), e a despeito do conteúdo manifesto sempre insuficiente desses sonhos que, além de tudo lhe foram relatados por cartas, conclui que a mensagem telepática deve ser tratada como qualquer outro fragmento do material onírico, como qualquer outro estímulo vindo do exterior, estando sujeito essencialmente ao mesmo "processo específico do trabalho do sonho, que faz passar dos pensamentos pré-conscientes (restos diurnos), com a ajuda de uma moção de desejo inconsciente, ao conteúdo do sonho manifesto" (1922a, pp. 131-132). Um sonho telepático sem deformação, ou seja, "sem condensação, deslocamento, dramatização e, antes de tudo sem realização de desejo, não merece [...] esse nome"; melhor seria chamá-lo, caso houvesse tal "sonho", de uma *experiência telepática vivida no estado de sono.*

Sonhos são produtos da vida anímica; já o "sonho" telepático, é conceitualmente "uma percepção vinda do exterior, frente à qual a vida anímica se comportaria de maneira receptiva e passiva". Neste sentido, a experiência analítica confirma que os pressentimentos telepáticos mais comuns, relacionados à morte e à possibilidade da morte, trazidos pelos pacientes, revelam-se frutos de *desejos de morte* contra seus próximos e há muito tempo reprimidos (1922a, p. 142).

Em contrapartida, parece-lhe ser um fato incontestável o favorecimento da telepatia pelo estado se sono; e reconhece não se ter "o direito de contestar observações telepáticas pelo fato de que acontecimento e pressentimento (ou mensagem) não aconteceram no mesmo momento astronômico". Mas, seja como for, se o fenômeno telepático não passa de uma operação do inconsciente, tal como a psicanálise tantas vezes tem condição de provar, então nenhum problema novo se apresenta (1922a, p. 144).

Resta ainda a examinar, de significativo, o terceiro artigo da série, "Sonho e ocultismo".

Ao auditor imaginário desta palestra jamais pronunciada, Freud (1933a, pp. 112-139) supõe que não surpreenderá com sua temática pelo fato de repetidas vezes o sonho ter sido caracterizado "como a porta de acesso ao mundo da mística" e ser ainda hoje – estamos no início da década de 1930 do século inaugurado justamente com a *Traumdeutung* – um "fenômeno oculto" para muitas pessoas. Em sua abordagem, encontramos dificuldades, primeiro, de ordem *intelectual* – trata-se de um preconceito científico justificado ou não? Em segundo lugar, de ordem *psicológica*, que tem a ver com "a inclinação geral dos homens para a credulidade e a crença nos milagres". Enfim, de ordem *histórica*, pois o mundo do ocultismo encerra em si mesmo "todos os sinais, milagres, profecias e aparições de espíritos", que, relatadas desde os tempos antigos, acreditávamos ter desaparecido há muito tempo.

Ora, verificar, hoje, se os ocultistas falam de coisas verdadeiras ou não pode, inclusive, servir como uma maneira de abordar fatos do passado que não podem mais ser rigorosamente confirmados ou refutados. Infelizmente, os atuais observadores de fenômenos ocultos de modo algum "se distinguem pelas qualidades eminentes dos espíritos e do caráter", nem são portadores de "uma grande ideia ou uma séria intenção como os antigos fazedores de milagres". Assim, face a esse mundo de impostura e da ação da fantasia, o sonho se revela como uma possibilidade de abordagem ao "núcleo real dos fatos" do tema da telepatia.

Por telepatia, entende-se o "pretendido fato" segundo o qual um evento, sobrevindo num tempo determinado, chega aproximadamente ao mesmo tempo na consciência de uma pessoa afastada no espaço, sem levar em conta as vias conhecidas de comunicação. A acrescentar que "o pressuposto tácito é que esse evento tenha a ver com uma pessoa pela qual a outra, o receptor da notícia, tem um forte interesse emocional". Seria evidentemente algo "notável e talvez igualmente significativo para a prática" se tais coisas de fato acontecessem.

Pois bem, para Freud, não é o próprio sonho, mas a interpretação do sonho, ou seja, a elaboração psicanalítica que nos ensina alguma coisa sobre a telepatia, afirmativa que ele comprova a partir de uma fina análise dos casos apresentados. Sobre a questão de saber se devemos acreditar na realidade objetiva dos "fatos" telepáticos, não cabe mais à psicanálise do que esclarecer aqueles cujos detalhes foram suficientes para explicá-los como meras *produções subjetivas* com *motivos inconscientes*. Na falta desses motivos, mesmo no caso em que uma aparente transferência de pensamento ocorreu na situação analítica, não é possível abdicar de "todas as reservas, [nem se permitir] tomar partido sem condição em favor da realidade do fenômeno oculto"; assim, "permanecemos novamente em um *non liquet*".

Sem ter se tornado um "devoto" e um "crédulo", não pode fazer mais do que convidar seus auditores "a pensar com mais boa-vontade na possibilidade objetiva da transferência de pensamento e, da mesma maneira, na telepatia". Não hesita em dizer que "intercalando o inconsciente entre o que é da competência do físico e o que até o presente se chamou de 'psíquico', a psicanálise nos preparou para admitir processos" como os telepáticos. Mas, no momento, sua representação não passa de fantasia.

Ainda a registrar que duas cartas escritas a E. Weiss, ambas desta mesma época (1932), contêm, em resumo, sua posição final sobre a questão, ao manifestar mais uma vez seu interesse pelo que o psicanalista italiano lhe contou sobre o ocultismo (F/W, 1975, p. 84). Diz-se pronto a acreditar que, por detrás desses fenômenos, "esconde-se [...] alguma coisa de novo e importante: o fato da transmissão de pensamento, isto é, a transplantação de processos psíquicos através do espaço sobre outros indivíduos". Reconhecendo neles "as provas tiradas de observação à luz do dia, tenho a intenção de também me posicionar publicamente sobre este assunto". Ainda e sempre! Assim, confessa igualmente suas preocupações na primeira das cartas, a de 24 de abril: "Dado seu papel de pioneiro da psicanálise na Itália, seria desfavorável que ao mesmo tempo o considerassem um partidário do ocultismo". Na segunda, de 8 de maio:

> *A reticência de um psicanalista em participar publicamente dos estudos sobre o ocultismo é uma medida prática de prudência limitada no tempo, não é a expressão*

> *de uma posição de princípio. Rejeitar com desprezo esses estudos sem ter a experiência da questão equivaleria a imitar o exemplo lamentável de nossos adversários [...]. É também uma prova da pouca confiança no valor de nossa filosofia científica fugir covardemente, sob pretexto de orgulho, diante do pretendido "sobrenatural". (F/W, 1975, p. 85).*

Segundo Jones (1969), Freud teria dito a Eitingon, em 1921, que "o pensamento dessa maçã ácida me faz estremecer, mas não há meio de evitar mordê-la" (p. 443). Pouco mais tarde, ao mesmo Eitingon, teria citado dois assuntos que o deixavam perplexo até fazê-lo perder a cabeça: "a controvérsia Bacon-Shakespeare e o ocultismo". E ao próprio Jones, que lhe fez censuras de ordem política, escreve em 7 de março de 1926, explicando pelo menos ao discípulo inglês, diante da impossibilidade de fazê-lo de maneira mais disseminada na Inglaterra, "sua aparente inconsequência". Primeiro, lembra-se de seu antigo "preconceito favorável" sobre o tema e o fato de então ter decidido não fazer a respeito nenhuma declaração pública. Agora, fora a nova edição de *A interpretação do sonho* que o fez mudar de opinião:

> *Além disso, minhas próprias experiências através das tentativas feitas com Ferenczi e minha filha me convenceram tão fortemente que as considerações diplomáticas passaram para o segundo plano. Uma vez mais foi-me necessária a consideração de repetir numa escala reduzida a grande experiência de minha vida: a saber, a proclamação de uma convicção sem ter de levar em conta qualquer repercussão proveniente do mundo exterior. Assim, essa* démarche *se torna inevitável, e quando se alegar diante de você que eu me afundei no pecado, responda calmamente que minha conversão à*

> *telepatia é meu caso pessoal, como o fato de ser judeu, fumar com paixão, e muitas outras coisas, e que o tema da telepatia é essencialmente estrangeiro à psicanálise.*

Não se trata, portanto, de negar a existência da transferência de pensamento e muito menos os sentimentos experimentados pelo analista durante a análise de seus pacientes; mas cabe no mínimo afirmar a real incerteza de sua utilização dinâmica na prática analítica. Haverá sempre o risco para o analista de camuflar a propensão a se liberar de dificuldades técnicas incômodas; e, negando a história de sua disciplina, um interesse secreto e vergonhoso de manter dissimulada a sugestão implícita em tais procedimentos. Uma espécie de *cache-misère* tornada possível por meio de uma falsa neutralidade, corporificada num falso silêncio, de tempos em tempos quebrado por falsas "interpretações de transferência", elas próprias derivadas de uma compreensão precipitada e de uma utilização técnica abusiva desse instrumento, que, segundo Freud, todos possuiríamos no inconsciente, capaz de interpretar as expressões do inconsciente do outro. As experimentações clínicas de Ferenczi nunca prescindiram de avaliar tais armadilhas no meio do caminho.

Com a contratransferência – esse "achado quase teórico" (Silvestre, 1993, p. 157) – o psicanalista, tomando-a como instrumento dinâmico e técnica auxiliar e direta na análise, pode não fazer mais do que escapar à própria transferência, que é de fato o que incomoda. A questão, exemplar, tem toda importância quando levamos em conta a necessidade histórica de reavaliar parâmetros prescritos pela *técnica clássica* freudiana, e que a distingue das psicoterapias: especialmente, a *neutralidade analítica*, isto é, a atitude do analista, quanto a valores religiosos, morais e sociais, de se abster de dar conselhos, não "entrar no jogo do paciente" e nada privilegiar a priori, no discurso deste, a partir de preconceitos teóricos (Laplanche & Pontalis, 1973, p. 266); e o *princípio da abstinência*, que recomenda ao analista recusar satisfazer no limite as demandas do paciente, mantê-lo num certo nível de sofrimento "por mais cruel que isso possa parecer" (1919a, p. 103). Na década de 1920, destacam-se as experiências clínicas de Ferenczi, aqui referidas, com a *técnica ativa* (em particular, ordens e proibições emitidas pelo analista ao paciente), que o levaram, por um lado, "a aguçar e intensificar a experiência transferencial"; e por outro, sendo o tratamento um lugar de reparação, "colocar-se numa posição mais próxima do 'materno' que do 'paterno'" – daí uma "preocupação com a contratransferência, central nos debates dos anos 1920" (Mezan, 2014, p. 285).

"Mestre da análise" (1937c, p. 31), como escreve Freud, "terapeuta incorrigível", nas suas próprias palavras (F/F, 1992, p. 234), movido pelo *furor sanandi* para alguns outros, Ferenczi, segundo Silvestre (1981), "vai tentar prosseguir pela via que Freud parece ter deixado de lado, a do terreno da transferência" (pp. 174-175) [defendendo e delimitando] durante dez anos sua ideia nos textos "Prolongamentos da técnica ativa em psicanálise" (1921), "Perspectivas da psicanálise" (1924), "Fantasmas provocados" (1924), Contraindicações da técnica ativa" (1926), "Elasticidade da técnica psicanalítica" (1928), "Princípio de relaxamento e neocatarse" (1930); e, posso agora acrescentar, em seu notável e raro *Journal Clinique*. A *técnica ativa* consiste em estimular diretamente a *tendência à repetição*, com o princípio (freudiano) da *abstinência* e da *frustração*. "Estamos convencidos [...] de seguir Freud", sustenta Ferenczi (1924a), "ao atribuir doravante à compulsão de repetição no tratamento o papel que lhe cabe biologicamente na vida psíquica" (p. 223).

Por sua vez, em uma circular enviada ao Comitê em 15 de fevereiro de 1924, Freud conta que continua a praticar a "técnica clássica" – "como Ferenczi a chamou em Viena" – pois, "primeiramente, quase não atendo mais pacientes, mas alunos, para os quais se trata de experimentar o maior número possível de processos internos – de fato, análises didáticas não podem ser tratadas totalmente da mesma maneira que as análises terapêuticas" (F/A, 1969, p. 352). Sua ortodoxia visa, em particular, a proposta de Rank ("trauma de nascimento" como o fator etiológico das neuroses e abreviação do tempo de análise), mas também, embora em muito menor escala, a ideia de que *cabe à repetição o papel principal na técnica analítica e não à rememoração*, como propõe Ferenczi (1924a, p. 222). Segue-se um resumo do que ele pensa a respeito deste "corretivo" em sua "concepção do papel da repetição ou *mise en acte* [*Agieren*] na análise", bem como do trabalho conjunto publicado por Ferenczi e Rank com artigos separados de cada um deles:

> *R. e F. chamam a atenção para a inevitabilidade e possível utilização desta experiência. Além disso, este documento tem o mérito de intervir [...] em nossos hábitos analíticos atuais. Na minha opinião, tem o defeito de estar incompleto [...]. Este desvio [...] certamente envolve muitos perigos, mas não se diz que são inevitáveis. Na medida em que se trata de questões técnicas, acho justo que ambos os autores tentem descobrir se não há outra maneira de fazer as coisas para fins práticos. Veremos o que acontece a seguir. Em qualquer caso, deve-se ter cuidado para não condenar tal empreendimento, desde o início, como herético. Entretanto, não é necessário tirar certas dúvidas. A terapia ativa de Ferenczi é uma tentação perigosa para os iniciantes ambiciosos, e não há quase nenhum meio de impedi-los de fazer tais experiências (F/A, 1969, p. 351).*

Uma advertência que Ferenczi nunca esqueceu. Mas ele já havia esclarecido que a técnica ativa "desempenha [...] apenas o papel de agente provocador, suas injunções e interdições [favorecem] repetições, que em seguida é preciso interpretar ou reconstruir em recordações" (Ferenczi, 1921, p. 133); e, passada uma década, mantém sua posição: "Certamente Freud tem razão de nos ensinar que a análise conquista uma vitória quando consegue substituir o agir pela rememoração". Com uma ressalva: "Penso ser igualmente vantajoso suscitar um material agido importante, que pode em seguida ser transformado em rememoração [...]. Mas nunca deixo passar uma sessão sem analisar a fundo o material agido [...], ou sem torná-lo consciente para o paciente" – utilizando tudo que se sabe da transferência, da resistência e da metapsicologia da formação do sintoma (Ferenczi, 1931, p. 103).

Um ano depois da circular de Freud, Abraham ainda insiste que, "com o tempo, não podemos nos esquivar da discussão sobre os problemas técnicos". E indaga: "Como o senhor, caro Professor, julgaria preferível? organizar um simpósio no Congresso, ou então, por exemplo, organizar uma troca de pontos de vista por meio de alguns números da *Zeitschrift*?". Vai além: "e nesse caso, o senhor se disporia a participar pessoalmente?" (F/A, 1969, p. 386). Abraham morreria neste mesmo ano sem receber resposta do Mestre. Cinco anos depois, em 11 de janeiro de 1930, é a Ferenczi que Freud escreve: "Estou saturado da análise como terapia [...], e, portanto, quem então deveria fazê-lo melhor do que eu, senão você?" (F/F, 2000, p. 429).

Pode ser que a proverbial dificuldade de Freud em escrever sobre a técnica, examinada na primeira parte deste capítulo, diga também respeito ao fato de que a psicanálise nunca deixará de estar a um passo das areias sempre movediças da sugestionabilidade, cujas artimanhas e comodidades somente serão evitadas com um conhecimento aprofundado, histórica e conceitualmente, do fenômeno transferencial – e os textos de Ferenczi nos mostram de maneira exaustiva esta preocupação. A razão é simples e teria sido apontada também por Lacan: "Entre transferência e sugestão, há [...] uma espécie de equivalência e uma distinção que não percebemos muito bem" – uma advertência que nenhum analista pode desconhecer. Segundo Miller (1984), "um dos objetivos da teoria da transferência em Lacan é distinguir radicalmente a transferência da sugestão, aceitando ao mesmo tempo em que permanece uma margem de sugestão em toda operação de transferência" (p. 71).

Portanto, o que há de positivo a sublinhar, nesse interesse pela contratransferência e pelos fenômenos ditos de transferência de pensamento, é por um lado a obrigação para os analistas de observar a *segunda regra fundamental da psicanálise*, ou seja, "*quem quiser analisar os outros deve primeiro ser ele próprio analisado*" (Ferenczi, 1928, p. 54), e que tem tudo a ver com o princípio da abstinência, ou sua observância maior ou menor conforme cada caso. Por outro, o fato de o próprio conceito de transferência enfim se revelar claramente, na psicanálise, como ato epistemológico e teórico da mesma importância que o da descoberta do inconsciente (Roudinesco, 1994a, p. 168).

Como amplamente referido neste capítulo, os anos de 1908 e sobretudo de 1909 marcam o fim da era de ouro da clínica psicanalítica freudiana. Entre outras coisas, com o atendimento do Homem dos Ratos, em particular, Freud desloca seu interesse para a neurose obsessiva em detrimento da neurose histérica, o que o leva a modificar sua técnica de intervenção (interpretação) e impõe-lhe dificuldades ainda maiores para teorizar sobre sua clínica. Não é mais o único analista, o que o obriga a dar "conselhos privados" a seus alunos, que doravante se tornam praticantes ativos da psicanálise. Começa a escrever a *Methodik*, seu trabalho sistemático sobre a técnica, que nunca será finalizado. Queixa-se de seus pacientes de maneira inédita e franca como nunca fizera e só virá a fazer com o sofrimento causado pelo câncer. Ferenczi, seu mais novo (e sem demora, o mais próximo) discípulo e terapeuta incorrigível, publica o primeiro texto sobre técnica, antecipando Freud, que, no entanto, o antecede em mais de quinze anos de prática. Enfim, ainda em 1909, um ano depois de se conhecerem, de maneira inusitada à luz da história, ambos se engajam de comum acordo nas experiências com a transferência de pensamento.

Ora, o fenômeno da transferência de pensamento, bem como a noção de contratransferência, em que pese seu retorno nos anos 1920, são questões de alguma forma resolvidas em Freud, que não lhes deu prosseguimento teórico-clínico relevante para a *sua* psicanálise. Em contrapartida, a partir de 1912, a própria transferência – encarada nos primeiros anos como o fator (sugestivo) mais eficaz do sucesso no tratamento, pois responsável pelo aparecimento do material a interpretar, mas ainda desempenhando um papel periférico na análise – se estabelece legitimamente, por direito, como uma questão técnica maior e não mais "racionalmente" contornável, como *resistência à análise*, ideia que já está presente desde os *Estudos sobre a histeria*. Mas são os escritos técnicos que problematizam essa contradição inerente à transferência – ao mesmo tempo "motor e freio, repetição e resistência" (Baton, 1992, p. 430).

A própria transferência já é um fragmento da repetição, que, por sua vez é a transferência do passado esquecido – repetir (agir) substitui o rememorar, que será tão menor quanto maior for a resistência. Se o tratamento se principia sob a influência da transferência positiva sóbria e não declarada, a rememoração [*Erinnerung*] ocorrerá em detrimento da manifestação dos sintomas. Hostil ou excessivamente forte, logo ela cede lugar ao agir [*Agieren*] (1914g, pp. 190-191), e as resistências, resistências de transferência, determinarão "a ordem de sucessão" do que é para ser repetido: inibições, "atitudes que não servem pra nada", traços de caráter patológicos.

Contudo, é preciso distinguir as duas possibilidades pelas quais se manifestam este agir.[15] Por um lado, ocorrendo *na* situa-

---

15 Há uma sinonímia entre *agir* e *atuar*, e o verbo *agieren*, de origem latina, escolhido por Freud mas não corrente na língua alemã, significa agir, ser ativo e ter um papel definido a desempenhar como ator. Para a sua forma substantivada (*Agieren*, com letra maiúscula), a escolha de Laplanche & Pontalis (1973) recai,

ção analítica, o paciente põe à vista do analista, de maneira destacada, "um fragmento importante da história de sua vida", em vez de relatá-lo (1940a, pp. 268-270) – o que, com interpretações e construções, pode levar igualmente à rememoração almejada. Mas também, "não nos é de modo algum desejável que o paciente *aja* – em vez de recordar – fora da transferência". É essa a diferença que importa: agir (ou atuar) *na* ou *fora* da transferência. Eis o arremate de Freud: "Para atingir os nossos fins, o comportamento ideal seria que ele se conduzisse fora do tratamento da maneira mais normal possível, manifestando suas reações anormais apenas na transferência".

Vejamos, então, a seguir, as questões técnicas e éticas que, nessas condições, inéditas, singulares e próprias da situação analítica, são impostas ao que podemos chamar, com propriedade, de "clínica da transferência".

---

na língua francesa, em *mise en acte* (em português, optou-se por atuação) para falar de desejos e fantasias inconscientes, vividos com tal atualidade no presente que o sujeito desconhece sua origem e caráter repetitivo. Ainda no francês, houve quem propusesse *agissement* (dicionarizado, no plural, pelo *Petit Robert*, como sequência de procedimentos e manobras condenáveis), *actuation* e a expressão *passage à l'acte* (passagem ao ato), cujo inconveniente é ser usado, no vocabulário psiquiátrico, para qualificar atos impulsivos (assassínio, suicídio, atentado sexual etc.), além de não se referir à situação clínica transferencial. Enfim, o termo inglês *acting out*, adotado pelos psicanalistas franceses e brasileiros, contêm vários problemas terminológicos discutidos em detalhes no *Vocabulário*. A meu ver, uma escolha igualmente bastarda pode estar na origem das aberrações *acting out in* e *acting out out*. Por que não dizer simplesmente, com Freud, agir (ou atuar) *na* e *fora* da transferência?

Das questões técnicas e éticas na psicanálise freudiana

Em artigo publicado no *Estado de S.Paulo* duas semanas após a morte de Freud, o filósofo francês Jean Maugüé[16] defende o argumento de que talvez fosse, então, o momento de perguntar, invertendo os termos da antítese, quais os deveres da moral para com a natureza, depois de tanto tempo falarmos dos deveres da natureza para com a moral. Ora, a natureza do homem, segundo Freud, chama-se "libido", que se diferencia da necessidade pela possibilidade de adiamento. Tenaz, a libido pode esperar dezenas de anos e retornar com uma violência inesperada – por exemplo, acrescentamos por conta própria, em formas ardilosas como os sintomas neuróticos.

A primeira lei desvelada por Freud, acreditava Maugüé (1989), é que não se mata o desejo. Mas também, um indivíduo, como uma sociedade, somente é feliz quando seus desejos têm a mesma idade que as possibilidades da lei – sendo esta, como a barreira do incesto, o primeiro código de "direito" (cf. 1930a, p. 287), condição de cultura. Ou seja, o sujeito seria feliz se a pulsão se tornasse verdadeiramente contemporânea da moral. Dito de outra maneira, e agora com Freud (1930a, p. 274), um retorno às possibilidades de felicidade dependeria da "supressão ou diminuição" das exigências dos ideais culturais, cujo peso é insuportável para o homem e torna-o neurótico.

Parecia, assim, evidente a Maugüé que o inventor da psicanálise havia tomado partido nos conflitos entre a vida pulsional e as possibilidades a ela oferecidas pela moral. De fato, entre tantas outras passagens, lemos na sua carta escrita a J. Putnam, em 8 de

---

16 J. Maugüé foi professor de filosofia na Universidade de São Paulo (USP), de 1935 a 1945, onde fez parte de um grupo de professores estrangeiros, especialmente franceses (entre os quais C. Lévi-Strauss), que auxiliou na instalação da Faculdade de Filosofia, Ciências e Letras.

julho de 1915, depois de esclarecer que dava à noção de moralidade um sentido social e não sexual: "A moral sexual, tal como definida pela sociedade, sobretudo em sua forma extrema como é a da América, parece-me bastante desprezível. Sou partidário de uma vida sexual infinitamente mais livre, mesmo tendo usado muito pouco de tal liberdade" (1966, p. 332). Contudo, acusado de pansexualista, também seria falso tomá-lo como adversário da segunda dessas solicitações em conflito.

O próprio Freud (1916-1917, pp. 448-450) desautorizou a voz corrente segundo a qual a terapia analítica aconselha ao analisando a viver plenamente sua vida sexual. Apenas uma razão lhe seria suficiente para afirmar o contrário: "Existe, nos pacientes, um conflito tenaz entre a moção libidinal e o recalcamento sexual, entre a orientação sensual e a orientação ascética. Esse conflito não é suprimido pelo fato de colaborarmos para a vitória de uma dessas orientações sobre a orientação adversa". Deve-se, então, notar que a opção não é aqui fundada em imperativos éticos, mas clínicos, ainda que a psicanálise não recuse um olhar crítico diante da *solução prática* acreditada pela sociedade para resolver a questão sexual. Não lhe causa dificuldade advertir esta mesma sociedade: "O que ela chama de sua moralidade custa mais sacrifícios do que vale a pena e [...] sua maneira de proceder não se funda na veracidade nem é testemunho de inteligência". A propósito, uma revisão da ética analítica se faz obrigatória com os últimos textos de Freud consagrados ao supereu: com efeito, trata-se de uma posição fundamentalmente ética quando a análise, posicionando-se conforme a fórmula que faz dela uma espécie de inimiga da civilização, consegue colocar em questão a crueldade exercida pelo sujeito contra si mesmo (cf. Cottet, 1981).

Seja como for, Freud sabe que, em termos clínicos, tomando partido seja pela tendência sensual, seja pela tendência ascética, arriscaria encontrar igualmente a insatisfação, pois não se trata aqui de um conflito normal cujo combate é travado não no mesmo terreno psicológico, mas no patológico, em que uma potência se encontra no estado pré-consciente e a outra no estado inconsciente: o resultado é sempre a formação de sintomas. Caberia aos próprios pacientes tomar decisões: terminado o tratamento, e independentes, eles encontrariam "uma solução intermediária entre a vida sexual sem restrições e a ascese absoluta", e sem nenhuma reprovação de nossa consciência. Justifica: "Quem soube, depois de ter lutado contra si mesmo, elevar-se até a verdade, está protegido de qualquer perigo de imoralidade e pode se permitir ter uma escala de valores morais um pouco diferente daquela em uso na sociedade".

Pessimista em relação à natureza humana, distingue-se dos pessimistas – como escreve a Andreas-Salomé em 1915, portanto, no contexto político-social do início da Grande Guerra – porque "o mal, a tolice e a loucura não me colocavam fora de mim, pela simples razão de já os ter incluído, com antecedência, na estruturação do mundo" (F/AS, 1970, p. 44). Ministro das almas laico – "por que a psicanálise não foi criada por um desses homens piedosos, por que esperou [por] um judeu totalmente ateu?" (1926e, p. 84) –, somente nessa condição podia assinar a máxima kantiana de Th. Vischer, na carta a Putnam de 1915, quando começava a dar suas lições na Universidade: "O que é moral se concebe sempre por si mesmo" (1966, p. 332). Três meses mais tarde, diria a Pfister (F/P, 1996, p. 103) que "a ética lhe era estrangeira". Comentário similar fora por ele formulado em 1909, mas sem fazer uso das palavras "moral" ou "ética". Em contexto mais bem situado, e a Pfister igualmente – não fosse o discípulo, ao mesmo tempo psicanalista e seu interlocutor mais habitual para as coisas da igreja e da religião:

> *Em si a psicanálise não é mais religiosa do que irreligiosa. É um instrumento sem partido, do qual podem se*

> *servir religiosos e laicos, pelo fato de estar unicamente a serviço da liberação de seres em sofrimento. Fico muito impressionado não ter eu mesmo pensado na ajuda extraordinária que o método psicanalítico é capaz de proporcionar à cura das almas; mas isso com certeza se deve a que, sendo um herético desprezível, tudo me é estrangeiro nesse domínio de noções (F/P, 1996, p. 47).*

Antes ainda, havia sublinhado a diferença de base entre a ação do tratamento analítico e a ação de Pfister como clérigo protestante, argumentando que, antes de tudo, conhecemos apenas duas saídas possíveis para ser durável o sucesso do tratamento: por um lado, a descarga de satisfação; por outro, o controle e a sublimação. Se os psicanalistas conseguem resultados sobretudo em relação à primeira, isso se deve ao "material" do qual eles se ocupam: "Lidamos com pessoas que sofrem muito, há muito tempo, e que não esperam de um médico uma elevação moral". Explica o que faz a diferença na prática religiosa: "Você se encontra em presença de seres jovens envolvidos com conflitos muito recentes, já favoravelmente inclinados para sua pessoa, prontos para a sublimação e, de maneira especial, em sua forma mais cômoda, a sublimação religiosa" (F/P, 1996, p. 46).

Já o psicanalista lida, em particular, com fenômenos clínicos cuja manifestação pode ser atribuída, de um lado, a uma espécie de *tenacidade* ou *viscosidade da libido*, "que não abandona de boa vontade os objetos em que ela uma vez investiu" (1916-1917, pp. 471-472),[17] e do outro, à consciência de culpabilidade e à ne-

17 "Encontramo-nos [...] diante de pessoas para as quais ficaríamos tentados a atribuir particular 'viscosidade da libido'. Se os processos que o tratamento provoca nelas acontecem tão mais lentamente que em outras é porque, parece, elas não podem resolver retirar de um objeto investimentos de libido e os deslocar para um novo". Depois de uma vida inteira dedicada à teoria da clínica,

cessidade de punição, que resultam em "masoquismos gravíssimos [...] e vivências catastróficas de desorganização, dor psíquica insuportável e inércia" (Mezan, 2014, p. 199).

Detalhemos: em "O problema econômico do masoquismo", apoiando-se sobre evidências empíricas, Freud retoma como um enigma a *tendência masoquista* na vida pulsional, um para além (ou aquém) do princípio de prazer que por vezes paralisa, "narcotiza" aquele que é o princípio regulador dos processos anímicos (ou seja, evitar o desprazer). Menciona mais à frente, no texto, o evento clínico chamado de *reação terapêutica negativa*, manifestada como uma resistência (ao restabelecimento) de notável gravidade (1924c). Em *O eu e o isso*, refere-se a "um fator por assim dizer 'moral', um sentimento de culpabilidade que encontra sua satisfação no estado de doença e não quer renunciar à punição que é o sofrimento" (1923b, p. 292). Três anos depois, em "Inibição, sintoma e angústia", apresenta-o como uma resistência do supereu – "a mais obscura, diz ele, mas nem sempre a mais fraca, [...] decorrente da consciência de culpabilidade ou da necessidade de punição" (1926d, p. 274); e, em seguida, como o fator de resistência mais potente e temido (1926e, p. 49), e que, em "A análise finita e a análise infinita", o leva a pensar, para a vida anímica, no que ele chama de *pulsão de agressão* ou *de destruição*, derivados das pulsões de morte (1937c, p. 45). Este último ensaio "pode ser considerado [seu] legado das dificuldades e dos desafios da clínica psicanalítica, no qual são apresentados e discutidos os limites" apontados pelos

---

Freud (1937c) confessa "não poder encontrar razões particulares para tal fidelidade de investimento" (p. 43). Há ainda a questão do *ganho* ou *benefício da doença*, que, para Freud (1910d, pp. 72-73), cumpre uma função biológica e tem uma justificação social como "dispositivo de proteção", e o que as neuroses assim proporcionam não é algo "puramente subjetivo"; é muitas vezes a "saída mais amena entre todas as possibilidades oferecidas pela situação". Como então consentir no sacrifício de sua extirpação, se "o mundo está cheio de outras misérias inelutáveis"?

"avanços" desta clínica – como alterações do eu, reações terapêuticas negativas, rochedo da castração (Kupermann, 2019, p. 36). Como vemos, nas duas últimas décadas de vida, Freud observa e descreve esses eventos clínicos de resistência, aos quais são acrescentados outros similares, como neurose de destino, tendência à análise infinita, fracasso do paradigma da amnésia infantil, todos derivados da compulsão à repetição.

Com esse fator da repetição, mais as noções de ambivalência, de agressividade e de sadismo e masoquismo, Freud já trabalha, a partir de *Para além do princípio do prazer*, no quadro de sua segunda teoria das pulsões, em que a noção de pulsões de morte, contrapondo-se num novo dualismo às pulsões de vida, é introduzida, *entre outras coisas*, para explicar esta série de manifestações clínicas que tendem, aparentemente, a contrariar o princípio de prazer. Para lidar com elas, cabe registrar o que, na mesma época, ele nos apresenta sobre seus métodos e técnicas, começando pela proposição que é da ordem de uma *metapsicologia dos processos clínicos*.

Ressalta primeiro: os sonhos numa psicanálise conseguem revelar o inconsciente numa medida muito mais ampla do que os sonhos fora dessa situação. Em seguida: no interior da análise, o que o sonho revela do recalcado é muito mais do que através de outros métodos. Para explicar esse "rendimento superior", supõe a existência de um "motor, uma potência inconsciente" que tenha, durante o estado de sono, condições melhores que as habituais para sustentar as intenções da análise. "Para isso, afirma, quase não é possível recorrer a outro fator que não seja a docilidade proveniente do complexo paterno-materno do analisando, logo, *a parte positiva do que chamamos de transferência*" (1923c, pp. 175-176, grifos meus), reenviando o seu leitor às *Lições*, em que tratou, como vimos no capítulo anterior, da relação entre ambas.

Dito isso, e apoiando-se justamente na mesma noção de compulsão à repetição, eis, então, o que poderia ser o pulo do gato, não fosse ele, no limite, de pouco fôlego, em razão das dificuldades terapêuticas agora descritas, frente às quais, como temos visto até aqui, é limitado e inseguro, ainda que essencial, o papel desempenhado pela parte positiva da transferência. Começa de toda maneira por insistir no "problema econômico" (do qual se ocupou em *Para além do princípio de prazer*) de saber como as experiências do período sexual infantil precoce, penosas sob todo ponto de vista, "podem conseguir impor uma via para não importa qual tipo de reprodução". Afirma a necessidade de conceder a essas experiências, por meio da compulsão à repetição, "uma pulsão extraordinariamente forte" cuja atribuição será dominar o recalque que as pressiona a serviço do princípio do prazer. A condição é que esta operação se faça depois que o "trabalho do tratamento", indo ao encontro da compulsão à repetição, por sua vez favorecida pela transferência positiva,[18] tenha "relaxado o recalque". Como resultado, a transferência positiva estabelece "uma aliança do tratamento com a compulsão à repetição, aliança esta que se dirige primeiro contra o princípio do prazer, mas quer, em seu intuito derradeiro, erigir o reinado do princípio de realidade". Já garantira, anos antes, que, por intermédio do manejo da transferência, "o meio principal de domar a compulsão à repetição do paciente e de transformá-la num motivo de rememoração [...], nós a tornamos inofensiva e mesmo aproveitável, concedendo-lhe seus direitos e deixando-lhe a via livre num certo domínio" (1914g, p. 194).

Embora este raciocínio que compõe a parte VIII de apenas uma página, por sua vez contida neste pequeno artigo de uma

18 "Enquanto for positiva, [a transferência] nos presta os melhores serviços. Ela modifica a situação analítica por inteiro, afasta a intenção racional de recuperar a saúde e eximir-se do sofrimento. Esta é substituída pela intenção de agradar o analista, ganhar sua aprovação e seu amor. A transferência torna-se a verdadeira mola propulsora da colaboração do paciente, o eu frágil se fortalece, sob sua influência o paciente tem desempenhos que de outra maneira lhe seriam impossíveis, suspende seus sintomas, aparentemente restaura sua saúde, tudo por amor ao analista" (1940a, p. 268).

dúzia (publicado em 1923, escrito em 1922 e exposto em grandes linhas ao "Comitê" em 1921), possa ser mais bem esclarecido com o exame metapsicológico aprofundado da noção de compulsão à repetição em *Para além do princípio de prazer*, de 1920, o que se coloca aqui em questão é a possível fragilidade dessa "aliança", que requer atenção constante, caso a caso, frente a toda forma de ilusão. Por sua vez, parece mais seguro o papel desempenhado pelas "reações de repetição" manifestadas na transferência, por meio das quais lembranças podem ser despertadas e descobertas com a livre associação, quando a resistência desconhecida pelo paciente atinge sua forma paroxística. Essa resistência, por sua vez, pode, no limite, ser vencida, insiste Freud, com o correto manejo da transferência e mediante o que ele chama de *tempo de perlaboração*, uma "árdua tarefa para o analisando e uma prova de paciência para o médico", mas também o que causa "a maior modificação no paciente e que diferencia o tratamento analítico de toda a influência exercida pela sugestão" (1914g, pp. 195-196). Ou, dito de outra maneira, a perlaboração é o processo genuinamente analítico que permite fazer a psicanálise sair do rol das terapias por sugestão.

A união das duas ideias, *compulsão* e *repetição*, esteve presente desde cedo na obra freudiana para evidenciar "um processo inconsciente, e como tal não controlável, que constrange o sujeito a reproduzir sequências (atos, ideias, pensamentos ou sonhos) que foram, na origem, geradoras de sofrimento e que conservam esse caráter doloroso" (Roudinesco & Plon, 1997, p. 895). Embora não configure toda a transferência (que se manifesta também como sugestão e como resistência), a compulsão à repetição na análise é fruto direto da neurose de transferência, constituída em torno da relação com o analista – e, como tal, a alternativa psicanalítica para o fenômeno clínico da *expectativa crédula*. Isto é, com investimentos transferenciais sobre o analista, o analisando revive (*repetindo* em ato na atualidade, em vez de rememorar), restaurando, assim, o "frescor da vida" (1926d, p. 274), relações de sentimentos nascidas dos mais precoces investimentos de objeto e do período recalcado da infância, tornando-se, dessa forma, alvo da influência analítica – influência esta que, no domínio restrito e artificialmente gerado na análise, não se assenta mais *apenas* na ligação erótica, mas na percepção e no trabalho de pensamento. Neste quadro assim descrito, a compulsão à repetição tornar-se-ia inofensiva ao se construir, com a transferência, uma espécie de arena, "onde lhe é permitida se manifestar em liberdade quase total e revelar [...] tudo o que [de pulsões patógenas] ficou escondido na vida anímica do analisando" (1914g, p. 194). Esta variante técnica, vale sempre sublinhar, é própria da psicanálise.

Porque, em si mesma, a transferência é uma só, seja na ação analítica, seja na ação religiosa de Pfister: "Você não duvida, eu suponho, que seus sucessos sejam obtidos em primeiro lugar pelo mesmo meio que os nossos: a transferência erótica sobre sua pessoa" (F/P, 1996, p. 46). Em 1906, em pleno período de ouro da clínica psicanalítica e após definir a transferência – "a fixação de uma libido que reina no inconsciente" –, assegura em carta a Jung que os tratamentos analíticos acontecem graças a essa realidade psíquica, e que tal fixação da libido no inconsciente "fornece a força pulsional necessária ao alcance e à tradução do inconsciente" (F/J, 1975a, p. 52). Contudo, a opção clínico-analítica pela descarga da satisfação, imposta pelo pesado sofrimento das pessoas, pressupõe na clínica um manejo da transferência muito mais estreito, e paga-se um preço por isso. Explica a Pfister com precisão o que tem a ver com uma e outra ação:

> *Você tem a felicidade de poder conduzir essa transferência até Deus e de restabelecer esses tempos abençoados – ao menos neste ponto – em que a fé religiosa sufocava as neuroses. Não existe para nós essa chance de liquidação; nossa clientela, seja qual for sua origem*

> *racial, é irreligiosa; em sua maior parte o somos também de maneira totalmente radical, e como as outras vias da sublimação, que, para* nós, *fazem as vezes de religião, são demasiado penosas para a maioria de nossos pacientes, nosso tratamento culmina mais frequentemente na busca da satisfação. (F/P, 1996, pp. 46-47)*

A *força pulsional* atual, ainda mais do que a constitucional – e esta, com a *influência dos traumas* e a *modificação do eu*, compõe os três fatores determinantes quanto às chances da terapia analítica (1937c, p. 25) –, é o que deve ser levado em conta aqui e diz respeito ao conflito entre a força da pulsão e a força do eu, mais corretamente, a *relação de forças* entre ambos. A questão teórica de Freud (o que deve ser o sujeito para que seja possível uma tal satisfação sintomática?) é também uma questão ética: "Que fazer desse desejo para o qual não existe 'tratamento'?" (Rajchman, 1993, p. 37). Os progressivos obstáculos para se chegar a liberar o analisando de seus incômodos neuróticos mostram que a resolução da transferência [*Lösung der Übertragung*] permanece, no limite, o fundamento mesmo da análise, diferenciando o tratamento analítico dos tratamentos baseados unicamente na sugestão[19] – ainda que

19 "Freud utiliza vários termos – *aufheben, lösen, auflösen, überwinden, erledigen, abtragen, bewältigen* – para qualificar esta operação sobre a transferência [...]. *Aufheben* tem o duplo sentido de abolir e conservar; Freud não pode desconhecer seu sentido hegeliano. Para a operação sobre a transferência, ele o utiliza entre aspas. *Lösen* e o composto *auflösen* podem ser traduzidos por desligar, soltar, dissolver, desfazer, resolver, solucionar. A significação dos outros termos oscila entre a ideia de controle, domínio (*überwinden*: vencer, superar; *bewältigen*: domar, subjugar) e a de separar, de terminar algo (*erledigen*: acabar, esgotar um assunto, expedir, liberar-se; *abtragen*: remover, liberar)". O artigo ainda nos dá a informação seguinte: "Em outros contextos, encontramos *aufheben* essencialmente para o 'levantamento' do recalcamento assim como para a resistência, *lösen* para a 'resolução' dos sintomas e do conflito na origem da neurose, *auflösen* para a 'resolução' do recalcamento e dos sintomas,

"a aplicação da nossa terapia" a um número mais amplo de pessoas (no tratamento das neuroses de guerra, por exemplo) obrigue a "aliar abundantemente o ouro puro da análise ao cobre da sugestão direta" (1919a, p. 108).

A parte final do fragmento da carta de 1909 a Pfister terá uma sequência três anos mais tarde, quando Freud (1912e) denuncia, agora publicamente, que a própria sublimação das pulsões poderia ser, além disso, responsável pela doença quando o esforço exigido para este fim fosse além da capacidade das pessoas. E um desdobramento, em 1918, quando reconhece, de passagem e em mais uma carta a Pfister, a possibilidade de sublimação na religião: "Mas o que é belo na religião certamente não pertence à psicanálise. É normal que em matéria de terapêutica nossos caminhos se separem aqui e isso pode continuar assim" (F/P, pp. 104-105). Aliás, uma observação que, por sua vez, já merecera esclarecimento desde 1909, igualmente a Pfister: "Nossos doentes são obrigados a buscar junto a outros homens o que não lhes podemos prometer em uma esfera mais elevada e devemos lhes recusar em nossa própria pessoa". Com isso, a tarefa se torna muito mais difícil e, "no momento da dissolução da transferência, muitos sucessos nos escapam" (F/P, 1996, p. 47).

No tratamento analítico, um tratamento pelo amor, o *amor de transferência*[20] advém, mais ou menos manifesto, quando se espera

---

überwinden para 'superar' a resistência, *erledigen* para 'acabar com' o conflito na origem da neurose" (Baton,1992, pp. 428-429).

20 Com esta expressão, que designa "os casos em que o paciente – geralmente, uma mulher – declara estar apaixonada por seu analista", [Freud] sublinha a absoluta necessidade para o terapeuta de respeitar o princípio da abstinência, não somente por razões éticas, mas sobretudo para que o objetivo da análise possa prosseguir. Nesse caso, com efeito, a resistência à análise toma a forma de um amor: "o trabalho visará localizar as origens inconscientes dessa manifestação que invade a transferência" (Roudinesco & Plon, 1997, p. 1069). Nos pacientes homens, sublinha Freud (1916-1917, p. 459), tal como em pacientes mulheres, "é a mesma ligação com o médico, a mesma superestimação de suas

do analisando a revelação de um material recalcado. Parecendo-lhe faltarem palavras para traduzi-lo, e esquecendo-se do contrato aceito e firmado no início do tratamento, ele busca antes, na análise, uma trégua para o conflito habitual, cotidiano, persistente, posto que estrutural, entre a função do ideal e o eu. Assim, da mesma forma como ocorre ao hipnotizador (na hipnose) e ao líder (na formação de massa), o analista é colocado pelo analisando no lugar de seu ideal do eu ("ele sabe o que eu não sei") – no processo que define mais precisamente o estado amoroso, caracterizado, como vimos, pela submissão reverente, docilidade e ausência de crítica.

Na realidade, costuma ser assim no começo; mas, aprofundado, este amor apresenta-se como uma forma de resistência porque se torna "reivindicativo, reclama satisfações ternas e sensuais, exige exclusividade, desenvolve o ciúme, mostra cada vez mais claramente seu avesso, a propensão à hostilidade e à vindita, quando não pode atingir suas ambições" (1926e, p. 51) – aliás, para Freud (1915a, p. 209), "são justamente esses traços que se afastam da norma que constitui o essencial de um estado amoroso". É como tal que o amor de transferência, de expectativa crédula – tangível nas curas milagrosas (mediante fé individual e entusiasmo coletivo), mas, no limite, imprescindível em toda tentativa de tratamento e cura (cf. 1890a) – transforma-se em neurose de transferência, um "estado amoroso analítico", que nem sempre se manifesta em todos os casos de "maneira tão clara e flagrante" (1926e, p. 52).

---

qualidades, a mesma maneira de se fusionar aos interesses deste, o mesmo ciúme com todos que lhe são próximos na vida. As formas sublimadas da transferência são mais frequentes entre um homem e outro e mais rara a exigência sexual direta, na medida em que a homossexualidade manifesta desaparece diante de outras utilizações desse componente pulsional. Nos pacientes homens, o médico também observa mais frequentemente [...] a transferência hostil ou negativa". Sobre esta configuração, também aqui, talvez, o futuro possa dizer se há "um nexo entre a evolução dos costumes, da sociedade, da moral, e a organização psíquica dos membros de uma dada cultura", como se pergunta Mezan (1998a, p. 76) em outro contexto.

Podemos, então, compreender por que a exigência da regra fundamental, mais cedo ou mais tarde, provoca resistências – compulsão à repetição (resistência do isso), masoquismo moral (resistência do supereu), enfim, resistências pelo recalque, pela transferência e pelo benefício secundário da doença (resistências do eu) –, reveladas à maneira de uma litania pela repetição monótona de queixas, repreensões, demandas. Aos poucos, o analista é inserido nesse processo com fórmulas breves como na oração litúrgica, em que o "reza por nós" é seguido pelas invocações. Tais representações, aparentemente incoerentes e inconsequentes, depois de passarem por condensações e deslocamentos graças à ação dos conteúdos fantasmáticos, conservam o valor de pistas, como o são, na condição de elementos novos para atualizar o desejo, os restos diurnos na formação do sonho – uma função heurística que, de resto, é incompatível com o automatismo da repetição.

Essa parte do trabalho analítico, Freud (1914g) chamou de *perlaboração da resistência* [*Durcharbeiten der Widerstände*]. Teoricamente, diz ele, podemos colocá-la em paralelo com a ab-reação das cargas afetivas encurraladas pelo recalcamento, processo sem o qual o tratamento hipnótico não exerceria nenhuma influência. Mas ao contrário dessa intervenção de efeito imediato, cujo sucesso é (ou pode ser) efêmero, a perlaboração das resistências na prática analítica, que demanda tempo e total confiança na regra fundamental, produz resultados efetivos e duradouros. "O *logos* triunfa", poderíamos dizer aqui com Robert (1973), "não porque é mais forte, mas porque tem a paciência do mais fraco" (p. 18). Para enfrentar a série de resistências no tratamento, Freud recomenda a Pfister deixar a ação do tempo seguir seu curso.

> *Permita-me exprimir a esperança de que seu interesse não desabe tão logo a primeira fase dos sucessos mais felizes dê lugar à segunda, bem conhecida, quando são*

antes as dificuldades que aparecem em primeiro plano. É depois de tê-las ultrapassado que chegamos enfim ao sentimento de tranquila segurança. (F/P, 1996, pp. 47-48)

O tempo é aqui igualmente importante como oposição a todo tipo de quimeras terapêuticas oferecidas pelo artifício técnico da sugestionabilidade. "A ética da medicina de Freud é a ética da dificuldade sem fim [que descobre] no corpo algo que perturba interminavelmente o espírito, algo que vai 'além' do que o espírito concebe ou avalia como seu bem" (Rajchman, 1993, p. 38). À pergunta do analisando sobre a extensão do caminho a percorrer, Freud (1913c, p. 168) não teria senão como resposta: "Caminhe", parodiando Esopo na fábula do viajante.[21]

Trata-se, portanto, considerando-se a ambivalência das manifestações pulsionais, de denunciar com seguidos atos analíticos a ilusão, a transitoriedade e a fragilidade deste último bastião da resistência: o amor transferencial. A psicanálise freudiana o toma como uma nova manifestação do antigo desejo humano de *transformar dois em um*, a tendência ancestral do Eros que "aspira à união, à supressão das fronteiras espaciais entre o eu e o objeto amado" (1926d, p. 239). Demanda de *afeto exclusivo* – o que é falso, associado à *obediência crédula* –, o que é totalitário; demanda

21 "A experiência nos ensinou que a terapia psicanalítica, a libertação de um ser humano de seus sintomas neuróticos, inibições e anomalias de caráter, é um trabalho de longo prazo. É por isso que desde o começo tentativas foram empreendidas para abreviar a duração das análises" (1937c, p. 17). Antes, em 1933, ano da morte de Ferenczi: "A ambição terapêutica de vários de meus adeptos [os levou] a comprimir o trabalho analítico numa duração mais curta, a intensificar a transferência de modo que ela prevalecesse sobre todas as resistências, a com ela combinar outros modos de influência para forçar a cura. Esses esforços certamente são louváveis, mas estimo que sejam vãos. Eles acarretam também o perigo [escreve, ou publica, justamente no ano da morte de Ferenczi] de *nós mesmos sermos levados para fora da análise e que nos entreguemos a uma experimentação sem limites*" (1933a, p. 238, grifos meus).

de um amor que, por conta de sua gênese mesma, se torna assim, como denunciou em algum lugar W. R. Fassbinder, o mais insidioso e coercitivo meio de opressão social.

Sustentada pelo conceito de transferência e seus pares conceituais, a psicanálise – essa prática que visa arruinar os fundamentos de todo poder, ao dar a conhecer seus engodos – recusa permanecer nesse tipo de mistificação recíproca. Laço social de um novo gênero, denuncia que toda relação sugestiva baseada neste acordo, por ingenuidade ou por má consciência, aproveita-se do narcisismo supremo da coisa perdida, isto é, o paraíso que precedeu, como no mito de Aristófanes (*O banquete,* de Platão), a diferença anatômica dos sexos; aproveita-se da nostalgia de ser *um*, quando, terrível paradoxo, é na autonomia prática, exigida por cada passo do desenvolvimento psicossexual, que reside o desafio próprio dos seres-de-fala.[22]

Sobre essa posição repousa a ruptura ético-epistemológica efetuada pela clínica freudiana. Se as pesquisas psicanalíticas nunca deixaram de evidenciar, na relação do analista com o analisando (ou professor-aluno, pai-filho...), essa modalidade terna de sentimento sem o qual nenhuma colaboração eficaz seria possível, tampouco elas permitem incorrer no erro de todas as relações terapêuticas sugestivas, cuja pretensão é que que essa situação dure para sempre: "Enquanto na sugestão todo o trabalho do médico visa manter e reforçar este agente ativo, a saber, sua própria autoridade e a

---

22 Em outro contexto e com outros propósitos, o filósofo da ciência francês, Étienne Klein (2016, p. 206), não duvida de que o "desejo de inteligibilidade" não pode prescindir da "ideia do *um*", embora sua inscrição "na natureza humana" seja insuficiente "para validar suas realizações"; é que "a unidade proclamada pode muito bem se revelar falsa, exercer uma fascinação totalmente dogmática, provir do encantamento, do simples decreto ou da pura fantasia. [...] A unidade corresponde a uma nostalgia tenaz, a um apetite do absoluto, a uma impaciência ontológica que a diversidade ostensivamente irredutível do mundo parece sempre contradizer. A investigação de Einstein, segundo Klein, alimentava-se desse divórcio entre o espírito que deseja a unidade e uma realidade que quase não a mostra".

credulidade e dependência do paciente, a psicanálise permite-se fazer dele apenas um recurso provisório" (Ferenczi, 1982, p. 151).

A aposta é que, no tratamento analítico, esses fenômenos de transferência sobre a pessoa do analista, cuidadosamente mantidos e preservados no tratamento sugestivo, sejam, no limite, progressivamente elucidados e resolvidos – o sucesso terapêutico não se decidirá, assim, pela sugestão. O compromisso com a resolução da transferência é de ordem *técnica* – o trabalho terapêutico consiste, primeiro, em retirar a libido dos sintomas e investi-la na transferência; segundo, em liberar a libido da própria transferência (1916-1917, p. 47). Mas também de ordem *ética*, e tem a ver, na cena analítica, com a autonomia do sujeito, o que faz de seu engajamento algo totalmente diferente daquele de uma religião, de um partido político ou de uma sociedade secreta: "Recusamo-nos na medida do possível um [...] papel de mentor, nada nos é mais caro do que ver o doente tomar suas decisões de maneira autônoma" (1916-1917, p. 450).[23] A sugestão, na análise, "é antes utilizada para levar o doente à produção de um trabalho psíquico – à superação de suas resistências de transferência –, que significa uma modificação durável de sua economia anímica" (1925d, p. 89). Manifestada como repetição, "a transferência se torna, de arma mais potente da resistência [...], o melhor instrumento do tratamento analítico".

Não por acaso, então, quem "reconheceu que a transferência e a resistência constituem o pivô do tratamento pertence sem retorno à nossa horda selvagem", escreve Freud (1966, p. 344) a

23 Para Castoriadis (1986), "um indivíduo é autônomo quando ele (ou ela) é capaz de mudar lucidamente sua própria vida. Isso não quer dizer que ele controla sua vida; jamais controlamos a nossa vida porque não podemos eliminar o inconsciente, eliminar nossa filiação à sociedade e assim por diante. Mas podemos mudar nossa relação com o inconsciente; podemos ter uma relação com nosso inconsciente qualitativamente diferente do estado em que, sem o saber, somos simplesmente dominados por ele" (p. 44).

Groddeck, em 5 de junho de 1917, que solicitava com insistência sua confirmação oficial de não ser psicanalista, de não fazer parte de seus discípulos. "Você é um analista de primeira ordem que, de uma vez por todas, apreendeu a essência da coisa".

Sobre o assentimento em psicanálise

Para J. Bouveresse (1991, p. 11), é algo surpreendente que L. Wittgenstein evoque o que ele chama de *Freud's extraordinary achievement* ao mesmo tempo em que, de maneira geral, sublinha o afastamento da psicanálise da ideia de uma ciência e ressalte a de uma mitologia. Trata-se, então, de saber se ele hesita entre a pura condenação da psicanálise como tal ou se critica apenas a utilização que dela é feita.

Destaco aqui em particular, pois de meu interesse específico, a segunda dessas duas opções. Teria dito o compatriota de Freud: "A psicanálise é uma prática perigosa e desonesta, e ela faz um mal infinito e, comparativamente, pouquíssimo bem". Aliás, confessa como ele próprio, em filosofia, podia fazer mal ao público por intermédio desse processo de mecanização, banalização e vulgarização tão próprio de uma época como a nossa. Nesse contexto, é o aspecto sedutor da psicanálise que lhe parecia inquietante.

No fundo, o argumento não deixa de apontar um risco que o desenrolar da história mostraria de maneira exaustiva: a psicanálise, a peste que Freud pensava levar, em 1909, aos Estados Unidos – não por acaso, o único lugar onde terá falado diante de um grande auditório –, tornou-se de fato pouco a pouco banalizada... Contudo, o fundador da psicanálise não demorou a perceber este fenômeno na própria clínica – onde, em princípio, a autoridade teórica da psicanálise se coloca legitimamente –, o que o faz mudar, por exemplo, sua maneira de intervir no discurso associativo do Homem dos Ratos. Diante das interpretações convencionais, este respondia com algo do tipo: mas disso eu já sabia, o que faço com isso? Já a paciente histérica, como vimos no início deste capítulo, reagia a elas com surpresa. Freud radicaliza, assim, sua atenção flutuante que, a bem da verdade, nunca foi alheia às expressões de linguagem empregadas por seus pacientes em seus relatos (por exemplo, *verbrannter Mehlspeise*, em Miss Lucy; *Vermögen*, em Dora). Com o Homem dos Ratos, como nos lembra Marie (1994, p. 151), ele presta atenção, por exemplo, na homofonia de palavras como "*Frau Hofrat*", "*in diesen Raten eingelassen*", "*Rate, Spielratte*", "*Ratz*", "*Rattenmamsell*" etc., em plena conformidade, na situação transferencial, às injunções da associação livre em seu formato definitivo e à atitude de neutralidade analítica.[24]

---

24 Ao relatar um sonho, o Homem dos Lobos, russo de origem, em vez de dizer "Wespe" (vespa), pronuncia "espe", que ele próprio descobre serem as iniciais de seu nome: Serguei Pankejeff (1918b, p. 92). Em "Da psicogênese de um caso de homossexualidade feminina", Freud faz uma interpretação, que ele chama de "profunda", com o jogo de palavras da paciente com o verbo *niederkommen*, que significa mais frequentemente "parir", "dar à luz" e o sentido *mais raro* de "cair", por ela usado para descrever sua tentativa de suicídio ao se jogar do parapeito da via férrea (1920a, pp. 251-252). O artifício técnico, e verdadeira descoberta no terreno da linguística, já fora indicado desde *A Interpretação do sonho*: "Consideramos como indicação infalível de uma associação livre de representações-alvo o que acontece quando representações (ou imagens) emergentes aparecem conectadas entre si por uma ligação de associações presumidamente superficiais, portanto, por assonância, trocadilhos verbais, conjunção no tempo sem relação interna de sentido, por todas as associações que nos permitimos utilizar no *Witz* e no jogo de palavras [...]. Toda vez que um elemento psíquico está ligado a outro por uma associação chocante e superficial, também existe entre ambos uma conexão correta e mais profunda que é submetida à resistência da censura [...]. Sob a pressão da censura [ocorre] um deslocamento, de uma associação normal e séria para outra, superficial e que parece absurda" (1900a, p. 583). Talvez seja esta modalidade de associação (chocante, superficial, absurda) que, no *setting* analítico, resultaria na intervenção do analista mais segura e menos sugestionável e num assentimento sincero, desimpedido e autônomo do analisando. A primeira (dita correta e mais profunda) parece mais próxima da noção de *construção* [*Konstruktion*],

A seu interlocutor que começa a ler Freud, Wittgenstein, o filósofo da linguagem, aconselha se preservar. Temor legítimo, mas aparentemente projetivo, uma vez que sua própria relação com o público se fazia apenas por meio da literatura ou, algo mais próximo, na sala de aula. Já do lado da clínica, ele invoca tão somente a experiência (de qual experiência ele fala, se nunca psicanalisou ou foi psicanalisado?), que, a seu ver, comprova a dificuldade de encontrar as condições exigidas – tanto o estado de espírito e as disposições do paciente, como as aptidões do analista – para que tenha sucesso.

Ainda segundo Bouveresse, como uma característica fundamental de sua atitude na vida e na filosofia, Wittgenstein era muito reservado e atento para com a própria intimidade: "Ele não considerava uma boa coisa revelar todos os seus pensamentos a um estranho", pode-se ler em *Personal Recollections* (citado por Bouveresse, 1991, p. 15). Enfim, em *Lectures and Conversations*, "se você é levado pela psicanálise a dizer que realmente pensou tal coisa ou que seu motivo era realmente tal outro, isso não é questão de descoberta, mas de persuasão" (citado por Bouveresse, 1991, p. 139).

Vamos então por partes. Antes de tudo, é demandado ao analisando sinceridade na comunicação, em troca de discrição estrita, o que dá a impressão, segundo Freud, de que o psicanalista aspira à

---

cuja ideia remonta aos *Estudos sobre a histeria*, é batizada em "Uma criança é batida" (1919e, p. 126), retomada em "Da psicogênese de um caso de homossexualidade feminina" (1920a, pp. 240-241) e se torna tema do artigo de mesmo nome, de 1937. Designa "uma elaboração do analista mais extensiva e mais distante do material que a interpretação e essencialmente destinada a reconstituir nos seus aspectos ao mesmo tempo reais e fantasmáticos uma parte da história infantil do sujeito" (Laplanche & Pontalis, 1973, p. 99). Dessa maneira, especifica "o acréscimo ao material associativo de uma dimensão ficcional, projetiva, vinda do analista" (Marie, 2004, p. 200), e, como tal, uma intervenção que corre sempre o risco de ser "teórica e sugestiva, isto é, imperativa", quando a interpretação analítica, como teria proposto Lacan, deve ser "equívoca", ou feita para não "ser compreendida".

"posição de confessor leigo". Mas a grande diferença é que a sinceridade na *regra fundamental* analítica é requerida de outra maneira para o analisando:

> *Não queremos ouvi-lo dizer apenas o que ele sabe e esconde dos outros, ele deve também nos contar o que não sabe [...]. Ele não deve apenas nos comunicar o que diz intencionalmente e de boa vontade, o que lhe traz alívio como numa confissão, mas também todas as outras coisas proporcionadas por sua auto-observação, tudo que lhe vem ao espírito, mesmo que lhe seja* desagradável [unangenehm] *dizer, mesmo que lhe pareça* sem importância [unwichtig], *mesmo* insensato [unsinnig]. *(1940a, p. 267)*

Em resumo: se "na confissão, o pecador diz o que sabe, na análise o neurótico deve dizer mais" (1926e, p. 11). Mas nós vimos exaustivamente como o cumprimento desta regra, por causa do fator da resistência – frente às resistências interiores que protegem a neurose, importa muito pouco "a confiança ou a desconfiança provisória" (1913c, p. 166) – esbarra em limites que leva o analisando a *agir*, em vez de *rememorar*, o que só é revertido, pacientemente, mediante o processo da perlaboração. Tudo isso, claro, coloca limites à ideia (estética) de uma persuasão *tout court*.

Mas também não é por outro motivo que repetidamente tivemos aqui a pretensão de mostrar que o instrumento científico apresentado pela psicanálise exige justamente analisar todo tipo de sedução exercida, e não apenas – para utilizar as palavras do próprio Wittgenstein – "sobre os espíritos fracos ou, em todo caso, aqueles que não têm a vontade nem a capacidade de pensar claramente" (Bouveresse, 1991, pp. 11-12). Para Assoun (1988), "é preciso compreender que essa 'atitude crítica' já responde por si mesma a uma posição epistêmica, aquela que problematiza o critério de produção da 'certeza' no sujeito ao qual o saber psicanalítico é endereçado" (p. 50).

Já foi mencionado mais de uma vez aqui: se Freud manifesta o desejo de evitar que a terapia destrua a ciência, tampouco admite, em contrapartida, que os interesses dos pacientes neuróticos devam ser sacrificados aos do ensino e da pesquisa científica. Dessa tensão decorre muito do que é epistemologicamente particular ao campo psicanalítico e, nesse sentido, o que está em jogo passa necessariamente pela questão das *modalidades de assentimento* à psicanálise, seja a respeito da teoria, seja a respeito da própria relação analítica. Na afirmação de Wittgenstein (1971, p. 88) a R. Rhees, um de seus alunos mais próximos, sobre a necessidade de ter uma atitude crítica para aprender alguma coisa de Freud, Assoun (1988) vê um "protesto contra o argumento de autoridade" supostamente embutido na psicanálise e que suscitaria "a questão da adesão, pelo sujeito, ao conteúdo de objetividade do saber [analítico]" (p. 49).

A autoridade da teoria é, portanto, a questão colocada. Contudo, como nos explica O. Mannoni (1980, p. 27), se ela diz respeito a todos os domínios do conhecimento, nas ciências ditas positivas, apenas de maneira impessoal, uma teoria impõe autoridade. Na psicanálise, ao contrário, que não se faz *in absentia* ou *in effigie*, o fenômeno da transferência se coloca absolutamente; e sua eliminação em psicanálise lhe parece mais difícil do que se ela fosse uma "ciência positiva". Afinal, conclui seu raciocínio, "a teoria analítica – e isso não deveria nos escandalizar – não tem como única função validar ou garantir – provisoriamente – o acordo com os fatos observados: ela confirma o teórico em sua autoridade".

Mannoni apoia-se, aqui, na plataforma epistemológica da psicanálise estabelecida por Freud na primeira página de *Pulsões e destinos de pulsões*. Tampouco é irrelevante lembrar, desta vez com

Freud (1926e), que a psicanálise não se constituiu como um "edifício doutrinal acabado", como um sistema filosófico:

> *Nós a desenvolvemos devagar, lutamos longamente por cada parcela, sem cessar a modificamos em contato permanente com a observação, até adquirir, enfim, uma forma sob a qual pareça suficiente aos nossos fins. Faz ainda poucos anos, foi-me necessário ajustar essa doutrina com outras expressões. É claro que nem por isso posso [...] garantir que a atual forma de expressão vai permanecer definitiva. A ciência [...] não é uma revelação, ela é desprovida, muito depois de seus primórdios, dos caracteres de precisão, de imutabilidade, de infalibilidade tão almejados pelo pensamento humano. (p. 13)*

Retomamos, assim, a questão do assentimento ao conteúdo analítico – a saber, o fato de que um sujeito esteja *inclinado* a aceitar as explicações analíticas e que delas tire uma verdadeira convicção – para a reunir àquela da autoridade, que, segundo Assoun (1988, pp. 55-62), o próprio Wittgenstein considera uma problemática aplicada à linguagem, ou, precisando mais, à psicanálise como prática-de-linguagem.

O professor francês empreende seu exame da questão do assentimento passando, primeiro, por uma perspectiva histórico-filosófica de noção, cuja definição clássica é "o ato do espírito que adere a uma proposição, ou o estado que resulta desse ato". Essa definição deve ser colocada na teoria do conhecimento, já que se trata do "problema da adesão a um conteúdo de verdade, conforme foi reconhecido (como verdadeiro)". O *tomar-como verdadeiro* kantiano implica que o sujeito dê seu consentimento [*Zustimmung*]: "Não há, portanto, 'assentimento' sem 'crença' [...]. Mas essa crença é um ato". Dito de outra maneira, o assentimento é o movimento mesmo da crença – *crença em ato* – que transforma o consenso em assenso.

Posto isso, Assoun chega sem dificuldade a demonstrar que não "por acaso, é justamente a questão da 'fé' – do ser mesmo da crença – que leva ao questionamento wittgensteiniano da psicanálise" e, neste questionamento, "está em jogo a natureza mesma da convicção". Mas, a seu ver, seria um erro tentar compreender a "questão da inclinação" em admitir a razão psicanalítica como um problema "psicológico" ou mesmo "mental", em vez de fazê-lo no plano *do que é dito*: "não é o 'motivo' do dizer que interessa a Wittgenstein, mas o próprio dizer na medida em que ele 'se motiva' a dizer". Seria, portanto, algo da ordem da persuasão, que, afinal, é bem próxima do sofisma.

Ora, o encantamento psicanalítico, isto é, o princípio de *sedução* – retomamos, aqui, o argumento wittgensteiniano segundo o qual as explicações de Freud, presumidamente, geram, nas pessoas, a aceitação (*encantamento*) em vez da resistência –, Wittgenstein pensa encontrá-lo na referência às *profundezas*. No inconsciente, portanto, tomado como uma espécie de labirinto onde as pessoas estão inclinadas a se perderem justamente para participar do mistério. A crítica do filósofo da linguagem, que visaria, assim, à própria teoria analítica, antes que a interpretação analítica dos sintomas e dos sonhos, diria respeito "não apenas à teoria proposta a um analisando, mas ao ser de razão que a teoria analítica pretende convencer".

Esse é mesmo o ponto de partida da argumentação de Assoun para apresentar uma provável refutação freudiana: a seu ver, o saber analítico, que é autenticado pelo analisando na situação transferencial, encontra sua legitimidade precisamente na atividade da razão. A razão permanece ativa na relação analítica, em que a cooperação intelectual, diante das resistências do sujeito a tomar consciência de sua verdade, é secundária em relação ao domínio desencadeado pela transferência: "a dimensão da transferência é essencial para situar, na história das ciências, a divisão introduzida por Freud entre saber e verdade" (Roudinesco, 1994, p. 43). Se a influência pessoal do analista é, na análise, sua "arma dinâmica mais forte", de nada lhe serve "o conteúdo intelectual de [seus] esclarecimentos, pois o paciente que partilha todos os preconceitos do mundo circundante" tenderia tão pouco a acreditar na psicanálise "como os homens da ciência" (ou os filósofos, vale acrescentar) que criticam a psicanálise. "O neurótico começa a trabalhar porque acredita no analista e acredita nele porque adquire, a respeito da pessoa do analista, uma posição de sentimento particular" (1926e, p. 50) – ou seja, transferencial.

A descoberta do fenômeno transferencial é epistemológica e teoricamente tão importante para a psicanálise quanto a descoberta do inconsciente porque seu manejo preciso e específico a "diferencia de todos os procedimentos sugestivos, persuasivos etc." justamente porque ela "pretende não reprimir por meio da autoridade nenhum fenômeno anímico no paciente" (1923a, p. 200). Além disso, Freud (1926e) não desconhece, no uso das palavras, um "procedimento de encantamento" quando se trata de uma ação rápida e pontual: "O encantamento tem por atributo essencial a rapidez, para não dizer a subitaneidade do sucesso. Mas os tratamentos analíticos precisam de meses, e mesmo de anos" (p. 10) – e, cabe lembrar, as sessões freudianas eram diárias e seis vezes por semana. "Um encantamento tão lento perde seu caráter de maravilhoso."

Deve-se ainda levar em conta um detalhe sutil observado por Freud (1915e): "O ter-ouvido e o ter-vivido são duas coisas totalmente distintas por causa de sua natureza psicológica, mesmo se elas têm o mesmo conteúdo" (p. 217). Com a experiência analítica, pretende-se garantir a irredutibilidade de um saber verdadeiro que, no limite, pode somente ser indutivamente apropriado por quem tenha vivido, por meio da análise, certas experiências sobre sua própria pessoa. Isso quer dizer que aceitar a existência do inconsciente por ouvir dizer não é de modo algum a mesma coisa que vivê-lo na análise e, desse modo, chegar a uma verdadeira convicção. Essa convicção não é, por outro lado, o resultado de uma doutrinação, ou fruto de uma espécie de rito iniciático, o que nos leva certamente à questão da verdade da interpretação e, em particular, ao gênero de assentimento requerido pela psicanálise: seria este, como quer Mannoni (1980), um assentimento evidente, tal como a afirmação spinoziana segundo a qual o verdadeiro se indica por si mesmo?

Algo dessa ordem e gênero é o que pretendo propor no próximo e último capítulo: extrair da própria obra freudiana um modelo de escuta analítica, logo de interpretação no estrito sentido definido por Freud (1937d), ou seja, "a maneira pela qual nos ocupamos de um elemento isolado do material, de uma ideia incidente, de um ato falho etc." (p. 65). Um verdadeiro ato analítico que limita seu campo de ação à "palavra do analisando em sua materialidade mais concreta, de modo a ser suficiente uma associação incidente ou uma inflexão prosódica para interpelar a atenção do analista" (Marie, 2004, p. 204). Distanciando-se, assim, de uma "prática de adivinhação", na qual resvala a ideia freudiana de *construção*, esta intervenção analítica poderia igualmente favorecer a elaboração de um saber no analisando com um mínimo de sugestão ou, ainda, de persuasão, e um máximo respeito por sua autonomia.

Dei-lhe o nome de "modelo *witzig* de interpretação".

7. O humor analítico: o modelo *witzig* de interpretação

Em resposta ao discípulo e amigo Maurice O'Connor Drury, que lhe confessara extrema dificuldade para compreender os sintomas observados em alguns de seus pacientes e de nem sempre saber o que lhes dizer, Wittgenstein – leitor que em certa época, e segundo ele próprio, podia ser visto de bom grado como "um discípulo de Freud" e "um *sectateur* de Freud" – limita-se a duvidar se o amigo psicanalista seria portador do "senso de humor apropriado a este trabalho", pelo fato de "se chocar muito facilmente quando as coisas não andam conforme o planejado" (Bouveresse, 1991, p. 16). A "doença mental", justifica, sempre deveria ser objeto de perplexidade.

A interpretação do autor do *Tratactus* parece justa, primeiro, porque o método psicanalítico, irredutível a uma mera aplicação técnica, não deve visar a um alvo determinado *a priori*. Segundo, por ser imanente ao ato analítico esta disposição do espírito sempre pronta a extrair da realidade seus aspectos divertidos e insólitos. Em sua *Selbstdarstellung*, Freud escreve que suas interpretações de sonho davam a impressão de "serem espirituosas" ao "único amigo", que, então, lia e interessava-se por seus trabalhos (1925d, p. 113).

Esta observação já havia sido objeto, em 1909, de uma nota de rodapé no livro do sonho, mas ali para evidenciar uma distinção importante. Demasiado espirituoso seria o sonhador, diz Freud, e não o intérprete: em vigília, não podia reivindicar para si tal condição. Mais precisamente, espirituosos eram os sonhos – os seus próprios e, certamente, de todos os sonhadores, entre os quais seus analisandos –, dadas as "condições psicológicas particulares de sua elaboração", a seu ver, "em íntima correlação" com a teoria dos ditos espirituosos e do cômico. A crítica do amigo o teria levado a comparar a elaboração onírica à técnica da piada [*Witz*][1] (1900a, p. 341).

Espirituoso *de force*, ainda assim o psicanalista aproxima-se do humorista "não só como adversário (relativo) do absoluto, mas pelo que desencadeiam: o contato com o inconsciente" (Willemart, 1995, p. 56). A meu ver, diferencia-os a disposição do primeiro, sendo seu *métier*, de poder servir-se interessadamente do humor

---

1 A tradução de *Witz* por "chiste" talvez seja menos grave do que muitos dos inúmeros equívocos cometidos nas primeiras edições da *Standard Brasileira* (cf. Carone, 1989). Ainda assim, é mais do que justificada a investigação apurada levada a cabo por Mezan (2014, pp. 431-433), e o resultado é uma apresentação clara e precisa de sua opção por "piada" – ainda que este termo evoque "imediatamente uma anedota ou história engraçada, enquanto Freud faz um esforço considerável para distinguir o *Witz* das outras coisas que nos fazem rir". De sua longa argumentação, à qual remeto o leitor, a feliz observação segundo a qual ninguém no Brasil conta ou ouve chistes. Já o galicismo "frase de espírito" não traduziria para nós a tradição francesa contida nas expressões *mot d'esprit, trait d'esprit* ou *bon mot*. Certo é que não temos em nossa língua "um termo único que concentre tamanha riqueza de denotações e de conotações" como as existentes no *Witz* (ou mesmo no *wit* inglês). Mas o que convence o nosso autor em sua opção "foi a lembrança da expressão 'perde o amigo, mas não perde a piada', na qual 'piada' não é uma história com começo, meio e um fim que faz rir, e sim um dito mordaz, cujo caráter ofensivo é apenas levemente recoberto por seu invólucro espirituoso – ou seja, exata e precisamente, um *Witz*".

no manejo da transferência e, por esta via, na situação privilegiada do *setting* analítico, transformar a compulsão a repetir do analisando num motivo de rememoração.

A suposição é que, no limite da estrita obediência à regra fundamental, e dadas as condições também particulares de sua elaboração, o discurso do analisando é forçosamente espirituoso pela simples razão de que se encontra fechado, à semelhança do que ocorre de maneira radical na formação onírica, o caminho mais direto e mais próximo para exprimir seu pensamento. De quebra, esse humor sutil, desvelado pela escuta analítica, torna-se um indício seguro de que as coisas estão indo bem em sua generalidade metódica.

Das razões clínicas para estudar o Witz

A piada e sua relação com o inconsciente (*Der Witz und seine Beziehung zum Unbewussten*), o resultado das incursões freudianas sobre o humor, tem um percurso curioso e bem diferente daquele percorrido pelos grandes trabalhos de Freud do período. *A interpretação do sonho* (1900), *Sobre a psicopatologia da vida cotidiana* (1901) e *Três ensaios sobre a teoria sexual* (1905) receberam adendos a cada edição; no caso do último da série, as notas de rodapé são tão numerosas que dariam outro livro, e tão importantes que não podemos mais prescindir delas.

Tudo se passa de outra maneira com o livro do *Witz*, que mereceu de Freud somente seis pequenos complementos na segunda edição (1912) e nenhum outro nas demais, o que nos leva a pensar numa espécie de desvio ou pelo menos de um afastamento de sua *démarche* inicial na construção do edifício teórico psicanalítico. Com efeito, uma única vez voltaria especialmente ao tema, em seu diminuto artigo intitulado "O humor" (de 1927), e de passagem, de quando em vez. Teria mesmo desprezado sua obra – que preenche todo um volume da *Standard Edition* ou das *Œuvres complètes*, da PUF – ou ao menos lamentado tê-la escrito: lemos, no prefácio do editor inglês, que se pode encontrar a respeito referências, ainda que tênues, no texto biográfico de 1925. Na falta de indicações precisas, talvez se trate deste fragmento: "Meu livro sobre *A piada e suas relações com o inconsciente* foi um tema secundário, derivado diretamente da *Interpretação do sonho*" (1925d, p. 113) – o que não o impediu de listá-lo *en privé*, em 1913, entre seus trabalhos mais importantes; e depois de acrescentar: "Comigo, as boas coisas acontecem de fato segundo uma periodicidade de sete anos: em 1891, comecei com a afasia, em 1898-1899 a interpretação dos sonhos, em 1904-1905 o *Witz* e a teoria sexual, em 1911-1912 minha questão do Totem" (F/F, 1992, p. 529).

Pelo menos no que diz respeito aos leitores, o *Witz* manteria por longo tempo essa condição, digamos, marginal: meio século depois, Jones (1961, p. 12) tinha-o ainda na conta do livro menos lido de Freud, por ser aquele cuja "compreensão correta é a mais penosa (parece-me suficiente imaginar as dificuldades impostas a seu tradutor em qualquer língua). Talvez ainda seja lido insuficientemente a despeito da releitura aqui também operada por Lacan (1998), ao afirmar, por exemplo, que uma mesma técnica é comum ao *Witz* e ao significante; ou ao considerar, em algum lugar de sua obra, que "*Le* Witz *éclaire la division du sujet avec lui-même*" (o *Witz* esclarece a divisão do sujeito consigo próprio); ou ainda que: "*L'interprétation analytique est une réponse qui irait plutôt du côté du mot d'esprit*" (a interpretação analítica é uma resposta que iria de preferência do lado do *Witz*). Logo, ao que tudo indica, as possibilidades heurísticas descortinadas pelo vínculo conceitual entre *Witz*, divisão do sujeito e interpretação são, assim, um ganho que o psicanalista deveria levar em conta com todo o proveito na sua clínica.[2]

2 A palavra *Witz*, proveniente do antigo termo *witan* (compreensão, entendimento), tem – sempre segundo Mezan (2014), que recorre aqui à psicanalista Karen

E, no entanto, mais do que uma produção voluntária, e em que pesem algumas de suas particularidades, o *Witz* é um *derivado* (Freud) ou uma *formação* (Lacan) *do inconsciente*, como o sintoma, o sonho ou o lapso – e, nesta condição, objeto de estudo por excelência da psicanálise.

Nas *Lições de introdução à psicanálise*, referindo-se ao sonho de uma paciente, Freud (1916-1917, p. 243) ressalta, uma vez mais, sua semelhança com um *Witz*, mesmo se, como sonhador e não como intérprete, o do sonho nos apareça muito frequentemente "como um mau *Witz*, [pois] não nos faz rir, nos deixa frios". Mas de onde viria essa "semelhança espantosa"? Em uma palavra: na sua gênese, encontramos um fiapo de pensamento pré-consciente que, por um momento, entrega-se à elaboração inconsciente, de onde, em seguida, emerge como *Witz* – como tal, é "a contribuição" concedida ao cômico pelo inconsciente (1927d, p. 140). Teria sido, dessa forma, a semelhança entre as duas formações que "me afastou um pouco do meu caminho, impondo-me a necessidade de submeter o próprio *Witz* a um exame aprofundado" (1916-1917, p. 243), repetindo, então, o mesmo argumento de 1909 (a nota de rodapé do livro do sonho).

Seguido, em 1910, de uma versão diversa do evento (aqui referida mais adiante), o argumento será ainda mais bem desenvolvido em 1925 para justificar o estudo deste "tema secundário":

Wondrachek – basicamente três acepções. "Em primeiro lugar, é uma qualidade da mente, o 'espírito' ou habilidade para perceber o lado pitoresco das coisas, algo como o *sense of humour*; mas essa qualidade só existe em quem é arguto, rápido no pensamento, inteligente, portanto. Quem a possui em alto grau é dito *gewitz*, 'espirituoso'. *Witz* é o ponto essencial, o x da questão (*der Witz der Sache*), aquilo que é captado por quem é *gewitz*. Por fim, quem tem o dom do *Witz* e com ele intui o *Witz* do assunto é capaz de expressar o que percebe por meio de uma sentença *witzig* – jocosa, bem-humorada, certeira, *to the point*, *à propos*. O termo, portanto, se refere simultaneamente ao sujeito, ao objeto e à natureza da frase pela qual o sujeito enuncia algo acerca do objeto" (p. 432).

buscando esclarecer o caráter espirituoso dos sonhos, teria verificado que a essência do *Witz* reside em seus meios técnicos, os mesmos empregados na elaboração onírica, isto é, condensação, deslocamento, representação por seu oposto, pelo detalhe etc. A semelhança (quando ela ocorre) entre a piada e o sonho deve-se apenas a esses mecanismos (1925d).

Distinguir o que é singular ou universal em cada uma das formações do inconsciente é mesmo um estudo (comparativo) promissor e mereceria, na obra freudiana, um exame sistemático. No que diz respeito à piada e ao sonho, pelo fato de não pertencerem a um mesmo domínio da vida psíquica, devem ser situados em lugares bem afastados um do outro: "o sonho é ainda e sempre um desejo, mesmo se tornado irreconhecível; o *Witz* – uma série de ideias conscientes momentaneamente abandonada à elaboração inconsciente para em seguida ressurgir na condição de 'jogo de palavras' – 'é um jogo desenvolvido'" (1905c, p. 207), cujo processo se desenrola de maneira *automática*.

Na verdade, o desvelamento do automatismo psíquico é uma das técnicas da piada e do cômico, uma relação que Freud pretendeu evitar, buscando o que realmente constitui a sua característica específica. E esta característica consistiria, primeiro, ao fim e ao cabo, em proteger os métodos de produção de prazer contra as objeções críticas que levariam ao fim deste mesmo prazer; segundo, entre todas as formas de cômico (de discurso que provoca o riso), unicamente o *Witz* – é sua tese mais geral no livro – tem a ver com o inconsciente.

Freud sublinha ser intencional de sua parte falar em "modo automático" e não em "modo inconsciente", pois "esta última qualificação poderia induzir ao erro" (1905c, p. 176). Automáticos seriam os processos desenvolvidos no pré-consciente, logo sem o investimento da atenção que caracteriza a consciência, inconscientes, portanto apenas descritivamente e não em termos sistemáticos. Ora, em momentos pontuais de sua obra, ele associa o automatismo psíquico (aliás, uma noção-chave na teoria janetiana) à ideia de *desvio, distração, dissociação* ou mesmo *captura da atenção*, aí encontrando uma explicação comum para uma série de eventos psíquicos. Eis, em ordem cronológica, algumas dessas referências.

Nos *Estudos sobre a histeria*, ao tentar compreender o fator que então sustentava sua técnica de "pressão na testa", utilizada para fazer advirem as lembranças, admite que esse procedimento corresponde a uma espécie de hipnose momentaneamente reforçada. Contudo, parecendo-lhe ainda enigmático o próprio mecanismo da hipnose, opta por lhe dar uma explicação empírica, avaliando que a vantagem do procedimento se deve ao fato de, com sua ajuda, desviar a atenção do paciente de "suas buscas e reflexões conscientes, em uma palavra, de tudo em que sua vontade possa se manifestar, de maneira semelhante ao que pode se passar quando fixamos uma bola de cristal etc." (1895d, p. 296). Dez anos mais tarde, e mais uma vez no livro do *Witz*, a noção de distração da atenção seria novamente retomada para sublinhar o grande interesse teórico em estudar uma série de suas técnicas auxiliares – isto é, as que têm manifestamente a intenção de afastar a atenção do auditor do processo da piada e de fazer com que esta piada se desenvolva de maneira automática (1905c, p. 176). Em 1921, em "Psicanálise e telepatia", artigo póstumo, como vimos, escreve que o mesmo procedimento intervém em certos casos de leitura de pensamento: ao trabalho astrológico da cartomante, "caberia então o papel de uma atividade que distrai suas próprias forças psíquicas, ocupa-as de maneira anódina, de modo que, receptiva e permeável aos pensamentos do outro que age sobre ela, pode se tornar uma verdadeira 'médium'". E conclui: "Temos conhecimento de configurações similares, por exemplo, na piada, quando se trata de atingir um encadeamento mais automático em um processo anímico" (1941d, pp. 108-109). Enfim, neste mesmo ano, mas em *Psicologia das massas e análise do eu*, insiste na ideia de que os procedimentos utilizados pelos hipnotizadores – a fixação de um objeto brilhante ou a escuta de um ruído monótono – servem apenas para "distrair e cativar a atenção consciente" (1921c, p. 65), ou "prender a atenção" (1890a, p. 167), como havia escrito trinta anos antes em "Tratamento psíquico (tratamento de alma)".

Assim é que, a partir de uma mesma noção – a distração (desvio, dissociação) da atenção consciente [*Ablenkung der bewußten Aufmerksamkeit*] –, Freud pretende explicar o que ocorre em sua técnica da pressão, na transmissão de pensamento, na hipnose e na utilização de algumas técnicas da piada. Ora, os três primeiros termos dessa série, mais ou menos próximos do vocabulário psicanalítico e do interesse de Freud, dão conta de ações clínicas cujo caráter sugestivo evidente (e, além disso, incerto, duvidoso, autocrático) apresenta toda incompatibilidade metodológica com o procedimento analítico – enquanto o *Witz* é seu modelo *princeps*. Não por acaso, em suas conferências americanas – e sob um ângulo diverso daquele apresentado no livro do sonho, nas aulas na Universidade e na "Autoapresentação" –, ele se recorda de que diante dos "*problemas da técnica psicanalítica* fui igualmente obrigado, portanto, a me ocupar da técnica de formação da piada" (1910a, p. 27, grifos meus).

Esta seria, então, a variante clínica de uma questão de ordem teórica, que examinaremos a seguir levando em conta a premissa segundo a qual, na técnica de formação do *Witz*, Freud encontra efetivamente o modelo mais próximo da atitude objetiva do psicanalista, a "atenção (igualmente) flutuante" – regra que lhe permitiria descobrir as conexões inconscientes no discurso do paciente. Ele aprendeu este modelo, pode-se dizer, no início da clínica propriamente psicanalítica, em vias de constituir e justificar a regra fundamental de seu novo procedimento e na sequência das tentativas fracassadas em utilizar o artifício de pressão da mão sobre a testa do paciente – cuja vantagem, como vimos, era a de desviar a atenção do analisando de suas reflexões conscientes. Ora, essa vantagem será mantida no tratamento analítico quando, ao utilizar a técnica da piada como modelo de escuta, encontra, assim, um meio para que a associação livre do analisando possa igualmente se desenvolver de maneira... automática.

Não haveria, portanto, nada a questionar, como faz Jones, sobre as motivações que levaram Freud a mergulhar numa pesquisa tão documentada quanto minuciosa, de quase trezentas páginas, escrevendo-as ao mesmo tempo que os *Três ensaios*, passando de um manuscrito a outro numa progressão simultânea de ambos os textos. Afinal, a pista já havia sido dada em seu livro fundador: para atingir seus fins, ou seja, obter uma representação que escape à censura, o trabalho do sonho "dá preferência aos produtos de transformação do material recalcado que possam também se tornar conscientes sob forma de piada e de alusão e dos quais *estão repletas todas as fantasias dos neuróticos*" (1900a, 391, grifos meus).

Tais observações encontram uma sequência importante em suas conferências americanas e sempre à guisa de justificar o tempo gasto na tarefa marginal de estudar o *Witz*. Lembremos que Freud (1910a, pp. 25-28) inicia a lição de número 3 chamando a atenção do público sobre um erro cometido logo no início da anterior ("Nem sempre é fácil dizer a verdade, particularmente quando devemos ser breves..."). Havia afirmado que, renunciando à hipnose e com a ajuda da associação livre (deve-se notar, num enquadramento ainda quase experimental), havia incentivado seus pacientes a lhe "comunicar [...] o que lhes viessem à ideia sobre o problema precisamente tratado", supondo que "a primeira ideia incidente traria o elemento justo e se revelaria a continuação esquecida da lembrança".

Eis, retifica, o que não seria totalmente exato: "Na realidade, apenas nas primeiras vezes podia ser verificado que o elemento se apresentava justamente com uma simples pressão de minha parte". Mas, continuando com o mesmo procedimento, sempre apareciam ideias incidentes que os próprios pacientes rejeitavam como infundadas. Quanto à pressão, ela não trazia nenhuma ajuda suplementar, e se podia aqui, mais uma vez, lamentar, diz ele, o abandono da hipnose.

Em estado de confusão, acrescenta dramaticamente – e num movimento similar ao da decisão fundadora, como vimos no Capítulo 4, de (re)escutar as cenas de sedução como realidade psíquica –, vale-se de um princípio de cujo rigor esteve desde sempre convencido e cuja "justificação científica" fora demonstrada por Jung e seus alunos. Tratava-se do *determinismo psíquico*, que o impediu de conceber essas ideias incidentes – além do mais, despertadas "num estado de tensa concentração" – como surgidas arbitrariamente na consciência e sem relação com a representação esquecida.

Propõe, assim, uma fórmula: essa aparente ausência de identidade entre o que se procurava e a ideia incidente podia ser explicada satisfatoriamente levando-se em conta duas forças agindo uma contra a outra; de um lado, os esforços conscientes do paciente para reencontrar o elemento esquecido no inconsciente; de outro, a ação da resistência do eu em tornar consciente o recalcado ou seus derivados. Sendo a resistência nula ou tênue, o elemento surgiria sem deformação – em que o grau de deformação é diretamente proporcional à força da resistência dispensada para impedir o aparecimento da representação esquecida pela consciência.

Isso posto, a representação que enfim alcança a consciência (a ideia incidente) tem o valor de um sintoma: é, portanto, uma formação substituta (nova, artificial e efêmera) para o recalcado, e na forma de uma *alusão* ou de um discurso indireto. Ora, o *Witz* surge, antes de mais nada, apoiado sobre uma alusão, vindo daí, parece-me evidente, a decisão de estudar a técnica de sua formação... em virtude, vale repetir, dos problemas advindos da opção pelo método analítico.

Eis aqui o *Witz* mencionado a título de exemplo: um crítico de arte, examinando em público dois *portraits*, encomendados a um pintor muito célebre por dois comerciantes desonestos, limita-se a exclamar em inglês, indicando o espaço livre entre os quadros fixados na parede: "*And where is the Saviour*?". Pode-se aqui perceber facilmente que a interrogação, disfarçada, substitui, com o mesmo valor e a mesma significação, a injúria que não podia, sem maiores riscos, ser enunciada claramente.

Este dito espirituoso, deve-se notar, não apresenta todas as condições presumíveis para o surgimento da ideia incidente nos analisandos, e Freud não quer senão chamar a atenção para o que há de idêntico entre um e outro caso: "Por que nosso crítico não diz diretamente aos dois velhacos o que gostaria de dizer?". Porque, responde, estão operando nele, ao mesmo tempo, seu desejo de lhes dizer na cara, em termos não velados, e ótimos motivos contrários para não o fazer.

O Witz: *modelo para a escuta analítica*

Pode-se encontrar nessa "alusão com omissão" [*Anspielung mit Auslassung*], utilizada pelo crítico de arte, "a mesma constelação [...] responsável para que nosso paciente, em vez do elemento esquecido procurado, construa uma ideia incidente substitutiva [*Ersatzeinfall*] mais ou menos deformada". Isso quer dizer que a formação do *Witz* e a livre associação adotam um mesmo modelo de formação de compromisso [*Kompromissbildung*] entre o recalcado e o consciente: representações-substitutivas que buscam ao mesmo tempo satisfazer, num mesmo compromisso, o desejo inconsciente e as exigências defensivas – aliás, "o *Witz* tem eminentemente o caráter de uma 'ideia incidente' não desejada" (1905c, p. 194). Logo, são apenas as diferentes modalidades do processo defensivo escolhidas pelo *Witz* e pela associação livre que proporcionarão os limites de parentesco entre ambos – vale dizer, a deformação que torna as representações recalcadas disfarçadas em representações substitutas.

Podemos aqui reconhecer uma mudança de paradigma no que diz respeito à escuta analítica: doravante será apenas por seu *conteúdo alusivo* que este discurso, fruto da situação analítica, resulta válido e produtor de sentido. Trata-se de um conjunto de representações, de um *complexo associativo* carregado de afetos que não pode ser atingido senão sob a condição de estar presente um número elevado de associações.

Às vezes, o analisando para de associar, numa resistência que se manifesta na forma de julgamentos críticos a representações que lhe são *desagradáveis* para dizer, parecem-lhe *sem importância*, e mesmo *insensatas* (1940a, p. 267), Freud repete mais uma vez as palavras-chave ao fim de sua vida. Ora, são justamente essas ideias incidentes – novas, artificiais e efêmeras, deformadas e alusivas na condição de substituto do recalcado, surgidas quando fracassa a regra fundamental da psicanálise, que constituem o verdadeiro material para o psicanalista – "o mineral do qual retira, com a ajuda de técnicas de interpretação simples, o que ele contém de material precioso" (1910a, pp. 27-29).

O material de trabalho do analista, como se sabe, provém de diversas fontes sempre referidas de várias maneiras por Freud ao longo de sua obra, incluindo este último texto, inacabado e publicado *post-morten*: o que é *indicado* nas comunicações e associações livres dos pacientes, o que ele *mostra* em suas transferências, o que é *extraído* da interpretação de seus sonhos, o que ele *permite ver* em suas *operações falhas* (1940a, p. 270). O que a escrita dessas frases revela, até mesmo em suas formas verbais, é a impossibilidade metodológica de ter acesso direto ao inconsciente recalcado, o que levou a clínica psicanalítica a se constituir pelo entendimento, através do exame da formação do *Witz*, de que essas ideias incidentes (insignificantes, heteróclitas, aparentemente inúteis e absurdas reveladas no discurso do analisando) são antes alusões e substituições da coisa procurada. O estudo do *Witz* adquire, assim, na clínica, uma função muito precisa e singular, que vai além da pura demonstração teórica, ainda que exemplar, dos processos inconscientes.

Este privilégio atribuído ao *Witz* – que, nas proporções possíveis de comparação, conserva do sonho, digamos, a densidade literária de uma novela e do ato falho e do sintoma, a concisão de um *haikai* – pode ser explicado pelo fato de ser ele a mais social de todas as operações psíquicas que têm por alvo o ganho de prazer (1905c, pp. 206-207). O sonho, por exemplo, é um produto perfeitamente antissocial (em que pesem os ditos "sonhos-presentes" dos analisandos), no sentido de nada ter a comunicar a outro. O *Witz*, ao contrário, pela razão mesma de ser operado numa certa condição de inteligibilidade, exige, por definição, a presença de ao menos três pessoas: seu autor e o outro (eventualmente, outrem), que está no centro do processo psíquico por ele desencadeado, por certo, mas as condensações, em particular, e os deslocamentos nele utilizados não permitem deformações tais que não possam ser ratificadas pela compreensão da terceira pessoa – ou seja, o público, o terceiro necessário, o interlocutor. (A propósito, o cômico, à diferença do *Witz*, não tem necessidade de ser comunicado, podemos rir sozinhos diante de um objeto risível.)

Dito de outra maneira: se a essência do *Witz* reside em seus meios técnicos, que utilizam os mesmos mecanismos encontrados no trabalho do sonho, a deformação resultante não pode ultrapassar certas condições, que, de resto, têm a ver com as possibilidades e os limites da própria linguagem: "com esse fim, escreve Freud, todas as especificidades do vocabulário e todas as constelações da correlação de pensamentos devem ser exploradas o mais habilmente possível" (1905c, p. 153). Disso se segue que a compreensão estabelecida entre o autor do *Witz* e o interlocutor, o terceiro necessário, será sempre um suposto, é, antes, o Outro (e sobretudo nessa "massa de dois" constituída por analista e analisando, como veremos a seguir), é o simbólico que permite compartilhar e usufruir "até onde der" das produções imaginárias comuns. É essa condição de ser um produto psíquico mais próximo da vida social e, ao mesmo tempo, uma formação do inconsciente, a principal razão pela qual o modelo teórico da formação do *Witz* serve originalmente a Freud como o mais tecnicamente propício à escuta (analítica) das tentativas em associar livremente de seus analisandos.

O sucesso dessa escuta depende apenas da habilidade do analista em "encontrar semelhanças em meio ao dessemelhante, isto é, semelhanças escondidas" (1905c, p. 19), nas livres associações de seus analisandos, nos momentos de silêncio de seu discurso, na escolha das palavras, nas repetições etc. – e isso diz respeito ao ato analítico (a interpretação), cuja particularidade essencial é a *concisão*. Na psicanálise, o processo, originalmente descoberto na teoria dos sonhos equivale aproximadamente à *condensação*, um dos modos de funcionamento do processo inconsciente. Ora, a concisão, teria dito J.-P. Richter, "é o corpo e a alma" do *Witz* – mais ainda, é o próprio *Witz* (1905c, p. 22).[3]

Eis, então, o que torna tão próximos o *Witz* e a interpretação analítica,[4] sobretudo se levarmos em conta este fragmento de T. Lipps,

---

3 Hirsch Hyacinth, o indigente personagem de Heine nos *Reisebilder*, vendedor de bilhetes de loteria, conta que, ao visitar Salomon Rothschild, foi tratado como entre iguais, de uma maneira inteiramente "familionária". Para Freud, houve aqui um fenômeno de compressão – ou *condensação*, conforme a terminologia dos sonhos – de uma frase maior: "Ele me tratou de uma maneira tão familiar quanto isso é possível a um milionário". A observar que a frase longa não tem a graça embutida na palavra composta, de fato uma *formação substitutiva*, que não só mantém o sentido original como o esclarece – ou ilumina.

4 A relação foi sublinhada por Mezan (1994): "Uma interpretação surge como a frase de espírito [...]. Para mim (o livro sobre o *Witz*) é um *tratado de*

autor cuja leitura também teria encorajado Freud a realizar suas pesquisas: o *Witz* "diz o que ele diz, nem sempre com poucas palavras, mas sempre com pouquíssimas palavras, isto é, com palavras que, segundo a estrita lógica ou uma maneira comum de pensar e de falar, não são suficientes. Ele pode, enfim, dizê-lo silenciando, simplesmente" (1905c, p. 22). Um mínimo de palavras, quase silêncio, escuta flutuante – eis a maneira pela qual nos apoderamos desse instrumento que, como todo ser humano, possuímos em nosso próprio inconsciente, e com o qual chegamos a interpretar as manifestações do inconsciente no outro (1913i, p. 88).[5]

Escutar com o terceiro ouvido...

Lemos em Freud (1915e) uma formulação alternativa desse fato "extraordinário [e] incontestável" em termos descritivos - que mereceria "um exame mais aprofundado, em particular quanto a saber se a atividade pré-consciente pode então ser excluída" - segundo o qual, "contornado o Cs, o Ics de um ser humano pode reagir ao Ics de um outro" (p. 232). A observação de caráter geral, tem ainda parentesco, não fosse a proximidade temporal entre ambas, com a célebre metáfora clínica freudiana: o psicanalista "deve dirigir seu próprio inconsciente, como órgão receptor, para o inconsciente emissor do paciente"; e, tal como o receptor telefônico "transforma em ondas sonoras as oscilações elétricas da linha", deve ser capaz de restabelecer, "a partir das ramificações do inconsciente que lhe são

interpretação psicanalítica. Ele descreve as condições metapsicológicas do que é uma interpretação. Esta ocorre exatamente da mesma maneira como se fabrica uma piada. É o processo primário cristalizado, apresentado com concisão, brevidade, impacto" (p. 60, grifos meus). Não posso deixar de registrar a coincidência: justamente em fins de 1994, finalizei minha tese de doutorado (na Bélgica, onde morava desde 1990), para a qual o presente texto foi originalmente escrito.

5 "Foi isso que Theodor Reik chamou mais tarde, metaforicamente, 'escutar com o terceiro ouvido'" (Laplanche & Pontalis, 1973, p. 39).

comunicadas, este inconsciente que determinou as ideias incidentes do paciente" (1912e, p. 150).

Desde sempre impressionado com esta afirmativa treze anos depois de enunciada, Binswanger a questiona: "Ou se postula uma 'organização da razão' puramente racional, eficaz em cada homem e comum a todos, ou se termina com uma concepção mística, ou pelo menos romântica, das trocas mentais entre os homens". Freud esclarece o amigo fiel (que, sempre interessado na psicanálise, nunca foi um analista) a respeito desse "ouvido inconsciente":

> *Minha proposta [...] foi formulada num sentido modesto e racionalista; mas sei que ela esconde outros problemas importantes. Eu simplesmente quis dizer que devemos nos libertar da intensificação consciente de certas expectativas, criando assim em nós próprios o mesmo estado que o exigido para o analisando. Toda a obscuridade desaparece se você admitir que nesta frase o inconsciente só é mencionado em sentido descritivo. Se nos expressarmos corretamente, devemos dizer pré-consciente e não inconsciente. Parece-me desnecessário levantar questões mais profundas. (F/B, 1995, pp. 254-258)*

Freud nos diz aqui da *escuta flutuante*, com a qual é possível fisgar, pela distração (desvio, dissociação) da atenção e sem qualquer deliberação intelectual ou preocupação com o sentido, um elemento isolado do material fônico, isto é, representações incidentes geradas pelo inconsciente do analisando, cujas deformações apresentam um caráter de estranheza e espanto ("associação chocante, superficial, absurda"). Não se atinge a verdade senão por suas deformações, esta é a divisa (paradoxal) freudiana. Na análise, o trabalho do *Witz* pode servir de modelo justamente por levar em conta as *démarches* de pensamento que se afastam do raciocínio normal, usando de deslocamento e nonsense como meios técnicos para construir a expressão espirituosa. Resta então parafrasear de maneira mais precisa: contornando seu pré-consciente, o analista pode reagir ao pré-consciente do analisando.

Em outras palavras, parece ser um justo modelo para a atenção flutuante do analista esta operação pela qual representações conscientes que, momentaneamente abandonadas à elaboração inconsciente, reaparecem em seguida sob a forma de jogos de palavras – um jogo sutil com palavras e pensamentos, que permite outras formas originais de organizar o discurso, e cujo desenvolvimento se orienta pelo duplo esforço, por um lado, de evitar a atitude crítica e, por outro, de encontrar um substituto por intermédio do humor.

É verdade que o *Witz* não é necessariamente engraçado. Mas se faz rir – "ao colocar em dúvida verdades prontas e a nós próprios" (Ouaknin, 1994, p. 138), relativizando, assim, os absolutos – é porque cai bem (eis o que é essencial na interpretação analítica). Rimos, seres divididos que somos, porque nos deixamos confrontar com uma estranheza inquietante: tomados pela surpresa e pelo logro, mesmo pela angústia diante do nonsense que conduz a um sentido inesperado, nada nos resta a fazer senão rir, alcançando um ganho de prazer correspondente à economia realizada com o enfraquecimento da inibição ou do recalque.

E de fato, Freud (1905c) sublinha um efeito "cômico" liberado ordinariamente em nós pela manifestação das coisas inconscientes que retornam da "idade infantil da razão", sendo "o infantil a fonte do inconsciente" (pp. 196-197, grifos meus). A exploração da psicologia das neuroses já permitia pressentir o que se descobre com a piada, ou seja, que "a singular elaboração inconsciente não é outra coisa que o tipo infantil do trabalho de pensamento", cujas especificidades conservam-se de alguma maneira no inconsciente do adulto. Acrescenta em nota de rodapé: "Muitos de meus pacientes neuróticos em tratamento psicanalítico têm, de modo regular, *o costume de testemunhar com um riso* que conseguimos mostrar fielmente o inconsciente encoberto à percepção consciente deles".

No tratamento analítico, talvez seja necessário dizer como Ulisses, em sua epopeia: *Ridendo castigat* – uma vez que esses analisandos freudianos "riem mesmo quando o conteúdo do que é revelado de modo algum o justifica". Há apenas uma condição para o surgimento desse riso: que "tenham se aproximado suficientemente desse inconsciente para apreendê-lo, quando o médico o adivinhou e o apresentou a eles".

A segunda parte da observação é de ordem metodológica. Mas a universalidade dessa observação clínica – afinal, se o evento ocorre com alguns, nada impede que, teoricamente, aconteça com todos os pacientes neuróticos – permite também concluir que o assentimento (involuntário) do analisando em se deixar levar pelo dito efeito "cômico" no tratamento constitui um bom critério, um "critério de verdade", para avaliar o valor ético e epistemológico da interpretação analítica.

Pareceu-me sempre curioso não ter jamais encontrado na literatura (levando em conta minhas limitações, claro) uma menção a esses risos que acometiam pacientes freudianos em momentos pontuais e aparentemente inapropriados. De fato, o destino de ser o menos lido dos livros de Freud estende-se também para a relativamente ínfima produção que a temática suscitou entre os psicanalistas. Isso pode ser hoje facilmente comprovado por uma busca aprofundada na internet – era muito mais difícil, aliás, quando este meu texto foi originalmente escrito, pois, então, essa pesquisa restringia-se às bibliotecas, mesmo considerando que, na Bélgica, elas são desde sempre abastecidas de acervos inestimáveis.

Tem, assim, grande relevância o fato de que em nosso país uma tese acadêmica foi elaborada com esta temática (*Ousar rir. Humor, criação e psicanálise*, de D. Kupermann). Merece ser igualmente lembrada a coletânea de artigos de diversos autores reunidos com o título de *Freud et le rire*, publicada no ano da graça de 1994 – *hélas*, nenhum dos autores, incluindo Assoun, retoma as palavras de Freud. Em contrapartida, há o ensaio sobre a vergonha, o riso e a morte, de O. Mannoni (1888), que vim a conhecer (em tradução em português) quando publiquei este escrito em forma de artigo. Numa breve passagem, ele afirma que, no decorrer de uma sessão, pode ter todo o sentido o riso do paciente ou o do analista quando é revelado o significado de uma fala, indício da eliminação de um obstáculo inconsciente. No seu entendimento, embora a angústia, o medo, a raiva e as lágrimas sejam também reveladores de sentido, o riso é muito mais valioso, assim como tampouco tem as mesmas virtudes a gravidade, a seriedade (este estado de uma pessoa que não ri, não brinca, não graceja) que coloca o analista numa *posição de controle* e o analisando numa posição de *expectativa ansiosa*.

Não há por que duvidar de ter havido leitores para os quais a observação de Freud não passou despercebida. Mas tantas foram as passagens freudianas, até mesmo menos curiosas e menos importantes, que tiveram entre os analistas seus repetidos quinze minutos de fama... De alguma forma, não escapou a Ferenczi (1911), sempre ele, que se refere ao "comportamento desses neuróticos que se defendem pelo riso contra as verdades desagradáveis atualizadas pela interpretação de um sonho" (p. 153). As reflexões de Mannoni, exemplares na indicação das possibilidades abertas pela consideração do riso na análise, tampouco fazem referência à observação de Freud, que as precedeu. Em uma palavra, o achado freudiano de alguma forma ainda permanece no limbo onde, por incúria ou *mauvaise conscience*, analistas carrancudos e suas análises melancólicas mantiveram-no encerrado.

As características do *Witz* – a atitude ativa, a relação com o conteúdo de nossos pensamentos, o caráter de julgamento lúdico, a conjugação de coisas dissimilares, o contraste de representações, o nonsense, a sucessão de desconcerto e esclarecimento, a revelação do que estava escondido; bem como seus meios técnicos – unificação, consonância, utilização múltipla, modificação de locuções conhecidas, alusão a citações; e, enfim, sua peculiar brevidade possibilitam igualmente à *interpretação* analítica um efeito que a *construção*, "professoral", fechada, conclusiva, nem sempre consegue, constituindo o que há de mais próximo do discurso e do diálogo visados na análise com a associação livre e com sua contrapartida, a atenção flutuante. Lembrando Althusser, a linguagem do inconsciente é "em sua essência derradeira, *Witz*, trocadilho, metáfora..." (citado por Roudinesco & Plon, 1997, p. 597). "Significantes", que, na acepção de Lacan, não têm necessariamente significação, e "não estão ligados a uma cadeia única, mas antes se articulam em redes por atrações homófonas e paronímicas, assonância e consonância, que sobredeterminam todas as produções do inconsciente" (Marie, 2004, p. 155).

Não fosse pela banalidade, seria o caso de recomendar com urgência aos analistas uma (re)leitura aprofundada e cuidadosa dessa obra marginal (e magistral) de Freud.

Por que (ainda) ler Freud?

Fora do círculo familiar, os cinquenta anos de Freud foram festejados, em 1906, pelo pequeno grupo de psicanalistas vienenses que se reuniam em sua casa todas as quartas-feiras desde o outono de 1902. A ocasião era mesmo propícia a comemorações: Freud não era mais o único analista, sua psicanálise já ultrapassara os limites de Viena e a conquista dos "arianos" de Zurique neutralizara a vil e preconceituosa acusação de ser uma "ciência judia". Vivia-se a fase áurea da clínica psicanalítica e, no que diz respeito a publicações de fôlego, jamais haveria para Freud ano igual ao anterior (1905). Além do livro sobre o *Witz* e do caso Dora, houve o *Três ensaios sobre a teoria sexual*, com o qual Freud adicionara, ao discurso do desejo (1900), o discurso da pulsão, definindo categoricamente os dois eixos centrais de sua investigação metapsicológica.

Como presente de aniversário, os alunos lhe ofereceram um medalhão, realizado pelo escultor K. M. Schwerdtner, no qual, sobre uma face, fora gravado o perfil de Freud. Sobre a outra, uma cena que representava Édipo diante da esfinge. Em volta do desenho, um verso do *Édipo Rei*, de Sófocles: "Aquele que resolveu o famoso enigma e que foi um homem de enorme poder".

Registra-se um incidente curioso acontecido no momento da entrega do presente. Lendo a inscrição, Freud teria empalidecido, comportando-se como se tivesse visto um *revenant*, escreve Jones (citado por Schur, 1975, p. 296) em francês. Agitado, perguntou quem pensara em tal citação. Depois de Federn admitir ser o autor da escolha, contou que, jovem estudante de medicina na Universidade de Viena, costumava olhar os bustos dos antigos professores da instituição, imaginando que um dia poderia estar entre eles; e que o seu busto trazia exatamente a mesma citação de Sófocles inscrita no medalhão com o qual acabara de ser presenteado.

Deste episódio, que nos sugere tantas imagens e ilações, sublinho o fato de que apenas a segunda parte de seu recorrente sonho diurno de alguma forma se materializou: afinal, como o Édipo da mitologia, Freud, adentrando os mistérios da sexualidade humana, decifrou no plano da cultura o enigma edipiano no sentido psicanalítico do termo. Quanto a figurar entre seus pares, nem seria o caso, e não apenas porque ele jamais foi de fato médico. Foi um psicanalista, e um magnífico professor – e este *métier*, ele exerceu também no espaço universitário ano após ano desde o início do século. Suas *Lições* são o único registro dessas aulas.

Mas na Universidade de Viena, seu estatuto foi apenas o de *Professor Extraordinarius*, que, no regime acadêmico alemão da época, designava o professor encarregado de cursos que não constavam do currículo oficial obrigatório. Quando de sua nomeação, em 1902 – aguardada depois de anos e só obtida com a interferência de uma paciente nobre e influente –, conta ironicamente da grande simpatia da população, a quantidade de flores recebidas, como "se de repente o papel da sexualidade fosse admitido oficialmente por Sua Majestade, a significação dos sonhos confirmada pelo Conselho dos ministros e a necessidade de uma terapêutica psicanalítica da histeria reconhecida pelo Parlamento com maioria de dois terços" (1966, p. 263). Certamente ele sabia da resposta do ministro, quando seus antigos professores se empenharam em sustentar sua candidatura: ria-se muito dele em certos ambientes. E tampouco desconhecia que suas obras provocavam escândalo e que sua *Interpretação do sonho*, considerada, no futuro, uma das obras mais importantes do século, vendera pouquíssimos exemplares e não merecera mais do que *uma* crítica digna desse nome. "Diante da hostilidade sistemática da ciência oficial [...], Freud se habituou a contar mais com os leigos do que com os pesquisadores e passou uma boa parte de sua vida, eu não diria a vulgarizar, mas a popularizar amplamente suas ideias" (Robert, 1964, p. 15).

Esse caráter marginal – sua crença na ciência nunca o impediu de "se colocar à margem dos círculos oficiais" (Flem, 1986, p. 13) – permanece também o destino da psicanálise, mesmo seu grande trunfo e talvez, historicamente, sua condição de sobrevivência. Na academia, em particular, não convém à psicanálise estar no centro de uma formação, e é melhor cultivar certa exterioridade em relação aos outros domínios. É o próprio Freud (1966) que, *en privé*, afirma uma incompatibilidade com todo tipo de *existência oficial* e demanda *independência em todas as direções*. Segue no mesmo caminho, a afirmativa de Laplanche (1980, p. 8), segundo a qual o analista (e, por conseguinte, a própria psicanálise) nasce e desenvolve-se apenas na marginalidade e na ruptura, garante-se apenas ao preservar "todo um *jogo de extraterritorialidades*". Em todos os níveis: marginalidade do tratamento em relação às instâncias da "vida cotidiana"; marginalidade da análise pessoal em relação aos requisitos e *inquisits* das sociedades de analistas; marginalidade do exercício da análise em relação às profissões reconhecidas (medicina ou psicologia); marginalidade das instituições analíticas em relação às instituições e aos reconhecimentos oficiais etc. "Como analistas, como pesquisadores e como universitários", escreveu o professor francês, "afirmamos, assim, que a experiência analítica constitui um campo epistemológico específico e autônomo, que não poderia ser a *chasse gardée* de um indivíduo ou de uma instituição". A história lhe deu francamente razão em mais de um sentido e em muitas ocasiões, mesmo considerando que a vocação e o futuro da psicanálise (não apenas) universitária repousam em suas *interações*, conforme a noção de *pluridisciplinaridade*, ou seja, a (re)combinação dos saberes especializados, como define Figueiredo (2004); e que não se limita, como sublinha Mijolla-Mellor (2004), a uma justaposição de disciplinas separadas que mutuamente se ignoram, mas, antes, acentua seu caráter plural, isto é, um grupo heterogêneo, como falamos de "maioria plural".

"Creio ter introduzido alguma coisa que ocupará constantemente os homens" (citado por Assoun, 2004, p. 12), escreveu a Binswanger, em 1911. Como teoria do inconsciente, conforme ele previa e almejava, a psicanálise permanece ratificando sua relevância para todas as ciências que se ocupam da gênese da civilização humana e de suas grandes instituições como a arte, a religião, ou a ordem social. Sendo um método, ela pode ser aplicada a outros domínios "sem violentar sua essência", tendo sempre como alvo o desvelamento do inconsciente na vida anímica.

Mas não há nenhum anseio imperialista sobre o papel a ser desempenhado pela psicanálise nas investigações desenvolvidas em outros domínios científicos: ao afirmar o interesse de sua disciplina para a psicologia, as ciências da linguagem, a filosofia, a biologia, a história do desenvolvimento (ser humano), a história da cultura, a mitologia, a ciência das artes, a sociologia e a pedagogia (cf. 1913j), Freud não faz mais do que prolongar o movimento mesmo de seu pensamento, "interessado" por todas essas disciplinas, que, dessa maneira, se tornaram parte constitutiva da sua própria (cf. Mijolla-Mellor, 2004).

A propósito, há um lugar para a psicanálise no interior da universidade? Nas condições de seu tempo, Freud (1919j) já admitira que sim, sob limites: avaliando com justeza que sua disciplina poderia muito bem prescindir da academia – posto que seus lugares de formação se constituíam já então num fato incontornável – uma e outra, no entanto, teriam muito a ganhar com a convivência recíproca. Em outra oportunidade, escreve que ainda não esperassem "a boa nova de que o combate pela psicanálise chegara ao fim e terminou por seu reconhecimento como ciência, por sua admissão como matéria de ensino na universidade" (1933a, p. 222). O que então lhe parecia novo – talvez se referindo ao contexto francês da época – era a possibilidade de encontrar, na sociedade científica, pessoas que aceitavam uma parte da psicanálise... e recusavam outras, os "falsos amigos", a exigirem atenção ainda maior do que a dispensada desde o início aos adversários.[1] Talvez seja assim ainda hoje em muitos lugares, e um risco a correr quando, como ele suspeitava, são as simpatias pessoais (o fato da resistência) os determinantes de tais escolhas parcializadas.

No contexto brasileiro, tem sido um ganho não negligenciável a possibilidade de interações disciplinares, de pesquisa e de debate científico no âmbito universitário, confirmando, com o tempo, a observação feita por Mezan (2001) há duas décadas: em particular, os trabalhos acadêmicos em psicanálise demonstram um rigor intelectual dificilmente encontrado em seus congêneres das associações profissionais – entendendo, basicamente, por rigor *fundamentação* e *contextualização* das afirmações que constituem o núcleo da investigação em causa.

1 "Como regra geral, a psicanálise possui o médico totalmente, ou não o possui de jeito nenhum. Os psicoterapeutas que ocasionalmente se servem também da análise não se encontram, até onde sei, sobre um chão analítico seguro; não adotaram toda a análise, mas a diluíram, talvez 'privada de seu veneno'; não podemos contá-los entre os analistas" (1933a, p. 236). Neste sentido, em 1912, Freud já advertia Jung, às vésperas do rompimento e em vias de criar a sua "psicologia analítica": "Você não deveria colocar na conta de seus méritos ter diminuído muitas resistências com suas modificações, pois você sabe, quanto mais você se afasta das novidades Ψα, mais seguro você está dos aplausos, e menor é a resistência" (F/J, 1975b, p. 290).

Mas também a pesquisa psicanalítica na universidade é, para Stechen (2003, p. 212), cada vez mais necessária na proporção do recrudescimento da ideologia da *performance* no campo científico. Também para Renders (2003, p. 17), a psicanálise, conhecendo o valor dos atos falhos, tem a nos ensinar os limites e as impossibilidades do sujeito, bem como seu direito ao fracasso e ao erro, em contraposição à imposição de resultados, "definidos em termos de eficácia, de sucesso e mesmo de qualidade total". Admitindo ela própria seus limites e o fato de ser uma teoria e uma prática entre outras, cabe-lhe igualmente reconhecer "ser portadora de formas particulares de pensamento e de ação que lhe impõem hoje, neste mundo, responsabilidades particulares". Para Florence (2003, p. 5), "se a psicanálise não é uma disciplina como as outras, é pela razão mesma de sua tentativa em dar lugar e estatuto conceitual a uma realidade no homem, realidade que a razão se esforça em ignorar – essa realidade, verdadeiramente dizendo, indisciplinável do inconsciente". A seu ver, a obra de Freud e a de Lacan são um testemunho sem ambiguidade "de que a psicanálise é inseparável do movimento da razão científica e da história das transformações que a ciência causou no homem, em suas representações, em seu modo de decifrar os enigmas de sua condição". Testemunha Kaminski (2003), depois de lembrar que vivemos numa época em que, graças à ciência, quanto mais se sabe, menos suportável é não saber tudo: "Da psicanálise, eu aprendi a incompletude dos saberes e o caráter derrisório ou perigoso das tentativas de completá-los" (p. 106).

O outro lado da moeda é a necessidade, em todos os casos, de levar sempre em consideração a ideia de uma resistência que diz respeito à questão mais geral da vexação psicológica dos homens diante de seus desejos inconscientes, que a invenção freudiana, enquanto existir desejo, vai lhes apontar inexoravelmente como a peste. Na fundação da IPA (*International Psychoanalytic*

Association), Freud (1910d) advertia os colegas: "Assim como fazemos do indivíduo nosso inimigo ao descobrir o que nele está recalcado, a sociedade por sua vez não pode responder com boa vontade e simpatia a exposição [...] de suas nocividades e deficiências" (p. 70). Arremata: "Porque destruímos ilusões, nos reprovam de colocar em perigo os ideais". Em carta a seu "duplo", Arthur Schnitzler, escreveria mais tarde que a psicanálise não é "um meio de se fazer amar" (1966, p. 371).

Também por isso, de tempos em tempos devemos esperar vilanias como a infame e medíocre compilação de críticas requentadas publicada na França, em 2005, com o nome de *Le livre noir de la psychanalyse*, em que (à semelhança do que faria M. Onfray, em 2010, com *Le crépuscule d'une idole. L'affabulation freudienne*) Freud é tratado como mentiroso, charlatão, falsário, trapaceiro, plagiador, misógino, viciado em cocaína, dissimulador, propagandista, obcecado sexual, ganancioso por dinheiro e poder. Em um livro "brilhante e incisivo" – *Pourquoi tant de haine? Anatomie du livre noir de la psychanalyse* – Roudinesco (2005) faz o inventário dessa avalanche de acusações para melhor recusá-las numa contraofensiva e lembra que esses ataques não são novos, pertencem mesmo a um gênero constituído, os "Freud wars", surgido nos anos 1970, nos Estados Unidos (Hue, 2005, p. 3) e que resultou nos revisionistas radicais Mikkel Borch-Jacobsen e Sonu Shamdasani. O ódio à psicanálise de fato nasceu junto com ela própria, e Freud e seus colaboradores acostumaram-se desde o início a se revezar em contestações quando de fato valia a pena sustentar tais controvérsias.

Costuma-se, igualmente, aproveitar essas ocasiões recorrentes para, mais uma vez, se falar em "crise da psicanálise". Mas já em 1974, numa entrevista (republicada no *Magazine littéraire* trinta anos depois), Lacan (2004) refuta com vigor essa ideia de crise: "Ela não existe [...]. A psicanálise não encontrou completamente seus próprios limites, ainda não. Há ainda tanto a descobrir na prática e no conhecimento. Em psicanálise não há solução imediata, mas apenas a longa e paciente busca das razões" (p. 25). Além disso, conclui, há Freud: "como julgá-lo ultrapassado se não o compreendemos inteiramente?".

Há de fato, em termos comparativos, um recuo da influência e interesse da psicanálise em escala mundial e particularmente na França, sua pátria adotiva. Como exemplo, no contesto francês, cabe registrar que a rádio France Culture não programava mais, já no início deste século – pelo menos não mais com a quase excessiva assiduidade dos anos 1990 – debates e entrevistas com psicanalistas; e que o canal de TV franco-alemão Arte já relegava para as 22h40 uma *soirée* temática sobre a psicanálise (aliás, a única a que assisti no ano letivo 2003/2004), quando o horário nobre lhe era com frequência reservado também nos anos 1990. Em contrapartida, P.-J. Laurent anotava, em 2003, ser suficiente comparar, para se convencer da fecundidade da psicanálise, as dimensões das estantes a ela destinadas, numa grande livraria parisiense, com as destinadas às outras ciências humanas... A observação é convincente e pode ser ainda hoje comprovada em qualquer lugar onde a psicanálise é uma realidade cultural.

Não por acaso, em fevereiro de 2004, o *Magazine littéraire* publicou um "pequeno [!] inventário de um domínio editorial em plena efervescência", cujo "*Dossier*", "*La psychanalyse: nouveaux enjeux, nouvelles pratiques*" era justamente consagrado à psicanálise. Em seu número de janeiro de 2006, um novo dossiê, este dedicado aos 150 anos do nascimento de Freud: "*L'Année Freud. Histoire de la psychanalyse à travers le monde*". Ainda no seu "*Avant-propos*", aqui já citado, razões "mais profundas" foram identificadas para explicar esta hostilidade recente: "Favorecendo as novas terapias cognitivas, que querem reduzir o homem a uma coisa, senão a uma mercadoria, eles [os "destruidores de Freud"] não suportam essa filosofia da liberdade inscrita no coração do pensamento freudiano". Eis, então, por que

Freud sempre foi defendido no *Magazine littéraire*: "ciência boche" para os franceses, "ciência judia" para os nazistas, "ciência burguesa" para os soviéticos e agora "falsa ciência", "a psicanálise aparece como uma forma de resistência essencial: ela defende um sujeito livre" (Hue, 2005, p. 3).

Mas já então ou bem antes disso, segundo J. Derrida, "a psicanálise não estava mais na moda, depois de ter estado desmesuradamente na moda" (citado por Major, 2001, p. III) nos anos 1960-1970.[2] Ao contrário do que possa parecer à primeira vista, talvez não seja de todo lamentável se levamos em conta os riscos de sua exposição excessiva em relação à perda progressiva de sentido de seu vocabulário próprio: "uma palavra se degrada na proporção da frequência de sua utilização" (Clément, 2004, p. 22). Mas também é um fato que, depois da morte de Lacan, "a paisagem da França freudiana transformou-se radicalmente ao longo de um infinito processo de ruptura e de atomização dos grupos lacanianos" (Roudinesco & Plon, 1997, p. 325). Ora, a formação psicanalítica e a necessidade de assegurar a especificidade da psicanálise

---

2 Nessas duas décadas, rememora ainda o filósofo francês, a psicanálise "[obrigava] o discurso filosófico a contar com uma lógica do inconsciente, correndo o risco de se deixar abdicar de suas convicções mais fundamentais, [...] de sofrer a expropriação de seu solo, de seus axiomas, de suas normas e de sua linguagem, em uma palavra, disso que os filósofos consideram como a razão filosófica, a decisão filosófica mesma, logo, associando muito frequentemente essa razão à consciência do sujeito ou do eu à representação, à liberdade, à autonomia, sob risco de sofrer a expropriação do que parecia garantir o exercício de uma autêntica responsabilidade filosófica". Para os filósofos, conforme o próprio Freud (1925e, p. 129), a noção de psiquismo inconsciente seria uma "monstruosidade, uma *contradictio in adjecto*". Ainda no colóquio realizado na Universidade Católica de Louvain (UCL) sobre a psicanálise na universidade, do qual estou registrando aqui a pertinência (e não apenas em meu próprio benefício) das intervenções de seus conferencistas, Berten (2003) lembra que a abordagem da filosofia contemporânea foi marcada, antes de mais nada, pelos *mestres da suspeita* – Marx, Nietzsche e Freud –, sendo que a intervenção freudiana se pauta justamente por um empreendimento de desconstrução do sujeito.

em relação à medicina e preservá-la de toda usurpação estiveram sempre a cargo das associações psicanalíticas.

Sobre Freud em particular, Derrida, um "amigo da psicanálise", considera, em diálogo com Roudinesco, que as construções metapsicológicas freudianas se deveram à necessidade de "romper com a psicologia num dado contexto da história das ciências"; mas elas são apenas, diz ele, "armas provisórias, mesmo instrumentos retóricos arranjados [*bricolés*] provisoriamente contra uma filosofia da consciência, da intencionalidade transparente e plenamente responsável". Acrescenta ainda: "Não acredito em seu futuro. Não penso que uma metapsicologia possa resistir durante muito tempo ao exame. Já quase não se fala mais disso". E conclui: "Em Freud, prefiro análises parciais, regionais, de menor importância, às sondagens mais arriscadas. Esses escrutínios reorganizam por vezes, ao menos virtualmente, todo o campo do saber". É preciso admitir isso para "poder lhes restituir sua potência revolucionária". Já para Roudinesco – e tem toda importância a oportunidade desta contraposição –, o corte efetuado por Freud precisa ser levado em conta mediante o trabalho *com* a metapsicologia, sem a qual se corre o risco justamente de "liquidar o princípio mesmo da 'subversão' freudiana, de sua inovação, e de retornar às velhas noções de inconsciente (cerebral, neuronal, cognitivo, subliminal etc.)". Para a historiadora francesa, certa fragilidade específica da psicanálise em razão de seu próprio objeto pode levar à rejeição e à refutação do inconsciente, "julgado 'perigoso' e, logo, banido da consciência e da razão etc." Em vista disso, para manter a criatividade, ela acredita "na necessidade de retornar incessantemente ao gesto original de Freud contra os dogmas que a própria psicanálise suscita quando pretende 'ultrapassar' Freud, isto é, 'enterrá-lo'" (Derrida & Roudinesco, 2001, pp. 279-283).

Este é também um bom motivo, como os outros aqui já mencionados, para explicar por que a obra de Freud continua interessando algumas ciências e a própria psicanálise que se pratica em nossos dias. Aliás, esta recorrência persistente ao texto freudiano constitui uma das acusações mais estimadas dos inimigos da psicanálise, ou seja, de que nossas "referências permanecem consignadas em textos sagrados, que, como discípulos, lemos e comentamos ao infinito", segundo denuncia J. Van Rillaer (2006, p. 79), um adversário do freudismo. Ora, neste caso ao menos, a crítica se revela também um elogio, pois este retorno a Freud, ao contrário, só atesta o vigor de sua obra.

Por que ainda hoje lemos Freud? Para Quinodoz (cf. 2004), antes de tudo, porque esta prática nos familiariza com seus procedimentos de exploração do campo do inconsciente; uma leitura cronológica de sua obra permite observar sua maneira de trabalhar, sempre tateando, avançando uma hipótese, depois a revisando, enfim, deixando a porta aberta a seus sucessores. Com o que concordaria Lequeux (2003) ao observar que Freud, em seus textos, "avança passo a passo, diferencia suas observações de suas hipóteses, reconhece os limites dos conceitos que elabora" (pp. 99-100). Essa associação de inteligência, intuição e modéstia, acrescenta, "nem sempre encontrei nos escritos dos psicanalistas atuais". Ele aproveita mesmo a ocasião do colóquio para lhes endereçar uma de suas questões: "Onde e por que perderam o estilo límpido de seu pai fundador em proveito do que parece frequentemente obscuro e pedante ao não iniciado?". Laurent (2003), por sua vez, arrisca afirmar que "a psicanálise [atual] não faz muito esforço para atrair os leitores situados à margem das fronteiras disciplinares" (p. 148). Aliás, uma dificuldade duplicada em nosso país pelo que eu chamo de "língua lacaniana brasileira", falada e escrita por certos psicanalistas que, naturalmente fazendo uso do português, utilizam categorias gramaticais e lexicais da língua francesa sem ter com ela um mínimo de familiaridade; e com uma ingenuidade até comovedora não fosse o exercício perverso de um saber (e poder) não mais que suposto, dificultando ao infinito o texto lacaniano, em si mesmo de difícil compreensão.

O ideal seria, sem dúvida, ler Freud em sua própria língua. Por uma questão de rigor, claro, mas também para de fato apreciar e verificar por conta própria como o fundador da psicanálise, ao expor suas ideias, utiliza uma linguagem de todos os dias, sem fazer uso de neologismos mesmo quando conceitos novos são introduzidos (cf. Quinodoz, 2004). Por outro lado, quando esta é uma impossibilidade, o cotejamento resulta sempre num bom e proveitoso exercício, seja com as línguas conhecidas pelo leitor, seja nas diversas propostas de tradução hoje existentes entre nós. Aliás, esta terá sido a opção de mais de uma geração de leitores brasileiros: além das barbaridades linguísticas e dos erros primários, "a edição brasileira [a pioneira] é lamentável não apenas pela infidelidade ao pensamento como pela descaracterização do estilo de Freud", como denunciavam M. Carone e P. C. Souza (1989, p. 159) já em fins dos anos 1980 do século passado: "O apóstolo da clareza nas coisas da alma só poderia escrever de modo absolutamente claro. Mas pouco restou da precisão, da cadência bela e serena do original" – qualidades que, aliás, lhe valeram o prêmio Goethe de Literatura, em 1930.

Tantos são os motivos para ler Freud: pensemos, por exemplo, na atualidade de um livro como *O mal-estar na cultura*; como contraponto à psicofarmacologia ou à crescente somatização da psiquiatria, isto é, "a pesquisa desenfreada para encontrar a origem biológica das doenças mentais [que] está na base da promessa de um mundo novo [pós-moderno], onde a psicanálise, isto é, o inconsciente, não tem mais seu lugar" (Conrath, 2006, p. 16); como alternativa à hegemonia do DSM (Manual de Diagnóstico e Estatístico dos Transtornos Mentais, na sigla em inglês) e ao uso descontrolado dos psicotrópicos; como um ato de resistência no sentido político-ideológico à "fúria cognitivista desenfreadamente experimental", em detrimento da ideia (laica) de uma alma humana.

Enfim, intramuros, este retorno ao pai fundador, como lembra Mijolla-Mellor (2004, p. 33), tem para os pesquisadores em psicanálise uma função libertadora em relação a filiações mais imediatas: "A filiação freudiana assegura [a esta] comunidade uma unidade relativa menos fechada, porque muito antiga", permitindo-lhe se contrapor a outras transferências mais próximas (um mestre de renome, o próprio analista, a instituição). Para a professora francesa, "a história da descoberta da psicanálise é a nossa, não porque a repetimos de modo igual, mas porque suas incertezas nos engajam num retorno crítico e, portanto, numa elaboração da ilusão transferencial". Esta é de fato uma consideração de peso, que, de alguma forma, justifica a realização deste livro, cuja intenção ou objetivo levam ainda em conta a recomendação de Roudinesco (1999) quanto à necessidade de retornar ao *gesto original* de Freud nesses tempos deveras dogmáticos (Derrida & Roudinesco, 2001). De modo geral, certamente, mas também e em particular, em sua (a nossa) própria disciplina.

Referências

Agostini Pereira, M. (1996). *Voies d'etude de la notion de choix de la nvrose en psychanalyse*. Mémoire de Licence, Louvain-la-Neuve, Université Catholique de Louvain (UCL).

Aguiar, F. (1990). *Da sugestionabilidade à transferência: elementos para um estudo da formação do conceito de transferência em Freud*. Dissertação de Mestrado, FAFICH, UFMG.

Aguiar, F. (1991). Da sugestionabilidade à transferência: itinerário de Freud. *Kriterion*, Belo Horizonte, 32, 1-24.

Aguiar, F. (1995). *Le transfert analytique. Approches épistémologique et éthique de la clinique freudienne* (Tese de Doutorado). Université Catholique de Louvain (UCL). Louvain-la-Neuve, Bélgica.

Aguiar, F. (1999). Wittgenstein, "disciple" à contrecœur de Freud. *Dissertatio*, Pelotas, *10*, 5-44.

Aguiar, F. (2000). Notas recolhidas sobre a transferência em Freud. *Revista de Ciências Humanas*, Florianópolis, *27*, 137-148.

Aguiar, F. (2001). Método clínico: método clínico? *Psicologia: Reflexão e Crítica*, Porto Alegre, *14*(3), p. 609-616.

Aguiar, F. (2004) O humor analítico: o modelo *Witz* de interpretação. *Percurso*, São Paulo, *33*, 32-45.

Aguiar, F. (2005). A psicanálise na universidade belga: a experiência de Louvain. *Revista de Ciências Humanas*, Florianópolis, *37*, 149-174.

Aguiar, F. (2006). Questões epistemológicas e metodológicas em psicanálise. *Jornal de Psicanálise*, São Paulo, *39*, 105-130.

Aguiar, F. (2009). A *Methodik*: um embaraço na escrita de Freud. *Percurso*, São Paulo, *42*, 27-42.

Aguiar, F. (2010, 2 de março). Ainda é preciso ler Freud? *Revista Cult*, São Paulo, 48-50, 2010.

Aguiar, F. (2016). Psicanálise e psicoterapia: o fator da sugestão no tratamento psíquico. *Psicologia: Ciência e Profissão*, Brasília, *36*(1), 116-129.

Althusser, L. (1947). Situation historique de l'Église. In *Jeunesse de l'Église*. Paris: Petit Clamart.

Andreas-Salomé, L. (1983). *Lettre ouverte à Freud*. Paris: Lieu commun.

Assoun, P.-L. (1981). *Introduction à l'épistémologie freudienne*. Paris: Payot.

Assoun, P.-L. (1988). *Freud e Wittgenstein*. Paris: PUF.

Assoun, P.-L. (1997). *Psychanalyse*. Paris: PUF.

Assoun, P.-L. (2004). Crise passagère ou crise infinie? *Le Nouvel Observateur*, Hors-Série, 56, 12-15.

Balint, M. (1968). Présentation. In S. Ferenczi, *Psychanalyse* (tome I). Paris: Payot.

Balmary, M. (2021). Freud et l'inceste: l'abandon d'une découverte. *L'OBS*, 2021. Recuperado de https://www.nouvelobs.com/

idees/20210125.OBS39350/freud-et-l-inceste-l-abandon-d-une--decouverte-par-marie-balmary.html. Acessado em: 26 jan. 2021.

Baton, Y. et al. (1992). Note sur la "liquidation" du transfert. In *Du transfert en psychanalyse*. Paris: Navarin.

Benhaïm, D. (2007, 1º sem.). La phylogenèse et la question du transgénérationnel. *Le Divan Familial*, Paris, 18, 11-25.

Bercherie, P. (1983). *Genèse des concepts freudiens*. Paris: Navarin.

Berten, A. (2003). Psychanalyse et philosophie. In J. Florence (coord.), *La psychanalyse et l'université. L'expérience de Louvain*. Louvain-la-Neuve: Academia Bruylant.

Binswanger, L. (1970). *Analyse existentielle, psychiatrie clinique et psychanalyse. Discours, parcours et Freud*. Paris: Gallimard.

Bourguignon, A., Cotet, P., Laplanche, J., & Robert, F. (1989). *Traduire Freud*. Paris: PUF.

Bouveresse, J. (1991). *Philosophie, mythologie et pseudo-science: Wittgenstein, lecteur de Freud*. Paris: Editions de l'Eclat.

Canetti, E. (1966). *Masse et puissance*. Paris: Gallimard.

Carone, M. (1989). Freud em português: uma tradução selvagem. In P. C. Souza, *Sigmund Freud e o gabinete do Dr. Lacan*. São Paulo: Brasiliense.

Castoriadis, C. (1986). *Domaines de l'homme. Les carrefours du labyrinthe II*. Paris: Seuil.

Chertok, L., & Saussure, F. de. (1973). *Naissance du psychanalyste: de Mesmer à Freud*. Paris: Payot.

Chertok, L., & Stangers, I. (1989). *Le cœur et la raison. L'hypnose en question*. Paris: Payot.

Clavreul, J. (1978). *L'ordre médical*. Paris: Seuil.

Clément, C. (2004). Perte de recréation du sens humain. *Magazine littéraire*, Paris, 428, p. 22-24.

Conrath, P. (2006, março). Dossier: La psychanalyse sur le divan. *Le Journal des Psychologues*, Paris, 235, p. 16.

Cottet, S. (1981). L'éthique analytique et le malaise du désir. *Ornicar*, Paris, *24*, 47-54.

Darnton, R. (1988). *O lado oculto da revolução: Mesmer e o final do iluminismo na França*. São Paulo: Companhia das Letras.

Deleuze, G. (1967). *Présentation de Sacher-Masoch. Le froid et le cruel*. Paris: Les Éditions de Minuit.

Derrida, J., & Roudinesco, E. (2001). *De quoi demain... Dialogue*. Paris: Flammarion, 2001.

Deschenau, A. (2009). *La psychose: quelle place dans la psychanalyse de Freud?* Nonfiction.fr : le quotidien des livres et des idées. Recuperado de http://www.nonfiction.fr/article-3008-p2-la_psychose__quelle_place_dans_la_psychanalyse_de_freud_.htm (2009).

Dor, J. (1977, março). Néo-positivisme et scientificité de la psychanalyse (K. Popper, L. Wittgenstein et la psychanalyse). *Psychanalyse à l'Université*, Paris, *8*(30), 193-209.

Dupont, J. (1974). Introduction. In S. Ferenczi, *Psychanalyse* III, *Œuvres complètes*. Paris: Payot.

Ellenberger, H. F (1994). *Histoire de la découverte de l'inconscient*. Paris: Fayard.

Ferenczi, S. (1909). Transfert et introjection. In S. Ferenczi, *Psychanalyse* I, *Œuvres complètes*. Paris: Payot, 1968.

Ferenczi, S. (1911). La psychologie du mot d'esprit et du comique. In S. Ferenczi, *Psychanalyse* I, *Œuvres complètes*. Paris: Payot, 1968.

Ferenczi, S. (1912). Suggestion et psychanalyse. In S. Ferenczi, *Psychanalyse* I, *Œuvres complètes*. Paris: Payot, 1968.

Ferenczi, S. (1913). Foi, incrédulité et conviction sous l'angle de la psychologie médicale. In S. Ferenczi, *Psychanalyse* II, *Œuvres complètes*. Paris: Payot, 1970.

Ferenczi, S. (1915). Anomalies psychogènes de la phonation. In S. Ferenczi, *Psychanalyse* II, *Œuvres complètes*. Paris: Payot, 1970.

Ferenczi, S. (1919). La technique psychanalytique. In S. Ferenczi, *Psychanalyse* II, *Œuvres complètes*. Paris: Payot, 1970.

Ferenczi, S. (1921). Prolongements de la "technique active" en psychanalyse. In S. Ferenczi, *Psychanalyse* III, *Œuvres complètes*. Paris: Payot, 1974.

Ferenczi, S. (1924a). Perspectives de la psychanalyse. In S. Ferenczi, *Psychanalyse* III, *Œuvres complètes*. Paris: Payot, 1974.

Ferenczi, S. (1924b). Les fantasmes provoqués. In S. Ferenczi, *Psychanalyse* III, *Œuvres complètes*. Paris: Payot, 1974.

Ferenczi, S. (1928). Élasticité de la technique psychanalytique. In S. Ferenczi, *Psychanalyse* IV, *Œuvres complètes*. Paris, Payot, 1982.

Ferenczi, S. (1930). Principe de relaxation et néocatharsis. In S. Ferenczi, *Psychanalyse* IV, *Œuvres complètes*. Paris, Payot, 1982.

Ferenczi, S. (1931). Analyses d'enfants avec des adultes. In S. Ferenczi, *Psychanalyse* IV, *Œuvres complètes*. Paris, Payot, 1982.

Ferenczi, S. (1932). *Journal clinique*. Paris: Payot, 2014.

Ferenczi, S. (1933). Confusion de langue entre les adultes et l'enfant. In S. Ferenczi, *Psychanalyse* IV, *Œuvres complètes* Paris, France: Payot, 1982.

Ferenczi, S. (1982). Présentation abrégée de la psychanalyse. In S. Ferenczi, *Psychanalyse* IV, *Œuvres complètes*. Paris: Payot.

Figueiredo, L. C. M. (2004). *Revisitando as psicologias. Da epistemologia à ética das práticas e discursos psicológicos*. Petrópolis: Vozes.

Flem, L. (1986). *La vie quotidienne de Freud et de ses patients*. Paris: Hachette.

Florence, J. (2003). L'intérêt de la psychanalyse. In J. Florence (coord.). *La psychanalyse et l'université. L'expérience de Louvain*. Louvain-la-Neuve: Academia Bruylant.

Foucault, M. (1963). *Naissance de la clinique*. Paris : PUF.

Foucault, M. (1972). *Histoire de la folie à l'âge classique*. Paris: Gallimard.

Freud, S. (1884). De la coca. In *Sigmund Freud. De la cocaïne* (écrits réunis par Robert Byck). Bruxelles: Ed. Complexe, 1976.

Freud, S. (1886f). Préface du traducteur à J.-M. Charcot: Leçons sur les maladies du système nerveux, faites à la Salpêtrière. *Œuvres complètes*, I. Paris: PUF, 2015.

Freud, S. (1886g). De l'hystérie masculine. *Œuvres complètes*, I. Paris: PUF, 2015.

Freud, S. (1888b). Hystérie. *Œuvres complètes*, I. Paris: PUF, 2015.

Freud, S. (1888u). Compte rendu de Obersteiner L'Hypnotisme, en particulier du point de vue de sa signification clinique et médico-légale. *Œuvres complètes*, Vol. 1. Paris: PUF, 2015.

Freud, S. (1888-1889a). Avant-propos du traducteur à H. Bernheim: De la Suggestion et de ses applications à la thérapeutique. *Œuvres complètes*, Vol. 1. Paris: PUF, 2015.

Freud, S. (1889a). Compte rendu de August Forel: L'hypnotisme. *Œuvres complètes*, I. Paris: PUF, 2015.

Freud, S. (1890a). Traitement psychique (traitement d'âme). *Œuvres complètes*, I. Paris: PUF, 2015.

Freud, S. (1891d). Hypnose. *Œuvres complètes*, I. Paris: PUF, 2015.

Freud, S. (1892b). Compte rendu d'une conférence "Sur l'hypnose et la suggestion". *Œuvres complètes*, I. Paris: PUF, 2015.

Freud, S. (1892-93a). Un cas de guérison hypnotique, accompagné de remarques sur l'apparition de symptômes hystériques du fait de la "contre-volonté". *Œuvres complètes*, I. Paris: PUF, 2015.

Freud, S. (1892-94a) Préface et notes du traducteur à J.-M. Charcot: Leçons du mardi à la Salpêtrière. *Œuvres complètes*, I. Paris: PUF, 2015.

Freud, S., & Breuer, J. (1893a) Du mécanisme psychique de phénomènes hystériques. Communication préliminaire. *Œuvres complètes*, II. Paris: PUF, 2009.

Freud, S. (1893f). Charcot. *Œuvres complètes*, I. Paris: PUF, 2015.

Freud, S. (1894a). Les névropsychoses-de-défense. *Œuvres complètes*, III. Paris: PUF, 1989.

Freud, S. (1896a). L'hérédité et l'étiologie des névroses. *Œuvres complètes*, III. Paris: PUF, 1989.

Freud, S. (1896c). Sur l'étiologie de l'hystérie. *Œuvres complètes*, III. Paris: PUF, 1989.

Freud, S. (1900a). L'interprétation du rêve. *Œuvres complètes*, IV. Paris: PUF, 2003.

Freud, S. (1901b). Sur la psychopathologie de la vie quotidienne. *Œuvres complètes*, V. Paris: PUF, 2012.

Freud, S. (1904a). La méthode psychanalytique de Freud. *Œuvres complètes*, VI. Paris: PUF, 2006.

Freud, S. (1904d). Hommes magnétiques. *Œuvres complètes*, VI. Paris: PUF, 2006.

Freud, S. (1905a). De la psychothérapie. *Œuvres complètes*, VI. Paris: PUF, 2006.

Freud, S. (1905d). Trois essais sur la théorie sexuelle. *Œuvres complètes*, VI. Paris: PUF, 2006.

Freud, S. (1905e). Fragment d'une analyse d'hystérie. *Œuvres complètes*, VI. Paris: PUF, 2006.

Freud, S. (1905c). Le trait d'esprit et sa relation à l'inconscient. *Œuvres complètes*, VII. Paris: PUF, 2014.

Freud, S. (1906a). Mes vues sur le rôle de la sexualité dans l'étiologie des névroses. *Œuvres complètes*, VI. Paris: PUF, 2006.

Freud, S. (1909b). Analyse de la phobie d'un petit garçon de cinq ans. *Œuvres complètes*, IX. Paris: PUF, 1998.

Freud, S. (1909d). Remarques sur un cas de névrose de contrainte. *Œuvres complètes*, IX. Paris: PUF, 1998.

Freud, S. (1910a). De la psychanalyse. *Œuvres complètes*, X. Paris: PUF, 1993.

Freud, S. (1910d). Les chances d'avenir de la thérapie psychanalytique. *Œuvres complètes*, X. Paris: PUF, 1993.

Freud, S. (1910k). De la psychanalyse "sauvage". *Œuvres complètes*, X. Paris: PUF, 1993.

Freud, S. (1911j). Note à l'article de James J. Putnam: "De l'étiologie du traitement des psychonévroses". *Œuvres complètes*, XI. Paris: PUF, 1998.

Freud, S. (1912b). Sur la dynamique du transfert. *Œuvres complètes*, XI. Paris: PUF, 1998.

Freud, S. (1912e). Conseils au médecin dans le traitement psychanalytique. *Œuvres complètes*, XI. Paris: PUF, 1998.

Freud, S. (1912f). Discussion sur l'onanisme. *Œuvres complètes*, XI. Paris: PUF, 1998.

Freud, S. (1912g). Note sur l'inconscient en psychanalyse. *Œuvres complètes*, XI. Paris: PUF, 1998.

Freud, S. (1912-13a). Totem et tabou. In *Œuvres complètes*, XI. Paris: PUF, 1998.

Freud, S. (1913c). Sur l'engagement du traitement. *Œuvres complètes*, XII. Paris: PUF, 2005.

Freud, S. (1913i). La disposition à la névrose de contrainte. *Œuvres complètes*, XII. Paris: PUF, 2005.

Freud, S. (1913k). Préface à L'ordure dans les mœurs, les usages, les croyances et le droit coutumier des peuples de John Gregory Bourke. *Œuvres complètes*, XII. Paris: PUF, 2005.

Freud, S. (1914d). Contribution à l'histoire du mouvement psychanalytique. *Œuvres complètes*, XII. Paris: PUF, 2005.

Freud, S. (1914g). Remémoration, répétition et perlaboration. *Œuvres complètes*, XII. Paris: PUF, 2005.

Freud, S. (1915a). Remarques sur l'amour du transfert. *Œuvres complètes*, XII. Paris: PUF, 2005.

Freud, S. (1915c). Pulsions et destins de pulsions. *Œuvres complètes*, XIII, Paris: PUF, 1988.

Freud, S. (1915e). L'Inconscient. *Œuvres complètes*, XIII. Paris: PUF, 1988.

Freud, S. (1916-1917). Leçons d'introduction à la psychanalyse. *Œuvres complètes*, XIV. Paris: PUF, 2000.

Freud, S. (1917a). Une difficulté de la psychanalyse. *Œuvres complètes*, XV. Paris: PUF, 1996.

Freud, S. (1918b). A partir de l'histoire d'une névrose infantile. *Œuvres complètes*, XIII. Paris: PUF, 1988.

Freud, S. (1919a). Les voies de la thérapie psychanalytique. *Œuvres complètes*, XV. Paris: PUF, 1996.

Freud, S. (1919h). L'inquiétant. *Œuvres complètes*, XV. Paris: PUF, 1996.

Freud, S. (1919j). Faut-il enseigner la psychanalyse à l'université? *Œuvres complètes*, XV. Paris: PUF, 1996.

Freud, S. (1919e). "Un enfant est battu". *Œuvres complètes*, XV. Paris: PUF, 1996.

Freud, S. (1920a). De la psychogenèse d'un cas d'homosexualité féminine. *Œuvres complètes*, XV. Paris: PUF, 1996.

Freud, S. (1920b). Sur la préhistoire de la technique analytique. *Œuvres complètes*, XV. Paris: PUF, 1996.

Freud, S. (1920g). Au-delà du principe de plaisir. *Œuvres complètes*, XV. Paris: PUF, 1996.

Freud, S. (1921c). Psychologie des masses et analyse du moi. *Œuvres complètes*, XVI. Paris: PUF, 1991.

Freud, S. (1922a). Rêve et télépathie. *Œuvres complètes*, XVI. Paris: PUF, 1991.

Freud, S. (1923a). "Psychanalyse" et "Théorie de la libido". *Œuvres complètes*, XVI. Paris: PUF, 1991.

Freud, S. (1923b). Le moi et le ça, *Œuvres complètes*, XVI. Paris, PUF, 1991.

Freud, S. (1923c). Remarques sur la théorie et la pratique de l'interprétation du rêve. *Œuvres complètes*, XVI. Paris: PUF, 1991.

Freud, S. (1923d). Une névrose diabolique au XVIIe siècle. *Œuvres complètes*, XVI. Paris: PUF, 1991.

Freud, S. (1923i). Le docteur Ferenczi Sandor (pour son 50e anniversaire). *Œuvres complètes*, XVI. Paris: PUF, 1991.

Freud, S. (1924c). Le problème économique du masochisme. *Œuvres complètes*, XVII. Paris: PUF, 1992.

Freud, S. (1924f). Court abrégé de psychanalyse. *Œuvres complètes*, vol. XVI. Paris: PUF, 1992.

Freud, S. (1925d). "Autoprésentation". *Œuvres complètes*, XVII. Paris: PUF, 1992.

Freud, S. (1925e). Les résistances contre la psychanalyse. *Œuvres complètes*, XVII. Paris: PUF, 1992.

Freud, S. (1925g). Josef Breuer. *Œuvres complètes*, XVII. Paris: PUF, 1992.

Freud, S. (1926d). Inhibition, symptôme et angoisse. *Œuvres complètes*, XVII, Paris: PUF, 1992.

Freud, S. (1926e). La question de l'analyse profane. *Œuvres complètes*, XVIII. Paris: PUF, 1994.

Freud, S. (1926f). Psychanalyse. *Œuvres complètes,* XVII. Paris: PUF, 1992.

Freud, S. (1927d). L'humour. *Œuvres complètes,* XVIII. Paris: PUF, 1994.

Freud, S. (1930a). Le malaise dans la culture. *Œuvres Complètes,* XVIII. Paris: PUF, 1994.

Freud, S. (1933a). Rêve et occultisme. Nouvelle suite des leçons d'introduction à la psychanalyse. *Œuvres Complètes,* XIX. Paris: PUF, 1995.

Freud, S. (1937c). L'analyse finie et l'analyse infinie. *Œuvres Complètes*, XX. Paris: PUF, 2010.

Freud, S. (1937d). Constructions dans l'analyse. *Œuvres Complètes,* XX. Paris: PUF, 2010.

Freud, S. (1940a). Abrégé de psychanalyse. *Œuvres Complètes,* XX. Paris: PUF, 2010.

Freud, S. (1941d). Psychanalyse et télépathie. *Œuvres complètes,* XVI. Paris: PUF, 1991.

Freud, S. (1966). *Correspondance (1873-1939).* Paris, Gallimard.

Freud, S. (1955). *L'Homme aux rats: journal d'une analyse.* Paris: PUF, 1974.

Freud, S. (1956a). Compte rendu de mon voyage d'étude à Paris et à Berlin. *Œuvres complètes,* Vol. 1. Paris: PUF, 2015.

Freud, S. (1960). Documents annexes, Demande d'habilitation, Curriculum vitae, Programme d'enseignement, Demande de bourse de voyage. *Œuvres complètes,* Vol. 1. Paris: PUF, 2015.

Freud, S. (1982). *Correspondência de amor e outras cartas (1873-1939).* Rio de Janeiro: Nova Fronteira.

Freud, S. (1985). Vue d'ensemble des névroses de transfert. *Œuvres complètes,* XIII. Paris: PUF, 1988.

Freud, S. (1986). *A correspondência completa de Sigmund Freud para Wilhelm Fliess (1887-1904)*. Rio de Janeiro: Imago.

Freud, S. (2006). *Lettres à Wilhelm Fließ, 1887-1904*. Paris: PUF.

Freud, S., & Abraham, K. (1969). *Correspondance (1907-1926)*. Paris: Gallimard.

Freud, S., & Andreas-Salomé, L. (1970). *Correspondance*. Paris: Gallimard.

Freud, S., & Breuer, J. (1895d). Études sur l'hystérie. *Œuvres complètes*, II. Paris: PUF, 2009.

Freud, S., & Jung, C. G. (1975a). *Correspondance (1906-1909)*, I. Paris: Gallimard.

Freud, S., & Jung, C. G. (1975b). *Correspondance (1910-1914)*, II. Paris: Gallimard.

Freud, S., & Weiss, E. (1975). *Lettres sur la pratique psychanalytique*. Toulouse: Privat.

Freud, S., & Ferenczi, S. (1992). *Correspondance (1908-1914)*, I. Paris: Calmann-Lévy.

Freud, S., & Ferenczi, S. (1996). *Correspondance (1914-1919)*, II. Paris: Calmann-Lévy.

Freud, S., & Ferenczi, S. (2000). *Correspondance (1920-1933), Les années douloureuses*. III. Paris: Calmann-Lévy.

Freud, S., & Zweig, S. (1995). *Correspondance*. Paris: Payot & Rivage.

Freud, S., & Pfister, O. (1996). *Correspondance (1909-1939)*. Paris: Gallimard.

Garcia, C. (1987). Notas do Dr. Célio Garcia. In G. Baremblitt. *Ato psicanalítico e ato político*. Belo Horizonte: SEGRAC.

Garcia-Roza, L. A. (1975). *Freud e o inconsciente*. Rio de Janeiro: Zahar.

Garrigues, C. (1987). Préface. In Heiman *et al., Le contre-transfert*. Paris: Navarin.

Haynal, A. (1992). Introduction. In S. Freud & S. Ferenczi, *Correspondance (1908-1914)*, I. Paris: Calmann-Lévy.

Hue, J.-L. (2006). Sujet libre. *Magazine littéraire*, Paris, 449, 3.

Jones, E. (1958). *La vie et l'œuvre de Sigmund Freud*, Vol. 1. Paris: PUF.

Jones, E. (1961). *La vie et l'œuvre de Sigmund Freud*, Vol. 2. Paris: PUF.

Jones, E. (1969). *La vie et l'œuvre de Sigmund Freud*, Vol. 3. Paris: PUF.

Kaminski, D. (2003). Pitié pour le sujet ! In J. Florence, (coord.), *La psychanalyse et l'université. L'expérience de Louvain*. Louvain-la--Neuve: Academia Bruylant.

Klein, E. (2016). *Le pays qu'habitait Albert Einstein*. Arles: Actes Sud.

Koeppel, P. (1990). Lipps, référence freudienne. *Apertura. Collection de Recherche Psychanalytique*, Toulouse, 4, 191-193.

Kupermann, D. (2003). *Ousar rir. Humor, criação e psicanálise*. Rio de Janeiro: Civilização Brasileira.

Kupermann, D. (2019). *Por que Ferenczi?* São Paulo: Zagodoni.

Lacan, J. (1973). *Le Séminaire. Livre 11, Les quatre concepts fondamentaux de la psychanalyse (1963-1964)*. Paris: Seuil.

Lacan, J. (1975). *Le Séminaire. Livre 1, Les écrits techniques de Freud (1953-1954)*. Paris: Seuil.

Lacan, J. (1978). *Le Séminaire. Livre 2, Le moi dans la technique de Freud et dans la technique de la psychanalyse (1954-1955)*. Paris: Seuil.

Lacan, J. (1991). *Le Séminaire. Livre 8, Le transfert (1960-1961)*. Paris: Seuil.

Lacan, J. (1998). *Le Séminaire. Livre 5, Les formations de l'inconscient* (1957-58). Paris: Seuil.

Lacan, J. (2004). Il ne peut pas y avoir de crise de la psychanalyse. *Magazine littéraire*, Paris, 428, 24-29.

Laplanche, J. (1980). Un doctorat en psychanalyse. *Psychanalyse à l'Université*, Paris, 6(21).

Laplanche, J. (1989). *Vie et mort en psychanalyse*. Paris: Flammarion.

Laplanche, J. (1994). *Nouveaux fondements pour la psychanalyse*. Paris: Quadrige/PUF.

Laplanche, J. & Pontalis, J.-B. (1973). *Vocabulaire de la psychanalyse*. Paris: PUF.

Laurent, P.-J. (2003). Psychanalyse et anthropologie: éléments d'un débat. In J. Florence (coord.), *La psychanalyse et l'université. L'expérience de Louvain*. Louvain-la-Neuve: Academia Bruylant.

La Vie, J.-C. (1968). Préface. In S. Freud, *Le mot d'esprit et sa relation à l'inconscient* (1905). Paris: Gallimard, 1968.

Le Guen, C. (1989). La psychanalyse, une science? In Le Guen, C. *La psychanalyse, une science?* Paris: Les Belles Lettres.

Le Petit Robert (1989). *Dictionnaire alphabétique et analogique de la langue française*. Paris: Dictionnaires Le Robert.

Lequeux, A. (2003). La psychanalyse et la médecine. In J. Florence (coord.). *La psychanalyse et l'université. L'expérience de Louvain*. Louvain-la-Neuve: Academia Bruylant.

Levin, K. (1980). *Freud: a primeira psicologia das neuroses*. Rio de Janeiro: Zahar.

Lorenzer, A. (1987). *Arqueologia da psicanálise*. Rio de Janeiro: Jorge Zahar.

Major, R. (2001). *Lacan avec Derrida: analyse désistentielle*. Paris: Flammarion.

Mannoni, O. (1976). *Freud e a psicanálise*. Rio de Janeiro: Rio.

Mannoni, O. (1980). *Un commencement qui n'en finit pas: transfert, interprétation, théorie*. Paris: Seuil.

Mannoni, O. (1988). *Un si vif étonnement: la honte, le rire, la mort*. Paris: Seuil.

Marie, P. (2004). *Psychanalyse, psychothérapie: quelles différences?* Paris: Aubier-Flammarion.

Masson, J. M. (1984a). *Atentado à verdade*. Rio de Janeiro: José Olympio.

Masson, J. M. (1984b). *Le réel escamoté. Le renoncement de Freud à la théorie de la séduction*, Paris, Aubier.

Maugüé, J. (1989). Sigmund Freud. In: P. C. Souza (org.), *Sigmund Freud e o gabinete do Dr. Lacan*. São Paulo: Brasiliense.

McGuire, W. (1975). In Freud, S., & Jung, C. G. *Correspondance (1906-1909)*, I. Paris: Gallimard.

Menendez, R. (2018, 2º sem.). Ce qui de Brentano reste chez Freud. *Psychanalyse YETU*, *42*, 21-34.

Mezan, R. (1994). Pesquisa teórica em psicanálise. *Psicanálise e Universidade*, 2, 51-75.

Mezan, R. (1998a). "Um espelho para a natureza": notas a partir de Hamlet. *Tempo de muda - ensaios de psicanálise*. São Paulo: Companhia das Letras.

Mezan, R. (1998b). A transferência em Freud: apontamentos para um debate. *Tempo de muda - ensaios de psicanálise*. São Paulo: Companhia das Letras.

Mezan, R. (2001). Psicanálise e pós-graduação: notas, exemplos, reflexões. *Psicanálise e Universidade*, 14, 121-162.

Mezan, R. (2002). Sobre a epistemologia da psicanálise. In: *Interfaces da psicanálise*. São Paulo: Companhia das Letras.

Mezan, R. (2014). *O tronco e os ramos. Estudos de história da psicanálise*. São Paulo: Companhia das Letras.

Michelet, J. (1974). *Sobre as feiticeiras*. Lisboa: Afrodite.

Mijolla-Mellor, S. (2004, 1º sem.). La recherche en psychanalyse à l'université. *Recherches en psychanalyse*, 27-47.

Miller, J.-A. (1984). Recorrido de Lacan – Ocho conferencias. Buenos Aires: Editorial Hacia el Tercer Encuentro del Campo Freudiano.

Montaigne. (1969). *Essais, Livre I*. Paris: Garnier-Flammarion.

Moubachir, Ch. (1974). *Freud ou l'entre-deux*. Paris: Seghers.

Nassif, J. (1968). Freud et la science. *Cahiers pour l'analyse*, *9*, 147-167.

Nassif, J. (1977). *Freud l'inconscient*. Paris: Galilée.

Pontalis, J.-B. (1976). Présentation de "La psychanalyse dans son histoire". In H. Nunberg & E. Federn (Ed.), *Les premiers psychanalystes. Minutes de la Société psychanalytique de Vienne, I (1906-1908)*. Paris: Gallimard.

Ouaknin, M.-A. (1994). *Bibliothérapie. Lire, c'est guérir*. Paris: Seuil.

Quinodoz, J.-M. (2004). Pourquoi tant de dévotion aux Écritures freudiennes? *Le Nouvel Observateur*, Hors-Série 56, 16-17.

Rachman, J. (1993). *Érotique de la vérité. Foucault, Lacan et la question de l'éthique*. Paris: PUF.

Renders, X. (2003). Aperçu historique de l'essor de la psychanalyse à l'UCL. In J. Florence (coord.), *La psychanalyse et l'université. L'expérience de Louvain*. Louvain-la-Neuve: Academia Bruylant.

Rillaer, J. Van (2004). La psychanalyse a-t-elle une valeur scientifique? *Le Nouvel Observateur*, Hors-série 56, p. 78-81.

Roazen, P. (1996). *Mes rencontres avec la famille de Freud*. Paris: Seuil.

Robert, M. (1964). *La révolution psychanalytique*, tome 1. Paris: Payot.

Robert, M. (1973). Préface. In S. Freud & A. Zweig, A. *Correspondance*. Paris: Gallimard.

Roudinesco, E. (1994a). *Histoire de la psychanalyse en France, 1 (1885-1939)*. Paris: Fayard.

Roudinesco, E. (março, 1992). Sigmund, deuxième vie. *Les 100 livres de l'année*, numéro hors-série, *Libération*.

Roudinesco, E. (1994b). Présentation. H. F. Ellenberger, *Histoire de la découverte de l'inconscient*. Paris: Fayard.

Roudinesco, E. (1999). *Pourquoi la psychanalyse?* Paris: Fayard.

Roudinesco, E. (2005). *Pourquoi tant de haine? Anatomie du livre noir de la psychanalyse*. Paris: Navarin.

Roudinesco, E., & Plon, M. (1997). *Dictionnaire de la psychanalyse*. Paris: Fayard.

Roustang, F. (1980). *Elle ne lâche plus...* Paris: Minuit.

Sabourin, P. (1982). Le Vizir secret et tête de turc. In S. Ferenczi, *Psychanalyse*, IV. Paris: Payot.

Saurer, A. (2014). La transmission phylogénétique du meurtre du père de la horde. *Revue Française de Psychanalyse*, Paris, *78*, 510-522.

Schur, M. (1975). *La mort dans la vie de Freud*. Paris: Gallimard.

Sédat, J. (2014, 1º sem.). L'hystérique invente la psychanalyse. *Figures de la Psychanalyse*, Paris, 27, 113-124.

Silvestre, M. (1993). *Demain la psychanalyse*. Paris: Éditions du Seuil.

Sousa, A. M., & Jerusalinksy, A. N. (1985). Prefácio à edição brasileira. In M. Safouan, *Jacques Lacan e a questão da formação dos analistas* (pp. 7-11). Porto Alegre: Artes Médicas.

Souza, P. C. (1989). Nosso Freud. In P. Gay *et. al.*, *Sigmund Freud e o gabinete do Dr. Lacan*. São Paulo: Brasiliense.

Steichen, R. (2003). Rencontres avec l'altérité: autre culture, autre texte, autre savoir. In: J. Florence (coord.). *La psychanalyse et l'université. L'expérience de Louvain*. Louvain-la-Neuve: Academia Bruylant.

Stengers, I. (1989). Boîtes noires scientifiques, boîtes noires professionnelles. In C. Le Guen, *La psychanalyse, une science?* Paris: Les Belles Lettres.

Strachey, J. (2001a). In S. Freud, Pre-psycho-analytic Publications and Unpublished Drafts (1886-1899). *The standard edition of the complete psychological works of Sigmund Freud*, I. London: Hogart.

Strachey, J. (2001b). In S. Freud, Early Psycho-analytic Publications (1893-1899). *The standard edition of the complete psychological works of Sigmund Freud*, III. London: Hogart.

Strachey, J. (2001c). In S. Freud, Case History of Schreber, Papers on Technique and Other Works (1911-1913). *The standard edition of the complete psychological works of Sigmund Freud*, XII. London: Hogart.

Strachey, J. (2001d). In S. Freud, Beyond the Pleasure Principle, Group Psychology and Other Works (1920-1922). *The standard edition of the complete psychological works of Sigmund Freud*, XVIII. London: Hogart.

Strachey, J. (2001e). In S. Freud, The Ego and the Id and Other Works (1823-1925). *The standard edition of the complete psychological works of Sigmund Freud*, XIX. London: Hogart.

Willemart, P. (1995). *Além da psicanálise: a literatura e as artes*. São Paulo: Fapesp-Nova Alexandria.

Wittgenstein, L. (1971). Conversations sur Freud. In L. Wittgenstein, *Leçons et conversations sur l'esthétique, la psychologie et la croyance religieuse*. Paris: Gallimard.

Blucher